ACCESO GRATIS *a la Lectura en la Nube*

Para visualizar el libro electrónico en la nube de lectura envíe junto a su nombre y apellidos una fotografía del código de barras situado en la contraportada del libro y otra del ticket de compra a la dirección:

ebooktirant@tirant.com

En un máximo de 72 horas laborables le enviaremos el código de acceso con sus instrucciones.

La visualización del libro en **NUBE DE LECTURA** excluye los usos bibliotecarios y públicos que puedan poner el archivo electrónico a disposición de una comunidad de lectores. Se permite tan solo un uso individual y privado.

EL DERECHO INTERNACIONAL Y EUROPEO CONTEMPORÁNEOS ANTE LA AGRESIÓN RUSA A UCRANIA

EL DERECHO INTERNACIONAL Y EUROPEO CONTEMPORÁNEOS ANTE LA AGRESIÓN RUSA A UCRANIA

Directores:
María Dolores Bollo Arocena
Eduardo Jiménez Pineda

tirant lo blanch
Valencia, 2024

EDITA: TIRANT LO BLANCH
C/ Artes Gráficas, 14 - 46010 - Valencia
TELFS.: 96/361 00 48 - 50
FAX: 96/369 41 51
Email: tlb@tirant.com
www.tirant.com
Librería virtual: www.tirant.es
DEPÓSITO LEGAL: V-2071-2024
ISBN: 978-84-1056-460-2

Si tiene alguna queja o sugerencia, envíenos un mail a: *atencioncliente@tirant.com*. En caso de no ser atendida su sugerencia, por favor, lea en *www.tirant.net/index.php/empresa/politicas-de-empresa* nuestro procedimiento de quejas.

Responsabilidad Social Corporativa: http://www.tirant.net/Docs/RSCTirant.pdf

Autores

Paz Andrés Sáenz de Santamaría

Harold Bertot Triana

Andrea Cocchini

Elena Crespo Navarro

Asier Garrido Muñoz

Carlos Gil Gandía

Luis M. Hinojosa Martínez

Eduardo Jiménez Pineda

Araceli Mangas Martín

Lidia Moreno Blesa

Olena Nihreieva

Natalia M. Ochoa Ruiz

Xavier Pons Rafols

Carmen Quesada Alcalá

María Torres Pérez

Irene Vázquez Serrano

Índice

Presentación

El 24 de febrero de 2022, la Federación de Rusia dio comienzo a un acto de agresión contra un Estado soberano e independiente, a saber, la República de Ucrania[1]. Cuando habían transcurrido aproximadamente nueve meses desde el inicio de la agresión, tuvo lugar la Jornada extraordinaria, organizada conjuntamente por la Asociación Española de Profesores de Derecho Internacional y Relaciones Internacionales y la Escuela Diplomática en la sede de esta última, bajo el título "El Derecho Internacional y Europeo contemporáneos ante la agresión rusa a Ucrania". Reflejo de las reflexiones compartidas entre los participantes es la obra que el lector tiene en sus manos, una obra organizada en tres partes, como lo estuvo la propia Jornada.

En primer lugar, abrió la Jornada una primera mesa titulada "La agresión rusa a Ucrania: contexto y perspectiva global desde el Derecho Internacional". La misma fue presentada y moderada por la Dra. Andrés Sáenz de Santamaría, quien tras advertir que la violación que supone la agresión rusa a Ucrania es la más grave y de mayores consecuencias desde la Segunda Guerra Mundial, afirmó que los órganos de la ONU "están respondiendo dignamente dentro de sus posibilidades". La Dra. Andrés dio paso al primero de los ponentes, el Dr. Pons, quien pronunció una conferencia que sirvió de marco general de la Jornada, abordando la calificación jurídica de los hechos acaecidos a partir del 24 de febrero de 2023, las consecuencias jurídicas desde el punto de vista del ordenamiento jurídico in-

---

1 Véase la Declaración de los miembros de la Asociación Española de Profesores de Derecho Internacional y Relaciones Internacionales (AEPDIRI) sobre la agresión rusa en Ucrania, disponible en https://www.aepdiri.org/index.php/declaracion-ucrania, última consulta 03/10/2023.

ternacional, la reacción de la comunidad internacional frente a todo ello, así como el futuro del Derecho internacional. En opinión del Dr. Pons, la guerra de Ucrania ha puesto de manifiesto las debilidades del Derecho internacional y la ausencia de mecanismos institucionalizados de respuesta adecuados cuando quien viola flagrantemente el ordenamiento jurídico internacional es uno de los miembros permanentes del Consejo de Seguridad, no estando en estos momentos la Comunidad internacional en disposición de crear otras herramientas que respondan mejor en tales circunstancias. No obstante, tanto la Dra. Andrés como el Dr. Pons concluyeron que, pese a las debilidades, el sistema de Naciones Unidas es lo mejor que tenemos. A continuación, el segundo de los ponentes, el Dr. Garrido, abordó la cuestión de la competencia de la Corte Internacional de Justicia para conocer de la demanda planteada por Ucrania como consecuencia de las alegaciones de genocidio por parte de Rusia como justificación de su intervención militar. Ahora bien, el trabajo publicado por el Prof. Garrido se adentra en el análisis de la reciente providencia emitida por la Corte Internacional de Justicia relativa a las solicitudes de intervención por terceros Estados en el asunto, una solicitud de intervención planteada no solo en relación con el fondo, sino también en relación con la propia competencia de la Corte sobre la base de la cláusula compromisoria contenida en el artículo IX de la Convención para la prevención y la sanción del delito de genocidio. En este sentido, el autor aborda esencialmente ciertas objeciones rusas a la admisibilidad de las solicitudes de intervención, así como los efectos de la interpretación por la Corte de la mencionada Convención, a la vista de la declaración realizada por el Juez Abraham.

Relacionadas con esta primera mesa se presentaron cinco comunicaciones. Por un lado, el Dr. Eduardo Jiménez Pineda se centró en ciertos antecedentes de la agresión rusa a Ucrania en una comunicación que llevó por título “Antecedentes de la agresión rusa a Ucrania: las controversias pendientes relativas a la interpretación o aplicación de la Convención de las Naciones Unidas sobre el Derecho del Mar entre Ucrania y la Federación de Rusia". Por su parte, la Dra. Olena Nihreieva abordó la cuestión de la demanda planteada por Ucrania contra Rusia bajo el título "Uniting for justice: genocide allegations ICJ Case (Ukraine v. Russian Federation)". La Dra. Natalia M. Ochoa Ruiz centró su análisis en una vieja cuestión: "¿Puede la guerra de Ucrania poner fin al debate sobre la legalidad de la legítima defensa preventiva?". Finalmente, la Dra. Andrea Cocchini y la Dra. Irene Vazquez abordaron la perspectiva cibernética de la guerra con dos contribuciones cuyos títulos son, respectivamente, "Las operaciones cibernéticas contra las infraestructuras críticas en la guerra ruso-ucraniana" y "Rusia-Ucrania: ¿la primera ciberguerra global? De ciberejércitos y hackers".

La segunda mesa, presentada y moderada por la Dra. Concepción Escobar, se centró en el estudio de las vulneraciones del Derecho internacional de los derechos humanos y del Derecho internacional humanitario cometidas en el marco de la guerra, así como las posibilidades de llevar adelante su enjuiciamiento ante instancias nacionales o internacionales. En primer lugar, la Dra. Carmen Quesada centra su estudio en la actuación de la Corte Penal Internacional frente a los crímenes cometidos en Ucrania, poniendo particular énfasis en el modo en que se está llevando a cabo la investigación de los crímenes por la CPI. Y es que ésta está contando con la cooperación sin precedentes de organizaciones como la ONU, la OSCE, y muy particularmente de la UE, máximo exponente de estas nuevas vías de cooperación con medidas como el establecimiento de un Equipo Conjunto de Investigación del que forma parte la Corte, la modificación del Reglamento de Eurojust para favorecer la colaboración con la CPI, la creación del Centro Internacional para el enjuiciamiento del crimen de agresión, y la puesta en marcha de la Base de Datos para la Prueba de crímenes internacionales graves. Como concluye la Dra. Quesada, la Corte Penal Internacional está haciendo frente a su delicada labor con un gran respaldo de la Comunidad

Internacional, lo que supone un gran avance en la configuración de un verdadero Sistema de Justicia Penal Internacional.

Vinculada a esta segunda mesa se encuentran las comunicaciones presentadas por el Dr. Carlos Gil Gandía, bajo el título "Algunas consideraciones sobre la situación de Ucrania en la Corte Penal Internacional", y por el Dr. Harold Bertot Triana, con su contribución "¿El no reconocimiento de la inmunidad de la 'troika' de un Estado no parte (Rusia) del Estatuto de la Corte Penal Internacional como contramedida de terceros? Reflexiones al hilo del actual conflicto ucraniano".

La tercera y última mesa, moderada por la Dra. Ana Salinas, estuvo dedicada a la respuesta internacional y europea a la agresión rusa a Ucrania. Fueron tres los ponentes y tres los trabajos con los que se contribuye a la publicación. Por un lado, la Dra. Araceli Mangas, en su trabajo titulado "Ucrania: baño de realidad para la política de defensa europea", aborda la cuestión de las insuficiencias y las debilidades de la política de defensa europea, puesta de manifiesto, con toda su crudeza, con motivo de la guerra de Ucrania. Y es que, según destaca la Dra. Mangas, la agresión rusa contra Ucrania "ha hecho saltar por los aires el incipiente sistema europeo de seguridad colectiva y el objetivo de la autonomía estratégica y de defensa de la UE". En opinión de la Dra. Mangas, quizás este contexto, que ha provocado un giro copernicano en la percepción alemana frente a las amenazas, suponga un cambio en el papel que ese país "debe empezar a asumir liderando la integración y al continente" pues "(l)a política exterior y de rearme puede ser decisiva para que la UE pueda asumir en el futuro responsabilidades sobre sus intereses privativos".

Por su parte, el Dr. Luis Hinojosa aborda la cuestión de la importantísima batería de "sanciones" impuestas por la Unión Europea a Rusia, en una respuesta sin precedentes. En este sentido, el autor reflexiona sobre la eficacia jurídica y económica de dichas sanciones, que responden a diferentes tipos que son puestos de manifiesto a lo largo de su contribución. A tal efecto, el Dr. Hinojosa expone los parámetros de legalidad de las sanciones individuales así como la jurisprudencia en la materia dictada por el Tribunal de Justicia de la Unión Europea. Además, este autor estudia la eficacia que desde la perspectiva económica tienen las sanciones comerciales y financieras y, en fin, concluye la viabilidad jurídica y la eficacia económica de estas sanciones, aunque las mismas no basten para provocar el colapso de la economía rusa ni el término de las hostilidades.

Finalmente, la Dra. Elena Crespo analiza la respuesta de la Unión Europea y sus Estados miembros a la guerra de Ucrania desde la perspectiva de la protección temporal de las personas desplazadas procedentes del país agredido, caracterizada en este caso por "la inmediatez y automatismo de la protección otorgada, el carácter vinculante de la Decisión, la elección de los propios beneficiarios como mecanismo de distribución entre los Estados miembros", una respuesta lamentablemente bien distinta a la ofrecida en otras situaciones de recepción de grandes flujos migratorios por parte de la UE.

Finalmente, y relacionadas más directamente con esta tercera mesa, se encuentran las comunicaciones presentadas por la Dra. Lidia Moreno Blesa, titulada "La crisis energética desde el Derecho Internacional Económico en una época de guerras comerciales", y la Dra. María Torres Pérez, bajo el título "La estrategia transversal de la Unión Europea ante la guerra en Ucrania. Una oportunidad para la cooperación penal y Eurojust".

En suma, la obra que el/la lector/a tiene ante sí, pone de relieve las reflexiones compartidas el 25 de noviembre de 2022 y sus desarrollos posteriores a propósito de lo que constituye, sin duda, una las vulneraciones más graves del Derecho internacional y una de las más graves crisis del ordenamiento jurídico internacional desde la Segunda Guerra Mundial. En las fechas en las que se cierran estas líneas nada augura una solución a corto ni siquiera a medio plazo, mientras cientos de miles de personas son víctimas de la barbarie, una barbarie que creíamos desterrada al menos del continente europeo. En este escenario es más necesaria que nunca, si cabe, la defensa de los principios y valores sobre los que se asienta la Carta de las Naciones Unidas, y más necesario que nunca el fortalecimiento de la arquitectura institucional que permita el acomodo de las distintas sensibilidades existentes en la Comunidad Internacional, considerando los muchos cambios experimentados en la misma desde 1945.

La agresión rusa a Ucrania: contexto y perspectiva global desde el Derecho Internacional

PAZ ANDRÉS SÁENZ DE SANTA MARÍA

En un encuentro celebrado en la Asamblea General el 10 de marzo de 2022, al referirse a la situación de Ucrania el Secretario General de las Naciones Unidas afirmó que hemos regresado a la misión inicial de la Carta de las Naciones Unidas, que consiste en salvar a las generaciones venideras del flagelo de la guerra. Así, como gráficamente titulaba el comunicado de prensa sobre el evento, la ONU vuelve a la casilla de salida[1]. En su mensaje con motivo del Día de las Naciones Unidas, el 24 de octubre del citado año, António Guterres volvió a decir que "hoy se está poniendo a prueba nuestra organización como nunca antes"[2].

En efecto, la intervención militar desarrollada por la Federación de Rusia en Ucrania constituye una gravísima vulneración de los principios más fundamentales del derecho internacional sobre los que se elaboró la Carta constitutiva de la Organización, como son la prohibición de la amenaza o el uso de la fuerza con-

---

1 Guterres: El mundo debe mantenerse unido ante la "violación del derecho internacional" de Rusia en Ucrania, *Noticias ONU*, 10 marzo 2022 (disponible en https://news.un.org/es/story/2022/03/1505422, consultado el 10 de febrero de 2024).

2 Hoy más que nunca son necesarios los valores y principios de las Naciones Unidas, dice Guterres en el Día de la ONU, *Noticias ONU*, 24 octubre 2022 (disponible en https://news.un.org/es/story/2022/10/1516347, consultado el 10 de febrero de 2024).

tra la integridad territorial de un Estado y el arreglo pacífico de las controversias internacionales, ambos directamente vinculados al fin primordial del mantenimiento de la paz y la seguridad internacionales. Si bien estos principios han sido conculcados en diversas ocasiones desde la creación de las NN UU, no cabe duda de que estamos ante la violación más grave y de mayores consecuencias desde la segunda guerra mundial.

De esta forma, la guerra de Ucrania cuestiona frontalmente el orden internacional global y, en particular, la propia Carta de las Naciones Unidas, que es la piedra angular del derecho internacional, según la feliz expresión consagrada en la Declaración sobre la conmemoración del 75° aniversario de las Naciones Unidas aprobada por la Asamblea General el 21 de septiembre de 2020. Por eso, en la Declaración de los miembros de la AEPDIRI sobre la agresión rusa en Ucrania (marzo 2022) dijimos que constituye un ataque tanto a los propósitos de la ONU sobre el mantenimiento de la paz (art. 1) como a otros principios esenciales del ordenamiento jurídico internacional.

Con todo, se puede afirmar que los órganos de NN UU están respondiendo dignamente en la medida de sus posibilidades. En efecto, pese a la nada sorprendente constatación de que el Consejo de Seguridad no puede cumplir adecuada y eficazmente su responsabilidad primordial en el mantenimiento de la paz si se trata de un miembro permanente, pues el veto ruso impidió la adopción de una resolución presentada por 82 Estados, este órgano reaccionó mediante su Resolución 2623 (2022) convocando un período extraordinario de sesiones de emergencia de la Asamblea General para examinar la cuestión, aprovechando así la fórmula prevista en la Resolución 377 (V) Unión pro Paz. Esta es la undécima ocasión en que lo hace y hasta el presente la Asamblea General ha aprobado seis resoluciones en ese contexto[3]; en ellas, el compromiso con la integridad territorial de Ucrania, la condena del uso de la fuerza y la invocación de los principios de la Carta de las NN UU es una constante.

Por su parte, el Consejo de Derechos Humanos, además de propiciar la suspensión de los derechos de la Federación Rusa para formar parte de ese órgano[4], ha decidido crear una comisión internacional independiente de investigación para investigar las violaciones de derechos humanos y del derecho internacional humanitario cometidas durante las operaciones militares rusas[5].

Además, a esta implicación de los órganos políticos de las NN UU ha venido a unirse su órgano judicial principal, la Corte Internacional de Justicia, como consecuencia de la demanda presentada por Ucrania contra Rusia sobre las alegaciones de genocidio formuladas por esta para justificar la intervención militar[6].

Pese a las dificultades técnicas para encajar la demanda en la cláusula de arreglo de controversias de la Convención sobre genocidio, la Corte supo encontrar razones que le permitieron adoptar las medidas provisionales señaladas en la providencia de 16 de marzo de 2022, en cuya introducción, abandonando

---

3 A/RES/ES-11/1, de 2 de marzo de 2022; A/RES/ES-11/2, de 24 de marzo de 2022; A/RES/ES-11/3, de 7 de abril de 2022; A/RES/ES-11/4, de 12 de octubre de 2022; A/RES/ES-11/5, de 14 de noviembre de 2022; A/RES/ES-11/6, de 23 de febrero de 2023.

4 La decisión de suspensión se adoptó por la A/RES/ES-11/3.

5 A//HRC/RES/49/1, de 4 de marzo de 2022. El mandato de esta comisión ha sido prorrogado por la A/HRC/RES/52/32, de 4 de abril de 2023.

6 Asunto de las *Alegaciones de genocidio en virtud de la convención para la prevención y la sanción del crimen de genocidio (Ucrania c. Federación Rusa).*

su habitual parquedad[7], la CIJ se manifiesta consciente de la amplitud de la tragedia humana que se está desarrollando en Ucrania y expresa su inquietud por las víctimas; también, declara su profunda preocupación por el uso de la fuerza por la Federación de Rusia en Ucrania, afirmando que plantea problemas muy graves de derecho internacional. La Corte señala que tiene presentes los fines y principios de la Carta de las Naciones Unidas, así como las responsabilidades que le incumben en relación con el mantenimiento de la paz y la seguridad internacionales y el arreglo pacífico de las controversias y concluye subrayando que todos los Estados deben actuar conforme a sus obligaciones en virtud de la Carta y de las demás normas de derecho internacional, incluido el derecho internacional humanitario.

En definitiva, la Corte supo estar a la altura de las circunstancias. En la actual tesitura, la ausencia de pronunciamiento no se habría entendido. Ello con independencia de que la providencia advierta de que su decisión en materia de medidas provisionales no prejuzga la cuestión de su competencia para conocer del fondo del asunto ni las decisiones sobre la admisibilidad de la demanda o el fondo del asunto, porque ciertamente la base jurídica invocada presenta debilidades a las que la CIJ ha tenido que enfrentarse[8]. Con posterioridad, la providencia de 5 de junio de 2023 declaró admisibles treinta y dos demandas de intervención de terceros Estados en la fase

---

7 A. Garrido Muñoz considera que la ordenanza está redactada en un tono audaz ("La declaración española de intervención ante la Corte International de Justicia en el asunto *Alegaciones de genocidio en virtud de la Convención para la prevención y la sanción del crimen de genocidio (Ucrania c. Federación rusa)*", *REDI*, vol, 75, nº 1, 2023, p. 241).

8 Véase GARRIDO MUÑOZ, A., "Al filo de su competencia *ratione materiae*: la providencia de la Corte Internacional de Justicia en el asunto *Alegaciones de genocidio en virtud de la Convención para la prevención y la sanción del crimen de genocidio (Ucrania c. Federación Rusa)*", *REDI*, vol. 74, nº 2, 2022, pp. 77-104.

de excepciones preliminares a los fines de determinar su competencia *ratione materiae*, lo que plantea interesantes cuestiones relacionadas con los límites y efectos del derecho de intervención, de las que se ocupa A. Garrido en esta obra, mientras que O. Nihreieva ofrece la visión general del asunto que fue objeto de su comunicación en la Jornada de la AEPDIRI.

En la actualidad, el caso ha entrado ya en una nueva fase pues en su reciente sentencia de 2 de febrero de 2024, al pronunciarse sobre las excepciones preliminares presentadas por la Federación Rusa, la Corte ha declarado que tiene competencia para pronunciarse sobre la demanda de Ucrania en lo que atañe a constatar que este Estado no ha violado las obligaciones que le incumben en virtud de la convención y que esta demanda es admisible. Al respecto, la CIJ considera que el artículo IX de la convención no excluye la posibilidad de lo que las partes llamaron las demandas inversas -expresión de la Federación Rusa- o declaraciones de conformidad o de no violación -expresiones utilizadas por Ucrania- mediante las que un Estado busca que se declare que no es responsable de la comisión de actos de genocidio, aportando con ello una novedad jurisprudencial.

Sin embargo, la Sentencia frustra la intención de Ucrania de obtener un pronunciamiento sobre la conducta de la Federación Rusa y reduce el objeto de la controversia a una valoración de la de Ucrania, formulada además en los términos peculiares utilizados en la Memoria de ese Estado, en el sentido de que se trata de saber si hay "elementos creíbles" que prueben que Ucrania es responsable de genocidio en Donetsk y Louhansk, lo que abre una interesante cuestión sobre cómo enfocar la carga de la prueba cuando se aborde el fondo del asunto. Por otra parte, es inevitable apuntar la relativa atención prestada en la Sentencia a los argumentos de los Estados intervinientes.

A todo lo anterior, hay que añadir la implicación de otros entes de NN UU como el Programa de las NNUU para el desarrollo (PNUD), fuertemente comprometido en relación con el impacto socioeconómico de la guerra en Ucrania, para lo que ha aprobado un programa específico[9].

Con todo, la positiva valoración de la reacción de la comunidad internacional en defensa del orden global que se manifiesta en el seno de NN UU no puede cerrarse sin la consideración de los matices que se pueden apreciar en las posiciones de algunos países. De un lado, porque ha habido algunas abstenciones significativas como la de China e India pero asimismo de diversos países africanos, latinoamericanos y asiáticos. De otro, porque sin dejar de condenar la agresión, muchos Estados se han centrado en propugnar el diálogo y las soluciones pacíficas; también se ha expresado preocupación por el impacto de las sanciones sobre las personas y sobre terceros países e incluso alguno no ha dejado de recordar "la tendencia que han mostrado los Estados poderosos en los últimos decenios, incluidos los miembros del Consejo de Seguridad, a incumplir el derecho internacional sin miramientos", como dijo el representante de Kenia en la sesión del Consejo de Seguridad celebrada el 21 de febrero de 2022[10].

Aunque estamos ante la expresión de sensibilidades que requieren atención y aconsejan superar lo que a veces puede ser percibido como una aproximación estrictamente occidental al conflicto, ninguna de ellas cuestiona el orden internacional consagrado en la Carta. Al contrario. En la citada sesión del Consejo de Seguridad, el representante de Ghana señaló que cuando su país se incorporó a la ONU "no nos hacíamos ilusiones de que el orden internacional fuera perfecto. Sin embargo… consideramos que las Naciones Unidas representan el mejor intento de mantener la paz entre las naciones, de forjar relaciones y fomentar la cooperación entre nuestros pueblos y

---

9 Véase https://www.undp.org/sites/g/files/zskgke326/files/2022-04/Ukraine-offer.pdf (consultado el 10 de febrero de 2024).

10 S/PV.8970, p. 9.

de mantener la perspectiva de un mañana mejor... Consideramos que, a través del multilateralismo, podemos mejorar la cooperación con el fin de hacer del mundo un lugar mejor para sus ciudadanos y para las generaciones venideras"[11]. En definitiva, pese a todo, la guerra de Ucrania puede servir para reafirmar la confianza en la Organización como centro mundial de los esfuerzos por la paz, los derechos humanos y el desarrollo.

Los comentarios hasta aquí expresados, convenientemente actualizados, constituyen lo que fue mi intervención como moderadora en la mesa que tuvo por título el que encabeza estas páginas. Se trató de una aproximación inicial que pretendía ser esperanzada en lo que atañe a la organización mundial pero sin negar las evidencias, pues en su contribución X. Pons señala con razón la parálisis del Consejo de Seguridad y la limitada acción de la Asamblea General y la ambigüedad de las resoluciones aprobadas en el período extraordinario de sesiones de emergencia, si bien concluye -y yo comparto- que pese a todas sus debilidades estructurales el sistema de Naciones Unidas es todavía lo mejor que tenemos.

---

11 *Ibid.*

La agresión de Rusia contra Ucrania y el Derecho Internacional contemporáneo

XAVIER PONS RAFOLS[1]

1. INTRODUCCIÓN.

La Asociación Española de Profesores de Derecho Internacional y Relaciones Internacionales (AEPDIRI) tuvo el acierto

1 Catedrático de Derecho Internacional Público de la Universitat de Barcelona (xpons@ub.edu). Todas las referencias y enlaces a páginas de internet han sido consultados por última vez el 24 de mayo de 2023.

de organizar en noviembre de 2022, en colaboración con la Escuela Diplomática, una Jornada Extraordinaria dedicada a "El Derecho Internacional y Europeo contemporáneos ante la agresión rusa a Ucrania". Sus organizadores, a los que reitero mi agradecimiento y la felicitación por el esfuerzo organizativo, tuvieron la amabilidad de invitarme para tratar el tema de "La agresión de Rusia contra Ucrania y el Derecho Internacional contemporáneo". Las ponencias y comunicaciones presentadas en esa Jornada ven ahora la luz mediante esta publicación, pero entre su celebración y la fecha en que finalmente se publique esta obra colectiva han ido pasando meses y la guerra en Ucrania, con todos sus componentes de absoluta barbarie y tragedia -particularmente para la población ucraniana- y con las consecuencias de todo tipo que está generando a nivel internacional, se ha prácticamente cronificado y no se vislumbra todavía una solución política a un conflicto bélico cada vez más enquistado.

En otros lugares me he ocupado de analizar lo que he considerado como algunas certezas sistémicas insostenibles del sistema internacional que se han evidenciado con la guerra en Ucrania y me he referido específicamente también a las Naciones Unidas y al Derecho Internacional en este contexto [2]. En estas publicaciones y en otras intervenciones orales he ensayado plantear cuatro grandes ejes de análisis para intentar entender el conflicto: ¿Cómo hemos llegado hasta aquí? ¿Cómo ha de calificarse lo que está sucediendo? ¿Cómo está reaccionando la comunidad internacional? ¿Cómo salimos de aquí y en qué situación podemos salir de aquí? Lo que procuré

---

2 PONS RAFOLS, X., "La guerra de Ucrania, las Naciones Unidas y el Derecho Internacional: algunas certezas sistémicas insostenibles", *Revista Electrónica de Estudios Internacionales,* Núm. 43, junio 2022, DOI: 10.17103/reei.43.08; y PONS RAFOLS, X., "La guerra de Ucrania: Naciones Unidas y el Derecho Internacional", en GONZÁLEZ BEILFUSS, C.; FERNANDEZ PONS, X. y NAVARRO-MICHEL, M. (dirs.), *Impactos de la guerra de Ucrania,* Valencia, Tirant lo Blanch, 2023, pp.45-67.

en la Jornada organizada por la AEPDIRI -y que ahora se publica en versión escrita- era un análisis que trataba de situarse en la perspectiva de lo que implica este conflicto y estas claves desde y para el Derecho Internacional contemporáneo, con un enfoque que pretende ser bifocal, con una mirada de cerca -la guerra en Ucrania- y de lejos -las grandes tendencias de las que esta guerra es otro síntoma-. Al abordar este análisis he de recuperar inevitablemente, al menos en parte, algunas ideas y reflexiones ya presentadas y publicadas, pero he intentado hacerlas evolucionar, revisándolas y actualizándolas a la fecha de cierre de este estudio (24 de mayo de 2023), es decir, a los quince meses desde el inicio de la guerra.

Con estas premisas abordé mi presentación y abordo ahora esta versión escrita sobre una triple orientación [3]. En primer lugar, me ocuparé de la calificación jurídica de los hechos y de las consecuencias jurídicas en términos de responsabilidad internacional del Estado por la agresión y la ocupación de parte del territorio ucraniano llevada cabo por Rusia (2). En segundo lugar, abordaré la reacción de la comunidad internacional ante la invasión de Ucrania y la ocupación de parte de su territorio, analizando aquellos elementos más significativos y que evidencian las limitaciones y debilidades del sistema in-

---

[3] Análisis en el que prescindo de las complejas causas que nos han llevado hasta aquí, aunque son imprescindibles para un completo entendimiento de la situación, de manera particular por lo que se refiere a la expansión de la OTAN hacia el este y a los también legítimos temores de Rusia sobre su propia seguridad. Véase sobre estos antecedentes, además de las observaciones y referencias que señalo en las publicaciones citadas en la Nota 1, los críticos comentarios de Romualdo Bermejo sobre la rusofobia, el pensamiento occidental más centrado en debilitar a Rusia que no en lo que pueda ocurrir en Ucrania y la posición al respecto de la administración norteamericana en Bermejo García, R., "La crisis ucraniana: algo más que un conflicto entre Rusia y Ucrania", *Anuario Español de Derecho Internacional,* Vol. 39, 2023, en especial pp. 9-36, DOI:10.15581/010.39.9-80.

ternacional (3). Por último, con una prospectiva todavía incierta en el momento actual, analizaré algunas hipótesis para la posguerra de Ucrania y las perspectivas que está planteando para el Derecho Internacional contemporáneo y en relación con su necesario fortalecimiento -o, quizás, con su ineludible debilitamiento- futuro (4).

2. CALIFICACIÓN Y CONSECUENCIAS JURÍDICAS DE LA INVASIÓN DE UCRANIA Y DE LA OCUPACIÓN DE PARTE DE SU TERRITORIO.

En este primer apartado se trata de abordar, de un lado, la calificación jurídica que merece lo sucedido en Ucrania desde el inicio de la invasión rusa (2.1), así como las consecuencias jurídicas que comporta esta valoración jurídica de los hechos en términos de responsabilidad internacional del Estado agresor y ocupante ilegal (2.2).

2.1. La calificación jurídica de los hechos como una agresión y una ocupación ilegal.

No me cabe ninguna de que lo que se inició el 24 de febrero de 2022 con el inicio de las hostilidades contra Ucrania por parte de Rusia constituye un acto de agresión contra la soberanía de otro Estado -una auténtica guerra de agresión- que viola principios esenciales del Derecho Internacional. Esta afirmación no es una posición previa o un prejuicio preconcebido, sino que responde a la más clara evidencia desde el Derecho Internacional y tiene, en términos generales, un amplio consenso doctrinal [4]. Así han venido también a titular esta Jornada

---

[4] En la doctrina española reciente, además del citado en la nota anterior y de diversos artículos de opinión en los medios de comu-

extraordinaria los organizadores de la misma y así han venido, en particular, a titular mi intervención, ya que en ambos casos el concepto central es "la agresión de Rusia contra Ucrania". Así lo reconoció también un amplio número de académicos españoles al sumarse a la Declaración impulsada por la AEPDIRI a los dos días del inicio de la guerra, titulada precisamente "sobre la agresión rusa en Ucrania" [5].

En efecto, aunque Rusia haya intentado, sin fundamento alguno, justificar lo que ha denominado una operación militar especial en Ucrania, lo que sucedió a partir del 24 de febrero fue palmariamente -de libro podríamos decir- un acto de agresión. Una guerra de agresión iniciada por Rusia en violación del artículo 2.4 de la Carta de las Naciones Unidas y del principio establecido en la *Declaración sobre los Principios de Derecho Internacional referentes a las Relaciones de Amistad y a la Cooperación entre los Estados de conformidad con la Carta de las Naciones Unidas* [6] que prohíben la amenaza o el uso de la fuerza contra la integridad territorial o la independencia política de cualquier Estado, o

---

nicación, pueden verse MANGAS MARTÍN, A., "Guerra en Ucrania: perspectiva jurídico-internacional", *Actualidad Jurídica Uría Menéndez,* 60, septiembre-diciembre 2022, pp. 9-25, disponible en https://www.uria.com/es/publicaciones/8189-guerra-en-ucrania-perspectiva-juridicointernacional; PUREZA, J.M., ALCAIDE-FERNÁNDEZ, J., "La guerra en Ucrania: ¿Qué (des)orden antecede a qué nuevo (des) orden?", *Revista Electrónica de Estudios Internacionales,* Núm. 44, diciembre 2022, DOI: 10.17103/reei.44.10; GUTIÉRREZ ESPADA, C., "De la guerra en Ucrania", *Anuario Español de Derecho Internacional,* Vol. 39, 2023, pp. 81-99, DOI:10.15581/010.39.81-99; y del mismo GUTIÉRREZ ESPADA, C., *Sobre la "operación militar especial" de Rusia en Ucrania,* ed. Diego Marín, Murcia 2022.

5 Declaración de los miembros de la AEPDIRI sobre la agresión rusa en Ucrania, disponible en https://www.aepdiri.org/index.php/declaracion-ucrania.

6 Resolución 2625 (XXV), de 24 de octubre de 1970, de la Asamblea General.

en cualquier otra forma incompatible con los propósitos de las Naciones Unidas. La guerra instigada por Rusia es claramente, por tanto, un uso de la fuerza contrario a estas normas y hace caso omiso de este principio, así como de otros principios fundamentales relacionados, como los de la igualdad soberana de los Estados, la no injerencia en los asuntos internos de los Estados y la solución pacífica de las controversias internacionales, todos ellos consagrados en la Carta y en la *Declaración de Principios.*

Como uso de la fuerza encaja también plenamente en la definición de agresión adoptada por la Asamblea General de las Naciones Unidas en 1974 [7], en la que se establece que por agresión se entiende "el uso de la fuerza armada por un Estado contra la soberanía, la integridad territorial o la independencia política de otro Estado, o en cualquier otra forma incompatible con la Carta de las Naciones Unidas, tal como se enuncia en la presente Definición" [8]. En concreto, actos como "la invasión o el ataque por las fuerzas armadas de un Estado del territorio de otro Estado, o toda ocupación militar, aun temporal, que resulte de dicha invasión o ataque, o toda anexión, mediante el uso de la fuerza, del territorio de otro Estado o de parte de él" [9] constituyen una agresión, haya o no declaración de guerra.

En relación con esta noción de agresión y su plena aplicación a la guerra en Ucrania, la definición de la Asamblea General establece también que "[E]l primer uso de la fuerza armada por un Estado en contravención de la Carta constituirá prueba *prima facie* de un acto de agresión" [10] y es obvio que el primer uso de la fuerza sobre diversas zonas de las fronteras ucranianas lo realizaron las tropas rusas la madrugada del 24

---

7 Resolución 3314 (XXIX), de 14 de diciembre de 1974, de la Asamblea General.

8 Artículo 1 del dispositivo de la Resolución 3314 (XXIX).

9 *Ibid.*, artículo 3.a).

10 *Ibid.*, artículo 2.

de febrero de 2022. Finalmente, la definición de la agresión acaba recordando que "[N]inguna consideración, cualquiera sea su índole, política, económica, militar o de otro carácter, podrá servir de justificación de una agresión" [11].

En este contexto, ha de indicarse también que el Derecho Internacional no reconoce ninguna modificación territorial producida por el uso de la fuerza. En otras palabras, forma parte del Derecho Internacional general el deber de no reconocer como lícita ninguna adquisición de territorio derivada de la amenaza o el uso de la fuerza. Volveré sobre ello enseguida, pero así se prevé en la *Declaración de Principios* y en la resolución que define la agresión y la misma Asamblea General lo ha reconocido, de manera reiterada, en relación con los territorios anexionados por Rusia.

En definitiva, las normas establecidas en el Derecho Internacional son, a mi entender, claras y precisas, y rechazan contundentemente la guerra de agresión iniciada por Rusia y la ocupación y posterior anexión de partes del territorio ucraniano [12]. Debe concluirse, por tanto, que Rusia ha violado -y sigue violando al cierre de estas páginas- normas internacionales básicas al agredir a Ucrania y ocupar parte de su territorio.

Los argumentos esgrimidos por Rusia para justificar su agresión -desde la supuesta desnazificación y desmilitarización de Ucrania hasta la supuesta legítima defensa de la población ruso parlante de las zonas del Donbás, que podría ser supuestamente víctima de genocidio por parte ucraniana [13]- carecen

---

11 *Ibid.*, artículo 5.

12 Como indica Araceli Mangas, técnicamente son tres los ilícitos atribuibles a Rusa: invasión, ocupación y posterior anexión (MANGAS MARTÍN, A., "Guerra en Ucrania: perspectiva ..", *op. cit.*, p.14)

13 Véase el Documento S/2022/154, de 24 de febrero de 2002, que reproduce el texto de la alocución del presidente Putin a los ciudadanos de Rusia en la que los informa de las medidas adoptadas, que se pretenden fundamentar en el ejercicio del derecho de legítima defensa.

de base en el Derecho Internacional, ya que la prohibición de la amenaza o el uso de la fuerza en este ordenamiento jurídico sólo conoce dos posibles excepciones o justificaciones. De un lado, la legítima defensa cuando un Estado es víctima de un ataque armado, que puede ser tanto legítima defensa individual como colectiva (artículo 51 de la Carta); lo que no es el caso que nos ocupa, ya que el ataque armado es precisamente el ruso y no puede justificarse una supuesta legítima defensa preventiva. De otro lado, la autorización del Consejo de Seguridad para el uso de la fuerza, de conformidad con lo dispuesto en el Capítulo VII de la Carta y, en particular, con lo dispuesto en su artículo 42; lo que tampoco se da en esta circunstancia.

En cualquier caso, cabe decir también que algo parecido ocurrió con los bombardeos llevados a cabo por la OTAN contra Belgrado y otras ciudades serbias en 1999, que se justificaron por razones humanitarias ante la opresión y limpieza étnica que tenía lugar en Kosovo y para los que no hubo autorización del Consejo de Seguridad. Algo similar ocurrió, asimismo, en octubre de 2001 con la invasión y ocupación de Afganistán por parte de los Estados Unidos, pretendidamente justificada por los atentados del 11 de septiembre de 2001 en Nueva York y Washington y por una defensa preventiva en el marco de la guerra global contra el terror, pero que no tenía cabida en la legítima defensa ni obtuvo autorización del Consejo de Seguridad. De igual manera, una situación similar se produjo en 2003 con la invasión y ocupación de Irak, desencadenada también por los Estados Unidos bajo el pretexto de la existencia de unas armas de destrucción masiva que, por mucho que se buscaron, jamás se encontraron.

En todos estos casos se trató de un uso de la fuerza ilegal, contrario al Derecho Internacional y llevado a cabo sin autorización del Consejo de Seguridad, aunque se alegase que estas actuaciones armadas se basaban en consideraciones humanitarias o en normas y principios internacionales y que estaban justificadas, incluso, en una supuesta e inexistente legítima defensa preventiva. Es decir, con plena conciencia de la ilegalidad de las acciones armadas emprendidas, sus autores pretendieron buscar una cierta legitimación a estos usos de la fuerza, como ahora ha pretendido hacer, de manera falaz, Rusia. Aunque se pretendan justificar, no hay duda de que estas acciones debilitan enormemente el cumplimiento de las normas internacionales, más aún si quien lo hace es un Estado miembro permanente del Consejo de Seguridad. Todo ello ha operado, en especial, un cierto debilitamiento del régimen jurídico del uso de la fuerza, del que ahora es ejemplo paradigmático la actuación rusa en Ucrania. En cualquier caso, además de las falacias, resulta meridianamente claro que unos usos de la fuerza ilegales no pueden servir de justificación de otras ilegalidades; aunque pongan de manifiesto el doble rasero que preside las relaciones internacionales contemporáneas.

2.2. La responsabilidad internacional del Estado autor de la agresión y de la ocupación ilegal.

La calificación jurídica -acto de agresión y consiguiente ocupación ilegal de territorios de otros Estados- con la que se ha descrito lo sucedido en Ucrania desde el inicio de la invasión rusa comporta claramente una responsabilidad internacional del Estado al que es imputable esta conducta, es decir, del Estado responsable del hecho ilícito. Nos hallamos ante un hecho ilícito en el que un determinado comportamiento -en este caso, consistente en una acción armada- es atribuible al Estado según el Derecho Internacional -es decir, a los órganos de ese Estado- y este comportamiento constituye una violación de una obligación internacional de ese Estado. Así es como define el hecho internacionalmente ilícito el proyecto de artículos sobre la responsabilidad del Estado por hechos internacionalmente ilícitos adoptado por la Comisión de Derecho Internacional (CDI) en 2001 [14].

De manera especial, el Capítulo Tercero de la Segunda Parte de este proyecto de artículos se ocupa de las "Violaciones graves de obligaciones emanadas de normas imperativas de Derecho Internacional general", estableciendo un primer criterio distintivo respecto de los otros tipos de violaciones de obligaciones internacionales. Es cierto que el artículo 40.1 del proyecto adoptado por la CDI no se ocupa, en tanto que las entiende como normas primarias, de la definición del contenido de estas normas imperativas de Derecho Internacional general, pero se trata de un concepto que, aunque enormemente complejo, al menos está ya bien establecido en la Convención de Viena de 1969 sobre el Derecho de los tratados entre Estados [15]. Además, en 2022, la CDI aprobó en segunda lectura el proyecto de conclusiones sobre la identificación y las consecuencias jurídicas de las normas imperativas de Derecho Internacional general (*ius cogens*), que desarrolla los criterios para la identificación de estas normas y determina sus consecuencias jurídicas [16].

---

14 Proyecto de Artículos sobre responsabilidad del Estado por hechos internacionalmente ilícitos, adoptado por la Comisión de Derecho Internacional en su 53º período de sesiones (Documento A/56/10) y anexado en la Resolución 56/83, de 12 de diciembre de 2001, de la Asamblea General.

15 Concretamente los artículos 53 y 64 de la Convención de Viena sobre el derecho de los tratados entre Estados establecen que "una norma imperativa de derecho internacional general es una norma aceptada y reconocida por la comunidad internacional de Estados en su conjunto como norma que no admite acuerdo en contrario y que sólo puede ser modificada por una norma ulterior de derecho internacional general que tenga el mismo carácter".

16 Véase al respecto el Informe de la Comisión de Derecho Internacional sobre la labor realizada en su 73er período de sesiones (2022), Documento A/77/10, pp. 10 y ss.

Como indica también la misma CDI en sus comentarios al proyecto de artículos sobre la responsabilidad, las obligaciones a las que se refiere el artículo 40 "dimanan de aquellas normas sustantivas de comportamiento que prohíben lo que ha llegado a considerarse intolerable porque representa una amenaza para la supervivencia de los Estados y sus pueblos y para los valores humanos más fundamentales". Lo que la lleva en sus comentarios a considerar que se conviene, generalmente, que "entre esas prohibiciones, la prohibición de la agresión ha de considerarse imperativa" [17]. Es decir, las normas imperativas pueden tener, ciertamente, un contenido indeterminado, pero, tal como se establece en su definición, expresan el consenso general de los Estados y, concretamente de "la comunidad internacional de Estados en su conjunto"; y no hay duda de que hay consenso suficiente sobre el carácter esencial o estructural del principio que establece la prohibición del uso o amenaza de la fuerza. En este mismo sentido, en el anexo a la Conclusión 23 del proyecto de conclusiones de la CDI sobre la identificación y las consecuencias jurídicas de las normas imperativas se recoge una lista no exhaustiva de las normas que la CDI considera que han obtenido dicho estatus, siendo precisamente la primera de ellas la de la prohibición de la agresión [18].

En cualquier caso, el artículo 40.2 del proyecto de artículos sobre la responsabilidad internacional del Estado establece también un segundo criterio distintivo al disponer que estas

---

17 Véase los comentarios de la CDI al artículo 40 en el Informe de la Comisión de Derecho Internacional sobre la labor realizada en su 53.º período de sesiones (2001), *Anuario de la Comisión de Derecho Internacional* de 2001, Documento A/CN.4/SER.A/2001/Add.1 (Part 2), pág. 120.

18 Aunque el orden en el que figuran no indica en modo alguno una jerarquía entre ellas. Véase los comentarios de la CDI al proyecto de Conclusión 23 y al anexo en el Documento A/77/10 ya citado, pp. 92 y ss.

disposiciones sólo se aplican a las violaciones "graves", es decir, a aquellas que tengan una cierta magnitud. A tal efecto, se establece que la violación de tal obligación "es grave si implica el incumplimiento flagrante o sistemático de la obligación por el Estado responsable". A mi juicio, no cabe ninguna duda que la agresión iniciada por Rusia, con la guerra y ocupación de partes del territorio de Ucrania, constituye claramente -por la propia naturaleza de los comportamientos- una violación "grave" de estas obligaciones derivadas de normas imperativas, en tanto que es un incumplimiento flagrante -y sistemático, por organizado y deliberado- de la prohibición del uso o amenaza de la fuerza. Cabría incluso afirmar que una agresión como la iniciada contra Ucrania constituye el epítome de la "flagrancia", por la magnitud o gravedad del incumplimiento.

Una violación grave de una obligación emanada de una norma imperativa de Derecho Internacional general conlleva consecuencias especiales y obligaciones específicas para todos los Estados, pero debe indicarse a este respecto que las previsiones del Derecho Internacional no son ni precisas ni detalladas, y de ahí las debilidades en lo que se refiere a la exigencia de la responsabilidad internacional. Concretamente, el artículo 41 del proyecto de artículos se limita a establecer, como consecuencias particulares, tres órdenes de obligaciones jurídicas para los Estados, que son reiteradas en similar formulación en el proyecto de conclusiones de la CDI sobre las normas imperativas [19]. Se trata de las denominadas "obligaciones de solidaridad": la obligación de cooperar para poner fin a dicha violación; la obligación de no reconocer la situación creada por el hecho ilícito; y la obligación de no ayudar a que éste se consolide.

---

19 Concretamente, en el proyecto de Conclusión 19. Vid, asimismo el comentario de la CDI en *ibid.*, pp.76 y ss.

La primera es la obligación de todos los Estados de cooperar "para poner fin, por medios lícitos, a toda violación grave en el sentido del artículo 40", aunque no se prescribe ni qué medidas ni qué forma deberá adoptar esa cooperación o en qué contexto institucional internacional debe tener lugar. En todo caso, aunque en 2001 la misma CDI consideraba que podía discutirse "si en la actualidad el derecho internacional general prescribe un deber positivo de colaboración", en 2022, en sus comentarios a la Conclusión 19 reconocía que "en la actualidad la obligación de cooperar para poner fin a las violaciones graves de obligaciones que emanen de normas imperativas de derecho internacional general (*ius cogens*) está reconocida en el derecho internacional" [20]. Se trata, por tanto, de un claro deber positivo de colaboración para que ante este tipo de violaciones graves "todos los Estados realicen un esfuerzo conjunto y coordinado para contrarrestar los efectos de esas violaciones", independientemente de que resulten o no directamente afectados por la violación grave [21].

El artículo 41 del proyecto prevé también que "[N]ingún Estado reconocerá como lícita una situación creada por una violación grave en el sentido del artículo 40, ni prestará ayuda o asistencia para mantener esa situación". En realidad, hay aquí

---

20 Véase, al respecto los comentarios de la CDI al artículo 41 del proyecto de artículos sobre la responsabilidad de los Estados en el ya citado Documento A/CN.4/SER.A/2001/Add.1 (Part 2), p. 122, así como los comentarios al proyecto de Conclusión 19 en el también ya citado Documento A/77/10, p. 77. A este respecto véase también, de manera general, el extenso análisis que formula Jaume Ferrer en FERRER LLORET, J., "Las «consecuencias particulares» de las violaciones graves de normas de «ius cogens» en el Proyecto de la CDI de 2022: ¿desarrollo progresivo del Derecho Internacional?", *Anuario Español de Derecho Internacional*, Vol. 39, 2023, en especial pp. 161 y ss., DOI:10.15581/010.39.149-207.

21 Documento A/CN.4/SER.A/2001/Add.1 (Part 2), p. 122.

dos obligaciones para todos los Estados: de un lado, la de no reconocer como lícita ninguna situación creada por una violación grave; y, de otro lado, la de no prestar ayuda ni asistencia para que se siga manteniendo esta situación. El principio de que las adquisiciones territoriales conseguidas con el uso de la fuerza no son válidas y no deben ser reconocidas tiene, por tanto, un amplio y consolidado consenso internacional [22].

Por último, adicional y específicamente, el artículo 41.3 del proyecto dispone que "[E]l presente artículo se entenderá sin perjuicio de las demás consecuencias enunciadas en esta parte y de toda otra consecuencia que una violación a la que se aplique el presente capítulo pueda generar según el derecho internacional". Con lo que, de un lado, resultan también aplicables todas las disposiciones de la Segunda Parte del proyecto de artículos que, en relación con el contenido de la responsabilidad internacional del Estado, establecen las obligaciones de continuidad del deber de cumplir la obligación, de cesación del hecho ilícito, de ofrecimiento de garantías de no repetición, así como la obligación de reparación; es decir, que el Estado autor del hecho ilícito internacional sigue siendo sujeto directo de estas obligaciones. De otro lado, se formula en esta disposición una remisión general a las otras consecuencias jurídicas que en relación con este tipo de violaciones graves puedan generarse según el Derecho Internacional, lo que, atendiendo al supuesto de la violación de la prohibición de la agresión nos conduce a la Carta de las Naciones Unidas y al sistema de seguridad colectiva en ella establecido. No obstante, algunos de los miembros de la misma CDI plantearon ciertas reservas y, como se recoge en el Informe, pensaban, entre otras cosas que "ha-

---

22 Como reitera Gutiérrez Espada, C., "De la guerra en Ucrania", *op cit.*, pp. 87-89.

bía que decir más claramente que esas consecuencias no eran ni exhaustivas ni mutuamente excluyentes” [23].

Además de las consecuencias particulares de este tipo de violaciones graves, el proyecto de artículos sobre la responsabilidad internacional de los Estados aborda también la invocación de la responsabilidad por parte de cualquier Estado si la obligación violada existe con relación a la comunidad internacional en su conjunto [24]. El mismo planteamiento se recupera en la Conclusión 17 del proyecto de conclusiones sobre las normas imperativas al establecer que éstas generan obligaciones para la comunidad internacional de Estados en su conjunto y, por tanto, todo Estado tiene derecho a invocar la responsabilidad de otro Estado por la violación de una norma imperativa de Derecho Internacional general.

En cualquier caso, pese a estas previsiones y estas obligaciones jurídicas, que forman parte y se incorporan en el Derecho Internacional contemporáneo, lo cierto es que desde el inicio de la guerra de Ucrania ni se han puesto en marcha los mecanismos institucionales establecidos para garantizar la seguridad internacional, ni todos los Estados -empezando por Rusia, que tampoco ha cumplido con su obligación de cesación y no

---

23 Además de indicar que “[E]n particular, el concepto de violaciones graves debía aclararse más; había que definir más exactamente y ampliar las consecuencias de las violaciones graves, para aclarar, entre otras cosas, el derecho de todos los Estados a invocar la responsabilidad de un Estado a consecuencia de una violación grave (la llamada *actio popularis*); había que indicar mejor cuándo una violación grave daría lugar a una indemnización de carácter ejemplar o expresivo; en particular, había que identificar más claramente esas indemnizaciones a fin de distinguirlas de las punitivas, inexistentes en el derecho internacional general vigente”, Documento A/CN.4/SER.A/2001/ Add.1 (Part 2), ya citado, p. 22, parágrafo 47, con el Informe de la CDI sobre el análisis general del tema en su sesión de 2001.

24 Artículos 42 y 48 de la tercera parte del proyecto de artículos de la CDI.

repetición- se han ajustado a la obligación de cooperar para poner fin a una situación ilegal, como la guerra y ocupación de parte del territorio de Ucrania. Lo que revela, claramente, como indica Cesáreo Gutiérrez Espada, que "las consecuencias asignadas a la violación grave de las normas de *ius cogens* no tienen la suficiente contundencia para conseguir el propósito que pretenden" [25]. La pregunta no es sólo si estamos ante un problema de falta de contundencia de las normas respecto de las consecuencias jurídicas, sino si estamos más bien ante un riesgo sistémico de incumplimiento del Derecho Internacional contemporáneo y de sus principios fundamentales o constitucionales.

3. LA REACCIÓN DE LA COMUNIDAD INTERNACIONAL ANTE LA INVASIÓN DE UCRANIA Y LA OCUPACIÓN DE PARTE DE SU TERRITORIO.

La valoración de la reacción de la comunidad internacional ante la invasión de Ucrania y la ocupación de partes de su territorio -que se caracteriza, de entrada, por la poca institucionalidad y la poca universalidad- puede ordenarse analizando, en primer lugar, la parálisis del Consejo de Seguridad y la limitada acción de la Asamblea General (3.1), y, en segundo lugar, la falta de universalidad, pese a la obligación de todos los Estados de cooperar para poner fin al hecho internacionalmente ilícito (3.2).

---

[25] Véase GUTIÉRREZ ESPADA, C., *Sobre la "operación militar especial" de Rusia .., op. cit.,* p. 37.

3.1. La parálisis del Consejo de Seguridad y la limitada acción de la Asamblea General de las Naciones Unidas.

Los dos órganos políticos principales de las Naciones Unidas que han abordado la situación en Ucrania y la guerra de agresión desencadenada por Rusia son el Consejo de Seguridad y la Asamblea General. Desde el 24 de febrero de 2022, el Consejo de Seguridad se ha reunido en numerosas ocasiones para tratar de la guerra en Ucrania, pero no ha podido adoptar ninguna resolución sobre el conflicto. Ha sido incapaz, por tanto, de cumplir hasta la fecha los importantes deberes que tiene asignados como responsable primordial del mantenimiento de la paz y la seguridad internacionales, expresando así, claramente, una debilidad política de naturaleza estructural y el carácter tan netamente instrumental de todo el sistema de las Naciones Unidas [26].

Durante todo este período, en dos ocasiones un proyecto de resolución fue objeto de veto por parte de Rusia, lo que, atendiendo a su condición de miembro permanente del Consejo de Seguridad, implicaba la no adopción de la resolución. Un primer proyecto de resolución presentado el 25 de febrero de 2022 [27], al día siguiente del inicio de la agresión rusa, que pretendía que el Consejo, entre otras cosas, deplorase, "en los términos más enérgicos, la agresión cometida por la Federación de Rusia contra Ucrania" y reafirmase "su compromiso

---

26 En todo este período el Consejo de Seguridad sólo ha sido capaz de emitir una Declaración de la presidencia en nombre del Consejo, de 6 de mayo de 2022, en la que se limitaba a expresar su "profunda preocupación por el mantenimiento de la paz y la seguridad de Ucrania" y "su firme apoyo a los esfuerzos del Secretario General en la búsqueda de una solución pacífica", Documento S/PRST/2022/3, de 6 de mayo de 2022. Véase el debate en el Documento S/PV.9028, de 6 de mayo de 2022.

27 Documento S/2022/155.

con la soberanía, la independencia, la unidad y la integridad territorial de Ucrania dentro de sus fronteras reconocidas internacionalmente", fue rechazado por 11 votos a favor, 1 voto en contra (el de Rusia) y 3 abstenciones (China, India y Emiratos Árabes Unidos) [28].

Mediante un segundo proyecto de resolución se pretendía condenar las anexiones llevadas a cabo por Rusia, después de que en los territorios parcialmente ocupados (Donetsk, Luhansk, Jerson y Zaporiyia) se hubieran celebrado unos referéndums que pretendían legitimar la anexión territorial o, cuanto menos, darle la apariencia de legitimidad [29]. En esta ocasión, el 30 de septiembre de 2022, la resolución obtuvo 10 votos a favor, 1 en contra (Rusia) y 4 abstenciones (China, India, Brasil y Gabón) [30]. Además del voto negativo del miembro permanente que ejercía su derecho de veto, deben destacarse las abstenciones en los dos casos, entre ellas la de otro miembro permanente. Con algunos cambios, en función de la renovación en la composición del Consejo de Seguridad para 2023, esta misma situación de votos en contra o abstenciones se ha expresado ante temas menores de procedimiento, como la invitación a participar en una sesión del Consejo de Seguridad, a propuesta de Rusia, de una representante de la denominada República Popular de Donetsk [31]. Como veremos enseguida, estas abstenciones evidencian la innegable presencia de un grupo relevante de Estados

---

28 Véase el debate y la votación en el Documento S/PV.8979, de 25 de febrero de 2022.

29 Documento S/2022/720.

30 Véase el debate y la votación en el Documento S/PV. 9143, de 30 de septiembre de 2022.

31 Concretamente, la propuesta rusa para que pudiera intervenir la Sra. Morozova, defensora del pueblo de la República Popular de Donetsk, obtuvo 4 votos a favor (Rusia, China, Brasil y Ghana), 8 votos en contra y 3 abstenciones (Gabón, Mozambique y Emiratos Árabes Unidos). Véase Documento S/PV.9286, de 17 de marzo de 2023.

que, si bien están incómodos con la guerra iniciada por Rusia y hubieran preferido que no se hubiese desarrollado, actúan de manera más ambigua y no están dispuestos a condenarla, a imponer a Rusia las sanciones que han sido adoptadas por algunos países occidentales o, en definitiva, a cumplir con su obligación de cooperar para poner fin al hecho ilícito.

Ante la parálisis evidente en el Consejo de Seguridad, y amparándose en lo previsto en la Resolución 377A (V), de la Asamblea General, "Unión pro paz" [32], y en el Reglamento de la Asamblea, el Consejo de Seguridad aprobó la resolución 2623 (2022) por la que se decidió convocar, de manera excepcional, el undécimo período extraordinario de sesiones de emergencia de la Asamblea General [33]. A lo largo de este undécimo período extraordinario de sesiones de emergencia la Asamblea General ha aprobado durante el año 2022 hasta cinco resoluciones [34], condenando la agresión rusa, suspendiendo la participación de Rusia en el Consejo de Derechos Humanos, no reconociendo la anexión territorial realizada por Rusia o estableciendo que Rusia "debe asumir las consecuencias jurídicas de todos los hechos internacionalmente ilícitos que cometa, en particular la reparación por todo perjuicio, incluidos los daños, que se derive de tales hechos" [35]. Como comentaré enseguida, la mayoría de estas resoluciones han alcanzado un amplio respaldo en la Asamblea General.

---

[32] Adoptada por la Asamblea General el 3 de noviembre de 1950, en el contexto de la guerra de Corea.

[33] Sin posibilidad de veto y con el voto en contra de Rusia y las abstenciones de China, India y Emiratos Árabes Unidos (Véase Documento S/PV.8980, de 27 de febrero de 2022).

[34] Resoluciones ES-11/1, de 2 de marzo de 2022, ES-11/2, de 24 de marzo de 2022, ES-11/3, de 7 de abril de 2022, ES-11/4, de 12 de octubre de 2022 y ES-11/5, de 14 de noviembre de 2022.

[35] Véase un análisis más detallado de estas resoluciones en Pons Rafols, X., "La guerra de Ucrania: Naciones Unidas ..", *op. cit.*

Finalmente, una sexta resolución adoptada por la Asamblea General fue aprobada con ocasión de la reanudación de su período extraordinario de sesiones de emergencia coincidiendo con el primer aniversario de la invasión de Ucrania. En esta resolución, la Resolución ES-11/6, de 23 de febrero de 2023, la Asamblea General reiteró las exigencias y condenas a Rusia, incluyendo su retirada del territorio de Ucrania y la rendición de cuentas por los crímenes cometidos, y recalcó "la necesidad de alcanzar cuanto antes una paz general, justa y duradera en Ucrania, en consonancia con los principios de la Carta de las Naciones Unidas", incluyendo entre estos principios los de igualdad soberana e integridad territorial de los Estados. Bajo esta perspectiva, la Resolución concluía instando a todos los Estados Miembros "a que cooperen con espíritu de solidaridad para hacer frente a las repercusiones globales de la guerra en la seguridad alimentaria, la energía, las finanzas, el medio ambiente y la seguridad nuclear", recalcando que los acuerdos para una paz general, justa y duradera en Ucrania deberían tener en cuenta estos factores, y exhortando a los Estados Miembros a que apoyasen al Secretario General en sus esfuerzos para hacer frente a esas repercusiones. Es pertinente subrayar en este momento que el llamamiento era a cooperar para hacer frente a las repercusiones globales de la guerra y no exactamente un llamamiento a cooperar para poner fin, por medios lícitos, a la violación grave de la prohibición del uso o amenaza de la fuerza que sigue teniendo lugar. La resolución fue aprobada, de nuevo, con una abultada mayoría, por 141 votos a favor, 7 en contra y 32 abstenciones.

3.2. La falta de universalidad en la reacción, pese a la obligación de cooperación para poner fin al hecho internacionalmente ilícito.

Como he indicado antes, el artículo 41.1 del proyecto de artículos de la CDI sobre la responsabilidad internacional del Estado establece, entre otras consecuencias particulares, que, ante una violación grave de obligaciones que emanen de normas imperativas de Derecho Internacional general, todos los Estados deben cooperar para poner fin, por medios lícitos, a esta violación. La Conclusión 19.1 del proyecto de conclusiones de la CDI sobre la determinación de las normas imperativa establece también que el deber de cooperar para poner fin a la violación grave del *ius cogens* forma parte del Derecho Internacional general. Sin embargo, la experiencia fáctica de los últimos quince meses revela la absoluta debilidad de este mandato y, por ende, del Derecho Internacional. Ni el autor del hecho ilícito ha cesado en su ilicitud, pese a los reiterados llamamientos de la Asamblea General, ni ha habido una reacción institucionalizada de la comunidad internacional en términos de cooperación para poner fin a la ilicitud a través de los mecanismos establecidos en la Carta de las Naciones Unidas.

Un grupo importante de Estados, encabezados por los Estados Unidos y la Unión Europea, han aplicado sanciones económicas y financieras de diverso tipo contra Rusia y sus dirigentes, y han dado apoyo militar, económico y de inteligencia a Ucrania. Se trata de unas medidas que, si bien han sido adoptadas por diversos Estados, son claramente unilaterales. Aunque el Derecho Internacional no prohíbe la adopción de medidas unilaterales lícitas para poner fin a la violación grave de una norma imperativa, lo cierto es que tanto el artículo 41.1 como la Conclusión 19.1 se centran en las "medidas colectivas", ya que en ellas radica la esencia de la obligación de "cooperación" [36].

Estas medidas unilaterales no son contrarias al Derecho Internacional y, además, pueden fundamentarse en este ordenamiento jurídico, ya sea a título de legítima defensa colectiva, ya sea, quizás, a título de contramedidas. En relación con esta segunda fundamentación, sin embargo, el artículo 54 del

---

[36] Como subraya la CDI en sus comentarios al proyecto de Conclusión 19.1, Documento A/77/10, p. 78.

proyecto de artículos sobre la responsabilidad internacional establece, en relación con las medidas tomadas por Estados distintos del Estado lesionado, que las disposiciones sobre las contramedidas del proyecto no prejuzgan el derecho de cualquier Estado facultado "para invocar la responsabilidad de otro Estado, a tomar medidas lícitas contra este Estado para asegurar la cesación de la violación y la reparación en interés del Estado lesionado o de los beneficiarios de la obligación violada", pero la CDI, en sus comentarios, estableció claramente que "el estado actual del derecho internacional sobre las contramedidas adoptadas en interés general o colectivo es incierto" [37]. Es decir, nada impide la adopción de medidas lícitas contra el Estado autor de la violación grave de una obligación emanada de normas imperativas, pero la adopción de contramedidas en interés colectivo, que sería el caso, configura todavía una práctica escasa y limitada, que requiere mayor evolución del Derecho Internacional y, por tanto, no parece poder reconocerse el derecho de los Estados a adoptarlas como contramedidas [38].

Cuestión distinta, de otra parte, es que sólo las adopten unos determinados Estados y, sobre todo, la razón o motivación política y el contexto geopolítico en el que estas medidas se adoptan. Así, por ejemplo, el G7, que reúne a los Estados democráticos más desarrollados y a la Unión Europea, ha formulado reiteradas declaraciones de condena a la invasión y en su reciente cumbre de Hiroshima sus líderes reafirmaron su "commitment to stand together against Russia's illegal, unjustifiable, and unprovoked war of aggression against Ukraine"

---

[37] Véase los comentarios sobre el artículo 54 del proyecto de artículos en el Informe de la CDI, Documento A/CN.4/SER.A/2001/Add.1 (Part 2) ya citado, p. 149.

[38] Lo que ha confirmado la CDI en su proyecto de Conclusiones sobre las normas imperativas (Véase FERRER LLORET, J., "Las «consecuencias particulares» de las violaciones ..", *op. cit.*, pp. 177-180)

y indicaron también que "[O]ur support for Ukraine will not waver" y que estaban "taking new steps to ensure that Russia's illegal aggression against the sovereign state of Ukraine fails and to support the Ukrainian people in their quest for a just peace rooted in respect for international law" [39]. Manifestaban de esta forma, y en presencia del presidente Zelenski, un pleno apoyo y compromiso con Ucrania, así como su preocupación por las consecuencias de la guerra a escala regional y mundial.

En cambio, en el G20, un foro más amplio para la cooperación internacional, del que también forman parte, entre otros, Rusia, China, India o Brasil, las posiciones han sido mucho menos unánimes y en su cumbre de noviembre de 2022, al mismo tiempo que señalaban, de un lado, que "[M]ost members strongly condemned the war in Ukraine and stressed it is causing immense human suffering and exacerbating existing fragilities in the global economy - constraining growth, increasing inflation, disrupting supply chains, heightening energy and food insecurity, and elevating financial stability risks", reconocían también que "[T]here were other views and different assessments of the situation and sanctions" [40]. Es decir, ambigüedad sobre la guerra y preocupación por las consecuencias para la economía mundial.

De esta manera, una sutil preocupación más centrada en los efectos adversos de la guerra que en el ilícito internacional llevado a cabo por Rusia se expresa, con una calculada ambi-

---

39 Véase el comunicado sobre Ucrania, así como el comunicado final de los líderes del G7 emitidos en su reunión de Hiroshima, del 19 al 21 de mayo de 2023, disponibles en https://www.g7hiroshima.go.jp/en/documents/.

40 Véase la Declaración de los líderes del G20 emitida en la reunión celebrada en Bali (Indonesia) el 15 y 16 de noviembre de 2022, disponible en https://bali.com/wp-content/uploads/docs/2022-11-16-g20-declaration-bali-summit.pdf.

güedad y una absoluta lejanía respecto de la mainstream dominante en Europa y los Estados Unidos, por parte de lo que se ha venido en denominar el Sur Global [41]. Muchos de estos países, con su posicionamiento lejano, acaban expresando una cierta indiferencia por la tragedia humanitaria en Ucrania, que en Europa puede indignar, pero que responde a sus propios intereses, a la voluntad de mantener su autonomía, a no quedar expuestos a un solo discurso y al intento de evitar verse arrastrados a una confrontación que no perciben como suya [42]. Algunas potencias medias emergentes, como Brasil, India, Indonesia o Turquía, protagonizan y marcan claramente esta senda y pretenden ser reconocidas como referentes. Otras incluso, como Irán, suministran a Rusia drones armados. Prácticamente ningún país asiático, salvo Japón y Corea del Sur, y ningún país africano ni latinoamericano, ha asumido las sanciones impuestas por occidente a Rusia y a sus dirigentes.

De alguna manera, parece como si los países desarrollados occidentales estuvieran fracasando al tratar de incorporar al Sur Global a la defensa de unos valores que se pretendían compartidos y universales. En otras palabras, lo que aparentaba ser, resulta que no lo era tanto y esto, inevitablemente, debilita y erosiona al Derecho Internacional. Aunque sea cierto que la guerra tiene lugar en el este de Europa, parece que estemos en mundos completamente distintos y muchos Estados no compran -o no compran por completo- el relato occidental. Quizás

---

41 Véase al respecto, por ejemplo, DACOBA CERVIÑO, F.J., "Ucrania: ni guerra relámpago, ni paz duradera", *Documento de Análisis* nº 51, IEEE, 13 de julio de 2022, pp. 5 y ss., disponible en https://www.ieee.es/en/Galerias/fichero/docs_analisis/2022/DIEEEA51_2022_FRADAC_Ucrania.pdf.

42 Véase en este sentido en PARDO DE SANTAYANA, J., "La guerra de Ucrania y la rebelión del Sur global", *Documento de Análisis* IEEE 63/2022, octubre 2022, disponible en https://www.ieee.es/Galerias/fichero/docs_analisis/2022/DIEEEA63_2022_JOSPAR_Ucrania.pdf.

toda esta fractura sea también otro síntoma de este soterrado cuestionamiento del sistema internacional establecido tras la segunda guerra mundial, que la guerra en Ucrania ha agravado en un contexto geopolítico de recomposición de equilibrios de poderes [43].

Estas divergencias se reflejan también en las seis resoluciones adoptadas por la Asamblea General y a las que ya me he referido. Tanto en su contenido como en el resultado de su adopción se manifiestan en ellas estas desigualdades de puntos de vista o, cuanto menos, ambigüedades. Lo más relevante, a mi juicio, es el hecho de que las resoluciones de condena genérica (las resoluciones ES-11/1, ES-11/2, ES-11/4 y ES-11/6) reciben un apoyo importante, de más del 72% del total de Estados miembros de las Naciones Unidas, mientras que las resoluciones en las que la condena va acompañada de acciones y propuestas concretas (como sucede en las resoluciones ES-11/3 y ES-11/5) el porcentaje de apoyo sobre el total de miembros de las Naciones Unidas cae y no llega ni al 49% en ambos casos. Es decir, son muchos más los Estados que, con su voto en contra, su abstención o su ausencia, se muestran reticentes a medidas como la suspensión de Rusia en el Consejo de Derechos Humanos o la promoción de vías de recurso y de reparaciones a cargo de Rusia como responsable del conflicto.

---

[43] En el que las potencias occidentales, Rusia y China pugnan por intentar alinear el Sur Global con sus designios estratégicos mientras que potencias emergentes de este Sur Global, como India, Brasil, Turquía o Indonesia, muestran sus aspiraciones a una mayor autonomía estratégica.

VOTACIONES EN LA ASAMBLEA GENERAL

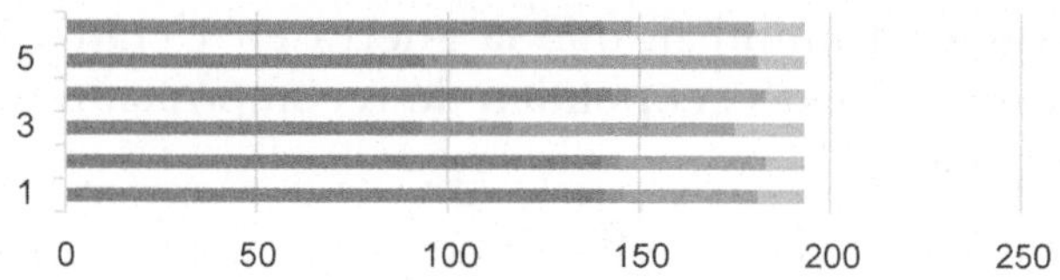

	1	2	3	4	5	6
VOTOS A FAVOR	141	140	93	143	94	141
VOTOS EN CONTRA	5	5	24	5	14	7
ABSTENCIONES	35	38	58	35	73	32
AUSENCIAS	12	10	18	10	12	13

VOTOS A FAVOR VOTOS EN CONTRA ABSTENCIONES AUSENCIAS

Todo ello refleja, de alguna manera, una diferenciación de opiniones en términos políticos que podemos intentar articular, con todos los matices que se quieran, en tres grupos de Estados. De un lado, en un grupo bastante homogéneo podemos situar a todos aquellos Estados que condenan contundentemente la agresión rusa y que -no todos, pero, al menos, un buen número de ellos- adoptan sanciones unilaterales y dan apoyo militar, económico y de inteligencia a Ucrania. De otro lado, aquellos otros Estados, mucho más reducidos en número, pero también bastante homogéneos, que son aliados incondicionales de Rusia y que, básicamente -por sus votos en contra en la adopción de las resoluciones de la Asamblea General-, son Bielorrusia, Eritrea, Siria, Nicaragua, Malí y Corea del Norte. En tercer lugar, y es lo más relevante, un grupo de Estados, mucho más heterogéneo, que, aun encontrándose incómodos con la situación y prefiriendo la paz, o bien no condenan la agresión, o bien no adoptan sanciones contra Rusia, o bien se limitan a permanecer simplemente a la expectativa o con una calculada ambigüedad, entre los que se hallan Estados tan importantes y poblados como China, India, Méjico, Turquía, Sudáfrica o Brasil, algunos incluso de la Unión Europea como Hungría, u otros que, como digo, acaban considerando el conflicto como algo ajeno.

4. LA POSGUERRA DE UCRANIA Y EL FUTURO DEL DERECHO INTERNACIONAL.

Permítaseme una reflexión final sobre cómo salimos de aquí y en qué situación y con qué Derecho Internacional salimos de aquí. Para ello debo abordar, primero, la necesaria pero incierta solución política al conflicto ante la imposible solución militar (4.1), para analizar, en segundo lugar, con un foco más abierto y general, algunas tendencias y problemas actuales en relación con la fragilidad del Derecho Internacional y el desorden del sistema internacional, agravados con la guerra en Ucrania (4.2).

4.1. La búsqueda de una incierta solución política ante una imposible solución militar.

Tal como se encuentra la situación bélica a finales de mayo de 2023, quince meses después del inicio de la guerra, con la desgastante batalla de Bajmut estancada desde hace meses y pendientes de una posible contraofensiva ucraniana en esta primavera a punto de terminar, parece que se están cumpliendo los pronósticos que aventuraban una cronificación del conflicto. Una vez se demostró el error de cálculo inicial ruso de pensar en una victoria rápida y una guerra corta; una vez que, de manera agónica, las tropas rusas consiguieron unir por tierra Crimea con el resto de las regiones ocupadas del Donbás con la devastadora batalla de Mariúpol; y una vez que los contraataques ucranianos liberaron las zonas ocupadas de Járkov y de Jerson, se constata claramente este enquistamiento.

Pese a los refuerzos de armamento que está recibiendo Ucrania y pese a las movilizaciones de reclutas que está realizando Rusia, resultaría sorpresivo -aunque nada resulta descartable- que el ejército ucraniano consiguiera expulsar a Rusia de todos o de parte de los territorios ocupados -incluido Crimea- o que

Rusia consiguiera controlar toda Ucrania después de haber perdido, definitivamente, a los ciudadanos ucranianos. En términos militares parece más bien que ninguno de los dos contendientes -ni el agresor ni el agredido- puede acabar ganando esta guerra, pero creo que también es cierto que ninguno de los dos puede acabar perdiéndola. Serían demasiados los costes para unos y para otros. Ucrania sigue recibiendo un importante apoyo occidental que parece que no va a cesar, al menos de momento, aunque la opinión pública de los Estados Unidos y de Europa puede acabar sufriendo fatiga de la guerra; y Rusia no deja de ser una potencia dotada de armas nucleares, aunque la realidad trastocó los planes iniciales y en estos quince meses las tropas rusas han perdido, además de miles de componentes, su imagen y prestigio militar de gran potencia.

Si esta es la situación fáctica, las opciones que se plantean son pocas y extraordinariamente complejas. De un lado, esta cronificación del conflicto que puede alargarse durante bastante tiempo, salvo que, en algún momento, con el resultado de esta posible contraofensiva de primavera o con su hipotético y quizás determinante rechazo, alguna de las partes en el conflicto pueda realizar acciones militares que la sitúen en una posición más ventajosa, aunque tampoco claramente vencedora. De otro lado, el riesgo de la escalada, ya sea intencional o simplemente accidental, seguirá estando presente y podría comportar una mayor implicación o, quizás, la implicación directa de otras potencias o de la OTAN o, incluso, una escalada en términos nucleares según cuáles fueran los escenarios militares.

Lo que nos aboca a una tercera opción, la más razonable y la única que debería contemplarse: la de una necesaria negociación que conduzca a una paz que permita un desenlace estable y duradero. El problema estriba claramente en determinar en qué condiciones se llega a esta paz, qué territorios se intercambian o se anexiona el agresor, cómo se garantiza la plena rendición de cuentas, qué tipo de reparaciones se contemplan y quién asumirá el coste de la reconstrucción, qué garantías mutuas de seguridad pueden establecerse o si, en una perspectiva más política, Ucrania acabará formando parte de la OTAN y de la Unión Europea o mantendrá un estatuto de neutralidad más o menos impuesto. Son algunas de las muchas incógnitas de una muy problemática paz negociada a este conflicto. De un lado, porque también es cierto que en una negociación todas las partes deben estar dispuestas a ceder en sus posiciones iniciales -aunque estas estén, como ahora sucede, muy alejadas y enrocadas- en búsqueda del posible acuerdo y de una solución razonablemente aceptable y no humillante para ninguna de ellas; y de otro lado porque plantear que la parte agredida, en este caso Ucrania, tenga que ceder, quizás, partes de su territorio ante el Estado agresor resulta algo difícil de aceptar, constituye un precedente enormemente peligroso en un escenario de relaciones internacionales ya de por si complejo como el actual, y se condice mal con el asentado principio jurídico según el cual los hechos ilícitos no pueden nunca generar derechos.

En este contexto, con ocasión de la Cumbre del G20 celebrada en noviembre de 2022, el presidente Zelenski hizo público un plan de paz de diez puntos que, entre otras cosas, abogaba por la retirada de las tropas rusas y el cese de las hostilidades, con el restablecimiento de las fronteras estatales de Ucrania con Rusia y de la integridad territorial de Ucrania de acuerdo con la Carta de las Naciones Unidas, algo que, según el gobierno ucraniano, no podía ser objeto de ninguna negociación [44]. En relación con este núcleo central de la visión ucraniana, la posición de Rusia resultaba y sigue resultando diametralmente opuesta, ya que ha

---

[44] Véase la propuesta del presidente Zelesnky, de 15 de noviembre de 2022, reproducida en la página web de la presidencia ucraniana, disponible en https://www.president.gov.ua/en/news/ukrayina-zavzhdibula-liderom-mirotvorchih-zusil-yaksho-rosi-79141?fbclid=IwAR0r3lTXwo4wl38e8G1KS4rlv_7luNKoRIM-qPpk5GYBkz37VW8ZSmzhG0s.

reiterado que no renunciará a ningún territorio que haya tomado por la fuerza y que se haya anexionado. Las posturas de partida, por tanto, resultan absolutamente irreconciliables.

En otros aspectos del plan de paz de Zelesnki, como la seguridad radiológica y nuclear, la seguridad alimentaria, la seguridad energética, la liberación de prisioneros y deportados, la protección del medio ambiente o la creación de un tribunal especial para juzgar los crímenes de guerra rusos, las posiciones siguen siendo también completamente opuestas, pero, al menos en un aspecto, con el impulso de las Naciones Unidas y la colaboración turca, se consiguió la adopción del Acuerdo para la exportación de grano del Mar Negro, firmado en Estambul el 22 de julio de 2022 [45]. El conjunto de la Iniciativa sobre la Exportación de Cereales por el Mar Negro permite, con garantías de seguridad, inspecciones y controles, que el grano almacenado en Ucrania pueda tener una salida de exportación y pretende también facilitar el acceso sin trabas de alimentos y fertilizantes procedentes de Rusia a los mercados mundiales, lo que no ha acabado por aplicarse pese a la reiterada demanda rusa. Más allá de los acuerdos sobre el grano y de unas breves reuniones iniciales, no hay ningún otro síntoma, hoy por hoy, de que se den las condiciones para que Rusia y Ucrania estén dispuestas a hacer concesiones y a contemplar oportunidades para avanzar hacia una negociación de paz.

Por su parte, y con ocasión del primer aniversario de la invasión, China también formuló una propuesta de paz de 12 puntos[46]. La propuesta china hace un llamamiento al respeto de la soberanía de todos los países y a la observancia del Derecho

---

45 Véase la nota de prensa de las Naciones Unidas disponible en https://news.un.org/es/story/2022/07/1512022.

46 Véase la propuesta china, de 24 de febrero de 2023, en la página web del Ministerio chino de Asuntos Exteriores, disponible en https://www.fmprc.gov.cn/mfa_eng/zxxx_662805/202302/t20230224_11030713.html.

Internacional, incluidos los propósitos y principios de la Carta de las Naciones Unidas, pero también hace un llamamiento al respeto de los legítimos intereses y preocupaciones de seguridad de todos los países. Propone un cese de las hostilidades y desescalar gradualmente la situación para, en última instancia, alcanzar un alto el fuego completo, promoviendo conversaciones para la paz, pero no exige en ningún momento la retirada rusa de los territorios ocupados. Es más, aunque reclama el respeto del derecho humanitario y la no utilización de armas nucleares, no plantea tampoco obligaciones de reparación y responsabilidad para Rusia y se opone radicalmente a las sanciones unilaterales no autorizadas por el Consejo de Seguridad. Se trata de unas propuestas más de principios generales, que no han sido avaladas ni por Ucrania ni por Rusia y que han recibido el inicial rechazo occidental, que las considera demasiado sesgadas a favor del agresor. Sin embargo, la silente diplomacia china ha seguido actuando y, recientemente, han tenido lugar movimientos diplomáticos europeos hacia China y de China hacia Rusia y hacia Ucrania. En este sentido, China, con esta voluntad de aparecer como una gran potencia responsable y con un cada vez más claro ascendiente sobre Rusia, puede acabar jugando un importante papel en la creación de las condiciones para un posible acuerdo de paz que ponga fin al conflicto, atendiendo asimismo a los importantes intereses que están en juego para China.

Con esta perspectiva, y con la intermediación de otros países, como Brasil, que se ha postulado activamente para ello, podría, quizás, vislumbrarse un confuso escenario de salida, sin respuestas claras, pero que tiene diversos precedentes internacionales. Así, podría alcanzarse, quizás, un cese del fuego que comporte no un acuerdo de paz estrictamente, pero si un armisticio que ponga fin al ruido de las armas y al derramamiento de sangre y deje la situación bélica congelada al momento de su adopción. Es la clásica disyuntiva entre reparar la injusticia de la agresión o la consecución de la paz, aunque ésta sea una paz minimalista. Es cierto que un armisticio no soluciona el conflicto de una manera estable y duradera, pero sí puede servir para poner fin a los combates y salvaguardar miles de vidas de combatientes y de población civil, terminando con la sangría humanitaria, y mitigando las múltiples consecuencias internacionales. Aunque, atendiendo a la enrocada situación actual, tendría un coste político importante e inmediato para los dirigentes de los dos países y, técnicamente, ambos países seguirían en guerra hasta que alcanzasen un acuerdo de paz.

En este sentido, existen diversos conflictos internacionales que, desde hace años, han quedado congelados con acuerdos de cese el fuego o armisticios, sin que se haya llegado a adoptar un acuerdo de paz. Así, por ejemplo, el 1 de enero de 1949 la Comisión de las Naciones Unidas para India y Pakistán, con el acuerdo de estos dos Estados, trazó una línea de armisticio bajo su vigilancia y dividió el territorio de Cachemira en dos sectores, a la espera de un referéndum que estableciera una solución definitiva. Este referéndum no ha tenido lugar todavía y, ciertamente, India y Pakistán han retomado en diversas ocasiones desde entonces sus enfrentamientos, incluso armados, por el territorio de Cachemira. Igualmente, el 27 de julio de 1953 se firmó un armisticio entre Corea del Norte y los Estados Unidos, que puso fin a las hostilidades en la guerra de Corea. Aunque es conocido como Paz de Panmunjom no es un tratado de paz, sino tan sólo de cese de las hostilidades hasta que se alcance un acuerdo de paz definitivo, lo que hasta el momento tampoco se ha alcanzado.

Existen también situaciones de ocupaciones territoriales -con sus consiguientes anexiones- derivadas del uso de la fuerza y que, aun siendo ilícitas para el Derecho Internacional, se mantienen desde hace años. Así, por ejemplo, los territorios palestinos de Gaza y Cisjordania siguen bajo la ocupación israelí desde 1967, y los Estados Unidos han vetado reiteradamente resoluciones de condena de esta ocupación en el Consejo de Seguridad. Igualmente, la invasión por parte de Turquía del sector norte de Chipre en 1974 acabó conduciendo a la proclamación de una denominada República Turca del Norte de Chipre, sólo reconocida por las autoridades turcas, y la ocupación territorial se mantiene. La misma es la situación del Sáhara Occidental desde la ocupación por parte de Marruecos, con la ignominia del Acuerdo Tripartito entre España, Marruecos y Mauritania de 1975.

Todavía más, en tercer lugar, en diversas partes del espacio postsoviético se mantienen diversas situaciones territoriales en auténticos limbos jurídicos, incluso con proclamaciones de independencia, y con fuerzas militares de otros países, a veces como ficticios garantes de la paz. Así sucede en Transnistria, Artsaj, Osetia del Sur o Abjasia, ya sea con la presencia de fuerzas militares rusas, armenias o azerbaiyanas. Es decir, existen en esa región diversos conflictos interétnicos con pretensiones territoriales que han quedado en hibernación desde hace décadas y no hay visos de que puedan encontrarse salidas pacíficas y estables a corto plazo.

Todos estos ejemplos de la práctica internacional constituyen un conjunto diverso de situaciones que, ciertamente, no ofrecen paz y estabilidad, pero que se mantienen con persistencia a lo largo del tiempo y que la mayor parte de este tiempo están acompañadas por el silencio vigilante de las armas. En otras palabras, la realidad internacional y el Derecho Internacional ya han asistido históricamente a situaciones atípicas e ilegales -o cuanto menos alegales-, que perduran en el tiempo y que erosionan la credibilidad de este ordenamiento jurídico. Todo ello expresa, de otro lado y como enseguida retomaré, otra tensión dialéctica que acaba resultando intrínseca al Derecho Internacional: la tensión entre efectividad y legalidad.

4.2. La fragilidad del Derecho Internacional y el desorden del sistema internacional.

La invasión de Ucrania y la ocupación de partes de su territorio por Rusia, en flagrante violación de normas esenciales del Derecho Internacional, constituye un nuevo ataque al corazón central del orden internacional establecido tras la segunda guerra mundial. Un orden internacional que consagra como principios fundamentales, entre otros, la prohibición de la amenaza o el uso de la fuerza y el respeto de la integridad territorial de los Estados existentes. En realidad, constituye un síntoma más de un proceso que ya venía gestándose desde hacía un tiempo y del que son principales responsables aquellos Estados miembros permanentes del Consejo de Seguridad que, reiteradamente, han violado de manera grave estas mismas obligaciones jurídicas, por mucho que hayan buscado, en todos los casos, argumentos para defender la legitimidad de su acción, como el argumento de la injerencia humanitaria. Se ha generado así, sobre diferentes bases y argumentos, una tensión dialéctica entre esta pretendida legitimidad y la legalidad internacional, que no ha hecho más que erosionar la credibilidad del conjunto del ordenamiento jurídico.

Otra tensión central del sistema internacional, que la guerra en Ucrania ha agravado, es la tensión entre efectividad y legalidad. Una invasión, ocupación y anexión territorial -como la que está teniendo lugar en Ucrania- interacciona fundamentalmente con una perspectiva de ciclo largo, en el sentido de que el control efectivo del territorio y el paso del tiempo acabe por consolidar la situación fáctica, con lo que puede aparentarse una situación propicia a la prescripción adquisitiva [47]. En perspectiva histórica son numerosas las ocasiones en las que la efectividad ha prevalecido sobre la legalidad, sobre todo si

---

[47] Véase MANGAS MARTÍN, A., "Guerra en Ucrania ..", *op. cit*, p. 23

en estos precedentes se constata una falta de reacción de la comunidad internacional y ya me he referido a las situaciones de Palestina, Chipre o Sáhara. En la guerra en Ucrania está habiendo esta reacción internacional, pero está resultando demasiado desigual, y no deja de ser un ejemplo más del doble rasero en las relaciones internacionales contemporáneas y en el relato occidental. Pese a la obligación de cooperar para poner fin a la violación grave de la prohibición de la amenaza o uso de la fuerza de la que Rusia es autora, no ha habido una reacción más unánime e institucionalizada como hubiera debido de esperarse.

Quizás lo más grave, pero no por ello sorpresivo, es la absoluta ausencia de mecanismos institucionales colectivos y coercitivos eficaces, que actúen a título de sistema de seguridad colectiva y que puedan aplicar las disposiciones sobre responsabilidad internacional de los Estados por hechos internacionalmente ilícitos, especialmente por las consecuencias particulares en los casos de violaciones graves de obligaciones emanadas de normas imperativas de Derecho Internacional general. La agresión rusa contra Ucrania y la parálisis del Consejo de Seguridad ante una violación de la prohibición de la amenaza o uso de la fuerza de tal magnitud y flagrancia conduce también a la imperiosa necesidad de reforzar el sistema de seguridad colectiva y reformar el Consejo de Seguridad.

En este sentido, en el contexto de la guerra de Ucrania se han planteado, de nuevo, opciones para reformar el derecho de veto. Por un lado, por la evidente contradicción entre la existencia de un orden internacional que puede ser vulnerado sin consecuencias por un miembro permanente del Consejo de Seguridad y, por otro lado, para reforzar el sistema de seguridad colectiva [48]. Así, y a raíz de la crisis ucraniana, la

---

[48] Véase al respecto, NOLLKAEMPER, A., "Three Options for the Veto Power After the War in Ukraine", *Ejiltalk, Blog of the European Journal of*

Asamblea General adoptó el 26 de abril de 2022 la importante Resolución 76/262 estableciendo un mandato permanente para que cuando se ejerza el derecho de veto en el Consejo de Seguridad se celebre un debate de la Asamblea General sobre la situación a la que se refiera el veto en el plazo de diez días hábiles, lo que se ha considerado una novedad incluso histórica [49]. Aunque el potencial de este nuevo mecanismo de transparencia y rendición de cuentas puede ser relevante en relación con la legitimidad en el uso del veto y la mejora de las funciones de la Asamblea General, debe apuntarse que, en el contexto en el que se adoptó, la Resolución preveía que se podría activar este mandato "siempre que la Asamblea no celebre un período extraordinario de sesiones de emergencia sobre esa misma situación", lo que, precisamente, es el supuesto en la situación de Ucrania. En todo caso, el foco sigue estando en un nuevo intento -me temo que en vano- de limitar el uso del veto y promover la búsqueda de unidad en el Consejo.

El impacto disruptivo de la guerra en Ucrania, con sus efectos en la carrera de armamentos y la multiplicación exponencial del gasto en defensa en todo el mundo, está alterando también los equilibrios geopolíticos internacionales y, por tanto, más temprano que tarde, habrá que configurar nuevas bases de la seguridad internacional. En ellas deberán estar presentes, obviamente, los Estados Unidos, pero también China, con esta relación especial con una Rusia probablemente más debilitada, así como, quizás, la Unión Europea, pero además deberán estar estas otras

---

International Law, 11 de abril de 2022, disponible en https://www.ejiltalk.org/three-options-for-the-veto-power-after-the-war-in-ukraine/

49 Así lo indicaron algunos Estados en el primer debate formal en la Asamblea General sobre esta histórica resolución celebrado el 26 de abril de 2023. Debate que, sin embargo, concluyó sin ningún avance relevante más allá de las buenas intenciones y declaraciones (véase Documento GA/12500 y el acta literal de la sesión de la Asamblea General, Documento A/77/PV.69, de 26 de abril de 2023).

potencias emergentes que están reclamando su reconocimiento internacional, como India, Brasil, Indonesia o Turquía, sin menoscabar la importancia y las necesidades de los Estados siempre más olvidados por pobres y menos desarrollados. En cualquier caso, y termine como termine la guerra en Ucrania, hay pocas dudas de que entre sus consecuencias se encontrará, a medio plazo, una cierta remodelación del orden internacional, cuyo sentido final está todavía por intuir. Como indicaban José Manuel Pureza y Joaquín Alcaide, se abre el espacio para otro momento de reestructuración del sistema internacional en el contexto del declive de la hegemonía euro-americana [50].

Por su magnitud y centralidad la guerra en Ucrania cuestiona todo el orden internacional contemporáneo y reposiciona a los principales actores y, de manera especial, a los que reclaman un papel principal en este orden. Como diría Antonio Remiro Brotons, esta guerra es el epítome de este desorden internacional, en el que, por un lado, se violan principios fundamentales del ordenamiento jurídico internacional sin mayores consecuencias cuando el Estado infractor es miembro permanente del Consejo de Seguridad; y, por otro lado, se incrementan los riesgos sistémicos y se debilita y socava el propio objetivo del Derecho Internacional, que no es otro que el de articular y ordenar los intereses de los Estados y contribuir a un mundo y a unas relaciones internacionales más justas, pacíficas, seguras y estables. La dividida o asimétrica reacción internacional frente a la agresión rusa en Ucrania evidencia este debilitamiento y cuestionamiento del orden internacional establecido tras la segunda guerra mundial.

Un orden liberal internacional que, pese a todas sus debilidades e imperfecciones, incluso pese a su profunda inequidad, ha logrado que la guerra deje de ser la regla general en las

---

[50] PUREZA, J.M.; ALCAIDE-FERNÁNDEZ, J., "La guerra en Ucrania: ¿Qué (des)orden ..", *op. cit.*, p. 17.

relaciones internacionales -y sea más bien una situación excepcional- y ha logrado la mayor etapa de desarrollo y progreso económico y social que ha vivido la humanidad. Pero no ha podido impedir las situaciones de conflicto, de carácter armado en muchas ocasiones, y, sobre todo, no ha desarrollado una justicia social distributiva de la riqueza y de los recursos del planeta. Estas desigualdades son también, de un lado, el motor del desapego del Sur Global respecto del relato occidental y el fundamento de su aspiración a su propia autonomía, desarrollo y liderazgo; y, de otro lado, evidencian el carácter instrumental de las instituciones internacionales en un mundo que sigue siendo fundamentalmente interestatal y en donde los intereses estatales, ya sean individuales o de grupos de Estados, acaban en numerosas ocasiones inclinando la balanza a su favor frente a los intereses y valores colectivos, es decir, frente a los valores e intereses de la comunidad internacional en su conjunto.

Al hilo de la guerra de Ucrania, Félix Vacas lo ha planteado en términos de la situación de encrucijada en la que nos hallamos como comunidad internacional: o bien la promesa de Kant de una paz posible a través del derecho o el mundo de los lobos en confrontación continua de Hobbes [51]. El primer camino resulta harto complejo y está repleto de dificultades, muchas de ellas intrínsecas al mismo sistema internacional, pero, conociendo sus límites, conocemos también sus posibilidades y oportunidades. Del segundo camino todos sabemos también su dramático e inevitable resultado final, el de un futuro alternativo cada vez más peligroso, basado en el autoritarismo totalitario y en el uso de la fuerza al margen del Derecho Internacional [52].

---

51 Véase VACAS FERNÁNDEZ, F., "La guerra de Ucrania y el Derecho Internacional", *Tiempo de Paz,* 2022, No. 146-147, pp. 56-65;

52 Véase el excelente ejercicio de prospectiva del malogrado Josep Piqué en PIQUÉ, J., "Macrotendencias en el mundo que nos viene", en

Entiendo por todo ello que se va a hacer más necesaria que nunca la cooperación multilateral, porque no podemos permitirnos el riesgo catastrófico de que el mundo sea un terreno de constante confrontación, ideológica, económica o política; debe buscarse, como mínimo, la colaboración pragmática. Ante la ausencia de otros marcos institucionales, sigo pensando que un marco potencialmente útil -y que debe fortalecerse- es el del sistema de las Naciones Unidas y de los principios esenciales consagrados en la Carta, que deben seguir teniendo, en mi opinión, plena validez y cumplimiento. En el mismo terreno europeo -con los más de dos mil quilómetros de frontera terrestre de la Unión Europea con Rusia-, cuando la guerra acabe, no hay duda de que habrá también que integrar a Rusia, con justicia y reconciliación, en un futuro acuerdo de seguridad europeo [53].

5. CONSIDERACIONES FINALES

La guerra en Ucrania ha puesto crudamente de manifiesto las debilidades consustanciales del Derecho Internacional contemporáneo y, pese a la existencia de numerosas Organizaciones internacionales, su también escasa institucionalización. La agresión contra Ucrania y la ocupación de parte de su territorio por Rusia ha sido y está siendo una violación flagrante de principios y obligaciones esenciales del Derecho Internacional sin que se hayan podido activar los mecanismos adecuados para la cesación de este hecho internacionalmente ilícito y la exigencia de reparaciones y responsabilidad internacional para el Estado autor del incumplimiento, ya que se trata de uno de los miembros permanentes del Consejo de Seguridad.

Política Exterior, 28 de julio de 2022, disponible en https://www.politicaexterior.com/macrotendencias-en-el-mundo-que-nos-viene/.

53 Mangas Martín, A., "Guerra en Ucrania: perspectiva ..", *op. cit.*, p. 24.

Se ha evidenciado, así, la ausencia de unos mecanismos institucionalizados de coerción apropiados y se ha puesto de manifiesto también que la actual sociedad internacional no está todavía en disposición de generarlos y, por ende, de fortalecer el sistema de las Naciones Unidas que, pese a todas sus debilidades estructurales, es todavía lo mejor que tenemos.

En este sentido, no me cabe duda de que vienen tiempos complejos y difíciles para el Derecho Internacional y para las instituciones internacionales. La sociedad internacional contemporánea está siendo sometida, quizás más que en otras ocasiones, a enormes tensiones, confrontaciones y reequilibrios de jerarquías, que necesariamente se acabarán reflejando en el ordenamiento jurídico que la regula y en su capacidad de aplicación. En realidad, sin embargo, esta situación de complejidad tampoco es una gran novedad ya que en parte constituye un elemento consustancial al mismo sistema jurídico internacional y, en parte también, en las últimas décadas hemos asistido a demasiados precedentes de incumplimientos de obligaciones esenciales, como la de la prohibición de la agresión.

Bajo esta perspectiva, nos hallamos, quizás, ante una fase de desgarro en la sociedad internacional que se refleja en la absoluta fragilidad del ordenamiento jurídico internacional y en el desorden en el sistema internacional como síntoma, tal vez, de transformaciones decisivas en nuestro mundo y en cómo lo seguimos entendiendo. Como fenómenos sociales, puede aceptarse que la sociedad y el Derecho Internacional tengan una cierta tendencia a la entropía, al desorden. Este puede resultar parcialmente tolerable y, como digo, es consustancial a la misma naturaleza del ordenamiento, pero el grado y la temperatura de este desorden está alcanzando cotas demasiado altas y demasiado peligrosas para un Derecho Internacional de naturaleza frágil y que puede debilitarse aún mucho más.

El fortalecimiento constante y continuado de la cooperación multilateral se vislumbra, a mi entender, como la vía idónea para fortalecer también el cumplimiento del Derecho Internacional. Es decir, debe seguirse avanzando hacia un orden internacional basado en normas acordadas por los Estados y que sea cada vez más institucionalizado, pero estamos en un momento en el que los cambios geopolíticos y las correlaciones de fuerza deben todavía resituarse. Son demasiados los riesgos ante los que nos enfrentamos como comunidad internacional como para no encontrar los mecanismos de equilibrio y los compromisos que faciliten este orden internacional. Puede ser, quizás, un nuevo orden sobre algunas bases nuevas, pero no pueden tampoco tirarse por la borda los avances en términos de derechos humanos, de paz, de desarrollo económico y social o de protección del medio ambiente hasta ahora alcanzados y que se expresan en los Objetivos de Desarrollo Sostenible.

Las tendencias hacia el unilateralismo, tanto desde la perspectiva de una agresión armada como la que ha tenido lugar, como desde la perspectiva de una imposición de sanciones unilaterales -aunque fueran en interés colectivo-, no dibujan, sin embargo, un escenario alentador. Algunas dinámicas unilaterales emanan en muchos casos de planteamientos políticos internos que refuerzan un círculo perverso de nacionalismos identitarios, de posiciones dogmáticas cerradas y de populismos demagógicos, que ponen en riesgo a los sistemas democráticos y erosionan la credibilidad de las instituciones democráticas. Estas dinámicas configuran en relación con el cumplimiento del Derecho Internacional una situación que se podría expresar como de vasos comunicantes: a mayor unilateralidad por parte de los Estados, menor cumplimiento del Derecho Internacional, mientras que a menor unilateralidad se asiste a un mayor cumplimiento y respeto del Derecho Internacional. De alguna manera, reforzar la democracia y el pluralismo político como principios fundamentales de los Estados tendría un efecto que se proyectaría hacia un pluralismo externo, más favorable también a la cooperación multilateral.

En definitiva, el actual orden internacional es, ciertamente, imperfecto, y la guerra en Ucrania lo ha puesto de manifiesto dramáticamente, pero sabemos también que el mundo no es perfecto. En este contexto, por tanto, habrá que seguir clamando por la paz, los derechos humanos, el desarrollo y la justicia en un escenario internacional que resulta cada vez más volátil, incierto, complejo y ambiguo.

«No intervendrás en controversias ajenas». Los límites del derecho de «intervención masiva» de terceros estados en el asunto

Alegaciones de genocido en virtud de la convención para la prevención y la sanción del crimen de genocidio (Ucrania c. Federación de Rusia: 32 Estados intervinientes)

ASIER GARRIDO MUÑOZ[1]

SUMARIO: 1. INTRODUCCIÓN. — 2. CONTEXTO PROCESAL. — 3. LAS OBJECIONES RUSAS. — 3.1. ARGUMENTOS RUSOS Y DECISIÓN DE LA CORTE INQUIETUDES REFLEJADAS EN LAS DECLARACIONES Y OPINIONES INDIVIDUALES. — 3.2. INQUIETUDES REFLEJADAS EN LAS DECLARACIONES Y OPINIONES INDIVIDUALES. — 3.3. VALORACIÓN:

---

1 Doctor en Derecho (Universidad de Salamanca), profesor de Derecho Internacional Público y de la Unión Europea (Universidad de La Haya para las Ciencias Aplicadas). Antiguo letrado de la Corte Internacional de Justicia y de la Oficina de Asuntos Jurídicos de la Secretaría de la Corte Penal Internacional. Las páginas web referidas en este trabajo fueron consultadas por última vez el 1 de julio de 2023. El nombre en español del asunto que centra el presente análisis es el utilizado por la propia Corte. Los nombres de los asuntos ante la Corte se muestran en español en el texto principal, y en inglés en las citas al pie.

SOBRE LOS LÍMITES DEL DERECHO DE «INTERVENCIÓN MASIVA». — 4. LOS EFECTOS DEL DERECHO DE INTERVENCIÓN: LA DECLARACIÓN DEL JUEZ ABRAHAM. — 5. CONCLUSIONES

1. INTRODUCCIÓN

La providencia («Providencia») de la Corte Internacional de Justicia («Corte») dictada el 5 de junio de 2023 y relativa a las solicitudes de intervención en el asunto *Alegaciones de genocidio en virtud de la Convención para la prevención y la sanción del crimen de genocidio (Ucrania c. Federación Rusa)* («*Alegaciones de genocidio*» y «Convención sobre genocidio», respectivamente) es una decisión de gran interés.[2] Se trata, en primer lugar, de la primera providencia de la Corte en una década relativa al derecho de intervención de terceros estados en procedimientos contenciosos que se encuentra regulado en el art. 63 del Estatuto de la Corte («Estatuto»), que en la práctica es raramente utilizado. En segundo lugar, la solicitud de intervención por terceros Estados («Declarantes») se ha ejercido no solo en relación con el fondo, sino también la propia competencia de la Corte, que los Declarantes fundamentan en el artículo IX de la Convención sobre genocidio. En fin, la solicitud de intervención en cuestión ha tenido lugar de forma «masiva» (nada menos que 33 Estados y 32 declaraciones),[3] y en exclusivo apoyo de las pretensiones de la parte demandante. Ello suscita

---

2 *Allegations of Genocide under the Convention on the Prevention and Punishment of the Crime of Genocide (Ukraine* v. *Russian Federation)*, Order, 5 June 2023, no publicada todavía en el Recopilatorio.

3 Que la propia Corte considera en su página web como «32 Estados intervinientes», al considerar la declaración conjunta de Canadá y los Países Bajos como una sola (disponible en https://icj-cij.org/case/182/orders).

interrogantes relativos al principio de igualdad entre las partes y los límites del art. 63 del Estatuto, sobre todo cuando varias declaraciones toman posición sin ambages sobre el fondo de las pretensiones ucranianas.

Este último punto es de gran relevancia, pues centra varias de las «objeciones» planteadas por Rusia a la admisibilidad de las declaraciones de intervención, así como las opiniones expresadas en opiniones individuales. Como se expondrá, la Corte ha respondido a los argumentos rusos con un razonamiento, ya formulado en una ocasión anterior, que en síntesis limita el derecho de intervención a lo prescrito en el art. 63 del Estatuto, es decir la «interpretación» de la Convención sobre genocidio.

Queda sin aclarar, sin embargo, una de las cuestiones jurídicas más delicadas que dicha disposición plantea: la de los efectos jurídicos de la sentencia sobre el fondo respecto de los intervinientes. En este punto, es de notar la controversia doctrinal, de larga data, relativa a las condiciones en que la interpretación del tratado en cuestión (aquí, la Convención sobre genocidio) puede ser vinculante no solo para los intervinientes, sino también para las partes en el procedimiento ante la Corte. Solo una de las declaraciones anejas a la Providencia, la del juez Abraham, se pronuncia al respecto.

La presente contribución analiza la Providencia con particular atención a estas cuestiones. Para ello, el análisis se estructura en torno a los puntos siguientes: en primer lugar, se explican ciertos elementos del contexto procesal en que se han presentado las Declaraciones; en segundo lugar, se explican y valoran ciertas objeciones rusas a la admisibilidad de las solicitudes de intervención (relativas a la imparcial administración de la justicia y la igualdad procesal de armas); y en tercer lugar, se valora la cuestión de los efectos vinculantes de la interpretación por la Corte de la Convención de genocidio a la luz de la declaración aneja del juez Abraham. La última sección presenta las conclusiones.

2. CONTEXTO PROCESAL

No son necesarias muchas explicaciones para comprender el delicado contexto de la Providencia. De hecho, al día siguiente de su lectura comenzaron las audiencias orales sobre el fondo del asunto *Aplicación del Convenio internacional para la prevención de la financiación del terrorismo (Ucrania c. Federación Rusa)*, relativo a hechos que tuvieron lugar en el Este ucraniano y Crimea desde la primavera de 2014. Esa fecha coincidió con la publicación de las primeras noticias sobre la presa de Nova Kajovka, cuyo derrumbe parcial ha anegado una enorme extensión de territorio lindante con el río Dniéper, hecho del que ambas partes se responsabilizan mutuamente.

Algunas voces han leído en esta clave (la del contexto de conflicto armado abierto) la inusual circunstancia que ha llevado a que las funciones de la presidencia relativas a la deliberación sobre la Providencia las haya ejercido el quinto juez en el orden de senioridad de los jueces (el juez BENNOUNA).[4] Sin embargo, tal y como explica la propia Providencia, el presidente y el vicepresidente, así como los dos jueces precedentes, son nacionales de una de las partes o Declarantes,[5] y por lo tanto han declinado ejercer la presidencia. El impacto de esta decisión en las fases posteriores del procedimiento dependerá del

---

4 De acuerdo con el art. 32.1 del Reglamento de la Corte, «[i]f the President of the Court is a national of one of the parties in a case he shall not exercise the functions of the presidency in respect of that case. The same rule applies to the Vice-President, or to the senior judge, when called on to act as President».

5 Providencia, para. 24. Véase MCINTYRE, J., WIGARD, K. and POMSON, O., «A Hot Potato: the ICJ's Order on the Admissibility of 32 Declarations of Intervention in Ukraine v. Russia», *EJIL Talk!*, June 13, 2023, disponible en https://www.ejiltalk.org/a-hot-potato-the-icjs-order-on-the-admissibility-of-32-declarations-of-intervention-in-ukraine-v-russia/.

resultado de la elección del nuevo presidente y vicepresidente de la Corte a partir de febrero de 2024.

A modo de contexto, se ha recordar que la situación de conflicto armado abierto motivó que treinta y tres Estados (dos de ellos de forma conjunta) presentaran declaraciones de intervención al amparo del art. 63 del Estatuto. De acuerdo con esta disposición,

> *«1. Cuando se trate de la interpretación de una convención en la cual sean partes otros Estados además de las partes en litigio, el Secretario notificará inmediatamente a todos los Estados interesados.*
>
> *2. Todo Estado así notificado tendrá derecho a intervenir en el proceso; pero si ejerce ese derecho, la interpretación contenida en el fallo será igualmente obligatoria para él».*

Esta estrategia procesal había sido públicamente anunciada mediante una declaración de apoyo firmada por cuarenta y tres Estados y la Unión Europea el 13 de julio de 2022. En dicha declaración se afirmaba que

> *«[i]t is in the interest of all States Parties to the Genocide Convention, and more broadly of the international community as a whole, that the Convention not be misused or abused. That is why the signatories of the present declaration which are Parties to the Genocide Convention intend to intervene in these proceedings».*[6]

En este pasaje se observa un alineamiento con las tesis ucranianas sobre el fondo en cuanto a los propósitos últimos de la intervención. Aún más, la declaración criticaba «*Russia's violations of international law engage its international responsibility*» y

---

6 Joint Statement on supporting Ukraine in its proceeding at the International Court of Justice, 13 julio 2022, disponible en https://www.eeas.europa.eu/eeas/joint-statement-supporting-ukraine-its-proceeding-international-court-justice_en.

afirmaba que «*the losses and damage suffered by Ukraine as a result of Russia's violations of international law require full and urgent reparation by Russia, in accordance with the law of State responsibility*». Ello no obstante, la declaración conjunta se cuidaba de precisar que «*in view of the far-reaching consequences of the judgment that the Court will render, it is important that the States Parties to this Convention be able to share with the International Court of Justice their interpretation of some of its essential provisions*».[7] Con ello se circunscribía el objeto de la intervención a los términos del art. 63 del Estatuto.

Las consiguientes declaraciones de intervención fueron presentadas de manera sucesiva (y presumiblemente coordinada) en la Secretaría de la Corte entre el 21 de julio de 2022 (veinte días después de que Ucrania depositara su memoria),[8] y el 15 de diciembre de 2022. Ello llevó a la Corte a instruir a las partes a presentar observaciones escritas sobre las declaraciones de intervención hasta en cuatro ocasiones. En general, la Corte ha venido concediendo a las partes un mes de plazo para presentar sus observaciones escritas, a contar desde la presentación de la última de las declaraciones respecto de la cual son requeridas dichas observaciones.[9] Entretanto, además, Rusia presentó sus excepciones preliminares el 3 de octubre de 2022, dentro del plazo estipulado en art. 79.1 del Reglamento de la Corte.[10]

Esta cuestión de los plazos es de gran importancia, dados los problemas planteados en términos de emplazar al demandado en una situación de igualdad procesal, y en un contexto de incertidumbre en cuanto al número de declaraciones que se iban a presentar (y a las que, por tanto, el demandado debía

---

7 *Ibid.*

8 Providencia, para. 13.

9 *Providencia*, para. 14.

10 *Allegations of Genocide under the Convention on the Prevention and Punishment of the Crime of Genocide (Ukraine* v. *Russian Federation)*, Order, 7 October 2022, no publicada todavía en el Recopilatorio.

responder). Ello explica que el 31 de octubre de 2022 la Corte informara a los Estados partes en la Convención sobre genocidio de que *«the sound administration of justice and procedural efficiency would be advanced if any State that intended to avail itself of the right of intervention conferred on it by Article 63 of the Statute of the Court would file its declaration not later than 15 December 2022»*.[11] Una decisión aparentemente inédita en la práctica de la Corte, y que refleja las dificultades que plantea una «intervención masiva» en aplicación del art. 63 del Estatuto.

Similares consideraciones parecen explicar la decisión de no convocar audiencias orales relativas a la cuestión de la intervención. A este respecto, MIRON y CHINKIN han sugerido que *«hearings will be organized only when one of the parties objects to the admissibility of the declaration»*.[12] No las hubo, por ejemplo, en relación con la declaración de intervención de El Salvador en el asunto de las *Actividades Militares y Paramilitares en y contra Nicaragua (Nicaragua c. Estados Unidos)* (*«Actividades Militares y Paramilitares»*), pues Nicaragua formalmente no había objetado la intervención salvadoreña (si bien hubo jueces que posteriormente lamentaron esta decisión).[13] Tampoco las hubo en el asunto relativo a la *Caza de la Ballena (Australia c. Japón; Nueva Zelanda interviniente)*, aunque la Corte dejó entrever que dichas

---

11 Providencia, para. 20.

12 MIRON, A., y Chinkin, Ch., «Article 63», en ZIMMERMANN, A., Tams, Ch. J., OELLERS-FRAHM, K. (eds.), *The Statute of the International Court of Justice: A Commentary*, 3rd. ed., OUP, New York, págs. 1741-1774, esp. pág. 1769.

13 Véase, para más detalles, SZTUCKI, J., «Intervention under Article 63 of the ICJ Statute in the Phase of Preliminary Proceedings: The Salvadorian Incident», *AJIL*, vol. 79, 1985, págs. 1005-1036, esp. págs. 1007-1011.

audiencias sí habrían tenido lugar de haber cuestionado Japón la admisibilidad de la intervención neozelandesa.[14]

En el presente caso, el rechazo de la Corte a la celebración de audiencias orales (vistas las objeciones rusas a las declaraciones) parece estar relacionado con la eficaz administración de la justicia, y en particular la necesidad de evitar alargar aún más el procedimiento. Ello tiene una consecuencia práctica a efectos de analizar la admisibilidad de las declaraciones de intervención, pues ante la ausencia de argumentos orales, el único punto de referencia para conocer los argumentos rusos es el resumen de estos formulado por la Corte en la propia Providencia.

3. LAS OBJECIONES RUSAS: LOS LÍMITES DEL DERECHO DE «INTERVENCIÓN MASIVA»

La Providencia es ciertamente sucinta, y se centra, particularmente, en dos cuestiones: por un lado, la conformidad de las declaraciones con los requisitos del art. 82 del Reglamento de la Corte, y por otro, las objeciones rusas. La primera cuestión no será objeto de consideración en este trabajo, pues los citados requisitos son de índole formal, y su cumplimiento en el caso de autos ha sido aceptado por unanimidad de los jueces.[15]

---

14 *Whaling in the Antarctic (Australia* v. *Japan: New Zealand intervening), Judgment, I.C.J. Reports 2014*, p. 235, para. 11.

15 Véanse los paras. 33-40 de la Providencia. El art. 82 del Reglamento de la Corte dispone lo siguiente: «1. A State which desires to avail itself of the right of intervention conferred upon it by Article 63 of the Statute shall file a declaration to that effect, signed in the manner provided for in Article 38, paragraph 3, of these Rules. Such a declaration shall be filed as soon as possible, and not later than the date fixed for the opening of the oral proceedings. In exceptional circumstances a declaration submitted at a later stage may however be admitted.

En cuanto a las objeciones rusas, se destacan aquí cuatro: en primer lugar, la relativa a lo que el demandado califica de «presunta intención» (*«alleged intention»*) de los Declarantes; en segundo lugar, la presunta violación de la igualdad de las partes y la buena administración de la justicia; en tercer lugar, el abuso de procedimiento; en cuarto lugar, la inadmisibilidad de las declaraciones de intervención en fase de excepciones preliminares. En las líneas que siguen se exponen, en particular, los argumentos rusos y la respuesta de la Corte respecto de cada una de estas objeciones.[16]

---

2. The declaration shall state the name of an agent. It shall specify the case and the convention to which it relates and shall contain: *(a)* particulars of the basis on which the declarant State considers itself a party to the convention; *(b)* identification of the particular provisions of the convention the construction of which it considers to be in question; *(c)* a statement of the construction of those provisions for which it contends; *(d)* a list of the documents in support, which documents shall be attached.
3. Such a declaration may be filed by a State that considers itself a party to the convention the construction of which is in question but has not received the notification referred to in Article 63 of the Statute».

16 No se abordan aquí las objeciones rusas relativas a, por un lado, la declaración conjunta presentada por Canadá y los Países Bajos, y la declaración estadounidense, por otro. Baste con explicar que solo la segunda fue aceptada (en parte), en tanto en cuanto los Estados Unidos habían presentado una reserva al art. IX de la Convención sobre genocidio, según la cual «before any dispute to which the United States is a party may be submitted to the jurisdiction of the International Court of Justice under this article, the specific consent of the United States is required in each case» (Providencia, paras. 94-98). La aceptación de la objeción rusa por la Corte se limita a la interpretación del art. IX de la Convención sobre genocidio. Según la Corte, «the United States may not intervene in relation to the construction of Article IX of the Convention while it is not bound by that provision» (*ibid.*, para. 95). Se excluyen, pues, otras disposiciones de dicha Convención que también son objeto de interpretación

3.1. Argumentos rusos y decisión de la Corte

En relación con la primera cuestión, alega el demandado que las declaraciones de intervención no son «genuinas», pues su verdadero objeto es «*the pursuit by the declarant States of a joint case with Ukraine, such that they become* de facto *co-applicants*». A su entender, la Corte debe «*ascertain whether the real intention behind the intervention is the submission of observations on the construction of the convention in question*».[17]

Para la Corte, sin embargo, «*the question of a State's motivation when filing a declaration of intervention is not relevant for the purposes of the admissibility of that declaration*».[18] Añade la Corte que «*while many of the declarant States express similar views on the construction of the provisions of the Genocide Convention, which are close to the views of Ukraine, this does not constitute a reason to find that the declarations are inadmissible*».[19] En otra parte de la Providencia vuelve la Corte a esta cuestión para precisar que

> «*the declarations of intervention at issue generally concern the construction of the provisions of the Genocide Convention ... to the extent that some declarations also address other matters, such as the existence of a dispute between the Parties, the evidence, the facts or the application of the Convention in the present case, the Court will not consider them*».[20]

De manera similar, la Corte explica en un novedoso pasaje que las referencias formuladas por gran parte de los Declarantes a otras reglas y principios de derecho internacional más allá de la Convención sobre genocidio «*will only be considered ... in so*

---

por los Estados Unidos, y que por lo tanto serían consideradas en fase de fondo.

17 *Ibid.*, para. 42.

18 *Ibid.*, para. 44.

19 *Ibid.*, para. 45.

20 *Ibid.*, para. 84.

far as they concern the construction of the Convention's provisions, in accordance with the customary rule of interpretation reflected in Article 31, paragraph 3(c), of the Vienna Convention on the Law of Treaties».[21]

En relación con la segunda cuestión (la igualdad de las partes y la buena administración de la justicia), alega Rusia que

> «*the States seeking to intervene align themselves with and represent the same interest as Ukraine and that, if the declarations of intervention are found admissible, the Russian Federation will be forced to respond not only to the arguments advanced by Ukraine but also to those of the thirty-three declarant States acting as de facto co-applicants*».[22]

En consecuencia, considera Rusia (en referencia al art. 31.5 del Estatuto)[23] que Ucrania y los Declarantes son «partes [con] un mismo interés», y muestra su preocupación por el hecho de que siete de los dieciséis jueces que participan en este procedimiento sean nacionales de dichos Estados.[24]

Para la Corte, sin embargo, «*intervention under Article 63 … has a limited scope, since the intervening State can only submit observations on the construction of the convention in question and does not become a party to the proceedings*».[25] Añade que no es posible limitar el número de estados intervinientes, «*since this would encroach on the right of States to intervene under Article 63…*»,[26] y que, además, «*the fact that some judges on the Bench are nationals of States seeking to intervene cannot affect the equality of the Parties*

---

21 *Ibid.*, para. 84.

22 *Ibid.*, para. 47.

23 Que dispone que «[s]i varias partes tuvieren un mismo interés, se contarán como una sola parte para los fines de las disposiciones precedentes [entre ellas, las relativas al nombramiento de un juez *ad hoc*]. En caso de duda, la Corte decidirá».

24 Providencia, para. 47.

25 *Ibid.*, para. 49.

26 *Ibid.*, para. 50

because intervening States do not become parties to the proceedings. In any event, all judges are bound by their duty of impartiality».[27] Por último, garantiza la Corte que ha tomado nota de las preocupaciones rusas, explicando que

> «*[i]t is incumbent on the Court to organize the proceedings in a manner which ensures the equality of the parties and the good administration of justice … the Court will ensure that each Party will have a fair opportunity and the necessary time to respond to the observations of the intervening States*».[28]

En relación con la tercera cuestión (el presunto abuso de procedimiento por los Declarantes), plantea Rusia que estos «*do not seek in good faith to put before the Court their positions as to the proper construction of the Genocide Convention. Rather, they have filed their declarations of intervention in pursuit of a collective strategy of supporting the Applicant against the Respondent*».[29] Como respuesta, la Corte recuerda que «*only in exceptional circumstances should it reject a claim based on a valid title of jurisdiction*» al considerarla un abuso de procedimiento, no siendo este el caso.[30] Añádase aquí (aunque la Corte no lo afirmó) que ni siquiera en el asunto relativo a las *Inmunidades y Procesos Penales (Guinea Ecuatorial c. Francia)*, en el que Francia planteó un argumento con apariencia de buen derecho (a saber, que la demanda ecuatoguineana había sido presentada «*with the aim of covering abuses of rights committed in other respects*»),[31] llegó la Corte a con-

---

27 *Ibid.*, para. 51.

28 *Ibid.*, para. 52.

29 *Ibid.*, para. 54.

30 *Ibid.*, para. 57.

31 Este argumento (formulado por Francia durante las audiencias orales relativas a las excepciones preliminares francesas) fue citado por la propia Corte en su sentencia en la materia (*Immunities and Criminal Proceedings (Equatorial Guinea* v. *France), Preliminary Objections, Judgment, I.C.J. Reports 2018*, págs. 334-335, para. 141).

cluir que el demandado había presentado *«clear evidence that [the Applicant's] conduct could amount to an abuse of process»*.[32]

Por último, en relación con la cuarta cuestión (la inadmisibilidad de las declaraciones de intervención en fase de excepciones preliminares), el demandante alega que *«the practice of the Court militates against admitting declarations of intervention prior to the decision on the preliminary objections»*.[33] Este argumento es rechazado de plano por la Corte, que a su vez aclara un interesante aspecto del derecho de intervención al afirmar que

> *«[a]rticle 63 of the Statute and Article 82 of the Rules do not restrict the right of intervention to a particular phase of the proceedings, or to a certain type of provision in a convention ... [t]his means that a State can intervene a the preliminary objections stage of the proceedings in respect of provisions that have a bearing on the question of the jurisdiction of the Court»*.[34]

A este fin, analiza la Corte los precedentes invocados por Rusia. En particular, explica que, en el asunto *Actividades Militares y Paramilitares,* El Salvador no había especificado ninguna disposición convencional a efectos de las excepciones preliminares planteadas por los Estados Unidos, y se refería únicamente a tratados que solo tenían relevancia a efectos del fondo del asunto. Es en estas circunstancias que la Corte rechazó la intervención salvadoreña en fase de excepciones preliminares.[35]

En línea con este razonamiento, la Corte explica más adelante, en relación con otro aspecto de la argumentación rusa, que durante la fase de excepciones preliminares solo tendrá

---

32 *Ibid.*, para. 150.

33 Providencia, para. 61.

34 *Ibid.*, para. 63.

35 *Ibid.*, para. 65.

en cuenta «*the elements relevant to determining jurisdiction*» que se formulan en todas las declaraciones de intervención (excluyendo, obviamente, la estadounidense), dejando así para más adelante las interpretaciones de la Convención sobre genocidio relativas al fondo de la controversia.[36]

3.2. Inquietudes reflejadas en las declaraciones y opiniones individuales

Cuatro son los jueces que han publicado una declaración u opinión individual y, salvo una excepción (la del juez ABRAHAM, objeto de comentario más adelante), todas se centran en las cuestiones suscitadas en las objeciones rusas.

Comenzando por el vicepresidente GEVORGIAN, acepta este juez que «[*a*]*rticle 63 of the Statute constitutes a right conferred upon each State party, and that this right cannot be curtailed by virtue of a State's underlying political motives*».[37] Sin embargo, identifica este juez una «*inherent tension between a right explicitly granted by the Statute — the right to intervene under Article 63 — and … the fair administration of justice, which includes the principle of equality of the parties*».[38] En consecuencia, en el presente caso

> «*the Court could have engaged in a more substantive analysis regarding how the admission of the declarations may compromise the equality of parties and whether this principle could in theory be compromised to an extent that the sound administration of justice would require the rejection of otherwise admissible declarations of intervention*».[39]

Por último, critica el vicepresidente GEVORGIAN que numerosas declaraciones tomen posición sobre cuestiones de com-

---

36 *Ibid.*, para. 74.

37 Declaración del vicepresidente GEVORGIAN, para. 2.

38 *Ibid.*, para. 4.

39 *Ibid.*, para. 6.

petencia o fondo que van más allá de la cuestión de la interpretación de la Convención sobre genocidio. Si bien aprueba este juez la respuesta de la Corte a esta estrategia procesal, muestra su preocupación por el impacto que tenga en la *«fair and impartial administration of justice»*.[40]

Por razones similares, pero sugiriendo consecuencias más severas (al desaconsejar la admisibilidad de declaraciones de intervención formuladas antes de haberse concluido la fase de excepciones preliminares), la jueza XUE es la única que ha votado contra la admisibilidad de las declaraciones. A su entender,

> *«the "relief" sought by the declarant States, in the first place, is not the proper object of intervention. Secondly, some of those issues are matters that can only be raised by the Parties or, to be more specific, by the Applicant in its pleadings. They are matters of substance that have to be examined and ascertained by the Court in accordance with the provisions of the Convention on the basis of facts and evidence; they are neither part of the construction of the Convention, nor for judicial settlement at the present phase»*.[41]

Ello tiene, a su entender, un impacto en la buena administración de la justicia. Por el contrario, si la Corte hubiera declarado inadmisibles las declaraciones de intervención registradas antes de la fase de fondo, se habría evitado que los intervinientes dispongan de *«two hearings to present their views on the merits»*. Lo cual, según la jueza XUE, es una aproximación «justa» que no afecta al derecho de intervención de los Estados parte en el Estatuto.[42]

Por último, el juez BHANDARI, sin discrepar del razonamiento y conclusiones de la Providencia, sugiere un mayor énfasis en el aspecto temporal del artículo 82.1 del Reglamento de

---

40 *Ibid.*, paras. 8-9.

41 Opinión individual de la jueza XUE, para. 25.

42 *Ibid.*, para. 29.

la Corte, que requiere que las declaraciones de intervención sean registradas «a*s soon as possible*». Más concretamente, indica que consideraciones de índole «práctica» requieren interpretar dicha expresión estrictamente, sobre todo en el presente caso, dado el número de Declarantes. De lo contrario, afirma el juez BHANDARI que el sucesivo registro de declaraciones podría poner «great strain on the Court's time and resources, not to mention the procedure in a case».[43]

3.3. Valoración: sobre los límites del derecho de «intervención masiva»

¿Es la «intervención masiva» en favor de una de las partes en el procedimiento un riesgo para la igualdad de las partes o la imparcialidad de la Corte? A esta cuestión la Corte parece haber aportado una respuesta, en general, adecuada. En las líneas que siguen, esta cuestión será valorada desde un plano general y otro específico, es decir, en abstracto y en relación con las circunstancias del caso de autos.

En el plano general, no resulta persuasiva la línea de argumentación que, en esencia, busca limitar el derecho de intervención cuando este busca en última instancia «apoyar» los argumentos de una de las partes. Como ha recordado la Corte, los motivos últimos de un estado, o sus estrategias procesales, no pueden cuestionar la admisibilidad del ejercicio del derecho de intervención. En este sentido, la Corte se ha basado en una lógica que bien podría extenderse a otros aspectos del asunto de autos que van a ser controvertidos en fases posteriores del procedimiento (como el argumento planteado por Rusia según el cual la presente controversia tiene por «verdadero» objeto

---

[43] Declaración del juez BHANDARI, para. 5.

cuestionar su uso de la fuerza en Ucrania, y que por tanto queda fuera de la competencia *ratione materiae* de la Corte).[44]

Tampoco es convincente el argumento, también planteado por el demandado, que cuestiona la imparcialidad de los jueces por el mero hecho de ser estos nacionales de los intervenientes. Sostener lo contrario implicaría diluir la imparcialidad de los jueces (a la que se adhieren mediante el juramento prescrito en el art. 20 del Estatuto)[45] en base a su nacionalidad. La Corte, como tribunal de derecho international público, dirime cuestiones de profundo calado político. Ello no pone en duda, sin embargo, la imparcialidad de sus jueces en función de las afinidades políticas que puedan tener sobre la base de su nacionalidad, al menos mientras no se quiera cuestionar la arquitectura de la Corte en su conjunto tal y como la concibe el capítulo I del Estatuto.[46]

Además, el cuestionamiento de la imparcialidad de un juez en base a la nacionalidad de un Estado interviniente no parece sustentarse en base jurídica adecuada. En particular, no encaja en el supuesto regulado en el art. 17.2 del Estatuto, que solo prohíbe a los jueces participar en un asunto en el que *«hayan intervenido anteriormente como agentes, consejeros o abogados de cualquiera*

---

44 Document (with annexes) from the Russian Federation setting out its position regarding the alleged "lack of jurisdiction" of the Court in the case, 7 March 2022, para. 10.

45 De acuerdo con esta disposición, *«antes de asumir las obligaciones en el cargo, cada miembro de la Corte declarará solemnemente, en sesión pública, que ejercerá sus atribuciones con toda imparcialidad y conciencia»*.

46 Lo que implica cuestionar métodos de trabajo consolidados a lo largo de décadas. Piénsese, por poner un ejemplo reciente, en la presidencia ejercida por el vicepresidente GEVORGIAN respecto de la sentencia sobre excepciones preliminares en el asunto *Certain Iranian Assets (Islamic Republic of Iran* v. *United States of America), Judgment of 30 March 2023*, no publicada todavía en el Recopilatorio.

de las partes».[47] Pero tampoco debe considerarse necesariamente como una «*razón especial*» que justifique una recusación en el sentido del art. 24 del Estatuto, a no ser, obviamente, que se asuma la mayor, es decir, que se mantenga que los jueces votan en función de los intereses del estado del que es ciudadano, sea este o no parte en un procedimiento ante la Corte.[48]

---

47 Énfasis añadido.

48 En efecto, la consecuencia implícita del argumento ruso es que toda «intervención masiva» en favor de una parte genera por definición una disfuncionalidad en la Corte que lleva a que una de las partes esté «sobrerrepresentada». Un debate que se ha mantenido en el pasado en relación con la institución del juez *ad hoc*. Como es bien sabido, dicha cuestión fue objeto de vivas controversias desde la adopción en 1920 del Estatuto de la Corte Permanente de Justicia Internacional (*Procès-Verbaux of the Proceedings of the Advisory Committe of Jurists (1920)*, págs. 528-529 and 700). Véanse, entre otros muchos, LAUTERPACHT, H., *The Function of Law in the International Community*, Oxford, New York, (reed. 2001), págs. 211-213 and 228-237; del mismo autor, «The Revision of the Statute of the International Court of Justice», *The Law and Practice of International Courts and Tribunals*, Vol. 1, 2002, págs 55-128, esp. págs. 78-84, donde entre otras cita las opiniones de GUERRERO y FITZMAURICE); INSTITUT DE DROIT INTERNATIONAL, «Étude des amendements à apporter au Statut de la Cour internationale de Justice», *Resolution – Annuaire de l'Institut de Droit International*, Vol. 45(2), 1954 (*Séssion d'Aix -en-Provence*), págs. 289-291, disponible en https://www.idi-iil.org/app/uploads/2017/06/1954_aix_03_fr.pdf. Por otro lado, véanse, COUVREUR, Ph., *The International Court of Justice and the Effectiveness of International Law*, Brill, Leiden/Boston, 2017, págs. 20-31; KOOIJMANS, P. H., «Article 31», en ZIMMERMANN, A., TOMUSCHAT, CH., y OELLERS-FRAHM, K., *The Statute of the International Court of Justice: A Commentary*, Oxford University Press, New York, 2nd ed., 2021, págs. 530-542; SANTILLU, C., «Trois observations sur l'indépendance et l'impartialité des juridictions internationales», en RUIZ FABRI, H. y SOREL, J.-M. (dirs.), *Indépendance et impartialité des juges internationaux*, Pédone, Paris, 2010, págs. 225-232; SCHWEBEL, S., «National Judges and Judges *ad hoc* of the International Court of Justice»,

Podría responderse a estos argumentos que el razonamiento de la Corte respecto de la objeción rusa ha sido lacónico, en el sentido de limitarse a indicar que la igualdad de armas entre Ucrania y Rusia no se ve afectada en este caso porque los intervinientes (de los que varios jueces son nacionales) no tienen el estatus de partes en el procedimiento. El razonamiento de la Corte es ciertamente formalista, pero correcto y utilizado previamente en el asunto relativo a la *Caza de la Ballena (Australia c. Japón; Nueva Zelanda interviniente)*.[49] Además, se ha de constatar la dificultad de responder a la objeción rusa sin adentrarse en debates sobre la independencia de los jueces que, seguramente, no proceden en una decisión de estas características.[50]

ICLQ, vol. 48, núm. 4, págs. 884-900, y más recientemente Brower, Ch. N. y Lando, M., «Judges *ad hoc* of the International Court of Justice», *LJIL*, vol. 33, No. 2, págs. 467-493.

49 *Whaling in the Antarctic (Australia* v. *Japan), Declaration of Intervention of New Zealand, Order of 6 February 2013, I.C.J. Reports 2013,* pág. 9, para. 21. En aquel asunto, Japón argumentó que Australia y Nueva Zelanda eran partes «con el mismo interés» en el sentido del art. 31.5 del Estatuto, lo cual dejaba al demandante en desventaja al haber designado Australia un juez *ad hoc* (y disponer Nueva Zelanda, al mismo tiempo, de un juez «de plantilla»). En su Providencia de 6 de febrero de 2013, la Corte se limitó a indicar que «since the intervention of New Zealand does not confer upon it the status of party to the proceedings, Australia and New Zealand cannot be regarded as being "parties in the same interest" within the meaning of Article 31, paragraph 5, of the Statute ... consequently, the presence on the Bench of a judge of the nationality of the intervening State has no effect on the right of the judge *ad hoc* chosen by the Applicant to sit in the case pursuant to Article 31, paragraph 2, of the Statute».

50 También subrayarse el hecho, ya explicado, de que en la adopción de la Providencia la presidenta, el vicepresidente y dos jueces han declinado ejercer la presidencia en referencia al art. 32.1 del Reglamento, intentando así evitar toda apariencia de parcialidad en el ejercicio de dicha presidencia. El art. 32.1 del Reglamento ofrece una garantía adicional de imparcialidad a los Estados parte que solo se aplica al

En este sentido, el laconismo del pasaje que nos ocupa parece reflejar una de esas situaciones en que el texto de una sentencia refleja el mínimo común denominador entre los jueces.

Pasando ya a las circunstancias concretas del caso de autos, ha de señalarse la circunstancia, apuntada por el vicepresidente GEVORGIAN y la jueza XUE, de que varios Declarantes hayan ido mucho más lejos de lo que se espera en fase de intervención, tomando desde el inicio claro partido por las posiciones del demandante en cuanto a la competencia de la Corte y el fondo. A este respecto, el demandado tiene razones fundadas para considerar esta estrategia como un riesgo para la igualdad de armas en el presente procedimiento. De hecho, este es quizá el punto más delicado de la Providencia.

Como respuesta, se ha de apuntar que dicha estrategia procesal no debería conducir (y así lo ha entendido la Corte) a la inadmisibilidad total de las intervenciones en su conjunto. Más específicamente, la inadmisibilidad de un argumento o elemento de prueba concreto no debe cuestionar la admisibilidad general de un escrito procesal, al menos en tanto en cuanto este contenga elementos (como es el caso) que sí se ajustan a derecho en fondo y forma.

En línea con este razonamiento, la Corte limita el objecto del derecho de intervención de los Declarantes a la cuestión de la «interpretación» de la Convención sobre genocidio (materia ciertamente cubierta por todas las declaraciones), aclarando así que no considerará los argumentos ya planteados, o que se pudieran plantear, que vayan más allá de este límite. En con-

---

ejercicio de la presidencia, y que en este caso se ha ejercido no solo respecto de las partes en el procedimiento (Ucrania y Rusia), sino también de los Declarantes cuando su estatus como interviniente no se había decidido todavía (pues ese es el objeto de la Providencia). A este respecto, recuérdese que numerosas declaraciones de intervención toman partido por los argumentos ucranianos sobre el fondo.

secuencia, los ya intervinientes tendrán que hilar fino para no plantear sus argumentos ante la Corte en términos de «aplicación» de la Convención sobre genocidio por parte de Rusia, como no pocas declaraciones han hecho hasta la fecha.

Queda plantearse por último cómo afrontará la Corte la organización de los plazos en el procedimiento de forma que garantice la igualdad de las partes. La Providencia explica que la Corte «*will ensure that each Party will have a fair opportunity and the necessary time to respond to the observations of the intervening States*«.[51] El calendario de intercambios entre las partes es todavía más complejo que el de una opinión consultiva, dado que el procedimiento es aquí contradictorio.[52] Si bien los detalles del calendario son todavía confidenciales, es de esperar que la Corte encuentre una fórmula adecuada que garantice la igualdad de las partes sin menoscabar la eficaz administración de la justicia.[53]

---

[51] Providencia, para. 52.

[52] Amén del hecho de que la intervención se ciñe a la cuestión de la interpretación de la Convención sobre genocidio, y, como se ha explicado hasta la saciedad, no convierte a los intervinientes en partes. En este sentido, el procedimiento ante la Corte difiere de otros supuestos de intervención «masiva», como pueden ser las intervenciones de Estados o instituciones de la UE como coadyuvantes en los litigios sometidos al Tribunal de Justicia de la UE, de acuerdo con el art. 40 del Estatuto de dicho Tribunal, según el cual «las pretensiones de la demanda de intervención no podrán tener otro fin que apoyar las pretensiones de una de las partes» (Protocolo n.º 3 sobre el Estatuto del Tribunal de Justicia de la Unión Europea).

[53] No puede dejar de citarse aquí el dilema planteado en un conocido artículo, relativo a las partes en procedimientos contenciosos, por Higgins, R., «Respecting Sovereign States and Running a Tight Courtroom», *ICLQ*, vol. 50, issue 1, January 2001, págs. 121-132.

4. LOS EFECTOS DEL DERECHO DE INTERVENCIÓN: LA DECLARACIÓN DEL JUEZ ABRAHAM

Esta sección aborda una cuestión jurídica de suma importancia sobre la que la Providencia pasa de largo, cual es la interpretación de los efectos de las decisiones de la Corte sobre la admisibilidad de las intervenciones al amparo del art. 63.2 del Estatuto. Como se ha explicado, esta disposición prescribe que «la interpretación contenida en el fallo será igualmente obligatoria» para todo Estado interviniente.

Esta disposición es particularmente imprecisa. En efecto, ¿cómo se concilia el efecto obligatorio de la interpretación del tratado en cuestión con la jurisprudencia consolidada de la Corte, que otorga efecto de cosa juzgada a las sentencias en procedimientos contenciosos únicamente a la parte dispositiva, y en relación únicamente con las partes en el procedimiento, estatus del que carecen los intervinientes?[54] En segundo lugar, y en función de la respuesta a la pregunta anterior, ¿sobre qué base se asienta el efecto jurídico vinculante para las partes de la interpretación por la Corte del tratado en cuestión, en ausencia de previsión expresa a este respecto en el Estatuto? Ambas cuestiones afectan al nudo gordiano del derecho de intervención del art. 63 del Estatuto; se comprende, pues, que el juez ABRAHAM se haya pronunciado en detalle sobre ellas.

---

54 *Question of the delimitation of the Delimitation of the Continental Shelf between Nicaragua and Colombia beyond 200 nautical miles from the Nicaraguan Coast (Nicaragua* v. *Colombia), Preliminary Objections, Judgment, I.C.J. Reports 2016,* p. 126, para. 61. Más concretamente, la Corte afirmó que «[t]he decision of the Court is contained in the operative clause of the judgment. However, in order to ascertain what is covered by *res judicata,* it may be necessary to determine the meaning of the operative clause by reference to the reasoning set out in the judgment in question».

Como punto de partida, para el juez ABRAHAM la interpretación de la Corte «*ne peut produire d'effet obligatoire à l'égard de l'intervenant que si et dans la mesure où elle produit un tel effet à l'égard des parties à l'instance elles-mêmes*».[55] Afirmar la contrario llevaría a un resultado «*manifestement absurde ou déraisonnable*», tanto más cuanto que el art. 63.2 del Estatuto prescribe que la interpretación del tratado en cuestión es «*igualmente*» obligatoria para los intervinientes. Por ello, el juez ABRAHAM centra su declaración en identificar el fundamento del efecto jurídico vinculante de la interpretación por la Corte del tratado en cuestión para las partes en el procedimiento (y no los intervinientes); en otras palabras, en el segundo de los interrogantes planteados anteriormente.

A este respecto, comienza el juez ABRAHAM descartando que la respuesta se encuentre en el art. 63.2 del Estatuto, pues esta solo puede provenir del principio general de derecho de la autoridad de cosa juzgada, reflejado en el art. 59 del Estatuto.[56] Y si bien la interpretación en cuestión no puede ser formalmente vinculante para las partes (pues, como se ha indicado, la jurisprudencia es clara), dicha interpretación no deja de ser relevante por dos motivos.

En primer lugar, explica el juez ABRAHAM que «*il peut être nécessaire de se référer aux motifs pour préciser la portée du dispositif*».[57] En segundo lugar, y sobre todo, aclara que «*l'interprétation du traité une fois adoptée par la Cour dans une affaire, deviendra un élément de sa jurisprudence, et sera donc revêtue de* l'autorité spécifique qui s'attache à la jurisprudence».[58] En este sentido, el juez ABRA-

55 Declaración del juez Abraham, para. 3.

56 Que dispone que «*[l]a decisión de la Corte no es obligatoria sino para las partes en litigio y respecto del caso que ha sido decidido*».

57 *Ibid.*, para. 8.

58 *Ibid.*, énfasis añadido.

HAM identifica el fundamento de dicha noción («autoridad de la jurisprudencia de la Corte») en los términos siguientes:

> *«[l]a jurisprudence de la Cour tire son autorité du simple fait que, une fois établie, il y a lieu de présumer qu'elle sera appliquée dans les affaires ultérieures, opposant les mêmes parties ou d'autres parties ..., à moins que la Cour ne décide de la modifier, ce qu'elle ne fera que si elle aperçoit impérieuses de le faire, comme elle l'a affirmé à plusieurs reprises».*[59]

Obviamente, este fundamento es relevante cuando un tratado es interpretado «incidentalmente» a efectos de determinar el contenido de la parte dispositiva de una sentencia. Por el contrario, si el objeto de una controversia es precisamente la interpretación de un tratado (en otras palabras, si el *petitum* de las partes se dirige a que la Corte «acepte» una determinada interpretación del tratado), entonces la cuestión es más simple, porque la interpretación del tratado en sí gozará de efecto de cosa juzgada en aplicación directa del art. 59 del Estatuto, tal y como ha sido interpretado por la Corte.

De ello infiere el juez ABRAHAM, en conclusión, que «*la règle qu'énonce le paragraphe 2 de l'article 63 produit ses pleins effets dans les cas où l'objet même de la saisine de la Cour est d'obtenir une interprétation d'un traité multilatéral (et seulement dans ceux-là)*».[60] Por el contrario, cuando la interpretación de un tratado no se incorpora a la parte dispositiva de la sentencia, no hay en sentido estricto aplicación de la regla del art. 63.2 del Estatuto. Según el juez ABRAHAM, ello es conforme con las circunstancias de adopción del art. 84 de la Convención de La Haya de 1907 para

---

59 *Ibid.*, para. 8.

60 *Ibid.*, para. 10.

la resolución pacífica de controversias internacionales, en la que se basa el art. 63 del Estatuto.[61]

Finalmente, admite el juez ABRAHAM que hay controversias que no encajan con claridad en una u otra categoría (es decir, controversias que requieren la interpretación de un tratado de manera incidental o controversias directamente relativas a dicha interpretación). No es el caso de autos, pues para el juez ABRAHAM, es «*fort douteux*» que la interpretación de la Convención sobre genocidio que pueda hacer la Corte en cualquiera de sus sentencias (excepciones preliminares o, eventualmente, fondo) se refleje en la parte dispositiva, y tenga por tanto efecto de cosa juzgada.[62]

La cuestión del efecto jurídico de las sentencias respecto de los estados intervinientes (y por implicación, respecto de las partes) ha sido objeto de debate durante décadas. Por citar tres opiniones relativamente recientes, KOLB ha argumentado que

> *«a third State which intervenes must be bound by the Court's interpretation, not only in the specific concrete case concerned, but also going beyond it, even* erga omnes partes *that are parties to the plurilateral or multilateral convention concerned. Otherwise, Article 63 would largely fail in its effects».*[63]

En cuanto al fundamento de dicho efecto obligatorio para las partes en el procedimiento principal cuando la interpretación del tratado no se encuentra en la parte dispositiva de la sentencia, descarta este autor el art. 59 del Estatuto, pero

---

61 *Ibid.*, paras. 11-12. Más concretamente, explica el juez ABRAHAM que los arbitrajes relativos a la interpretación de un tratado eran frecuentes en aquella época.

62 *Ibid.*, para. 14.

63 Kolb, R., *The International Court of Justice*, Hart Publishing, Oxford and Portland, Oregon, 2013, pág. 742.

refiere a la aplicación analógica del art. 63 del Estatuto.[64] Una opinión similar parecen defencer THIRLWAY y, en su calidad de juez en el asunto de la *Caza de la Ballena (Australia c. Japón: Nueva Zelanda interviniente)*, GAJA.[65] Para este último, el art. 63.2 del Estatuto

> «*actually says that "the construction . . . will be equally binding upon" the intervener. This cannot mean that only the intervener will be bound. The provision would be unbalanced, and unduly penalize the intervener. By saying that the intervener will be "equally" bound, paragraph 2 of Article 62* [sic] *points to the conclusion that, with regard to the construction of the convention, the intervener will be bound towards the parties and that the parties will also be bound towards the intervener*».[66]

Como se ha podido apreciar, la opinión del juez ABRAHAM ofrece una ruta alternativa (no fundamentada en el art. 63.2 del Estatuto) para explicar la fuerza obligatoria de la interpretación por la Corte de un tratado respecto de las partes en el proceso, con referencia a aquellos supuestos (que son mayoría) en que dicha interpretación es incidental a la resolución de la controversia. Esta ruta no es particularmente segura, pues en teoría deja abierta a las partes la posibilidad de litigar con éxito otra interpretación en el futuro. Sin embargo, es una ruta posible dadas las incertidumbres del texto art. 63.2 del Estatuto.

Además, dicha ruta se acomoda bien a los efectos prácticos del derecho de intervención, que van más allá de la fuerza jurídica vinculante de la interpretación de un tratado. En efecto,

---

64 *Ibid.*, pág. 742.

65 El primer autor ha argumentado que «*[t]he word 'equally' implies 'on the same footing as the parties', thus it is assumed that the judgment will in fact given an authoritative interpretation of the convention*» (THIRLWAY, H., *The Law and Procedure of the International Court of Justice: Fifty Years of Jurisprudence,* Vol. I., Oxford University Press, New York, 2013, pág. 1031).

66 Declaración del juez GAJA, págs. 41-42.

como ha señalado el juez ODA, la interpretación de la Corte *«will tend to prevail»* en asuntos posteriores, y por lo tanto hay poca diferencia práctica entre, por un lado, aquellos estados parte en un tratado interpretado que a su vez han intervenido en un procedimiento ante la Corte, y por otro, aquellos que no lo han hecho.[67] Esta circunstancia es fuente de buenas noticias para el objeto y el fin de la Convención sobre genocidio, si es que el asunto *Alegaciones de genocidio* (o parte del mismo) llega a la fase de fondo.

5. CONCLUSIONES

En un contexto internacional como el actual, es posible que el derecho internacional resulte inefectivo sobre el terreno, pero no puede permanecer callado. Desde esta perspectiva, es laudable la iniciativa de treinta y tres Estados (o treinta y dos, según se mire) de solicitar intervenir en el asunto *Alegaciones de genocidio* ante la Corte a fin de cuestionar las interpretaciones abusivas de la misma por el demandado en aras de justificar el uso de la fuerza en Ucrania.

En su Providencia sobre la materia, la Corte ha autorizado las intervenciones (con ciertos matices aplicables a la declaración de intervención estadounidense, que ya se han explicado). Lo ha hecho con fundamento en el texto de su Estatuto (en particular, el art. 63) y el Reglamento, permitiendo intervenir a dichos Estados ya en fase de excepciones preliminares en relación con la interpretación del art. IX de la Convención. En su Providencia, sin embargo, la Corte no ha aclarado ciertos aspectos oscuros del art. 63.2 del Estatuto por no ser ello estric-

---

[67] Referencia ODA, Sh., «The International Court of Justice viewed from the Bench (1976-1993)», *Recueil des Cours*, Vol. 244, 1993-VII, págs. 9-190, esp. pág. 79.

tamente necesario, como el efecto vinculante de la sentencia de la Corte sobre el fondo. Esta cuestión ha sido objeto de una oportuna declaración del juez ABRAHAM.

Ese mismo fundamento en el Estatuto y el Reglamento es, sin embargo, el que ha requerido que la Corte subraye los límites del derecho intervención, a fin de preservar la esencia de dicho procedimiento y evitar indeseados efectos incidentales en la administración de la justicia y la protección de la igualdad procesal de las partes. En esencia, dichos límites radican en la barrera (traspasada por varias solicitudes de intervención) que separa, por un lado, intervenir a fin de interpretar la Convención sobre genocidio, y por otro, participar en la controversia entre Ucrania y Rusia. Es de esperar que dicha barrera sea preservada en lo que resta de procedimiento; al menos, la Providencia que se ha analizado en estas líneas contiene elementos que deberían inspirar confianza. Lo cual es de aplaudir, porque está en juego la credibilidad del procedimiento previsto en el art. 63 del Estatuto.

RESUMEN. La providencia de la Corte Internacional de Justicia relativa a las solicitudes de intervención por terceros Estados en el asunto *Alegaciones de genocidio en virtud de la Convención para la prevención y la sanción del crimen de genocidio (Ucrania c. Federación de Rusia)* es una decisión de gran interés por varios motivos. En particular, dicha solicitud se ha planteado no solo en relación con el fondo, sino también la propia competencia de la Corte sobre la base del artículo IX de la Convención sobre genocidio. Además, la citada solicitud ha tenido lugar de forma «masiva» y en exclusivo apoyo de las pretensiones de la parte demandante. Ello suscita interrogantes relativos al principio de igualdad entre las partes y los límites del art. 63 del Estatuto. En esencia, la Corte ha respondido a dichos interrogantes reiterando que los intervinientes no son partes en el procedimiento, restringiendo así la posibilidad de que presenten argumentos que van más allá de la cuestión de la «interpretación» de la Convención sobre genocidio. Ello, junto con otros pasajes de la Providencia, sugiere que las objeciones rusas han sido tomadas en serio. Lo cual es de aplaudir, pues está en juego la credibilidad del procedimiento de intervención. Otras cuestiones más generales sobre este, como la de los efectos jurídicos para las partes e intervinientes de la interpretación por la Corte de un tratado, son dejadas para otro momento.

Palabras clave: Corte Internacional de Justicia, Intervención, Artículo 63 del Estatuto, Principio de igualdad procesal, Convención sobre genocidio

ABSTRACT. The order by the International Court of Justice relating to the requests for intervention by third States in the case *Allegations of Genocide under the Convention on the Prevention and Suppression of the Crime of Genocide (Ukraine* v. *Russian Federation)* is a decision of great interest. In particular, said requests relate not only to the merits, but also the Court's jurisdiction based on article IX of the Genocide Convention. Moreover, the requests have been made «massively» in support of the claims of the requesting party. This triggers questions regarding the principle of equality between the parties and the limits of article 63 of the Statute. In essence, the Court, in addressing such questions, has reiterated that the intervening States are not parties to the procedure, thereby restricting the possibility for them to submit arguments beyond the question of the «interpretation» of the Genocide Convention. Together with certain statements made in the Order, this suggests that the Russian objections have been taken seriously, which is to be celebrated (since the credibility of intervention proceedings is at stake). Other questions regarding said proceedings, such as the legal effects of the Court's interpretation of a treaty for the parties or intervening states, are nevertheless left by the Court for another moment.

Keywords: International Court of Justice, Intervention, Article 63 of the Statute, Principle of equality between the parties, Genocide Convention

Antecedentes de la agresión rusa a Ucrania: las controversias pendientes relativas a la interpretación o aplicación de la Convención de las Naciones Unidas sobre el derecho del mar entre Ucrania y la Federación de Rusia

EDUARDO JIMÉNEZ PINEDA[1]

---

1 Profesor Ayudante Doctor (acreditado a Contratado Doctor) de Derecho Internacional Público en la Universidad de Córdoba (eduardo.jimenez.pineda@uco.es). Todas las traducciones son del autor y las páginas webs mencionadas han sido consultadas por última vez el 14 de febrero de 2023.

PRELIMINARES PLANTEADAS POR LA FEDERACIÓN DE RUSIA.*3.2.1.LA FALTA DE JURISDICCIÓN DEL TRIBUNAL ARBITRAL EN VIRTUD DEL ARTÍCULO 298, APARTADO 1, INCISO B) DE LA CNUDM.3.2.2.LA FALTA DE JURISDICCIÓN DEL TRIBUNAL ARBITRAL DEBIDO A QUE EL ARTÍCULO 32 DE LA CNUDM EXCLUYE LA INMUNIDAD DE LOS BUQUES DE GUERRA.3.2.3.LA FALTA DE JURISDICCIÓN DEL TRIBUNAL ARBITRAL PARA CONOCER DE LOS PRESUNTOS INCUMPLIMIENTOS DEL AUTO DE MEDIDAS CAUTELARES DICTADO POR EL TIDM.3.2.4.LA PRESUNTA VIOLACIÓN DEL ARTÍCULO 279 DE LA CNUDM.3.2.5.LA FALTA DE JURISDICCIÓN DEL TRIBUNAL ARBITRAL COMO CONSECUENCIA DEL INCUMPLIMIENTO DEL ARTÍCULO 283 DE LA CNUDM.* **4. CONSIDERACIONES FINALES.**

1. INTRODUCCIÓN

El 24 de febrero de 2022 fuerzas armadas bajo el mando de la Federación de Rusa iniciaron un crimen de agresión contra la integridad territorial de Ucrania[2]. Previamente, en el año 2014, la Federación de Rusia había ocupado de manera contraria al Derecho Internacional la península ucraniana de Crimea[3].

Como consecuencia de esta última ocupación ilegal y de una serie de hechos conexos, Ucrania dedujo con posterioridad a la misma dos demandas de arbitraje internacional contra la Federación de Rusia. A este respecto, debe señalarse que ambos Estados son partes en la Convención de las Naciones Unidas sobre el Derecho del Mar (en adelante, CNUDM o Convención) que, como es sabido, incorpora un sistema de arreglo pacífico de las controversias relativas a su interpretación o aplicación[4].

---

2 Me remito al respecto al conjunto de esta obra colectiva.

3 Véase en este sentido BERMEJO GARCÍA, R., *La vuelta de Crimea a la madre-patria. Algunas reflexiones a la luz del Derecho Internacional*, Valencia, Tirant lo Blanch, 2015.

4 Véanse GODIO, L., "La fórmula Montreux y la III Conferencia de las Naciones Unidas sobre el Derecho del Mar (1973-1982)", en GODIO, L. (ed.), *El sistema de solución de controversias de la Convención de las Na-*

Cabe destacar que estos dos Estados han declarado, en virtud del artículo 287 de la CNUDM, su preferencia por dos de los mecanismos jurisdiccionales de arreglo de controversias que ésta incorpora: la Corte Internacional de Justicia, el Tribunal Internacional del Derecho del Mar, un tribunal arbitral, a constituir conforme al Anexo VII de la Convención, o un tribunal arbitral especial, a constituir de acuerdo con el Anexo VIII de la citada Convención[5].

En particular, ambos Estados, en idéntico orden de preferencia, han escogido como foros prioritarios tanto el arbitraje Anexo VII como el arbitraje especial Anexo VIII[6], lógicamen-

---

ciones Unidas sobre el Derecho del Mar: contribuciones de su experiencia, Ciudad Autónoma de Buenos Aires, Editorial Universitaria de Buenos Aires, 2019, pp. 81-121; y, REY ANEIROS, A., "El sistema de solución de controversias de la Convención de las Naciones Unidas sobre el Derecho del Mar", en VÁZQUEZ GÓMEZ, E. M., ADAM MUÑOZ, M. D., CORNAGO PRIETO, N. (eds.), *El arreglo pacífico de controversias internacionales,* Valencia, Tirant Lo Blanch, 2013, pp. 225-240.

5 El artículo 287, apartado primero de la CNUDM dispone: "Al firmar o ratificar esta Convención o al adherirse a ella, o en cualquier momento ulterior, los Estados podrán elegir libremente, mediante una declaración escrita, uno o varios de los medios siguientes para la solución de las controversias relativas a la interpretación o la aplicación de la Convención: a) El Tribunal Internacional del Derecho del Mar constituido de conformidad con el Anexo VI; b) La Corte Internacional de Justicia; c) Un tribunal arbitral constituido de conformidad con el Anexo VII; d) Un tribunal arbitral especial, constituido de conformidad con el Anexo VIII, para una o varias de las categorías de controversias que en él se especifican". Véase GARCÍA GARCÍA-REVILLO, M., "Declarations pursuant to article 287 of the UNCLOS", *China Oceans Law Review,* vol. 16, nº 3, 2020, pp. 37-51.

6 Las declaraciones de los Estados partes en la CNUDM está disponible en la Colección de Tratados de las Naciones Unidas (United Nations Treaty Collection), que puede consultarse en https://treaties.un.org/Pages/ViewDetailsIII.aspx?src=TREATY&mtdsg_no=XXI-6&chapter=21&Temp=mtdsg3&clang=_en.

te este último para una o varias de las categorías de controversias específicamente previstas en su artículo primero, a saber: *las pesquerías, la protección y preservación del medio marino, la investigación científica marina y la navegación, incluida la contaminación causada por buques y por vertimiento.*

Por tanto, por mor de la aplicación del artículo 287 de la CNUDM anteriormente referido, las controversias entre ambos Estados sobre la interpretación o la aplicación de la Convención pueden ser sometidas bien ante un tribunal arbitral Anexo VII, bien ante un tribunal arbitral especial Anexo VIII, estas últimas siempre que versen sobre las cuatro categorías mencionadas[7].

Pues bien, con posterioridad a los hechos ocurridos en 2014, Ucrania interpuso sendas demandas contra la Federación de Rusia, ambas ante dos tribunales de arbitraje a constituir según el Anexo VII de la Convención, actuando en ambos casos como secretaría la Corte Permanente de Arbitraje[8]. La primera, a propósito de la *controversia relativa a los derechos del*

---

7 Véanse a este respecto: CASADO RAIGÓN, R., "Procedures entailing binding decisions and disputes concerning the interpretation or application of the Law of the Sea", en BOSCHIERO, N., SCOVAZZI, T., PITEA, C., y RAGNI, C. (eds.), *International Courts and the Development of International Law: Essays in Honour of Tullio Treves,* Berlín Heidelberg, Springer, 2013, pp. 245-256.; CHANDRASEKHARA RAO, P., "Delimitation Disputes under the United Nations Convention on the Law of the Sea: Settlement Procedures", en NDIAYE, T. M., WOLFRUM, R. (eds.), *Law of the Sea, Environmental Law and Settlement of Disputes Liber Amicorum Judge Thomas A. Mensah,* Leiden Boston, Martinus Nijhoff, 2007, pp. 877-897; y, GAUTIER, P., "Access to International Courts and Tribunals in Law of the Sea Disputes", en EIRIKSSON, G., SAINZ-BORGO, J. C., (eds.), *Liber Amicorum: in honour of a modern Renaissance man: His Excellency Gudmundur Eiriksson,* Nueva Delhi, O. P. Jindal Global University, 2017, pp. 165-193.

8 DALY, B. W., "Permanent Court of Arbitration", en GIORGETTI, C. (ed.), *The Rules, Practice, and Jurisprudence of International Courts and Tribunals,* Leiden Boston, Martinus Nijhoff, 2012, pp. 37-73.

Estado ribereño en el Mar Negro, en el Mar de Azov y en el Estrecho de Kerch, planteada el 16 de septiembre de 2016. La segunda, con relación a la *controversia sobre la detención de buques de la armada ucraniana y de sus tripulaciones*, deducida el 1 de abril de 2019.

En esta contribución se abordarán, entre otros aspectos, los hechos de ambos asuntos, las posiciones de las partes y, sobre todo, los dos laudos sobre excepciones preliminares dictados hasta la fecha, realizando una especial referencia a las interpretaciones de gran relevancia llevadas a cabo por estos dos tribunales de arbitraje respecto de su jurisdicción en tanto que foros obligatorios conducentes a decisiones obligatorias, previstos en la sección segunda de la parte XV de la Convención.

Así, se estudiará, en el apartado segundo, la controversia entre ambos Estados sobre los derechos del Estado ribereño en el Mar Negro, en el Mar de Azov y el Estrecho de Kerch. Además, en el apartado tercero, se considerará el arbitraje constituido en la controversia sobre la detención de buques ucranianos y sus tripulaciones, abordando también el auto de medidas cautelares dictado en la misma por el Tribunal Internacional del Derecho del Mar. Por último, se expondrán una serie de consideraciones finales.

2. LA CONTROVERSIA SOBRE LOS DERECHOS DEL ESTADO RIBEREÑO EN EL MAR NEGRO, EL MAR DE AZOV Y EL ESTRECHO DE KERCH

Esta controversia, la primera de las dos que nos ocupan, fue sometida por demanda deducida por Ucrania el 16 de septiembre de 2016 ante un tribunal de arbitraje[9]. En dicha demanda,

---

9 *Controversia relativa al Mar Negro, Mar de Azov y Estrecho de Kerch (Ucrania c. Federación de Rusia)*, laudo sobre excepciones preliminares de

Ucrania pedía a este tribunal de arbitraje, sucintamente, que declarase los derechos soberanos ucranianos, en tanto que Estado ribereño, en las aguas circundantes a la Península de Crimea y que ordenase a Rusia el cese en ellas de ciertos hechos internacionalmente ilícitos[10].

2.1 Las excepciones preliminares planteadas por la Federación de Rusia

En respuesta a esta demanda, la Federación de Rusia, en tanto que Estado demandado, planteó, el 19 de mayo de 2018, excepciones preliminares alegando la presunta falta de jurisdicción del tribunal arbitral constituido conforme al Anexo VII en materia de pesquerías, protección y preservación del medio marino y navegación, ámbitos materiales de la controversia de los que, a su juicio, sería competente un tribunal arbitral especial a la luz del Anexo VIII[11]. Ucrania, por su parte, solicitó a este tribunal de arbitraje que desestimase estas excepciones preliminares y afirmarse consecuentemente su jurisdicción[12].

---

21 de febrero de 2020. Los documentos relativos a este asunto pueden consultarse en https://pca-cpa.org/en/cases/149/.

10 *Ibidem,* paras. 8-10.

11 *Ibidem,* paras. 9, 31-34. Véase ROSENNE, S., "Arbitrations under Annex VII of the United Nations Convention on the Law of the Sea", en NDIAYE, T. M., y WOLFRUM, R., (eds.), *Law of the Sea, Environmental Law and Settlement of Disputes. Liber Amicorum Judge Thomas A. Mensah,* Leiden Boston, Martinus Nijhoff, 2007, pp. 989-1006. He abordado esta cuestión en otro trabajo: JIMÉNEZ PINEDA, E., "The UNCLOS Annex VIII special arbitration. Could it be a successful mean for the settlement of maritime disputes?", en CALIGIURI, A. (ed.*), 20 ans de l'ASSIDMER 2001-2021. L'évolution du droit de la mer : à l'occasion du 20ème anniversaire de L'ASSIDMER,* Nápoles, Editoriale Scientifica, 2023, pp. 101-110.

12 *Controversia relativa al Mar Negro, Mar de Azov y Estrecho de Kerch (Ucrania c. Federación de Rusia),* laudo sobre excepciones preliminares de 21 de febrero de 2020, paras. 35-38.

Ante todo, el tribunal arbitral determinó, con relación a su jurisdicción, que, conforme a las declaraciones de ambos Estados y no como consecuencia de su carácter de mecanismo residual, el arbitraje del Anexo VII era el foro competente[13]. Así, la Federación de Rusia esgrimía que "la doctrina de la *lex specialis* prescribe la preferencia de los tribunales arbitrales especiales constituidos de conformidad con el Anexo VIII de la Convención sobre la jurisdicción general conferida a los tribunales arbitrales Anexo VII"[14].

Por su parte, Ucrania, contrarrestando la tesis rusa, sostenía que el arbitraje previsto en el Anexo VII "es el mecanismo residual de arreglo de controversias en la Parte XV de la Convención y que las Partes en sus respectivas declaraciones lo han elegido el medio 'principal' o 'básico' para el arreglo de todas, y no de un grupo limitado, de controversias en virtud de la Convención"[15]. Además, Ucrania aducía que "la jurisdicción del Anexo VIII es una excepción a la elección general del arbitraje Anexo VII por parte de Ucrania y sus declaraciones deben ser interpretadas de conformidad con el principio *exceptio est strictissimae applicationis*"[16].

A la luz de estos argumentos de ambas partes, este tribunal arbitral no retuvo esta excepción preliminar planteada por Rusia sobre la competencia del arbitraje especial Anexo VIII para conocer sobre ciertas diferencias que formaban parte del objeto de esta controversia y, en definitiva, concluyó la imposibilidad en el presente caso de "aislar de la controversia más amplia aquellos elementos que exclusivamente estarían dentro

---

13 *Ibidem*, paras. 41-42.

14 *Ibidem*, para. 414. La cursiva es original del laudo sobre excepciones preliminares.

15 *Ibidem*, para. 422.

16 *Ibidem*, para. 425, respectivamente. La cursiva es original del laudo sobre excepciones preliminares.

de la jurisdicción de uno o más tribunales arbitrales especiales conforme al Anexo VIII"[17].

2.1.1. La soberanía sobre Crimea

La primera excepción a la jurisdicción del tribunal arbitral planteada por Rusia se fundamentaba en que la controversia "guarda relación con la soberanía de Ucrania sobre Crimea", por lo que quedaría fuera del ámbito de competencia definido en el artículo 288 de la Convención: "controversias relativas a su interpretación o aplicación"[18]. A este respecto, el tribunal consideró que Ucrania partía de la premisa de su soberanía sobre Crimea, fundamentando en ésta una parte significativa de sus pretensiones[19]. Consiguientemente, la cuestión relativa a qué Estado es soberano, y por tanto "Estado ribereño", es previa a la decisión del tribunal arbitral sobre buena parte de las pretensiones ucranianas[20].

De manera relevante, el tribunal determinó que una controversia sobre esta soberanía "no puede ser considerada como una controversia relativa a la interpretación o aplicación de la Convención" y que, en este caso, existe un desacuerdo sobre qué Estado es soberano en Crimea[21]. A juicio del tribunal, la cuestión fundamental radicaba en determinar si la controversia relativa a la soberanía sobre Crimea es un asunto secundario en el marco de una controversia relativa a la interpretación o aplicación de la Convención. En este caso, el tribunal llegó a la conclusión de que dicha controversia no es secundaria, sino previa a la decisión sobre numerosas pretensiones de Ucrania,

---

17 *Ibidem*, para. 442.

18 *Ibidem*, paras. 43-45, 65-68.

19 *Ibidem*, paras. 152-153.

20 *Ibidem*, para. 154.

21 *Ibidem*, paras. 156, 165.

de las que no puede conocer sin determinar previamente qué Estado es soberano sobre Crimea[22].

Por todo ello, el tribunal arbitral decidió que carece de jurisdicción sobre la controversia sometida por Ucrania en la medida en que su conocimiento sobre el fondo requiere necesariamente del pronunciamiento del tribunal, expresa o implícitamente, respecto de la soberanía sobre Crimea, "conclusión extensible a muchas, pero no a todas, de las pretensiones ucranianas"[23], por lo que retuvo la primera objeción preliminar rusa.

2.1.2. La consideración del Mar de Azov y del Estrecho de Kerch como aguas interiores

La segunda excepción guardaba relación con la jurisdicción del tribunal arbitral para conocer de las pretensiones ucranianas relativas al Mar de Azov y al Estrecho de Kerch, que Rusia tradicionalmente consideraba como aguas interiores del Imperio Ruso y, más tarde, de la Unión Soviética[24]. A su juicio, la Convención no sería aplicable a dichas aguas interiores[25].

En este sentido, el tribunal arbitral subrayó el desacuerdo de las partes respecto al estatus de aguas interiores predicable del Mar de Azov y del Estrecho de Kerch a partir de la disolución de la Unión Soviética en 1991[26]. Comoquiera que el tribunal debía determinar la existencia del título histórico de las aguas en cuestión, su continuación a partir de 1991 y el régimen aplicable a dichas aguas, consideró que la excepción

---

22 *Ibidem*, paras. 194-195.

23 *Ibidem*, paras. 197-198.

24 *Ibidem*, para. 199.

25 *Ibidem*, para. 269.

26 *Ibidem*, paras. 289-290.

planteada por Rusia está conectada con el fondo de la controversia y no puede ser resuelta sin entrar a conocer sobre éste[27].

Tras afirmar que "lo que constituyen aguas interiores está regido por la Convención", el tribunal se mostró reticente a que una controversia relativa a actividades desarrolladas en aguas interiores no pueda guardar relación con la interpretación o aplicación de la CNUDM y quede enteramente fuera de su ámbito competencial[28]. Por consiguiente, el tribunal concluyó que esta excepción no posee un carácter exclusivamente preliminar y la reservó para su conocimiento en la fase subsiguiente del procedimiento concerniente al fondo[29].

2.1.3. La aplicación de las excepciones facultativas conforme al artículo 298 de la CNUDM

La tercera excepción preliminar estaba fundada en las declaraciones de ambos Estados de conformidad con el artículo 298 de la Convención, que prevé una serie de excepciones facultativas a los procedimientos obligatorios conducentes a decisiones obligatorias[30]. Así, la Federación de Rusia alegaba la falta de jurisdicción del tribunal arbitral para conocer de esta controversia al ser relativa a actividades militares, actividades encaminadas a hacer cumplir las normas legales, la delimitación de las zonas marítimas, y bahías o títulos históricos[31]. En

---

27 *Ibidem*, paras. 292-293.

28 *Ibidem*, paras. 294, 296.

29 *Ibidem*, para. 297.

30 *Ibidem*, paras. 298 ss. GARCÍA GARCÍA-REVILLO, M., *The contentious and advisory jurisdiction of the International Tribunal for the Law of the Sea*, Leiden Boston, Brill Nijhoff, 2015, pp. 87 ss.

31 *Controversia relativa al Mar Negro, Mar de Azov y Estrecho de Kerch (Ucrania c. Federación de Rusia)*, laudo sobre excepciones preliminares de 21 de febrero de 2020, paras. 300, 301.

relación con las actividades militares, el tribunal no consideró que la mera presencia de buques militares ni tampoco el uso de la fuerza fuesen suficientes para concluir la naturaleza militar de tales actividades y motivar la aplicación de esta excepción, por lo que esta excepción preliminar fue rechazada[32].

Con relación a las actividades de cumplimiento, el tribunal arbitral declaró que, como consecuencia de la admisión de la primera excepción preliminar, éste no es competente para determinar si el lugar donde se produjeron dichas actividades constituye la zona económica exclusiva de Rusia o de Ucrania, de ahí que rechazara retener esta excepción preliminar[33]. Respecto a la excepción concerniente a la delimitación, el tribunal no pudo determinar si las partes tienen derechos soberanos que se solapen en zonas marítimas alrededor de Crimea, por lo que no retuvo esta excepción[34]. Finalmente, el tribunal arbitral también rechazó la excepción relativa a las bahías o títulos históricos, al considerarla conectada con el fondo de la controversia y carente de carácter exclusivamente preliminar[35].

2.1.4. La falta de jurisdicción en materia de pesquerías conforme al artículo 297.3, letra a) de la CNUDM

Por otra parte, Rusia objetaba, como cuarta excepción preliminar, la jurisdicción del tribunal arbitral sobre pesquerías con arreglo al artículo 297.3, letra a) de la Convención (*limitaciones a la aplicabilidad de la sección 2*)[36]. En este sentido, el tribunal

32 *Ibidem*, paras. 331, 334-336, 341.

33 *Ibidem*, paras. 357-358.

34 *Ibidem*, paras. 382-383.

35 *Ibidem*, paras. 388-389.

36 Véanse en este sentido: CHURCHILL, R., "The General Dispute Settlement System of the UN Convention on the Law of the Sea: Overview, Context, and Use", *Ocean development and international law:*

declaró que las interferencias en las actividades pesqueras invocadas por Ucrania se produjeron en una zona donde, debido al juego de la primera excepción admitida por el tribunal, éste no es competente para determinar si constituye la zona económica exclusiva de Rusia o de Ucrania y, por ello, rechazó su aplicabilidad[37].

De manera muy interesante, este tribunal arbitral se pronunció sobre la posible jurisdicción del arbitraje especial del Anexo VIII, invocada por Rusia y circunscrita a las cuatro categorías enumeradas en el mismo: 1) pesquerías, 2) protección y preservación del medio marino, 3) investigación científica marina, y 4) navegación, incluida la contaminación causada por buques y por vertimiento[38]. A juicio del tribunal, la cuestión fundamental consiste en determinar si puede ejercer su jurisdicción sobre la controversia en su conjunto o si debe abstenerse de conocer de los aspectos relativos a estas cuatro categorías, que serían sometidos separadamente a un tribunal arbitral especial[39]. Pues bien, el tribunal consideró que estas pretensiones ucranianas no constituyen controversias distintas y separadas, sino una única controversia, que no puede ser fragmentada, ya que "tendría el riesgo de resultar en resolu-

---

the journal of marine affairs, vol. 48, nº 3-4, 2017, pp. 216-238; KLEIN, N., "The Vicissitudes of Dispute Settlement under the Law of the Sea Convention", *The International Journal of Marine and Coastal Law*, vol. 32, 2017, pp. 332-363; o, también, OXMAN, B., "Courts and Tribunals: the ICJ, ITLOS and Arbitral Tribunals", en ROTHWELL, D. R., ELFERINK, A. G. O., SCOTT, K. N., STEPHENS, T. (eds.), *The Oxford Handbook of the Law of the Sea*, Oxford, Oxford University Press, 2015, pp. 394-415.

37 *Controversia relativa al Mar Negro, Mar de Azov y Estrecho de Kerch (Ucrania c. Federación de Rusia)*, laudo sobre excepciones preliminares de 21 de febrero de 2020, paras. 401-402.

38 *Ibidem*, paras. 433-438.

39 *Ibidem*, para. 439.

ciones contradictorias de los distintos tribunales arbitrales" e incrementaría los costes y el tiempo del litigio, motivos por los que esta excepción también fue rechazada[40].

2.1.5. La aplicación del artículo 281 de la CNUDM

Por último, Rusia planteó como excepción preliminar que, de conformidad con el artículo 281 CNUDM, los procedimientos de arreglo de controversias aplicables fuesen los previstos en los artículos 5 del Tratado de Fronteras y 1 del Tratado de Cooperación Azov/Kerch[41]. Al respecto, el tribunal arbitral, siguiendo una interpretación literal y sistemática de ambos tratados, no admitió esta excepción preliminar al considerar

---

[40] *Ibidem*, paras. 442-443.

[41] *Ibidem*, paras. 444-448. El artículo 281 de la CNUDM, intitulado *procedimiento aplicable cuando las partes no hayan resuelto la controversia*, dispone: "1. Si los Estados Partes que sean partes en una controversia relativa a la interpretación o la aplicación de esta Convención han convenido en tratar de resolverla por un medio pacífico de su elección, los procedimientos establecidos en esta Parte se aplicarán sólo cuando no se haya llegado a una solución por ese medio y el acuerdo entre las partes no excluya la posibilidad de aplicar otro procedimiento. 2. Cuando las partes hayan convenido también en un plazo, lo dispuesto en el párrafo 1 sólo se aplicará una vez expirado ese plazo". A propósito del juego de los artículos 281 y 282 de la CNUDM, el tribunal arbitral que conoció de la delimitación de la frontera marítima entre Barbados y Trinidad y Tobago declaró que el artículo 282 se aplica cuando las Partes han concluido un acuerdo bilateral o multilateral relativo al arreglo de controversias que podría incluir una controversia relativa a la CNUDM, por lo que el artículo 281 está primigeniamente previsto para cubrir la situación en la que las Partes "han concluido un acuerdo *ad hoc* [un compromiso] sobre los medios a adoptar para arreglar la controversia particular que entre ellas se ha suscitado", en *Delimitación de la zona económica exclusiva y la plataforma continental (Barbados c. Trinidad y Tobago)*, laudo de 11 de abril de 2006, paras. 200 ii).

que “dichas disposiciones no constituyen cláusulas de arreglo de controversias”[42]. A la luz de los fundamentos anteriores, el tribunal arbitral, por unanimidad, retuvo la excepción preliminar a su jurisdicción para decidir, directa o implícitamente, respecto de la soberanía sobre Crimea y declaró que la objeción relativa a las actividades en el Mar de Azov y en el Estrecho de Kerch no tenía carácter preliminar. Por el contrario, rechazó las restantes excepciones preliminares planteadas por Rusia[43].

Como se ha podido advertir, en este complejo y extenso laudo sobre excepciones preliminares el tribunal arbitral del Anexo VII mantiene una posición discutible. A mi juicio, el tribunal arbitral admitió acertadamente la excepción preliminar a su jurisdicción para conocer de la soberanía sobre Crimea por cuanto excede de *la interpretación o aplicación de la Convención*. Ahora bien, resulta evidente que el tribunal arbitral se va a enfrentar a serias dificultades para conocer de las actividades desarrolladas en unas aguas respecto de las cuales no puede determinar cuál es el Estado ribereño, dado que no tiene competencia para decidir respecto de la soberanía del territorio que proyecta los espacios marítimos sobre dichas aguas.

De ahí que el tribunal arbitral, sin explicar suficientemente las razones, haya requerido a Ucrania en el dispositivo del laudo que, tomando en consideración la definición de su jurisdicción en este laudo, someta una versión revisada de su demanda[44]. En mi opinión, cabe destacar especialmente del laudo comentado que representa la primera vez en que una corte o tribunal internacional se pronuncia respecto de la competencia del arbitraje especial previsto en el Anexo VIII de la

---

42 *Controversia relativa al Mar Negro, Mar de Azov y Estrecho de Kerch (Ucrania c. Federación de Rusia)*, laudo sobre excepciones preliminares de 21 de febrero de 2020, paras. 479-487, 489-491.

43 *Ibidem*, para. 492.

44 *Ibidem*, para. 492, letra d.

Convención, declarando la imposibilidad de fragmentar una controversia relativa a su interpretación o aplicación en varias diferencias sobre materias específicas sometidas a distintos foros. Esta interpretación, en mi opinión, podría ser contraria al sentido inspirador del sistema de arreglo de controversias de la Convención, que prevé, precisamente, el arbitraje especial del Anexo VIII para cuatro tipos específicos de controversias[45].

3. EL ARBITRAJE SOBRE LA DETENCIÓN DE BUQUES UCRANIANOS Y DE SUS TRIPULACIONES

Respecto a la segunda de las controversias sometidas por Ucrania, la relativa a *la detención de buques ucranianos y de sus tripulaciones*, la Federación de Rusia, con fecha de 24 de agosto de 2020, planteó igualmente excepciones preliminares a la jurisdicción del tribunal arbitral constituido de acuerdo con el Anexo VII de la CNUDM[46].

---

45 Véanse sobre este particular, además de los ya citados, los siguientes trabajos: SANDS, P., "Of courts and competition: dispute settlement under Part XV of UNCLOS", en WOLFRUM, R., SERSIC, M., y SOSIC, T. M., (eds.), *Contemporary Developments in International Law: Essays in Honour of Budislav Vukas*, Leiden Boston, Brill Nijhoff, 2016, pp. 789-798; TREVES, T., "Dispute-Settlement in the Law of the Sea: Disorder or System?", KOHEN, M. (ed.), *Promoting Justice, Human Rights and Conflict Resolution through International Law: Liber Amicorum Lucius Caflisch*, Leiden Boston, Brill Nijhoff, 2007, pp. 927-949; o, WOLFRUM, R., "Arbitration and the Law of the Sea: a comparison of dispute resolution procedures", en NORTON MOORE, J., (ed.), *International Arbitration. Contemporary Issues and Innovations*, Leiden Boston, Martinus Nijhoff, 2013, pp. 121-134.

46 *Controversia relativa a la detención de buques de la armada ucraniana y de sus tripulaciones (Ucrania c. Federación de Rusia)*, laudo sobre excepciones preliminares de 27 de junio de 2022. Los documentos relativos a este asunto pueden consultarse en https://pca-cpa.org/en/cases/229/, última consulta 27/10/2022.

Los hechos que ocasionaron el surgimiento de esta controversia sucedieron el 24 de noviembre de 2018 cuando tres buques de la armada ucraniana (el *Berdyansk*, el *Nikopol* y el *Yani Kapu*) zarparon con el objetivo de navegar desde el puerto ucraniano de Odesa, a través del Estrecho de Kerch, hacia los puertos ucranianos en el Mar de Azov[47]. Dichos buques fueron confrontados por buques rusos, que les indicaron que -navegando hacia el estrecho de Kerch- estaban ilegalmente cruzando la frontera del Estado ruso[48]. Según el laudo sobre excepciones preliminares, después de que los buques ucranianos cesaran en su intento de transitar el Estrecho de Kerch y empezaran a navegar en otra dirección, los buques de la Federación de Rusia les ordenaron que se detuvieran y, finalmente, interceptaron y detuvieron los buques ucranianos y sus tripulaciones[49].

Con posterioridad a estos hechos, Ucrania dedujo demanda contra la Federación de Rusia el 31 de marzo de 2019 para la constitución de un tribunal arbitral de conformidad con el Anexo VII de la CNUDM[50]. En dicha demanda, Ucrania pedía al tribunal arbitral que declarase responsabilidad internacional de Rusia como consecuencia de su violación, entre otros, de los artículos 32, 58, 95 y 96 de la Convención, que liberara a los buques y a sus tripulaciones, aportando las suficientes garantías de no repetición, y que realizara una reparación apropiada[51].

Pendiente a la constitución del tribunal arbitral referido, el 16 de abril de 2019, Ucrania pidió al Tribunal Internacional del Derecho del Mar (TIDM o Tribunal) que declarara una serie de medidas cautelares, conforme a lo dispuesto en el ar-

---

47 *Ibidem*, para. 2.

48 *Ibidem*.

49 *Ibidem*.

50 *Ibidem*, para. 6.

51 *Ibidem*, para. 7.

tículo 290, apartado quinto[52]. Al estudio de dicha petición de medidas cautelares al Tribunal de Hamburgo se dedicará el subapartado siguiente.

3.1. La petición de medidas cautelares ante el Tribunal Internacional del Derecho del Mar de acuerdo con el artículo 290, apartado quinto de la CNUDM

En el asunto sometido para la solicitud al TIDM de adopción de medidas provisionales hasta tanto se constituyera el tri-

---

52 El apartado quinto del artículo 290 de la Convención dispone: "Hasta que se constituya el tribunal arbitral al que se someta una controversia con arreglo a esta sección, cualquier corte o tribunal designado de común acuerdo por las partes o, a falta de tal acuerdo en el plazo de dos semanas contado desde la fecha de la solicitud de medidas provisionales, el Tribunal Internacional del Derecho del Mar o, con respecto a las actividades en la zona, la Sala de Controversias de los Fondos Marinos podrá decretar, modificar o revocar medidas provisionales conforme a lo dispuesto en este artículo si estima, en principio, que el tribunal que haya de constituirse sería competente y que la urgencia de la situación así lo requiere. Una vez constituido, el tribunal al que se haya sometido la controversia podrá, actuando conforme a los párrafos 1 a 4, modificar, revocar o confirmar esas medidas provisionales". En este sentido, véanse los siguientes trabajos: JIMÉNEZ PINEDA, E., "La adopción de medidas provisionales por el Tribunal Internacional del Derecho del Mar", en CARBALLO PIÑEIRO, L. (ed.), *Retos presentes y futuros de la política marítima integrada de la Unión Europea*, Barcelona, JM Bosch Editor, 2017, pp. 539-559; NDIAYE, T. M., "Provisional Measures before the International Tribunal for the Law of the Sea", en NORDQUIST, M. H., y NORTON MOORE, J. (eds.), *Current marine environmental issues and the International Tribunal for the Law of the Sea*, La Haya, Martinus Nijhoff, 2001, pp. 95-101, p. 95; y, ROSENNE, S., *Provisional Measures in International Law: The International Court of Justice and the International Tribunal for the Law of the Sea*, Oxford, Oxford University Press, 2005, pp. 49-51.

bunal arbitral Anexo VII, el Estado demandado (la Federación de Rusia) decidió no participar[53].

El Tribunal analizó, en primer lugar, si *prima facie* el tribunal arbitral sería competente para conocer de esta controversia. Trayendo a colación su jurisprudencia previa, el Tribunal concluyó *prima facie* que el tribunal arbitral Anexo VII tendría jurisdicción sobre la controversia que se le ha sometido[54].

Con relación a la *urgencia de la situación*, exigida por el apartado quinto del artículo 290 de la CNUDM, el TIDM sostuvo que dos de los buques ucranianos "son buques de guerra en el sentido del artículo 29 de la Convención" y el tercero "es un buque de propiedad del Estado y utilizado solamente para servicios gubernamentales no comerciales, como establece el artículo 96 de la Convención"[55]. El Tribunal también declaró que "los 24 tripulantes a bordo de los buques son militares ucranianos y personal de seguridad", por lo que afirmó que "los derechos que Ucrania pretende proteger en esta controversia son plausibles"[56].

---

53 *Detention of three Ukrainian naval vessels (Ukraine* v. *Russian Federation), Provisional Measures, Order of 25 May 2019, ITLOS Reports 2018-2019,* paras. 25-28. Los documentos relativos a este asunto pueden consultarse en el siguiente enlace: https://www.itlos.org/en/main/cases/list-of-cases/case-concerning-the-detention-of-three-ukrainian-naval-vessels-ukraine-v-russian-federation-provisional-measures/. Véase NDIAYE, T. M., "Non-appearance before the International Tribunal for the Law of the Sea", *Indian Journal of International Law,* vol. 53, nº 4, 2013, pp. 545-564.

54 *Ibidem,* para. 90.

55 *Ibidem,* para. 97.

56 *Ibidem,* paras. 98-99. La versión original del auto de medidas cautelares es la siguiente: "The Tribunal also notes that the 24 servicemen on board the vessels are Ukrainian military and security personnel. While the nature and scope of their immunity may require further scrutiny, the Tribunal considers that the rights to the immunity of

A juicio del Tribunal, "las actuaciones llevadas a cabo por la Federación de Rusia podrían causar un perjuicio irreparable a los derechos reclamados por Ucrania relativos a la inmunidad de sus buques y de sus tripulaciones si el tribunal arbitral Anexo VII determina que tales derechos pertenecen a Ucrania"[57]. Asimismo, la constante privación de libertad de los militares ucranianos guarda relación con las consideraciones de humanidad[58]. A la luz de la *seriedad* estas circunstancias, el Tribunal determinó que "existe un riesgo real e inminente de causar un perjuicio irreparable a los derechos de Ucrania hasta que se constituya y empiece a actuar el tribunal arbitral Anexo VII" y concluyó la existencia de la urgencia requerida para la adopción de medidas cautelares por el artículo 290, apartado quinto, de la Convención[59].

Una vez determinada la concurrencia de los requisitos de la jurisdicción *prima facie* del tribunal arbitral Anexo VII y de la urgencia de la situación, el Tribunal declaró que "era apropiada en las circunstancias del presente caso la adopción como medida cautelar la exigencia a la Federación de Rusia de que liberara los tres buques de la armada ucraniana, así como a los 24 militares ucranianos y permitirles regresar a Ucrania para preservar los derechos ucranianos"[60]. Además, el Tribunal determinó que resultaba apropiado "ordenar a ambas partes abstenerse de tomar

---

the 24 servicemen claimed by Ukraine are plausible" (para. 98) y "The Tribunal is accordingly of the view that the rights Ukraine seeks to protect in the dispute are plausible" (para. 99).

57 *Ibidem*, para. 111.

58 *Ibidem*, para. 112. El TIDM se ha referido previamente en su jurisprudencia a las consideraciones de humanidad; cito por todas su sentencia en el asunto *M/V "Saiga" (No. 2)* en la que afirmó "considerations of humanity must apply in the law of the sea, as they do in other areas of international law" (*M/V "SAIGA" (No. 2) (Saint Vincent and the Grenadines* v. *Guinea), Judgment, ITLOS Reports 1999*, p. 62, para. 155).

59 *Ibidem*, para. 113.

60 *Ibidem*, para. 118.

cualquier actuación que pudiera agravar o extender la controversia sometida al tribunal arbitral Anexo VII"[61].

Por otra parte, en virtud del artículo 95, apartado primero, de Reglamento del Tribunal, éste requirió a cada Parte que sometieran información sobre el cumplimiento de las medidas cautelares adoptadas, añadiendo que "puede ser necesario para el Tribunal requerir información adicional a las partes sobre la implementación de las medidas cautelares prescritas y que resulta apropiado en este sentido que el Presidente esté autorizado a requerir tal información de conformidad con el artículo 95, apartado segundo del Reglamento"[62].

En atención a la no comparecencia de la Federación de Rusia en este procedimiento tendente a la adopción de medidas cautelares, el Tribunal recordó la obligación de dicho Estado "de cumplir prontamente con todas las medidas cautelares adoptadas en virtud del artículo 290 de la Convención"[63].

A la luz de los pronunciamientos anteriores, el Tribunal Internacional del Derecho del Mar, por 19 votos a favor y 1 en contra, decidió adoptar, hasta una posterior decisión por parte del tribunal arbitral Anexo VII, las medidas provisionales siguientes: 1) la liberación inmediata de los buques de la armada ucraniana y su devolución a la custodia de Ucrania; 2) la liberación inmediata de los 24 militares ucranianos detenidos y su devolución a Ucrania; y, 3) la abstención de Ucrania y de la Federación de Rusia de emprender cualquier medida que pueda agravar o ampliar la controversia sometida al tribunal arbitral Anexo VII[64].

---

61 *Ibidem*, para. 120.

62 *Ibidem*, para. 121.

63 *Ibidem*, para. 123.

64 *Ibidem*, para. 124. Respecto de este auto de medidas cautelares realizaron sendas declaraciones los magistrados Kittichaisaree y Lijn-

3.2. Las excepciones preliminares planteadas por la Federación de Rusia

Con posterioridad al auto de medidas cautelares recientemente comentado, la Federación de Rusia planteó excepciones preliminares a la competencia del tribunal arbitral Anexo VII[65]. En las mismas, la Federación de Rusia (en tanto que Estado demandado) alegaba que Ucrania no había cumplido con su obligación de intercambiar opiniones en virtud del artículo 283 de la Convención y, principalmente, que la controversia versaba sobre actividades militares, las cuales constituyen una excepción facultativa, conforme al artículo 298.1, letra b de la CNUDM, a la competencia de los foros obligatorios conducentes a decisiones obligatorias previstos en la sección 2 de su Parte XV, que la Federación de Rusia había excluido expre-

---

zaad. Por su parte, los magistrados Jesus, Lucky y Gao formularon una opinión separada. Finalmente, el magistrado Kolodkin realizó una opinión disidente.

65 Este tribunal arbitral Anexo VII está integrado por los árbitros Christopher Greenwood QC (nominado por Ucrania), Vladimir Golitsyn (nominado por la Federación de Rusia), Donald M. McRae, Gudmundur Eiriksson y Rüdiger Wolfrum. De manera interesante, estos tres últimos árbitros fueron nombrados por el Presidente del Tribunal Internacional del Derecho del Mar, quien transcurridos 60 días sin que las Partes hubieran alcanzado un acuerdo, llevó a cabo estas designaciones en aplicación de lo dispuesto en el inciso d) del artículo 3 del Anexo VII de la Convención. Este tribunal de arbitraje es presidido por el árbitro McRae (*Controversia relativa a la detención de buques de la armada ucraniana y de sus tripulaciones (Ucrania c. Federación de Rusia),* laudo sobre excepciones preliminares de 27 de junio de 2022, para. 16).
Véase GAO, J., "Appointment of Arbitrators by the President of the ITLOS pursuant to Article 3 of Annex VII to the LOS Convention: Some Tentative Observations", *Chinese Journal of International Law*, vol. 16, nº 4, 2017, pp. 723-749.

samente con anterioridad al inicio de esta controversia[66]. En cambio, Ucrania afirmaba la jurisdicción del tribunal arbitral esgrimiendo, en suma, que "la controversia versa sobre la licitud del ejercicio por la Federación de Rusia de la competencia de ejecución y no sobre la legalidad de las actividades militares"[67]. Asimismo, Ucrania argüía que las actuaciones de la Federación de Rusia, abordando y deteniendo a los buques de la armada ucraniana y a sus tripulaciones, violaba los artículos 30, 32, 58, 95 y 96 de la Convención[68].

Como se ha señalado anteriormente y así lo recordó el tribunal arbitral, de acuerdo con el artículo 288, apartado primero de la Convención, la competencia del tribunal arbitral comprende "las controversias relativas a la interpretación o la aplicación de esta Convención que se le sometan conforme a lo dispuesto en esta Parte"[69]. Pues bien, en aras de facilitar la exposición de las excepciones preliminares planteadas por la Federación de Rusia dividiremos su exposición en distintos subapartados correspondientes a dichas excepciones.

3.2.1. La falta de jurisdicción del tribunal arbitral en virtud del artículo 298, apartado 1, inciso b) de la CNUDM

Con relación a esta primera excepción preliminar, debe ponerse de manifiesto que tanto Ucrania como la Federación de Rusia han excluido "las controversias relativas a actividades militares" de la jurisdicción de los tribunales arbitrales que se

---

66 *Controversia relativa a la detención de buques de la armada ucraniana y de sus tripulaciones (Ucrania c. Federación de Rusia)*, laudo sobre excepciones preliminares de 27 de junio de 2022, paras. 188-190 y 77-87, respectivamente.

67 *Ibidem*, para. 88.

68 *Ibidem*, para. 38.

69 *Ibidem*.

constituyan conforme al Anexo VII de la CNUDM[70]. No obstante, ambos Estados diferían en este procedimiento sobre si

---

70 Al respecto, Ucrania ha realizado las siguientes declaraciones en virtud del artículo 298 respecto a las actividades militares: (en el momento de la firma) "2. The Ukrainian Soviet Socialist Republic declares, in accordance with article 298 of the Convention, that it does not accept compulsory procedures, involving binding decisions, for the consideration of disputes relating to sea boundary delimitations, disputes concerning military activities and disputes in respect of which the Security Council of the United Nations is exercising the functions assigned to it by the Charter of the United Nations"; (en el momento de la ratificación) "2. Ukraine declares, in accordance with article 298 of the Convention, that it does not accept, unless otherwise provided by specific international treaties of Ukraine with relevant States, the compulsory procedures entailing binding decisions for the consideration of disputes relating to sea boundary delimitations, disputes involving historic bays or titles, and disputes concerning military activities".
Por su parte, la Federación de Rusia ha llevado a cabo las siguientes declaraciones de acuerdo con el artículo 298 a propósito de las actividades militares: (en el momento de la firma) "2. The Union of Soviet Socialist Republics declares that, in accordance with article 298 of the Convention, it does not accept the compulsory procedures entailing binding decisions for the consideration of disputes relating to sea boundary delimitations, disputes concerning military activities, or disputes in respect of which the Security Council of the United Nations is exercising the functions assigned to it by the Charter of the United Nations."; (en el momento de la ratificación) "The Russian Federation declares that, in accordance with article 298 of the United Nations Convention on the Law of the Sea, it does not accept the procedures, provided for in section 2 of Part XV of the Convention, entailing binding decisions with respect to disputes concerning the interpretation or application of articles 15, 74 and 83 of the Convention, relating to sea boundary delimitations, or those involving historic bays or titles; disputes concerning military activities, including military activities by government vessels and aircraft, and disputes concerning law-enforcement activities in regard to the exercise of sovereign rights or jurisdiction; and disputes in respect of which the

esta exclusión -prevista en el artículo 298, apartado primero, inciso b) de la Convención- resultaba de aplicación en esta controversia[71]. Por su parte, Rusia alegaba que la controversia era relativa a las *actividades militares*, con independencia de que tales actividades puedan calificarse también como "actividades encaminadas a hacer cumplir las normas legales", mientras que Ucrania sostenía que la controversia versaba sobre actividades de cumplimiento y no de naturaleza militar[72].

Considerando las posiciones de las partes, este tribunal de arbitraje afirmó primeramente que la Convención no contiene una definición explícita sobre lo que constituyen *actividades militares.* Tras referir jurisprudencia arbitral previa, en particular

---

Security Council of the United Nations is exercising the functions assigned to it by the Charter of the United Nations".
Cabe advertir que las declaraciones realizadas por ambos Estados son bastante similares. En este sentido, GODIO, L., "La fórmula Montreux y la III Conferencia de las Naciones Unidas sobre el Derecho del Mar (1973-1982)", en GODIO, L. (ed.), *El sistema de solución de controversias de la Convención de las Naciones Unidas sobre el Derecho del Mar: contribuciones de su experiencia, op. cit.*, pp. 81-121.

71 Dicho precepto dispone: "1. Al firmar o ratificar esta Convención o adherirse a ella, o en cualquier otro momento posterior, los Estados podrán, sin perjuicio de las obligaciones que resultan de la sección 1, declarar por escrito que no aceptan uno o varios de los procedimientos previstos en la sección 2 con respecto a una o varias de las siguientes categorías de controversias: [...] b) Las controversias relativas a actividades militares, incluidas las actividades militares de buques y aeronaves de Estado dedicados a servicios no comerciales, y las controversias relativas a actividades encaminadas a hacer cumplir las normas legales respecto del ejercicio de los derechos soberanos o de la jurisdicción excluidas de la competencia de una corte o un tribunal con arreglo a los párrafos 2 o 3 del artículo 297".

72 *Controversia relativa a la detención de buques de la armada ucraniana y de sus tripulaciones (Ucrania c. Federación de Rusia),* laudo sobre excepciones preliminares de 27 de junio de 2022, para. 76.

el arbitraje del *Mar del Sur de China*[73], este tribunal declaró que "debe existir una clara conexión o relación entre el objeto de la controversia y las actividades militares y dichas actividades deben ser de naturaleza militar en el sentido de que las mismas sean emprendidas por buques militares o por buques gubernamentales llevando a cabo funciones militares"[74].

Tras poner de manifiesto el contexto en el que surgió esta controversia, incluyendo materias como la anexión ilegal de Crimea por la Federación de Rusia sobre las que según el tribunal "están fuera de su jurisdicción y sobre las que no puede tomar posición", el tribunal analizó los eventos del presente caso para determinar si el mismo tiene naturaleza militar[75]. A juicio del tribunal, "los buques ucranianos estaban inmersos en una misión militar -su reubicación de un puerto ucraniano a otro en el Mar de Azov-" y estaban "en constante contacto con el Ministerio ucraniano de Defensa y tenían personal militar a bordo", elementos todos ellos que sugieren que Ucrania consideraba el desplazamiento de estos buques como una actividad con carácter militar[76].

---

73 *Arbitraje del mar del sur de China (Filipinas c. República de China),* laudo de excepciones preliminares de 29 de octubre de 2015, paras. 400 ss. A este respecto, GARCÍA GARCÍA-REVILLO, M., *The contentious and advisory jurisdiction of the International Tribunal for the Law of the Sea, op. cit.*, pp. 94-95.

74 *Controversia relativa a la detención de buques de la armada ucraniana y de sus tripulaciones (Ucrania c. Federación de Rusia),* laudo sobre excepciones preliminares de 27 de junio de 2022, para. 107.

75 *Ibidem,* para. 110.

76 *Ibidem,* para. 115. A mayor abundamiento, el tribunal arbitral recordó que en estos eventos se produjo el uso de armas por los militares de ambas partes y que Ucrania llevó el arresto de estos buques a la atención del Consejo de Seguridad de las Naciones Unidas el 26 de noviembre de 2018, día después de los eventos, caracterizándolos como un acto de agresión, lo que resulta indicativo de la consideración por Ucrania de estos hechos como actividades con carácter

Además, el tribunal afirmó que unas actividades que inicialmente tienen carácter de actividades de cumplimiento pueden convertirse en actividades con carácter militar y viceversa[77]. En el presente caso, "según se desarrollaron las interacciones entre los buques rusos y ucranianos, su carácter cambió"[78]. Por todo ello, el tribunal arbitral, en una decisión cuestionable, determinó que las actividades que se produjeron en una primera fase tienen carácter militar y, por tanto, no están comprendidas dentro de su jurisdicción, si bien los hechos que se produjeron en una tercera fase no son de naturaleza militar y el tribunal sí tiene jurisdicción para conocer de los mismos[79]. En cambio, los eventos que se produjeron en una segunda fase requieren, según el tribunal de un conocimiento más profundo del caso, motivo por el que pospuso su decisión sobre su jurisdicción respecto de los mismos a la posterior fase sobre el fondo del asunto[80].

En suma, el tribunal arbitral estimó parcialmente la excepción preliminar objetada por la Federación de Rusia relativa a la naturaleza militar de estos eventos, si bien decidió que sí es competente para conocer de parte de los hechos causantes de esta controversia.

---

militar (paras. 116-117). En este sentido, QUIROGA, T. G., "El sistema de solución de controversias de la Convención de las Naciones Unidas sobre Derecho del Mar. Excepciones: la vinculación entre el Consejo de Seguridad de la ONU y el sistema de solución de controversias de la CONVEMAR", en GODIO, L., (ed.), *El sistema de solución de controversias de la Convención de las Naciones Unidas sobre el Derecho del Mar: contribuciones de su experiencia, op. cit.*, pp. 471-487.

77 *Controversia relativa a la detención de buques de la armada ucraniana y de sus tripulaciones (Ucrania c. Federación de Rusia)*, laudo sobre excepciones preliminares de 27 de junio de 2022, para. 121.

78 *Ibidem.*

79 *Ibidem*, para. 125.

80 *Ibidem.*

3.2.2. La falta de jurisdicción del tribunal arbitral debido a que el artículo 32 de la CNUDM excluye la inmunidad de los buques de guerra

La segunda excepción preliminar planteada por Rusia estaba fundada en la aplicación del artículo 32 de la Convención, que dispone que "con las excepciones previstas en la subsección A y en los artículos 30 y 31, ninguna disposición de esta Convención afectará a las inmunidades de los buques de guerra y otros buques de Estado destinados a fines no comerciales"[81]. En este sentido, las partes no estaban de acuerdo sobre "si el artículo 32 es aplicable a la inmunidad de los buques de guerra o de otros buques gubernamentales operados para fines no comerciales en el mar territorial"[82].

Así, la Federación de Rusia entendía que "no existe disposición en la Convención que regule la inmunidad de los buques de guerra en el mar territorial"[83]. Según el criterio de este Estado, "aunque pueda aplicarse la inmunidad a los buques de guerra en virtud del Derecho internacional consuetudinario, el artículo 32 no incorpora el Derecho internacional consuetudinario a la Convención", y simplemente reserva la posición en relación con la inmunidad de los buques de guerra[84]. Por tanto, Rusia alegaba que la jurisdicción del tribunal arbitral solamente se extiende a las controversias relativas a la interpretación o aplicación de la Convención, por lo que, "al no exis-

---

81 CASADO RAIGÓN, R., "Règlements des différends", en VIGNES, D., CATALDI, G., CASADO RAIGÓN, R. (eds.), *Le droit international de la pêche maritime,* Bruselas, Bruylant, 2000, pp. 316-365, pp. 354-360.

82 *Controversia relativa a la detención de buques de la armada ucraniana y de sus tripulaciones (Ucrania c. Federación de Rusia),* laudo sobre excepciones preliminares de 27 de junio de 2022, para. 128.

83 *Ibidem,* para. 152.

84 *Ibidem.*

tir disposición en la Convención que pueda ser interpretada o aplicada, no concurre tal jurisdicción”[85].

Pues bien, el tribunal arbitral afirmó que era incapaz en esta fase procesal de determinar la cuestión de si la Convención prevé la inmunidad de los buques de guerra en el mar territorial[86]. De este modo, si la inmovilización de los buques ucranianos tuvo lugar en el mar territorial, la interpretación del artículo 32 se convierte en esencial para el caso, mientras que, si el arresto se produjo fuera del mar territorial, el tribunal no tendría que pronunciarse sobre el artículo 32 de la Convención[87]. Por todo ello, el tribunal determinó que esta excepción preliminar no tenía un “carácter exclusivamente preliminar” y pospuso su decisión a la posterior fase sobre el fondo del asunto[88].

3.2.3. La falta de jurisdicción del tribunal arbitral para conocer de los presuntos incumplimientos del auto de medidas cautelares dictado por el TIDM

En su demanda, Ucrania había alegado que la Federación de Rusia había “violado los artículos 290 y 296 de la Convención al no cumplir con el auto de medidas cautelares del TIDM”, a lo que el Estado demandado opuso que el tribunal arbitral carecía de jurisdicción para conocer sobre esta pretensión ucraniana[89].

---

85 *Ibidem.*

86 *Ibidem*, para. 154.

87 *Ibidem.*

88 *Ibidem*

89 *Ibidem*, para. 158. El artículo 296 de la CNUDM establece que: “1. Toda decisión dictada por una corte o tribunal que sea competente en virtud de esta sección será definitiva y deberá ser cumplida por todas las par-

Sobre esta excepción preliminar, el tribunal arbitral señaló que la diferencia entre las partes sobre el ámbito, la aplicación y la relevancia del artículo 290.6 de la Convención -que dispone que "las partes en la controversia aplicarán sin demora todas las medidas provisionales decretadas conforme a este artículo"- es una controversia relativa a la interpretación o la aplicación de la Convención, sobre la que el tribunal arbitral tiene competencia en virtud de los artículos 287 y 288 de la Convención[90]. Por consiguiente, el tribunal arbitral rechazó esta excepción preliminar rusa y afirmó su jurisdicción para conocer sobre el posible incumplimiento por parte de Rusia del auto de medidas cautelares dictado por el Tribunal Internacional del Derecho del Mar[91].

3.2.4. La presunta violación del artículo 279 de la CNUDM

La cuarta excepción preliminar planteada por Rusia consistía en la falta de competencia del tribunal de arbitraje para conocer de su presunta violación del artículo 279 de la CNUDM,

---

tes en la controversia. 2. Tal decisión no tendrá fuerza obligatoria salvo para las partes y respecto de la controversia de que se trate".

90 *Ibidem*, para. 166. Al plantear esta objeción preliminar, Rusia había invocado la jurisprudencia de la Corte Internacional de Justicia en el asunto *LaGrand* (para. 164). A este respecto, el tribunal arbitral declaró que, "incluso si aceptara el argumento ruso de que el asunto de la jurisdicción debería ser resuelto sobre la base de su interpretación en *LaGrand*, el tribunal arbitral ya ha determinado en respuesta a la primera excepción preliminar rusa que tendría jurisdicción sobre parte de las pretensiones ucranianas. Por tanto, la excepción rusa por la cual, dado que el tribunal arbitral no tiene jurisdicción sobre 'la controversia principal', tampoco tiene jurisdicción sobre la cuestión del cumplimiento de las medidas cautelares, tendría que ser rechazada" (para. 167). La cursiva es original del laudo sobre excepciones preliminares.

91 *Ibidem*, para. 168.

que dispone que "los Estados Partes resolverán sus controversias relativas a la interpretación o la aplicación de esta Convención por medios pacíficos de conformidad con el párrafo 3 del Artículo 2 de la Carta de las Naciones Unidas y, con ese fin, procurarán su solución por los medios indicados en el párrafo 1 del Artículo 33 de la Carta".

En opinión de este tribunal de arbitraje, el auto de medidas cautelares dictado por el TIDM "impone un deber de no agravación a las Partes en esta controversia", si bien, al considerar que esta cuestión no reviste un carácter exclusivamente preliminar, decidió resolver este elemento junto con el fondo del asunto en la subsiguiente fase procesal[92].

3.2.5. La falta de jurisdicción del tribunal arbitral como consecuencia del incumplimiento del artículo 283 de la CNUDM

Finalmente, la última excepción preliminar planteada por la Federación de Rusia versaba sobre la falta de jurisdicción del tribunal de arbitraje para conocer de su presunto incumplimiento del artículo 283 de la CNUDM que establece la obligación de intercambiar opiniones[93].

---

92 *Ibidem*, paras. 183 y 185.

93 Dicho artículo tiene el siguiente tenor literal: "1. Cuando surja una controversia entre Estados Partes relativa a la interpretación o la aplicación de esta Convención, las partes en la controversia procederán sin demora a intercambiar opiniones con miras a resolverla mediante negociación o por otros medios pacíficos. 2. Asimismo, las partes procederán sin demora a intercambiar opiniones cuando se haya puesto fin a un procedimiento para la solución de una controversia sin que ésta haya sido resuelta o cuando se haya llegado a una solución y las circunstancias requieran consultas sobre la forma de llevarla a la práctica".

A este respecto, el tribunal arbitral analizó si las dos comunicaciones mantenidas entre Ucrania y la Federación de Rusia constituyen un intercambio de opiniones en el sentido del artículo 283 de la Convención[94]. A pesar de que el resultado de este análisis concluía en la falta de cumplimiento del artículo 283, el tribunal arbitral consideró que Ucrania se vio obligada al inicio del procedimiento arbitral debido al cambio inmediato en las circunstancias de sus militares[95]. En consecuencia, el tribunal arbitral decidió que era urgente la incoación de los procedimientos arbitrales considerado "el inminente riesgo para los derechos de Ucrania respecto de sus buques y de sus militares"[96]. Por todo ello, en una interpretación novedosa del artículo 283 de la Convención por parte de un tribunal internacional[97], este tribunal de arbitraje concluyó respecto de esta excepción preliminar que, "en las circunstancias particulares de este caso" "no considera el artículo 283 como una barrera para el ejercicio de su jurisdicción"[98].

A la luz de sus pronunciamientos previos respecto de las cinco objeciones preliminares planteadas por la Federación de Rusia, el tribunal arbitral ha concluido en su reciente laudo sobre excepciones preliminares, de 27 de junio de 2022, que tiene jurisdicción para conocer del conjunto de esta controversia sal-

---

94 *Controversia relativa a la detención de buques de la armada ucraniana y de sus tripulaciones (Ucrania c. Federación de Rusia)*, laudo sobre excepciones preliminares de 27 de junio de 2022, para. 202.

95 *Ibidem*, paras. 204-205.

96 *Ibidem*, para. 206.

97 MA, D., "Obligation to exchange views under article 283 of the United Nations Convention on the Law of the Sea: an empirical approach for improvement", *Journal of East Asia and International Law*, vol. 12, nº 2, 2019, pp. 305-320.

98 *Controversia relativa a la detención de buques de la armada ucraniana y de sus tripulaciones (Ucrania c. Federación de Rusia)*, laudo sobre excepciones preliminares de 27 de junio de 2022, para. 206.

vo de ciertos eventos que se produjeron el 25 de noviembre de 2018, los cuales constituyen actividades militares en el sentido antes referido del artículo 298 de la Convención y, por tanto, quedan fuera de su competencia[99]. Consiguientemente, esta controversia también se encuentra pendiente tanto de la fase procesal relativa al fondo del asunto como del posterior laudo.

4. CONSIDERACIONES FINALES

Este trabajo ha pretendido estudiar las dos controversias internacionales aún pendientes ante sendos tribunales arbitrales constituidos conforme al Anexo VII de la Convención de las Naciones Unidas sobre el Derecho del Mar, relativas a su interpretación o aplicación. Ambas constituyen antecedentes de la agresión rusa a Ucrania, que han sido sometidas a procedimientos jurisdiccionales de arreglo pacífico de controversias, en particular a los previstos en la Convención, en la que tanto Ucrania como la Federación de Rusia son partes.

A diferencia de la Corte Internacional de Justicia y del Tribunal Internacional del Derecho del Mar (los otros dos foros obligatorios conducentes a decisiones obligatorias de la Parte XV de la CNUDM), los tribunales arbitrales no están obligados a separar la fase de excepciones preliminares de la del fondo si una de las partes plantea objeciones preliminares. A pesar de ello, ambos tribunales arbitrales constituidos conforme al Anexo VII de la Convención han establecido una primera fase para conocer las excepciones preliminares planteadas por Rusia en ambos casos. Los dos tribunales arbitrales se han declarado competentes para conocer de sendas controversias dentro de los límites jurisdiccionales expuestos en el trabajo.

---

99 *Ibidem*, para. 208.

La decisión más controvertida, a mi juicio, ha sido la del tribunal arbitral constituido en la primera de las controversias por cuanto, exclusivamente por razones de economía procesal, ha impedido el sometimiento de las diferencias en materia de pesquerías, protección y preservación del medio marino, investigación científica marina y navegación, incluida la contaminación causada por buques y por vertimiento, a un tribunal arbitral especial a constituir en virtud del Anexo VIII de la CNUDM. Sin embargo, este tribunal de arbitraje ha estado acertado en determinarse sin competencia en lo referido a la soberanía respecto de la Península de Crimea que, en realidad, constituye parte del objeto principal de dicha controversia. Por este motivo, será interesante comprobar el modo en que Ucrania redefine la demanda a los efectos de que el tribunal pueda entrar a conocer del fondo de esta controversia. En cuanto al laudo de excepciones preliminares dictado en la segunda controversia, cuyo objeto está más claramente acotado, la determinación por el tribunal de arbitraje de su competencia ha sido apropiada en atención a los límites jurisdiccionales previstos en la Parte XV de la CNUDM.

En suma, estos antecedentes de la agresión rusa a Ucrania, o más propiamente el sometimiento de estas controversias ante tribunales arbitrales, se enmarcan en una estrategia de litigación internacional ante las cortes y tribunales internacionales liderada por Ucrania como reacción a los hechos internacionalmente ilícitos de especial gravedad llevados a cabo por la Federación de Rusia desde 2014. Habrá que esperar, en fin, para comprobar si, como con todo convencimiento defendemos, estos procedimientos jurisdiccionales contribuyen al arreglo pacífico conforme al Derecho Internacional de las controversias existentes entre Ucrania y la Federación de Rusia.

Resumen: este trabajo trata de poner de relieve determinados antecedentes de la agresión rusa a Ucrania, en particular los que provocaron el surgimiento de dos controversias entre ambos Estados que fueron sometidas en ambos casos por parte de Ucrania ante sendos tribunales arbitrales a constituir conforme al Anexo VII de la Convención de las Naciones Unidas sobre el Derecho del Mar. De un lado, el primero de estos asuntos versa sobre los derechos del Estado ribereño en el Mar Negro, el Mar de Azov y el Estrecho de Kerch. Del otro, la segunda controversia es la relativa a la detención de tres buques de la armada ucraniana y de los militares que integran sus tripulaciones. En ambos casos, la Federación de Rusia planteó objeciones preliminares a la jurisdicción de dichos tribunales arbitrales, habiéndose pronunciado por el momento los laudos sobre excepciones preliminares, en los que dichos tribunales se han estimado competentes, si bien en el primer caso con una competencia mucho más limitada. En fin, se subrayan las virtudes del arbitraje como medio jurisdiccional de arreglo pacífico de controversias incluso en aquellas de especial complejidad como las existentes entre Ucrania y la Federación de Rusia.

Abstract: this contribution deals with some precedents of the Russian aggression to Ukraine, particularly with the events that arose the disputes between both States that were submitted by Ukraine before two arbitral tribunals to be constituted in accordance with Annex VII of the United Nations Convention on the Law of the Sea. On the one hand, the first dispute concerns the coastal State rights in the Black Sea, the Sea of Azov and the Kerch Strait. On the other, the second dispute is related to the detention of Ukrainian Naval Vessels and its Servicemen. In both cases, the Russian Federation has raised preliminary objections to the jurisdiction of both arbitral tribunals. At the moment, both arbitral tribunals have delivered their awards on preliminary objections, having the tribunals considered themselves competent over the disputes, although in a much limited manner in the first case. Finally, this contribution highlights the virtues of international arbitration as a jurisdictional mean for the peaceful settlement of disputes even in cases specially complex such as the pending disputes between Ukraine and the Russian Federation.

Palabras clave: controversia internacional, Derecho del Mar, arbitraje internacional, Ucrania, Federación de Rusia, agresión rusa a Ucrania, Convención de las Naciones Unidas sobre el Derecho del Mar, Tribunal Internacional del Derecho del Mar

Keywords: international dispute, Law of the Sea, international arbitration, Ukraine, Russian Federation, Russian aggression to Ukraine, United Nations Convention on the Law of the Sea, International Tribunal for the Law of the Sea

Uniting for justice: genocide allegations ICJ case (Ukraine v. Russian Federation)

OLENA NIHREIEVA[1]

SUMMARY: I. INTRODUCTION. — II. BACKGROUND EVENTS PRECEDING THE CASE . — III. PROVISIONAL MEASURES. — IV. REGARDING THE ISSUE OF THE COURT'S JURISDICTION. — V. INTERVENTION AS OF RIGHT: PROCEDURAL NOVELTIES IMPORTANT FOR THE .PROGRESSIVE DEVELOPMENT OF INTERNATIONAL LAW. — VI. CONCLUDING REMARKS.

I. INTRODUCTION

The 2022 Russian aggression against Ukraine is, without a doubt, one of the most important and tragic events of our times. Besides its disastrous humanitarian effects, it challenges international law and the modern international system as a whole. Even though the Russian Federation has violated many principles of international law it still tries to find out a legal ground that would justify its actions, which gives to the international community a hope that this state can come back to a legal framework for resolving the conflict. As Michael Shmitt

---

1 Associate Professor in International Law, PhD in Law (Odesa I. I. Mechnikov National University); Visiting Professor (University of Cadiz); ORCID: https://orcid.org/0000-0002-4719-6050. All links were checked out last time on 20 March 2023.

has mentioned, "the Russian excuses nevertheless illustrate that the law is not wholly irrelevant to them"[2]. Nevertheless, for the sake of justice such excuses should be carefully and duly analyzed through the prism of international law in order to show the whole world and the Russians themselves that there is no reason that can justify the Russian invasion of Ukraine.

Among the justifications of the aggression promoted by the Russian state authorities and propaganda self-defense and genocide accusations dominate. Being interrelated they deserve a separate consideration. In our research we will concentrate on the last one, in relation to which the case brought by Ukraine before the ICJ is of utmost importance. Even though the case is still pending, the court's order of 16 March 2022 and the litigation by itself let us talk about some novelties that have come up as a result, namely: determination of the court's jurisdiction over the case; indication of provisional measures; intervention of 33 states under Art. 63 of the ICJ Statute.

Within the Russian war against Ukraine that in the period of the article preparation has been already lasting for more than one year multiple different legal issues and problems that should be solved by the means of international law have emerged. Many of them have been already addressed in a significant number of publications that are worth of special consideration[3]. At the

---

2 SHMITT, M., "Does international law still matter in Ukraine?", *Articles of War,* 2023, available at: https://lieber.westpoint.edu.

3 See, e.g., ACOSTA SÁNCHEZ, M., "La guerra en Ucrania: algunas notas de Derecho Internacional y Derecho Europeo", *IEEE,* Vol. 15, 2023, available at: https://www.ieee.es; BAQUÉS, J., «De Ucrania y de Rusia. Reflexiones estructurales y lecciones aprendidas», *Global Strategy Report,* Vol. 8, 2022, available at: https://global-strategy.org; ESCOBAR HERNÁNDEZ, C., "La guerra de Ucrania: Ucrania y la Corte Penal Internacional: una oportunidad para la corte y para la lucha contra la impunidad", *REDI,* Vol. 74 (2), 2022, pp. 57-76; LIGUSTRO, A., FERRARO, F., DE PASQUALE, P., "Il futuro del

same time, publications dedicated to the complex analysis of the ICJ proceedings instituted by Ukraine are not so numerous[4], which emphasizes the topicality of the present study.

The article analyzes recent developments of the case *"Allegations of Genocide under the Convention on the Prevention and Punishment of the Crime of Genocide (Ukraine v. Russian Federation)"* and its novelties that may have serious implications for the further evolution of both the substantive rules of international law and the procedural rules of the ICJ. Following this purpose, in the

---

mondo e dell'Europa passa per Kiev", *DPCE Online,* [S.l.], vol. 52 (2), 2022, available at: http://www.dpceonline.it; NIHREIEVA, O., "2022 Russian Invasion of Ukraine through the Prism of International Law: a Critical Overview", *Peace & Security – Paix et Sécurité Internationales,* Vol. 10, 2022, available at: https://revistas.uca.es; PONS RAFOLS, X., "La guerra de Ucrania, las Naciones Unidas y el Derecho Internacional: algunas certezas sistémicas insostenibles", *Revista electrónica de estudios internacionales,* Vol. 43, 2022, available at: https://dialnet.unirioja.es; SALINAS DE FRÍAS, A., "La guerra de Ucrania: los efectos jurídicos derivados de la pérdida de la condición de estado miembro del Consejo de Europa por la Federación Rusa", *REDI,* Vol. 74 (2), 2022, pp. 105-128; TOMÁS ORTIZ DE LA TORRE, J. A., "La guerra y el Derecho Internacional: a propósito de la agresión de Rusia a Ucrania", *Anales de la Real Academia de Doctores de España,* Vol. 7 (1), 2022, pp. 93-112, etc.

4 See, e.g., FETHULLAH, B., "On the Controversial Illegality of the Unilateral Use of Force for the Prevention of Genocide: The 'Doubtfulness' Clause Adopted by the ICJ in the Case Filed by Ukraine against Russia", *Uluslararasi Iliskiler, Advanced Online Publication,* 2 December 2022, pp. 1-14; GARRIDO MUÑOZ, A., "Al filo de su competencia *ratione materiae*: la providencia de la Corte Internacional de Justicia en el asunto *Alegaciones de genocidio en virtud de la Convención para la prevención y la sanción del crimen de genocidio (Ucrania c. Federación Rusa)*", *Revista Española de Derecho Internacional,* Vol. 74 (2), 2022, pp. 77-104; KULICK, A., "Provisional Measures after *Ukraine v Russia*", *Journal of International Dispute Settlement,* Vol. 13 (2), 2022, pp. 323-340, etc.

first part the readers find a general description of the main background events that preceded the institution of the ICJ proceedings by Ukraine on 26 February 2022 that are important for a further legal analysis. In Chapter II the issue of indication of provisional measures is addressed. Consequently, Chapter III considers legal issues of determination of the existence of the court jurisdiction over the case. Chapter IV discusses the legal meaning of the intervention of 33 states under Art. 63 of the ICJ Statute and its prospects for the ICJ procedural rules developments. In this chapter the author ponders on the question of influence that the aforementioned massive intervention in the proceedings may have for the evolution of general international law and, in particular, for the consolidation of the obligations *erga omnes* concept. The final part contains concluding remarks.

II. BACKGROUND EVENTS PRECEDING THE CASE

Even though an armed conflict between Russia and Ukraine has been taking place since 2014 when the occupation of Crimea began[5], the present stage of the conflict commenced on 24 February 2022 with a full-scale Russian invasion of the northern and eastern parts of Ukraine. Early in the morning the President Putin addressed the people of Russia with a speech announcing the beginning of "a special military operation"[6] in Ukraine. As it has been already mentioned the address contains several mixed and quite unclear explanations of invasion reasons, among which self-defense under Art. 51 of the UN Charter and the protection of the Russian-speaking Ukrainians from genocide, even though such terms as "humanitarian intervention" or "responsibility to protect" were never used.

---

5 See more in NIHREIEVA, O., *op. cit.*

6 Address by the President of the Russian Federation of 24 February 2022, available at: http://en.kremlin.ru.

The "genocide dispute" between Russia and Ukraine began already in 2014 when the Investigative Committee of the Russian Federation announced that it opened a criminal case about the "genocide of the Russian-speaking population" in the Luhansk and Donetsk regions of Ukraine, allegedly committed by "unidentified persons from among the top political and military leadership of Ukraine"[7]. In response, the Prosecutor General's Office of Ukraine initiated criminal proceedings against the members of the committee, whom it suspected of supporting militants in the Donbas and interfering in the activities of Ukrainian state authorities[8]. Interestingly, in the Inter-State Application brought by Russia against Ukraine before the European Court of Human Rights on 21 July 2021 requesting an urgent indication of interim measures to the Ukrainian Government, measure relating to the termination of a genocide or something of that kind in the Donbas was not required [9]. It looks even more strange due to the fact that lately the same year it was mentioned by Putin in his speech in the Human Rights Council of the Russian Federation on 9 December 2021[10]. Shortly before the invasion at the press-conference on 15 February 2022 Putin claimed again that supposedly genocide had been committed by Ukrainian authorities in

---

7 The Investigative Committee of Russia Accused the Military Leadership of Ukraine of "Genocide" (СКР звинуватив військове керівництво України у "геноциді"), *BBC Ukraine*, 2 October 2014, available at: https://www.bbc.com.

8 *Ibid.*

9 *Inter-State Application Brought by Russia against Ukraine,* Application No. 36958/21, Press Release issued by the Registrar of the Court, 23 July 2021, ECHR 240 (2021).

10 The War in the Donbas – Putin Declared Genocide (Война на Донбассе – Путин заявил о геноциде), *TSN,* 9 December 2021, available at: https://tsn.ua.

the territory of the Donbas[11]. The address proclaimed on the day of invasion emphasized the purpose of the special military operation that was "to stop" a "genocide of the millions of people who live" in the Luhansk and Donetsk oblasts of Ukraine[12]. This statement was repeated once again after the invasion beginning during the conversation of Putin and the President of France Emanuel Macron on 3 March 2022 when the former claimed that a long-year genocide against civil population of the Donbas had been hidden that had led to many human losses and hundreds of thousands people forced to flee to Russia[13]. The same allegation was repeated at the International Legal Forum held in Saint Petersburg on 30 June 2022[14]. At the same time apart from these claims neither proof nor exact figures of the dead or those who fled from the distressed areas have been presented. What's more important in all these instances even the place or places in the Donbas where the alleged genocide was committed have never been named[15].

Genocide allegations have been a strong point of the Russian propaganda not only in Russia, but also far beyond. At the same

---

11 Putin Called "What Is Happening in the Donbas" Genocide (Путин назвал геноцидом «происходящее в Донбассе»), *RBC-Russia,* 15 February 2022, available at: https://www.rbc.ru.

12 Address by the President of the Russian Federation of 24 February 2022, *op. cit.*

13 Putin Told Macron about the Genocide in Donbas (Путин рассказал Макрону о геноциде в Донбассе), *Vesti,* 3 March 2022, available at: https://www.vesti.ru/article/2684487

14 Vladimir Putin Called the Actions of the Kyiv Authorities against the Inhabitants of the Donbas a Crime against Humanity (Путин назвал действия Киева преступлением против человечности), *Interfax,* 30 June 2022, available at: https://www.interfax.ru/world/849694

15 It should be kept in mind that the Donbas (the name that relates to the Donets Coal Basin) is a big area of approximately 60 000 km2 that is situated largely within the borders of Ukraine (53 200 km2) and embraces its Donetsk and Luhansk regions (*oblast*).

time even without a deep investigation it seems quite weird due to the fact that for 8 years a huge part of the Donbas has been under a constant direct control of the self-proclaimed Donetsk People's Republic (hereinafter – DPR) and Luhansk People's Republic (hereinafter – LPR) authorities that can be also qualified as an indirect occupation by the Russian Federation[16]. On the other hand, the crime of genocide, the so-called "crime of crimes"[17], has a very high threshold of proving, which means that several requirements should be met to prove those accused guilty. In this regard a very close connection between crimes (in particular, the intention to commit a genocide) and a territory where they were committed should be demonstrated. For this reason, for example, only the massacre committed on the territory of Srebrenica was qualified as a genocidal one[18] while the crimes committed during the Bosnian War of 1992 – 1995 in the neighboring territories were not qualified as such.

So, taking into consideration possible reputation losses and seeking legal ways for stopping the Russian aggression, on 27 February 2022 Ukraine filed in the International Court of Justice an application instituting proceedings against the Russian Federation concerning "a dispute ... relating to the interpretation, application and fulfilment of the 1948 Convention on the Prevention and Punishment of the Crime of Genocide"[19].

---

16 See more in NIHREIEVA, O., *op. cit.*

17 *ICTR, The Prosecutor v. Jean-Paul Akayesu, ICTR-96-4-T, Trial Chamber 1, 2 September 1998.*

18 LATTANZI, F., "La pulizia etnica come genocidio", in LATTANZI, F. (Ed.), *Genocidio. Conoscere e ricordare per prevenire,* Romatre-Press, Roma, 2020, p. 48.

19 *Allegations of Genocide under the Convention on the Prevention and Punishment of the Crime of Genocide (Ukraine v. Russian Federation) (hereinafter – Allegations of Genocide), Order of 16 March 2022,* pending publication.

III. PROVISIONAL MEASURES INDICATED BY THE ICJ

As it could be expected, in its application Ukraine rejected that any genocide had occurred and contended the false claims of the Russian Federation. It also required the indication of several provisional measures mostly aimed at terminating the aggression, but also at protecting other rights enumerated by Ukraine. First of all, Ukraine pretended "not to be subject to a false claim of genocide" and, consequently, "not to be subjected to another State's military operations on its territory based on a brazen abuse of Art. I of the Genocide Convention"[20]. It also demanded the good faith performance of obligations under the convention and "to be free from unlawful and damaging action by Russia that has been expressly justified as preventing and punishing genocide, where no plausible claim of genocide in fact exists"[21].

In this regard the indication of provisional measures was asked. First and foremost, Ukraine required (1) to urge the Russian Federation to suspend immediately the military operations commenced on 24 February 2022 and (2) to ensure that any military or irregular armed units which may be directed or supported by it, as well as any organizations and persons which may be subject to its control, direction or influence, take no steps in furtherance of the military operations[22]. According to another Ukraine's request, (3) Russia should be indicated to refrain from any action and shall provide assurances that no action is taken that may aggravate or extend the dispute. Furthermore, the applicant asked the court (4) to require from the Russian Federation to provide a report to the ICJ on measures

---

20 *Allegations of Genocide, Request for the Indication of Provisional Measures Submitted by Ukraine of 26 February 2022,* par. 12.

21 *Ibid.,* par. 14.

22 *Ibid.,* par. 20.

taken to implement the court's order on provisional measures one week after such order and then on a regular basis to be fixed by the court[23].

On 16 March 2022 the ICJ presented the Order on the Request for the Indication of Provisional Measures submitted by Ukraine. It should be mentioned that for many scholars it was highly doubtful whether the ICJ accepted the requests due to its vague *ratione materiae* basis. Instead, the ICJ concluded that it has a *prima facie* jurisdiction over the dispute, which is essential for the proceedings continuance, since according to its findings there is a dispute between the parties relating to the interpretation, application or fulfilment of the Genocide Convention[24].

Furthermore, the court considered the Ukrainian requests and indicated provisional measures. For this purpose the World Court analyzed whether Ukraine's claims correspond to the minimum requirements for ordering interim measures elaborated in the court practice. In particular, the ICJ scrutinized the aforementioned rights of Ukraine through the prism of the plausibility test to establish that the rights are legally and factually plausible[25], which means that the rights were found to be based on international law and in breach by the conduct of the Russian Federation. Besides, the situation was assessed with the link test[26], which showed the existence of a nexus

---

23 *Ibid.*

24 *Allegations of Genocide, Order of 16 March 2022,* par. 47.

25 LANDO, M., "Plausibility in the Provisional Measures Jurisprudence of the International Court of Justice", *Leiden Journal of International Law,* Vol. 31 (3), 2018, pp. 641-668, p. 667.

26 Though considered by some scholars as unuseful taking into consideration the court's possibility to indicate measures *proprio motu*. See more in LANDO, M., "Provisional Measures and the Link Requirement", *The Law & Practice of International Courts and Tribunals,* Vol. 19 (2), 2020, pp. 177-199, p. 177.

between the rights whose protection is sought and the provisional measures being requested, even though in the present case it can be seen only as a sufficient one[27]. Moreover, two more standards were applied in order to show that the rights are at risk of irreparable prejudice, which means they can be substantially harmed without further intervention, and there is urgency to undertake it because this harm will occur prior to the matter being finally determined[28]. As a result, only the first two of the four provisional measures required by Ukraine passed the link test, insofar as the last two if they had been approved, would have been directed against any action aggravating the dispute and not only those related to the plausible rights at risk outlined in the request. Furthermore, the Court deemed it necessary to indicate an additional measure directed to both Parties and aimed at ensuring the non-aggravation of the dispute[29] , which is the manifestation of the court's competence to act *proprio motu* and *ultra petita*. At the same time the ICJ declined to indicate the measure requesting a report from the Russian Federation[30].

Before we proceed with the analysis of the most difficult issue related to the existence of the court's jurisdiction over the case, we would like to underline several important characteristics of the order relating to the provisional measures request. First and foremost, in the process of a legal analysis the court applied the tests and standards that have been crystallized in its practice, among which a low threshold of a sufficient nexus was

---

27 KULICK, A., "Provisional Measures after *Ukraine v Russia*", *Journal of International Dispute Settlement*, Vol. 13 (2), 2022, pp. 323–340, p. 335.

28 MILES, C., "Prejudice and Urgency", in MILES, C. (Ed.) "*Provisional Measures before International Courts and Tribunals*", Cambridge University Press, Cambridge, 2017, pp. 225-273.

29 *Ibid.*, par.82.

30 *Ibid.*, par.83.

used within the link test that supports the thesis about its needlessness. What's more, the decision to indicate provisional measures, despite an uncertain character of the court's jurisdiction, has given reason to suggest that in the future the amount of such requests will increase[31]. On the other hand, this decision will hopefully prevent other states from human rights concept manipulation to disguise other violations of international law.

IV. REGARDING THE ISSUE OF THE COURT'S JURISDICTION

As it has been already mentioned, the issue of the existence of the court's jurisdiction over the case is the most difficult in the present context. Substantiating the ICJ's *prima facie* jurisdiction, Ukraine based its application on Art. IX of the Genocide Convention following which disputes between the contracting parties relating to the interpretation, application or fulfilment of the convention, including those relating to the responsibility of a state for genocide or for any of the other acts enumerated in Art. III, shall be submitted to the ICJ at the request of any of the parties to the dispute. Even though there are not many international treaties that stipulate a compulsory jurisdiction of international judicial bodies to which Russia is a party, the Genocide Convention is ratified by both states.

In the *Order on the Request for the Indication of Provisional Measures* of 16 March 2022 the ICJ concluded that it has a *prima facie* jurisdiction over the dispute as far as there is a dispute between the parties relating to the interpretation, application or fulfilment of the Genocide Convention. It is the most controversial part of the order, but as it can be supposed, the court consid-

---

31 KULICK, A., *op. cit.*, p. 340.

ering itself "the principal guardian of international law"[32] or "the guardian of legality for the international community as a whole"[33] interpreted its competence in broader terms, realizing its function of one of the main organs of the UN[34].

From the very beginning the Russian Federation refused to participate in the dispute, but on 7 March 2022 it submitted a document with annexes setting out its position regarding the alleged "lack of jurisdiction" of the court in the case. Interestingly, though this document doesn't constitute preliminary objections, the court has accepted it since it represents a source of information about the case at hand. Finally, only on 3 October 2022, the Russian Federation filed preliminary objections to the jurisdiction of the court and to the admissibility of the application. This document is not available on the site of the ICJ, but the information about it mentioned in the Order of 7 October 2022 fixing 3 February 2023 as the time-limit within which Ukraine may present a written statement of its observations and submissions on the preliminary objections raised by the Russian Federation[35]. For the moment further developments of the proceedings are unknown.

The establishment of a *prima facie* jurisdiction, though being already controversial and supported completely only by a few judges, doesn't guarantee a further jurisdiction recognition over the case. Though the existence of a dispute between

---

32 *Legality of Use of Force (Yugoslavia v. Spain), Provisional Measures, Order of 2 June 1999, Declaration of Judge Vereshchetin, I.C.J. Reports, 1999,* p. 779.

33 *Questions of Interpretation and Application of the 1971 Montreal Convention Arising from the Aerial Incident at Lockerbie (United Kingdom v Libyan Arab Jamahiriya; United States v Libyan Arab Jamahiriya), Provisional Measures, Order of 14 April 1992, I.C.J. Reports 1992, Separate Opinion of Judge Lachs,* p. 27. '

34 GARRIDO MUÑOZ, A., *op.cit.*, p. 79.

35 *Allegations of Genocide, Order of 7 October 2022.*

the parties can be easily shown with the aforementioned background facts, the main problem lies in the requests issued by Ukraine in the application instituting proceedings of 27 February 2022, namely: 1) to declare that no acts of genocide have been committed in the Luhansk and Donetsk oblasts of Ukraine; 2) to declare that the Russian Federation cannot lawfully take any action under the Genocide Convention in or against Ukraine aimed at preventing or punishing an alleged genocide; 3) declare that the Russian Federation's recognition of the independence of the so-called DPR and LPR is based on a false claim of genocide and therefore has no basis in the Genocide Convention; 4) to declare that the "special military operation" is based on a false claim of genocide and therefore has no basis in the Genocide Convention; 5) to require that the Russian Federation provide assurances and guarantees of non-repetition; 6) to order full reparation for all damage caused[36]. Even a simple analysis shows that not all of the requests have a direct connection with the Genocide Convention. In this regard we cannot but agree with the conclusion of Asier Garrido Muñoz stating that "Ukraine cannot find a clear basis for its requests, in either the text of the Genocide Convention, or the protection of its object and purpose"[37].

The aforementioned author has performed a brilliant analysis of Ukraine's application on the basis of a triple grouping of the main requests and arguments substantiating them. In his opinion, the court will try to establish its competence concerning the requests to declare 1) that no acts of genocide have been committed; 2) that it is not lawfully possible to use an armed force under the Genocide Convention aimed at preventing or punishing an alleged genocide; 3) an unlawful recognition of the independence of the so-called DPR and LPR. As a result,

---

36 *Allegations of Genocide, Application Instituting Proceedings of 27 February 2022.*

37 GARRIDO MUÑOZ, A., *op.cit.*, p. 78.

only the first one can be considered substantiated enough to give rise to the court's jurisdiction over the case[38], since other requests relating to the use of force and recognition can't pass through the compromissory clause of the convention, which despite being quite elastic still has its limits. At the same time, he believes that under a severability approach to the consideration of the application when the court can separate different requests establishing its jurisdiction for one or a few of them, the first request can be considered plausible[39]. Nonetheless he doubts whether it is practically sound to consider only the first claim of the non-commission of genocide by Ukraine due to the fact the judgement will possibly have a pure declarative character[40].

In this regard it seems suitable to make two suggestions. First, unfortunately the events of the last decades show that even practically important decisions of international courts and organizations often remain unfulfilled, which in the context of the last year is incredibly topical due to the fact that Russia continues to violate both the ICJ order on provisional measures and its other international obligations. As it has been well noted by Andreas Kulick, "this dispute thus painfully demonstrates the frustrating limits of international law and international adjudication"[41]. Second, even such a declarative judgment can have serious positive consequences for Ukraine if not at the level of reparations, then at the political one. Being a strong point of the Russian propaganda the genocide allegation is broadly used by it both on the territory of Russia to convince the population of the just reason of the "special military operation" and abroad to undermine the internation-

---

38 *Ibid.*, p. 98-103.

39 *Ibid.*, p. 100.

40 *Ibid.*

41 KULICK, A., *op. cit.*, p. 340.

al reputation of Ukraine. The decision of the World Court can become a final argument to put an end to this game.

It is worth mentioning that there are suggestions claiming that the first request of Ukraine can be rejected as well due to the change of a legal tactic of Russia, which has already stressed the self-defense basis of the special military operation in its document of 7 March 2022. In this regard "one may consider that the Court could have declared the matter moot, once Russia abandoned an alleged genocide as justification" for its invasion[42]. In this connection it should be noted that, as it was mentioned in Chapter II, even after the adoption of provisional measures on 16 March 2022, Putin continued to publicly accuse Ukraine of the genocide in the Donbas. For the sake of truth it needs to be said that in his recent speeches he has stopped mentioning it[43].

Finally, it is very desirable that the Court expresses its position in regard to the second request of Ukraine as well. It seems internationally important to clarify and state the impossibility of the unilateral use of force under the Genocide Convention aimed at preventing or punishing an alleged genocide. Unfortunately, the ICJ was not completely lucid in its utterance in the order indicating provisional measures of 16 March 2022 when it mentioned that "it is *doubtful* that the Convention, in light of its object and purpose, authorizes a Contracting Party's unilateral use of force in the territory of another State for the purpose of preventing or punishing an alleged genocide"[44].

We believe that the word "doubtful" used in this conclusion was mentioned only to underline a provisional character of the or-

---

42 *Ibid* p. 334.

43 See, e.g., Message by President Vladimir Putin to the Federal Assembly of 21 February 2023, available at: kremlin.ru/events/president/news/70565

44 *Allegations of Genocide, Order of 16 March 2022,* par. 59.

der statements prior to the final judgment proclamation. But other constructions can be met as well, which gives reasons to some scholars to conclude that the court "gave the yellow light to the possibility of using unilateral force to prevent genocide" and thus "the unilateral use of force to prevent genocide could be accepted outside the scope of the prohibition and could be accepted as a new exception"[45]. Interestingly, the author has considered this possibility within the context of the responsibility to protect and the obligations *erga omnes* enforcement. For sure, the international community should elaborate more effective means to enforce the aforementioned obligations, but the sound balance between good intentions and legality is still to be found.

V. INTERVENTIONS AS OF RIGHT: PROCEDURAL NOVELTIES IMPORTANT FOR THE PROGRESSIVE DEVELOPMENT OF INTERNATIONAL LAW

Finally, the case under consideration has presented another novelty, which is a multiple intervention of third states into the proceedings. During the last months the case has seen major developments. As of 15 December 2022[46] 33 states (among which some states of the EU, the US, Canada, Australia and New Zealand) filed the declarations of intervention into the proceeding confirming their special legal interest in a due interpretation of the provisions of the Genocide Convention. Such declarations are based on Art. 63 of the Statute of the ICJ,

---

45 FETHULLAH, B., *op. cit.*, p. 13.

46 On 31 October 2020 the Registrar of the Court informed the parties to the Genocide Convention that for the purposes of the sound administration of justice any State that intends to avail itself of the right of intervention could file the declaration not later than 15 December 2022 (*Ukraine v. Russian Federation, Joint Declaration of Intervention of Canada and the Netherlands of 7 December 2022,* par. 8).

which has not been often used till now[47] and never has been applied by such a huge number of intervenors.

Intervention, as defined by Andreas Zimmermann and James Devaney, "when related to proceedings before international courts and tribunals, encompasses the participation of third states in said proceedings while not being either the applicant or the respondent due to a legal interest in the underlying legal issues"[48]. It represents incidental proceedings that constitute the exercise of a right. According to the Statute of the ICJ two types of intervention should be distinguished: a discretionary intervention, based on Art. 62, where a third state considers that it has a legal interest, which may be affected by the decision in the case, and an intervention as of right, based on Art. 63, where the interpretation of a treaty to which one or more third states are also a party is in question. In the present case, the second type of intervention takes place.

According to Art. 63 of the Statute of the ICJ whenever the construction of a convention to which states other than those concerned in the case are parties is in question, the Registrar shall notify all such states forthwith. Consequently, every state so notified has the right to intervene in the proceedings, but if it uses this right, the construction given by the judgment will be equally binding upon it.[49]

Given the fact that the provisions of the article don't mention exact time limits for such an intervention and the rejec-

---

47 Among rare examples of a successful application for intervention permission under Art. 63 are: *Whaling in the Antarctic (Australia v. Japan: New Zealand intervening), ICJ Reports 2014*: *Haya de la Torre (Colombia v. Peru), I.C.J. Reports 1951*; *S.S. "Wimbledon", P.C.I.J., 1923.*

48 ZIMMERMANN, A., DEVANEY J., "International Courts and Tribunals, Intervention in Proceedings", *Max Planck Encyclopedias of International Law,* last updated: July 2019.

49 *Statute of the ICJ,* art.63.

tion of El Salvador's declaration to intervene in *Nicaragua case*[50] some experts expressed doubts whether it can be realized at the jurisdictional stage of proceedings[51]. Instead, in Art. 82, par. 1, of the Rules of Court of 1978 it is set out that a declaration of intervention "shall be filed as soon as possible, and not later than the date fixed for the opening of the oral proceedings"[52]. So, this provision establishes the deadline for the submission of a declaration, but does not answer the question about its initial date.

At the same time, it seems that the court itself has already answered the question establishing the time-limit for declarations lodging in the present case, which may mean that all declarations presented earlier were submitted in due time. Anyway, according to specialists the provisions of the aforementioned articles require further developments[53].

Another point of critique or better say of concern is a possible overloading of the court by future interventions and pro-

---

50 Just before the end of the written proceedings in this phase, El Salvador filed a declaration of intervention in the case under Art. 63 of the Statute, requesting permission to state that the Court lacked jurisdiction to entertain Nicaragua's Application. In its Order dated 4 October 1984, the Court decided that El Salvador's declaration of intervention was inadmissible since it related to the jurisdictional phase of the proceedings. See more in *Military and Paramilitary Activities in and against Nicaragua (Nicaragua v. United States of America), Overview of the Case,* available at: https://icj-cij.org/case/70.

51 MCINTYRE, J., "The New Wave of Article 63 Interventions at the International Court of Justice", *EJIL: Talk!,* 16 August 2022, available at: https://www.ejiltalk.org.

52 *The Rules of the ICJ* of 1978, art. 82.

53 KHUBCHANDANI, M., "The Pandora's Box of Article 63 Interventions in the Ukraine v. Russia Dispute at the ICJ: The Need for Joint Interventions to Strike a Balance", *Opinio Juris,* October 17, 2022, available at: https://opiniojuris.org.

cedures related to them. As it is rightly noted by Bryan McGarry, it can obviously lead to "the loss of judicial economy in disputes with dozens of participating States, a potential loss of cases submitted to the Court by *compromis* (due to a perceived erosion of party autonomy in this forum), and a potential increase in respondent non-appearance in cases instituted under multilateral treaties"[54]. As one of the solutions at least to the problem of judicial economy it has been suggested to lodge joint declarations[55] that as we can see in the case of *Ukraine v. The Russian Federation* has already been done by Canada and the Netherlands[56]. Even though there are no Statute or Rules provisions that regulate the issue, there does not also seem to be an express understanding that may preclude joint interventions by the concerned states[57].

Finally, some experts and states are concerned that a massive intervention of states into proceedings can destroy the equality of the parties to the dispute. For example, in *Whaling in the Antarctic (Australia v. Japan: New Zealand intervening)* Japan stressed certain serious anomalies that would have arisen from the admission of New Zealand as an intervenor and emphasized the need to ensure the equality of the parties[58]. In this regard it can be suggested that whereas intervention under Art. 63 of the Statute is limited to submitting observations on the interpretation of the convention in question and does not allow the

---

54 McGARRY, B., "Third-State Intervention in the Rohingya Genocide Case: How, When, and Why? [Part I]", *Opinio Juris*, September 11, 2020, available at: https://opiniojuris.org.

55 KHUBCHANDANI, M., *op.cit.*

56 *Allegations of Genocide, Joint Declaration of Intervention of Canada and the Netherlands of 7 December 2022.*

57 KHUBCHANDANI, M., *op.cit.*

58 *Whaling in the Antarctic (Australia v. Japan: New Zealand intervening), Order of 6 February 2013, Declaration of Intervention by New Zealand,* par.17.

intervenor, which does not become a party to the proceedings, to deal with any other aspect of the case before the court, e.g., to appoint judges *ad hoc*, such an intervention cannot affect the equality of the parties to the dispute[59]. Moreover, concerning the Genocide Convention and other agreements of this kind, the well-known passage from the Advisory Opinion on Reservations to the Genocide Convention of 1951 should be cited: "In such a convention the contracting States do not have any interests of their own; they merely have, one and all, a common interest, namely, the accomplishment of those high purposes which are the *raison d'etre* of the convention. Consequently, in a convention of this type one cannot speak of individual advantages or disadvantages to States, or of the maintenance of a perfect contractual balance between rights and duties"[60].

The above statement brings us to another possible direction of the progressive development of international law that may be a result of the *Allegations of Genocide Case* consideration. In this context the obligations *erga omnes* should be mentioned. It can be supposed that the evolution of this concept can potentially broaden the states' possibility of intervening under Art. 62 and 63 of the ICJ Statute[61]. We cannot but agree with judge Cançado Trindade that in his separate opinion on *Whaling in the Antarctic* predicts the resurrection of interventions stating that "it is most welcome, propitiating the sound administration of justice, attentive to the needs not only of all States concerned but of the international community as a whole, in the conceptual universe

59 *Ibid.*, par.18.

60 *Reservations to the Convention on the Prevention and Punishment of the Crime of Genocide, Advisory Opinion of 28 May 1951, I. C.J. Reports 1951,* p. 23.

61 ESPALIÙ BERDUD, C., "*Locus standi*" de los Estados y obligaciones "*erga omnes*" en la jurisdicción contenciosa de la Corte Internacional de Justicia", *Revista española de derecho internacional,* Vol. 72 (2), 2020, pp. 33-59, p. 38.

of the *jus gentium* of our times"[62]. In this regard we can only hope that the ICJ will find the courage to take the role that once in the history was assumed by the UN General Assembly when in Resolution 377 A (V) of 3 November 1950 "Uniting for Peace" it recognized its subsidiary responsibility with regard to the maintenance of international peace and security.

VI. CONCLUDING REMARKS

The dispute, though still under consideration, brings us to the following conclusions. First, it offers hope that the genocide commission accusation against Ukraine broadly promoted by the Russian propaganda will be rejected. It is important to stress that in the order about provisional measures the court emphasizes that it is not in possession of evidence substantiating the allegation of the Russian Federation that genocide has been committed on Ukrainian territory[63].

Second, whatever it was, the Genocide Convention doesn't give its parties any right to a unilateral use of force for the purpose of preventing or punishing an alleged genocide. So, this argument can't be used by Russia to justify its unlawful aggression against Ukraine.

In addition, important procedural novelties introduced by the litigation could have serious implications for the ICJ practice. Hopefully, the court in the order concerning the possibility of third-states interventions under Art. 63 of the ICJ Statute will follow the example of its order in *Jurisdictional Immunities of the State (Germany v. Italy: Greece intervening)* of 2011 in which

---

62 *Whaling in the Antarctic (Australia v. Japan: New Zealand Intervening), Order of 6 February 2013, Declaration of Intervention by New Zealand, Separate Opinion of Judge Cançado Trindade, op. cit.*

63 *Allegations of Genocide, Order of 16 March 2022,* par. 59.

it developed a legal basis and provided an interpretation of the terms for a third-state intervention under Art. 62[64].

Finally, recent developments of the case show that more and more states recognize the fact of having a common interest in the Court's constructions concerning their obligations *erga omnes partes* under the Genocide Convention. Hopefully it will help to strengthen the concept of the international community as a whole, which is absolutely needed not only for the termination of the Russian aggression against Ukraine, but also for the prevention of future international law violations of this kind.

ABSTRACT. UNITING FOR JUSTICE: *GENOCIDE ALLEGATIONS ICJ CASE (UKRAINE V. RUSSIAN FEDERATION)*

This research is a legal analysis of the recent developments of *Allegations of Genocide under the Convention on the Prevention and Punishment of the Crime of Genocide (Ukraine v. Russian Federation) ICJ* case. The article focuses on the novelties of the case important for the development of both the procedural and substantive rules of international law. Special attention is paid to the prospects and the results of the litigation taking into consideration a vague competence *ratione materiae* basis of Ukraine's claims. Furthermore, the specific issues of a massive intervention of states into the proceedings under Art. 63 of the ICJ Statute are explored. Finally, special emphasis is given to the case role for the consolidation of the obligations *erga omnes* concept that may potentially help to protect the interests of the international community as a whole.

Keywords: Ukraine, Russian aggression, genocide, International Court of Justice, jurisdiction, competence *ratione materiae*, provisional measures, third states interventions as of right.

RESUMEN. UNIDOS POR LA JUSTICIA: EL ASUNTO *ALEGACIONES DE GENOCIDIO* ANTE LA CIJ *(UCRANIA C. FEDERACIÓN RUSA)*

---

64 *Jurisdictional Immunities of the State (Germany v. Italy), Application for Permission to Intervene, Order of 4 July 2011, I.C.J. Reports, 2011, p. 494.*

La investigación es un análisis jurídico de los desarrollos recientes del asunto *Alegaciones de Genocidio en virtud de la Convención para la prevención y la sanción del crimen de genocidio (Ucrania c. Rusia)*. El artículo se centra en las novedades del caso importantes para el desarrollo de las normas tanto procesales como sustantivas del derecho internacional. Se presta especial atención a las perspectivas y los resultados del caso teniendo en cuenta una vaga competencia *ratione materiae* como fundamento de las pretensiones de Ucrania. Asimismo, se exploran las cuestiones específicas de una intervención masiva de los estados en el procedimiento bajo el art. 63 del Estatuto de la CIJ. Finalmente, se hace especial hincapié en el papel del procedimiento para la consolidación del concepto de obligaciones *erga omnes* que potencialmente puede ayudar a proteger los intereses de la comunidad internacional en su conjunto.

Palabras clave: Ucrania, agresión rusa, genocidio, Corte Internacional de Justicia, jurisdicción, competencia *ratione materiae*, medidas provisionales, intervenciones de terceros estados *as of right*.

¿Puede la guerra de Ucrania poner fin al debate sobre la legalidad de la legítima defensa preventiva?

NATALIA M. OCHOA RUIZ[1]

1. INTRODUCCIÓN.

Entre las razones invocadas por el presidente de la Federación Rusa, Vladimir Putin, para justificar su ataque a Ucrania del 24 de febrero de 2022, se encuentra la legítima defensa preventiva. Según el presidente ruso:

> Para Estados Unidos y sus aliados se trata de la llamada política de contención de Rusia, con evidentes dividendos geopolíticos. Para nuestro país, sin embargo, es una cuestión de vida o muerte, una cuestión de nuestro futuro histórico como nación. No es una exageración: es un hecho. *Se trata de una amenaza real,*

---

[1] Profesora Titular de Derecho Internacional Público de la Universidad Camilo José Cela. Email: nmochoa@ucjc.edu

> no sólo para nuestros intereses, sino *para la propia existencia de nuestro Estado* y de su soberanía. Esta es la línea roja de la que hemos hablado en numerosas ocasiones. La han cruzado[2].

Desde el punto de vista de Putin, existía una amenaza constante derivada de la expansión de la OTAN hacia el este y que emanaba en particular del territorio de Ucrania, a causa de la cual Rusia no podía "sentirse segura, desarrollarse y existir". Estas circunstancias habrían obligado al gobierno ruso a "actuar de manera resuelta e inmediata", tomando acciones "en legítima defensa frente a las amenazas que se nos plantean y frente a las perspectivas de una calamidad aún mayor que la que ya está ocurriendo"[3]. De este modo, el ataque y la posterior invasión de Ucrania – calificados por Putin como "operación militar especial" – quedarían amparados por la excepción de *legítima defensa preventiva* frente a una *amenaza existencial*, proveniente tanto de Ucrania como de la OTAN[4].

---

2 Carta de fecha 24 de febrero de 2022 dirigida al Secretario General por el Representante Permanente de la Federación de Rusia ante las Naciones Unidas, doc. S/2022/154, de 24 de febrero de 2022, p. 5 (la cursiva es nuestra). El discurso fue posteriormente adjuntado a una carta presentada por Rusia ante la CIJ, en su intento de demostrar que la Corte no tenía jurisdicción sobre la demanda presentada por Ucrania contra Rusia sobre la base de la Convención sobre el genocidio. *Vid.* Allegations of Genocide under the Convention on the Prevention and Punishment of the Crime of Genocide (Ukraine v Russian Federation), 'Document (with annexes) from the Russian Federation setting out its position regarding the alleged "lack of jurisdiction" of the Court in the case', *ICJ Reports 2022,* disponible en: www.icj-cij.org/public/files/case-related/182/182-20220307-OTH-01-00-EN.pdf

3 Doc. S/2022/154, *cit.*, pp. 2, 6 y 7.

4 GREEN, J.A.; HENDERSON, C., y RUYS, T., "Russia's attack on Ukraine and the jus ad bellum", *Journal on the Use of Force and International Law,* 2022, Vol. 9, nº 1, pp. 4-30, p. 9. https://doi.org/10.1080/20531702.2022.2056803

Como sabemos, el Derecho Internacional contemporáneo prohíbe la amenaza y el uso de la fuerza en las relaciones internacionales (art. 2.4 de la Carta de las Naciones Unidas), con tan sólo dos excepciones: la acción institucional del Consejo de Seguridad (CS) en el marco del Capítulo VII de la Carta y el derecho a la legítima defensa frente a un ataque armado, recogido en el art. 51. Esta prohibición ha sido, no obstante, objeto de numerosas violaciones desde 1945. La práctica estatal muestra cómo, en general, los Estados han tratado de justificar sus usos ilegítimos de la fuerza sobre la base de otras excepciones supuestamente admitidas también por el Derecho Internacional consuetudinario: la protección de nacionales en el extranjero; la intervención de humanidad; el ejercicio del derecho a la legítima defensa colectiva a petición o con el consentimiento del gobierno de otro Estado, así como ciertas interpretaciones amplias del derecho a la legítima defensa individual frente a un ataque que aún no se habría producido[5].

De una lectura detenida del discurso de Putin se desprende cómo Rusia ha alegado todas estas excepciones para justificar jurídicamente el despliegue de su "operación militar especial". En este trabajo nos centraremos en la última de ellas: la legítima defensa preventiva.

Existe una amplia controversia doctrinal sobre el contenido y alcance del derecho de legítima defensa en Derecho Internacional contemporáneo. Algunos autores defienden que el Derecho convencional, expresado en el art. 51 de la Carta, convive con el Derecho consuetudinario en la materia, de contornos más amplios, que ampara el uso de la fuerza frente a un ataque que aún no se ha producido, pero que se percibe como inminente, o bien que dicha norma consuetudinaria se está de-

---

5 GRAY, C., *International Law and the Use of Force*, Oxford University Press, 2018, 4ª ed., pp. 1-7.

sarrollando[6]. Para otros, la Carta no está adaptada a los retos actuales de la seguridad internacional, que requieren la adopción de acciones armadas preventivas en ciertos casos, principalmente ante el riesgo de ataques terroristas o de utilización de armas de destrucción masiva, y propugnan interpretaciones expansivas del concepto de legítima defensa[7].

En la práctica, numerosas intervenciones armadas recientes se han justificado sobre la base de concepciones amplias del derecho de legítima defensa. De hecho, en el mencionado discurso, el presidente ruso se refirió a una serie de acciones de los países occidentales, en concreto el bombardeo de Belgrado por la OTAN en 1999 y las intervenciones en Irak, Libia y Siria[8]. Además de estas, en los últimos años se han producido otras actuaciones cuya legalidad es discutible, como la invasión de Afganistán a raíz de los atentados del 11-S o la política estadounidense de asesinatos selectivos (*targeted killings*).

En este trabajo analizaremos si ha surgido o al menos se estaría desarrollando, una norma consuetudinaria que ampare una comprensión del concepto de legítima defensa más amplia que la contenida en el art. 51 de la Carta y que permitiría el uso de la fuerza previo a un ataque armado, incluso frente a amenazas inciertas, como las invocadas por Rusia. Adelantamos ya que la respuesta será negativa, pero que, en nuestra opinión, la continua invocación de estas excepciones por los Estados, el propio debate

---

6 GREEN, J.A., "The *Ratione Temporis* Elements of Self-Defence", *Journal on the Use of Force and International Law,* vol. 2, nº 1, 2015, pp. 97-118, p. 116.

7 BOWETT, D.W., *Self-Defence in International Law,* Manchester University Press, 1958, pp. 188-193; RUYS, T., *'Armed Attack' and Article 51 of the UN Charter,* Cambridge University Press, 2010, pp. 330-342; GREEN, J.A., *The International Court of Justice and Self-Defence in International Law,* Hart Publishing, 2009, pp. 112-129.

8 Doc. S/2022/154, *cit.*, p. 3.

doctrinal y las deficiencias en la respuesta a las acciones emprendidas sobre la base de interpretaciones expansivas del derecho de legítima defensa han contribuido a crear un clima propicio para acciones como la protagonizada por Rusia en Ucrania.

La aclaración del contenido y alcance de la excepción de legítima defensa y la aceptación universal de una interpretación estricta de la misma resultan imprescindibles para garantizar la paz y seguridad mundiales, función primordial del Derecho Internacional. Por razones de espacio, y a pesar de su evidente relevancia, quedan fuera del objeto de estudio otras supuestas excepciones a la prohibición del uso de la fuerza invocadas por Putin, en concreto, la intervención humanitaria y la protección de nacionales en el extranjero, facilitada por la política rusa de concesión masiva de pasaportes, así como la legítima defensa colectiva en apoyo de las nuevas Repúblicas de Donetsk y Luhansk, que Rusia había reconocido internacionalmente tres días antes del ataque a Ucrania.

2. EL CONTENIDO Y ALCANCE DEL DERECHO DE LEGÍTIMA DEFENSA EN DERECHO INTERNACIONAL.

Según el art. 51 de la Carta de las Naciones Unidas, la legítima defensa es un derecho inmanente de los Estados que se desencadena “en caso de ataque armado”. La cuestión del momento en que se inicia el derecho a responder a un ataque armado, el propio concepto de ataque armado y la existencia de un derecho a anticiparse a un ataque que está por venir serán objeto de discusión en el siguiente apartado.

Por lo demás, la Carta permite al Estado agredido adoptar medidas provisionales de defensa frente al ataque, aunque está obligado a comunicar inmediatamente al Consejo de Seguridad (CS) las medidas tomadas. La acción armada defensiva del Estado tiene así un carácter provisional y subsidiario de la actuación del Consejo y sólo se podrá mantener hasta que este órgano haya adoptado "las medidas necesarias para el mantenimiento de la paz y seguridad internacionales". El ejercicio del derecho de legítima defensa no afecta, por tanto, al papel primordial del CS en el mantenimiento de la paz y la seguridad internacionales.

El Derecho consuetudinario establece algunos requisitos adicionales. En la sentencia *Actividades militares y paramilitares en Nicaragua y contra ella*, la Corte Internacional de Justicia (CIJ) afirmó que "la legítima defensa sólo justificaría medidas proporcionales al ataque armado y necesarias para responder a él", lo cual constituye "una norma bien establecida en el Derecho internacional consuetudinario"[9]. La necesidad supone que el uso de la fuerza debe ser la única alternativa lícita razonable para detener y repeler un ataque armado. Sólo puede recurrirse a una acción armada cuando sea claramente imposible resolver el conflicto de manera pacífica[10]. Por su parte, la proporcionalidad hace referencia "al *quantum* de fuerza que

---

9 *Military and Paramilitary Activities in and against Nicaragua (Nicaragua v. United States of America). Merits, Judgment, ICJ Reports 1986*, p. 94, párr. 176. En el *Dictamen relativo a la legalidad de la amenaza o el uso de las armas nucleares* (1996), la Corte observó que "el sometimiento del ejercicio del derecho a la legítima defensa a las condiciones de necesidad y proporcionalidad es una norma del derecho internacional consuetudinario". *Cfr. Legality of the Threat or Use of Nuclear Weapons. Advisory Opinion of 8 July 1996, ICJ Reports 1996*, p. 245, párr. 41. También en el asunto de las *Plataformas Petrolíferas* (2003), la CIJ subrayó que "las condiciones para el ejercicio del derecho de legítima defensa están bien establecidas". *Oil Platforms (Islamic Republic of Iran v. United States of America), Judgment of 6 November 2003, ICJ Reports 2003*, p, 198, párr. 76.

10 GREEN, J.A., *op. cit.*, p. 101; HOFFMANN, T., "War or peace? – International legal issues concerning the use of force in the Russia–Ukraine conflict", *Hungarian Journal of Legal Studies*, vol. 63, nº 3, 2022, pp. 206-235, pp. 214-215; CHINKIN, C., y KALDOR, M., "Self-Defence as a Justification for War: The Geo-Political and War on Te-

el Estado atacado debe emplear para repeler el *quantum* de fuerza del agresor y está en función no sólo del tipo de fuerza comprometida sino también de la finalidad de la legítima defensa: desactivar el ataque armado"[11]. Aunque el uso de la fuerza armada sea muy superior al ataque armado inicial, no es desproporcionado si se lleva a cabo con la intención de restablecer la situación original anterior al ataque[12].

Un tercer requisito de Derecho consuetudinario sería la inmediatez, que supone que la respuesta armada debe llevarse a cabo en un plazo razonable desde el ataque inicial; de lo contrario, se trataría de una represalia armada ilegal, prohibida por el art. 2.4 de la Carta, o incluso de una agresión.

3. LA CONTROVERSIA DOCTRINAL EN TORNO AL REQUISITO DEL ATAQUE ARMADO.

Como hemos apuntado, existe una controversia doctrinal en torno al momento en que surge el derecho a emplear la fuerza en legítima defensa: si hay que esperar a que el ataque se haya producido o, al menos, se haya desencadenado, o bien si es posible usar la fuerza en algún momento anterior a que este se produzca.

Es bien sabido que la Carta de las Naciones Unidas no regula completamente la cuestión del uso de la fuerza en las relaciones internacionales. Ya en la sentencia *Actividades militares y parami-*

---

rror Models", *International Law and New Wars*, Cambridge University Press, 2017, pp. 129-174, pp. 151-155.

11 REMIRO BROTÓNS, A., RIQUELME CORTADO, R., ORIHUELA CALATAYUD, E., DÍEZ-HOCHLEITNER, J., y PÉREZ-PRAT DURBÁN, L., *Derecho Internacional. Curso general*, ed. Tirant Lo Blanch, Valencia, 2011, p. 679.

12 HOFFMANN, T., *op. cit.*, pp. 214-215.

litares en Nicaragua (1986), la CIJ dejó claro que el art. 51 de la Carta deja a salvo el "derecho inmanente de legítima defensa" regulado por el Derecho consuetudinario. Ambas fuentes normativas coexisten y sus normas no tienen un contenido idéntico[13]. A partir de este pronunciamiento, muchos han tratado demostrar jurídicamente que el Derecho consuetudinario ampara un concepto de legítima defensa más amplio que el art. 51.

Para abordar este debate, y en vista de la confusión terminológica que impera en esta área, en este trabajo emplearemos los siguientes conceptos: legítima defensa reactiva, interceptiva, anticipatoria y preventiva[14]. La legítima defensa *reactiva* constituye una respuesta a un ataque armado previo. Una variante de esta es la legítima defensa *interceptiva*, un término acuñado por Y. Dinstein para referirse a un ataque que ya ha comenzado, pero que aún no ha alcanzado o afectado al Estado víctima[15]. La legítima defensa *anticipatoria* consiste en una acción armada frente a un ataque que aún no se ha desencadenado, pero que se percibe como inminente. Por último, la legítima defensa *preventiva* se produce frente a la mera amenaza de un ataque.

3.1. Legítima defensa reactiva e interceptiva.

La Carta sólo da cobertura a la legítima defensa reactiva. Del tenor literal del art. 51 se desprende que únicamente es legal el uso de la fuerza frente a un ataque armado que ya se

---

13 *Military and Paramilitary Activities...*, p. 94, párr. 176.

14 OCHOA RUIZ, N., y SALAMANCA AGUADO, E., "Exploring the Limits of International Law relating to the Use of Force in Self-defence", *EJIL*, 2005, vol. 16, nº 3, pp. 499-524, pp. 499-500; INTERNATIONAL LAW INSTITUT, Present Problems of the Use of Force in International Law, *Annuaire de l'Institut de Droit International*, vol. 72, 2007, p. 117, párr. 83.

15 DINSTEIN, Y., *War, Aggression and Self-Defence*, Cambridge University Press, 5ª ed., 2011, pp. 203-205.

ha producido, ejercido con la finalidad de repeler el ataque o para eliminar sus consecuencias, como, por ejemplo, poner fin a una ocupación ilegal del territorio[16].

No toda acción armada constituye un ataque armado en el sentido del art. 51. En *Actividades militares y paramilitares en Nicaragua* (1986), la CIJ distinguió las formas más graves de uso de la fuerza, que constituyen un ataque armado, de otras formas menos graves[17]. Una operación debe tener un mínimo de "escala y efectos" para ser considerada un ataque armado[18]. Si no se alcanza dicho umbral de gravedad, no es posible invocar el derecho de legítima defensa.

La necesidad de una interpretación estricta de las disposiciones de la Carta deriva del hecho de que la legítima defensa se configura como una excepción a la prohibición del uso de la fuerza en las relaciones internacionales (art. 2.4 de la Carta). Los requisitos impuestos por el art. 51 quedarían vacíos de contenido si se entendiera que esta disposición deja a salvo una norma consuetudinaria que no sujeta la legítima defensa a estos límites. Por ello, el Derecho convencional coincide con el consuetudinario en cuanto al requisito del ataque armado. La Carta habría eliminado del derecho de legítima defensa los aspectos que no eran compatibles con la prohibición del uso de la fuerza

---

16 KOLB, R., "Self-defence and Preventive War at the Beginning of the Millenium", *ZÖR*, vol. 59, 2004, pp. 114-134, p. 122.

17 *ICJ Reports 1986*, p. 101, párr. 191. Esta afirmación fue reiterada en el asunto *Plataformas Petrolíferas* (2003). *Cfr. Oil Platforms, cit.* pp. 186-187, párr. 51.

18 Según la CIJ, el ataque armado incluiría no sólo acciones emprendidas por fuerzas armadas regulares a través de una frontera internacional, sino también ciertas agresiones indirectas, como el envío por un Estado de bandas armadas al territorio de otro Estado, si esa operación, por su escala y efectos, se pudiera calificar como un ataque armado en caso de ser realizada por fuerzas armadas regulares. *Cfr. Military and Paramilitary Activities…, cit.*, p. 103, párr. 195.

en las relaciones internacionales. La referencia jurisprudencial a la pervivencia del Derecho consuetudinario alude simplemente a los requisitos de necesidad y proporcionalidad (desarrollados por el Derecho consuetudinario y no recogidos expresamente en la Carta), así como al concepto de ataque armado, ya que la Carta no contiene una definición de esta noción[19].

En la práctica, esta interpretación es seguida por la mayoría de los Estados. Existe también acuerdo en torno a la legalidad de la legítima defensa interceptiva[20].

En su jurisprudencia, la CIJ sólo ha respaldado la legítima defensa reactiva. Así, en *Oil Platforms* (2003), la Corte exigió a Estados Unidos que demostrara que había sufrido ataques de los que Irán era responsable, y que esos ataques eran de tal naturaleza que podían calificarse como "ataques armados" en el sentido del art. 51 de la Carta y tal como se entiende en el Derecho consuetudinario sobre el uso de la fuerza. Estados Unidos debía también demostrar que sus acciones fueron necesarias y proporcionales al ataque armado del que fue objeto, y que las plataformas petrolíferas constituían un objetivo militar legítimo susceptible de ser atacado en legítima defensa[21].

3.2. Legítima defensa anticipatoria.

Para otros autores, la interpretación anterior es demasiado restrictiva y deja a los Estados desprotegidos. De forma muy gráfica, James A. Green ha señalado que no es lógico que un

---

19 GRAY, C., *op. cit.*, p. 124. En el mismo sentido, CRAWFORD, J., *Brownlie's Principles of Public International Law,* Oxford University Press, 9ª ed., 2019, p. 723.

20 INTERNATIONAL LAW INSTITUT, *cit.*, p. 127, párr. 105.

21 *Oil Platforms, cit.*, pp. 186-187, párr. 51. OCHOA RUIZ, N., y SALAMANCA AGUADO, E., *op. cit.*, p. 522.

Estado tenga que esperar a que el martillo caiga sobre él si es claramente evidente que está listo para golpear[22].

En apoyo de esta postura, el argumento jurídico recurrente consiste en que la regulación de la legítima defensa por el Derecho consuetudinario es más amplia que la reflejada en la Carta y no habría sido derogada por esta[23]. Suele citarse la fórmula del asunto *Caroline* para justificar que el Derecho consuetudinario previo a la Carta ya admitía la legítima defensa preventiva, con ciertos requisitos[24]: "demostrar una necesidad de legítima defensa, instantánea, abrumadora, que no deja elección de medios ni momento para la deliberación"[25].

La expresión más clara de esta posición se encuentra en la Opinión disidente del juez Schwebel en la sentencia *Nicaragua*:

> "Deseo, *ex abundanti cautela*, dejar claro que, por mi parte, no estoy de acuerdo con una interpretación de la Carta de las Naciones Unidas que leería el art. 51 como si estuviera redactado de la siguiente manera: "Ninguna disposición de esta Carta menoscabará el derecho inmanente de legítima defensa, individual o colectiva, en caso de ataque armado y sólo en ese caso...". No estoy de acuerdo en que los términos o la intención del art. 51 eliminen el derecho de legítima defensa en virtud del Derecho internacional consuetudinario, o limiten todo su alcance a los términos expresos del art. 51"[26].

---

22 GREEN, J.A., *op. cit.*, p. 104.

23 BOWETT, D.W., *op. cit.*, pp. 188-193; RUYS, T., *op. cit.*, pp. 330-342.

24 GREEN, J.A., *op. cit.*, p. 100.

25 Carta de 27 de julio 1842, de Daniel Webster a Lord Ashburton, *XXX British and Foreign State Papers (1841-1842)*, pp. 193-194. La referencia proviene de una carta de Webster a Henry S. Fox de 24 de abril de 1841, *XXIX British and Foreign State Papers (1840-1841)*, pp. 1137-1138.

26 *Military and Paramilitary Activities...*, dissenting opinion of Judge Schwebel, párr. 173.

En realidad, antes de la Carta la legítima defensa no existía como institución independiente, sino que formaba parte del derecho genérico de autotutela, que podía comportar el uso de la fuerza[27]. La Carta constituye un punto de inflexión en la regulación internacional del *ius ad bellum*; de este modo, para determinar si habría surgido dicha norma consuetudinaria, lo relevante es la práctica posterior a la Carta.

Como hemos indicado, la legítima defensa anticipatoria consiste en una acción armada frente a un ataque aún no se ha desencadenado, pero que se considera inminente. El ejemplo clásico es el ataque de Israel al reactor nuclear de Osiraq, en junio de 1981, que fue condenado enérgicamente por el CS en su Resolución 487 (1981), adoptada por unanimidad[28].

La necesidad de admitir la legítima defensa anticipatoria puede parecer razonable en algunos casos. Por ejemplo, si un Estado ya ha sufrido una serie de ataques por parte de otro que, además, ha manifestado su intención de continuarlos, no tendría que esperar a que se produjera el siguiente ataque[29]. También puede serlo en el caso en que se advierta la inminencia de un ataque con armas nucleares o por elementos terroristas. Rosalyn Higgins ha propugnado una interpretación amplia del art. 51 que dé cabida al derecho a la legítima defensa anticipatoria, para atender así a las exigencias de la guerra contemporánea[30].

---

27 REMIRO BROTÓNS, A., RIQUELME CORTADO, R., ORIHUELA CALATAYUD, E., DÍEZ-HOCHLEITNER, J., y PÉREZ-PRAT DURBÁN, L., *op. cit.*, p. 672.

28 Según el CS, el ataque militar de Israel "viola claramente la Carta de las Naciones Unidas y las normas del comportamiento internacional". *Cfr.* Res. 487 (1981), de 19 de junio de 1981.

29 INTERNATIONAL LAW INSTITUT, *cit.*, p. 120, párr. 91.

30 HIGGINS, R., *Problems and Process: International Law and How We Use It*, Oxford University Press, 1994, pp. 242-243.

Pero la aplicación práctica de esta doctrina presenta muchas fallas. Para empezar, existen diversas opiniones en torno a la inminencia del ataque[31]. Por otro lado, la determinación de la inminencia es subjetiva, lo que concede un amplio margen de discrecionalidad al Estado que la invoca. En la práctica, anula el papel del CS y es difícilmente conciliable con los demás requisitos de la legítima defensa (necesidad, proporcionalidad e inmediatez)[32].

Algunos autores han tratado de justificar una creciente *opinio iuris* a favor de la legítima defensa anticipatoria que se habría plasmado en algunos documentos de las Naciones Unidas[33]. Así, el Grupo de alto nivel sobre las amenazas, los desafíos y el cambio, en su informe titulado *Un mundo más seguro: la responsabilidad que compartimos* (2004), hizo una afirmación tan discutible como la siguiente:

> "Según un principio de Derecho internacional bien establecido, el Estado amenazado puede recurrir a la acción militar siempre que la amenaza de agresión sea inminente, no haya otro medio de impedirla y la acción sea proporcional"[34].

El Secretario General (SG) de las Naciones Unidas, en su informe *Un concepto más amplio de la Libertad* (2005), se pronunció en el mismo sentido:

> "Las amenazas inminentes están plenamente previstas en el art. 51, que salvaguarda el derecho inherente de los estados

---

31 GREEN, J.A., *op. cit.*, p. 104.

32 FRANCK, T., "Fairness in the International Legal and Institutional System", *RCADI*, vol. 240 (II), 1993, pp. 280-283.

33 GREEN, J.A., *op. cit.*, p. 106; WAXMAN, M.C., "Regulating Resort to Force: Form and Substance of the UN Charter Regime", *European Journal of International Law*, nº 24, 2013, pp. 151-189, p. 160.

34 Un mundo más seguro: la responsabilidad que compartimos. Informe del Grupo de alto nivel sobre las amenazas, los desafíos y el cambio. Doc. A/59/565, de 2 de diciembre de 2004, párr. 188.

> soberanos a defenderse de un ataque armado. Los juristas han reconocido hace tiempo que esto abarca tanto un ataque inminente como un ataque ya ocurrido"[35].

No creemos, sin embargo, que exista tal norma o principio. De hecho, la Asamblea General (AG), en su resolución sobre el Documento Final de la Cumbre Mundial de 2005, no admitió ninguna forma de legítima defensa preventiva y reafirmó que "las disposiciones pertinentes de la Carta son suficientes para hacer frente a toda la gama de amenazas a la paz y la seguridad internacionales"[36]. En su Declaración de septiembre de 2006, el Movimiento de Países no Alineados rechazó las "políticas ilegales de cambio de régimen" y subrayó que el art. 51 de la Carta era restrictivo y no podía ser reescrito ni reinterpretado[37].

En su resolución de 2007, el Instituto de Derecho Internacional (IDI) dejó claro que el derecho de legítima defensa surge solamente en caso de un ataque armado real o manifiestamente inminente. Sólo podrá ejercerse cuando no exista en la práctica ninguna alternativa lícita para prevenir, detener o repeler el ataque armado, hasta que el CS adopte las medidas efectivas necesarias para mantener o mantener o restablecer la paz y la seguridad internacionales[38]. La referencia al "ataque

---

35 Un concepto más amplio de la libertad: desarrollo, seguridad y derechos humanos para todos. Informe del Secretario General. Doc. A/59/2005, de 21 de marzo de 2005, párr. 124.

36 Documento Final de la Cumbre Mundial 2005. Doc. A/RES/60/1, de 24 de octubre de 2005, párr. 79.

37 XIV Conferencia de la Cumbre de Jefes de Estado o de Gobierno del Movimiento de los Países No Alineados, La Habana, 11 al 16 de septiembre de 2006. Disponible en: http://www.sela.org/media/3202871/t023600002252-0-cumbre_noal.pdf

38 INTERNATIONAL LAW INSTITUT, *cit.*, *Resolución*, p. 233, párr. 4. La resolución aclara que "las diferentes doctrinas sobre la legítima defensa preventiva (más allá de un ataque armado real o manifies-

armado inminente" ha llevado a pensar que el IDI habría aceptado alguna forma de legítima defensa preventiva; sin embargo, una lectura atenta de su informe indica que sólo se admite la legítima defensa interceptiva[39].

3.3. Legítima defensa preventiva.

La legítima defensa preventiva consiste en emprender acciones armadas ante preparativos militares alarmantes "para sofocar cualquier posibilidad de ataque futuro por parte de otro Estado, incluso cuando no haya motivos para creer que se planea un ataque y cuando no se haya producido ningún ataque previo"[40]. La acción armada se llevaría a cabo para prevenir un posible ataque que se producirá en algún momento en el futuro, sobre la base de una apreciación unilateral, al margen del CS[41], de la existencia de una amenaza, entendida en un sentido amplio (inminente, suficiente, latente o existencial)[42].

---

tamente inminente) no encuentran base suficiente en el Derecho internacional positivo" (pp. 233-234, párr. 13).

39 En efecto: "As for the timing of the reaction, there is a tendency to admit that Article 51 including customary law provides, under strict conditions (which either are not spelled out or are not the same for all commentators) for the possibility of *stricto sensu anticipatory, in the sense of interceptive, use of force in self-defence*" (la cursiva es nuestra). *Ibidem*, p. 127, párr. 105.

40 O'CONNELL, M.E., "The Myth of Preemptive Self-Defense", *The American Society of International Law Task Force on Terrorism*, agosto de 2002, p. 2 (nota al pie 10) y pp. 8-11.

41 ANGHIE, A., "The Bush Administration Pre-emption Doctrine", *ASIL Proceedings*, vol. 98, 2004, pp. 326-331, p. 327.

42 La doctrina maneja conceptos tan indeterminados como "amenaza inminente", "amenaza suficiente" o "amenaza latente". *Vid.* STAHN, C., "Enforcement of the Collective Will After Iraq", *AJIL*, vol. 97, 2003, pp. 804-823, p. 820; REISMAN, M., y ARMSTRONG, A., "The

Según los promotores de este concepto, la Carta y una interpretación estricta de la legítima defensa no son adecuadas para los retos actuales de la seguridad internacional, que derivan principalmente de la producción, el almacenamiento y la potencialidad de las armas de destrucción masiva; los sofisticados sistemas de misiles portadores de armas convencionales o nucleares; las acciones "imprevisibles e incontroladas" de organizaciones terroristas y de los "Estados fallidos o imprudentes". Para atender a estas necesidades, se debería hacer una *interpretación finalista* del art. 51 de la Carta, que incluyera la protección de los nacionales en el extranjero, la lucha contra el terrorismo, la defensa de intereses económicos, la intervención de humanidad y la legítima defensa preventiva[43].

Esta interpretación claramente no tiene cabida en Derecho Internacional contemporáneo[44]. Contradice normas de *ius cogens*, pone en jaque el mecanismo de seguridad colectiva y va en contra del espíritu de la Carta y de la prohibición del uso de la fuerza en Derecho Internacional contemporáneo. En palabras de Santiago Torres Bernárdez, en realidad la legítima defensa preventiva no es legítima defensa, sino una nueva presentación de las guerras preventivas del pasado o una forma de represalias armadas prohibidas por la Carta y el Derecho Internacional consuetudinario[45].

Past and Future of the Claim to Pre-emptive Self-defense", *AJIL*, vol. 100, 2006, pp. 525-550, p. 526.

43 CHINKIN, C., y KALDOR, M., *op. cit.*, pp. 134-135.

44 INTERNATIONAL LAW INSTITUT, *cit.*, p. 127, párr. 105.

45 *Ibidem*, p. 123, párr. 96.

4. ANÁLISIS DE LA PRÁCTICA ESTATAL Y LA JURISPRUDENCIA INTERNACIONAL.

4.1. Práctica estatal.

Parece obvio que un posible reconocimiento de la legítima defensa preventiva y anticipatoria sólo beneficiaría a los Estados más poderosos. De hecho, en la práctica, se ha utilizado para justificar acciones armadas ilegales que apenas ocultaban otros intereses geopolíticos y económicos.

Sin ánimo de exhaustividad, podemos recordar cómo el derecho de legítima defensa se utilizó para justificar la Guerra de los Seis Días (1967), los bombardeos de Estados Unidos sobre Trípoli y Bengasi (1986) y de Belgrado por la OTAN (1999) y la invasión de Afganistán (2001)[46].

La noción de legítima defensa preventiva cobró fuerza con la Estrategia de Seguridad Nacional de Estados Unidos, de 17 de septiembre de 2002. Adaptando el concepto de "amenaza inminente" a las capacidades y objetivos de los adversarios actuales, en el documento se declaraba la *guerra contra el terror*, basada en una interpretación amplia del derecho a la legítima defensa, que incluía la posibilidad de emprender acciones preventivas en los llamados Estados granujas o canallas (*Rogue States*) para evitar que dieran cobertura a grupos terroristas y desarrollaran armas de destrucción masiva[47]. La Estrategia Nacional allanó el camino para la invasión de Iraq en 2003, basa-

---

46 Para un completo estudio de la práctica estatal en esa materia, puede consultarse GRAY, C., *op. cit.*, pp. 200-261.

47 The National Security Strategy of the United States of America (September 2002), p. 15, www.whitehouse.gov/nsc/nss.pdf; The National Defence Strategy of the United States of America (March 2005) , pp. 9-12, www.defenselink.mil/news/Apr2005/d20050408strategy.pdf, y

da en una determinación subjetiva de la existencia de una *amenaza latente* causada por la calificación de dicho Estado como *Estado canalla*. No se encontraron después dichas armas, lo que pone de manifiesto los riesgos de esta interpretación[48].

Posteriormente, se abandonaron los términos de guerra global contra el terror y legítima defensa preventiva y se optó por el concepto de *guerra contra Al Qaida y sus afiliados*, que implicaba una nueva doctrina para combatir el terrorismo, basada en una "campaña global para degradar y, en última instancia, derrotar" al Estado Islámico en Iraq y Siria, tratar de interrumpir el flujo de combatientes extranjeros hacia esos países, manteniendo a la vez la presión sobre Al Qaeda, a través de medios militares y de otro tipo[49].

La campaña global incluía un programa de asesinatos selectivos (principalmente mediante aviones no tripulados) de personas sospechosas de cometer "ataques terroristas inminentes" (en sentido muy amplio) en un Estado que no tendría la voluntad o la capacidad de actuar contra ellos en una forma aceptable para Estados Unidos[50]. Esta campaña continúa en la

---

The National Security Strategy of the United States of America (March 2006), pp. 18 y 23, www.whitehouse.gov/nsc/nss/2006/nss2006.pdf.

48 BERMEJO GARCÍA, R., "El debate sobre la legalidad internacional tras la crisis de Iraq y las Naciones Unidas", *Anuario de Derecho Internacional*, vol. XIX, 2003, pp. 41-69.

49 National Security Strategy (February 2015), p. 2, https://obamawhitehouse.archives.gov/sites/default/files/docs/2015_national_security_strategy_2.pdf

50 CHINKIN, C., y KALDOR, M., *op. cit.*, pp. 163-164. *Vid.* Report on the Legal and Policy Frameworks Guiding the United States' Use of Military Force and Related National Security Operations" (December 5, 2016), https://man.fas.org/eprint/frameworks.pdf

actualidad e incluso ha sido ampliada[51]. En estas acciones no se pide autorización ni se informa al CS.

La excepción de legítima defensa también ha sido utilizada por Rusia en sus operaciones militares en Georgia, Crimea y Ucrania[52]. Los motivos subyacentes se encuentran en la reivindicación de sus esferas territoriales de influencia (los territorios de la antigua Unión Soviética), junto con sus arraigados sentimientos de identidad nacional. Putin quiere evitar que Ucrania entre en la esfera de influencia occidental mediante su ingreso en la OTAN y se niega a renunciar a su rango de gran potencia[53].

El estatuto jurídico de estas supuestas excepciones a la prohibición del uso de la fuerza aún resulta incierto, ya que la práctica de los Estados a menudo no es concluyente y sigue estando impulsada por consideraciones políticas, además de jurídicas. Algunos aliados de Estados Unidos han seguido estas posturas y han apoyado sus actuaciones en Iraq, Siria y Libia. Francia y Reino Unido han afirmado también un amplio derecho de legítima defensa individual contra futuros ataques terroristas en su territorio[54]. Pero, en general, esta doctrina no ha sido aceptada por la mayoría de los Estados ni por las Naciones Unidas[55].

---

51 National Security Strategy (October 2022), https://www.whitehouse.gov/wp-content/uploads/2022/10/Biden-Harris-Administrations-National-Security-Strategy-10.2022.pdf

52 CHINKIN, C., y KALDOR, M., *op. cit.*, p. 130.

53 PARDO DE SANTAYANA, J., "¿Por qué a Rusia le interesa tanto Ucrania?", *Documento de Análisis IEEE 25/2021*, Instituto Español de Estudios Estratégicos, 9 de junio de 2021, p. 3. Disponible en: https://www.ieee.es/publicaciones-new/documentos-de-analisis/2021/DIEEEA25_2021_JOSPAR_Rusia.html

54 ESPALIÚ BERDUD, C., "The EU response to the Paris terrorist attacks and the reshaping of the rights to self-defence in International Law", *SYIL*, núm. 20, 2016, pp. 183-207, pp. 199-200.

55 GRAY, C., *op. cit.*, pp. 248-256.

En el mencionado informe, el Grupo de alto nivel sobre las amenazas, los desafíos y el cambio abordó también si los Estados tenían derecho a actuar anticipadamente en legítima defensa, sin recurrir al CS, para prevenir una grave amenaza que no fuera inminente ni próxima (terroristas con un arma nuclear, por ejemplo). La respuesta fue que se debían presentar las pruebas al CS para que autorizara esa acción. Si el Consejo optara por no hacerlo, habría que estudiar otras estrategias, entre ellas la persuasión, la negociación, la disuasión y la contención, "antes de volver a la opción militar". A pesar de la ambigüedad de esta última expresión, el Grupo subrayó que el riesgo para el orden mundial de aceptar la legitimidad de la acción preventiva unilateral era demasiado grande. En sus palabras, "dejar que uno lo haga es dejar que lo hagan todos"[56]. Por su parte, el SG, en su informe *Un concepto más amplio de la Libertad* (2005), recordó que la Carta concede autoridad plena al CS para hacer frente a las amenazas *latentes*, incluyendo el uso preventivo de la fuerza militar para preservar la paz y la seguridad internacionales[57].

Los países en vías de desarrollo se han manifestado de forma contundente en contra de las interpretaciones flexibles de la legítima defensa. En la Declaración de Argel de mayo de 2014, se comprometieron a "combatir y condenar la categorización de los países como buenos o malos sobre la base de criterios unilaterales e injustificados y la adopción de la doctrina del ataque preventivo"[58].

---

[56] Doc. A/59/565, *cit.*, párr. 188-191.

[57] Doc. A/59/2005, *cit.*, párr. 125.

[58] Declaración final de la 17ª Conferencia Ministerial del Movimiento de los Países No Alineados, Argel (Argelia), 26 a 29 de mayo de 2014. S/2014/573, de 19 de agosto de 2014, párr. 26.5.

4.2. Jurisprudencia internacional.

La CIJ se ha negado explícitamente en varias ocasiones a pronunciarse sobre la licitud de la legítima defensa anticipatoria alegando que la cuestión no se había planteado[59]. Pero la lectura detenida de las sentencias apunta en el sentido de que la Corte sólo se habría mostrado favorable a la legítima defensa reactiva.

Así, en *Oil Platforms*, la CIJ no quiso clarificar la cuestión de la legítima defensa anticipatoria ni preventiva, a pesar de que ambas fueron invocadas por los representantes de Estados Unidos. A nuestro juicio, la postura adoptada por la Corte, consistente en valorar la legalidad de las acciones de Estados Unidos sobre la base de los ataques individuales cometidos por Irán y el hecho de que no tomara en consideración los argumentos estadounidenses sobre la "serie de ataques" contra sus buques o la eliminación de "amenazas persistentes" a la seguridad de este país, son indicativos de la opción de la CIJ por una visión restrictiva de la legítima defensa[60].

En *Actividades armadas en el territorio del Congo* (República Democrática del Congo c. Uganda), la CIJ no aceptó ciertas alegaciones de legítima defensa preventiva:

> "El art. 51 de la Carta puede justificar el uso de la fuerza en legítima defensa sólo dentro de los límites estrictos que establece. No permite el uso de la fuerza por parte de un Estado para proteger los intereses de seguridad percibidos más allá de estos parámetros. Existen otros medios a disposición de un Estado interesado, en particular, el recurso al Consejo de Seguridad"[61].

---

59 Véase *Actividades militares y paramilitares…*, párr. 35 y 194; *Armed Activities on the Territory of the Congo (DRC v. Uganda), ICJ Reports 2005*, p. 168, párr. 143.

60 *Cfr.* OCHOA RUIZ, N., y SALAMANCA AGUADO, E., *op. cit.*, pp. 522-523.

61 *Armed Activities on the Territory of the Congo*, pp. 223-224, párr. 148. Según J. CRAWFORD, en este pronunciamiento, la CIJ habría excluido implícitamente la legítima defensa anticipatoria del ámbito del art. 51. *Cfr. Brownlie's Principles…*, *op. cit.*, pp. 724-725.

La CIJ se ha mostrado también bastante restrictiva a la hora de señalar las situaciones que constituyen una amenaza para la paz y la seguridad internacionales. Según la Corte, "las nociones de amenaza y uso de la fuerza contenidas en el art. 2.4 de la Carta van unidas. Si en un caso concreto el uso de la fuerza es ilegal, la amenaza de usar la fuerza también será ilegal"[62]. Además, el hecho de que una amenaza sea contraria al art. 2.4 "depende de si el uso concreto de la fuerza previsto estaría dirigido contra la integridad territorial o la independencia política de un Estado, o contra los Propósitos de las Naciones Unidas o si, en el caso de que estuviera destinado como medio de defensa, violaría necesariamente los principios de necesidad y proporcionalidad"[63].

También la Comisión de Reclamaciones Eritrea-Etiopía, en su laudo parcial de 2005, ha recordado que:

> "Las disputas fronterizas entre Estados son tan frecuentes que cualquier excepción a la prohibición de la amenaza o el uso de la fuerza para un territorio supuestamente ocupado ilegalmente crearía un enorme y peligroso agujero en una norma fundamental del Derecho internacional"[64].

5. LA ACTUACIÓN DE RUSIA Y LOS REQUISITOS DE LA LEGÍTIMA DEFENSA.

Es evidente que no se había producido ningún ataque armado contra Rusia por parte de Ucrania o de la OTAN antes de la invasión del 24 de febrero de 2022 que justificara una res-

---

[62] *Legality of Threat or Use of Nuclear Weapons*, p. 246, párr. 47.

[63] *Ibidem*, pp. 246-247, párr. 48.

[64] Eritrea-Ethiopia Claims Commission, Partial Award: Jus Ad Bellum - Ethiopia's Claims 1-8, 19 de diciembre de 2005, *Reports of International Arbitral Awards*, Vol. XXVI, pp. 457-469, párr. 10.

puesta defensiva por parte de Rusia[65]. Putin invocó la legítima defensa preventiva frente a frente a un *riesgo incierto,* que calificó como una *amenaza existencial,* derivado de una percepción subjetiva de la seguridad de Rusia[66]. La amenaza procedía tanto de Ucrania como de la OTAN. En su opinión, los principales países de la OTAN estarían ofreciendo "todo su apoyo a nacionalistas extremistas y a neonazis ucranianos". Estas fuerzas estarían esperando el momento oportuno para una confrontación con Rusia y aspirarían a poseer armas nucleares[67].

En su discurso del 9 de mayo, el presidente ruso volvió a referirse a esta cuestión y dejó claro que "Rusia lanzó un ataque preventivo ante la agresión. Fue una decisión forzada, oportuna y la única decisión correcta. Una decisión de un país soberano, fuerte e independiente"[68].

Sin duda por la debilidad jurídica de sus argumentos, posteriormente realizó nuevas alegaciones acerca de los riesgos que Ucrania planteaba para su seguridad. En la reunión del CS de 11 marzo de 2022, afirmó la existencia de un programa

---

65 Al contrario, el ataque de Rusia a Ucrania se ajusta a todos los apartados de la definición de agresión. Así lo reconoció la AG en su resolución de 2 de marzo de 2022: "Recordando además su resolución 3314 (XXIX), de 14 de diciembre de 1974, en la que se define la agresión como el uso de la fuerza armada por un Estado contra la soberanía, la integridad territorial o la independencia política de otro Estado, o en cualquier otra forma incompatible con la Carta (…)". Doc. A/RES/ES-11/1, Preámbulo.

66 PONS RAFOLS, X., "La guerra de Ucrania, las Naciones Unidas y el Derecho Internacional: Algunas certezas sistemáticas insostenibles", *REEI,* núm. 43, junio de 2022, pp. 8-13.

67 Doc. S/2022/154, *cit.*, p. 6.

68 Discurso de 9 de mayo de 2022 con ocasión del desfile militar en el Día de la Victoria. Disponible en RTVE: Putin culpa a Occidente de una guerra "inevitable" (discurso íntegro traducido). https://youtu.be/mZehGibnx3w

de armas biológicas en Ucrania financiado por Estados Unidos o la OTAN[69]. La Secretaria General Adjunta de Asuntos de Desarme de la ONU, la Sra. Nakamitsu Izumi, afirmó que la Organización no tenía conocimiento de que Ucrania estuviera desarrollando armas biológicas[70], y Estados Unidos negó expresamente las acusaciones rusas[71]. En cualquier caso, las alegaciones de Rusia recuerdan a las justificaciones que llevaron a Estados Unidos a invadir Iraq en 2023.

Por otro lado, Putin percibía la progresiva ampliación de la OTAN hacia el este como un riesgo para la seguridad de Rusia. En su discurso de 24 de febrero de 2022, aludió a las promesas que se le habrían hecho a Rusia de que la OTAN no se extendería más hacia el este. Para Putin, la llamada "política de contención de Rusia", consistente en "la nueva expansión de la infraestructura de la alianza del Atlántico Norte y la incipiente militarización de los territorios de Ucrania", es inaceptable[72].

Aunque estas pretensiones no tienen cabida en el derecho de legítima defensa, formalmente, Rusia trató de cumplir con los requisitos del art. 51. Así, el discurso pronunciado por Putin en la madrugada del día 24 de febrero de 2022 se incluyó en una carta enviada al CS con el fin de cumplir con la obligación de informar establecida en el art. 51 de la Carta[73]. Pero, a continuación, Rusia hizo uso de su derecho de veto e impidió toda actuación por parte del CS. Tampoco puede considerarse que la acción de Rusia (con la invasión a gran escala de Ucrania,

69 CS, 8991ª sesión, doc. S/PV.8991, de 11 de marzo de 2022, p. 5.

70 *Ibidem*, p. 4.

71 CS, 9033ª sesión, doc. S/PV.9033, 13 de mayo de 2022, p. 12.

72 Doc. S/2022/154, *cit.*, pp. 4-5.

73 *Ibidem*.

la anexión de cuatro regiones y una guerra que dura más de un año) sea necesaria y proporcional a la amenaza percibida[74].

En su discurso de 24 de febrero, Putin recordó varias intervenciones militares cometidas por los países occidentales, que sin duda constituyeron violaciones de la prohibición del uso de la fuerza; varias de ellas condujeron incluso a cambios de régimen.

Aunque resulta evidente que estas transgresiones no sirven de justificación legal para las acciones de Rusia, ya que el principio de reciprocidad no opera en los casos de violación de normas de *ius cogens*, en el fondo Rusia estaba esgrimiendo argumentos doctrinales empleados anteriormente por varios países occidentales. En definitiva, el discurso de Putin sirve de advertencia para que Estados y doctrina se replanteen la creación de precedentes que pretendan limitar el alcance de la prohibición del uso de la fuerza o ampliar sus excepciones[75].

Puede parecer que el intento de Rusia de justificar jurídicamente su agresión a Ucrania implica una confirmación más que un debilitamiento de la norma que prohíbe la amenaza o el uso de la fuerza[76]. Sin embargo, las constantes interpretaciones flexibles o innovadoras de estas normas, en un intento

---

74 En su resolución de 2 de marzo, la AG reconoció que "las operaciones militares de la Federación de Rusia dentro del territorio soberano de Ucrania son de una magnitud que la comunidad internacional no ha visto en Europa desde hace décadas (…)". *Cfr.* A/RES/ES-11/1, de 2 de marzo de 2022, Preámbulo.

75 GREEN, J.A.; HENDERSON, C., y RUYS, T., *op. cit.*, p. 28.

76 PONS RAFOLS, X., *op. cit.*, p. 6. Según la CIJ, si un Estado "actúa en forma aparentemente inconciliable con una regla reconocida, pero defiende su conducta invocando excepciones o justificaciones contenidas en la misma regla, resulta más una confirmación que un debilitamiento de la propia regla, y ello aun cuando la actitud de tal Estado pueda justificarse o no de hecho en tal base". (*Actividades militares y paramilitares…*, p. 14, párr. 186).

de ampliar los límites de lo legal para dar cobertura a sus intereses, son susceptibles dar a entender que la norma carece de claridad y pueden constituir el punto de partida para generar una nueva norma consuetudinaria, que no beneficiaría la causa del mantenimiento de la paz y seguridad internacionales[77].

Aunque la actuación del CS se vio obstaculizada por el veto ruso, sí que pudo convocar un periodo extraordinario de sesiones de emergencia de la Asamblea General (AG)[78] sobre la base de la resolución "Unidos por la paz"[79].

El 2 de marzo de 2022, la AG aprobó su ya famosa resolución, en la que deploraba en los términos más enérgicos la agresión cometida por la Federación de Rusia contra Ucrania; le exigía que retirara "de inmediato, por completo y sin condiciones todas sus fuerzas militares del territorio de Ucrania dentro de sus fronteras reconocidas internacionalmente" y se negaba a reconocer como legal ninguna adquisición territorial derivada de la amenaza o el uso de la fuerza[80]. En una resolución posterior, la AG deploró las graves consecuencias humanitarias de las acciones a cabo por Rusia, señalando que habían alcanzado proporciones que la comunidad internacional no había visto en Europa desde hacía décadas. Reiteraba también los llamamientos para que Rusia detuviera su ofensiva militar y se retirase, de inmediato, por completo y sin condiciones del territorio de Ucra-

---

77 MACKENZIE-GRAY SCOTT, R., "Reducing the Grounds Upon Which the Use of Force is Legally Permissible", 20 de mayo de 2022, en: http://opiniojuris.org/2022/05/20/reducing-the-grounds-upon-which-the-use-of-force-is-legally-permissible

78 Resolución 2623 (2022), del CS, de 27 de febrero de 2002.

79 Resolución 377A (V), de la AG, 3 de noviembre de 1950.

80 A/RES/ES-11/1, *cit.* La resolución fue aprobada por 141 votos a favor (de 193), cinco en contra (Rusia, Bielorrusia, Siria, Corea del Norte y Eritrea), y 35 abstenciones (entre ellos, Venezuela, China y Cuba).

nia[81]. Poco después, la AG suspendió la pertenencia de Rusia del Consejo de Derechos Humanos de las Naciones Unidas[82].

En conjunto, la reacción internacional no ha tenido precedentes, con un amplio despliegue de sanciones de todo tipo[83], incluyendo su expulsión del Consejo de Europa[84].

6. CONCLUSIONES.

Como hemos visto en el presente estudio, la legítima defensa se concibe como una respuesta necesaria y proporcional frente a un ataque armado que ya se ha producido o que al menos está en curso. No se observa que se esté desarrollando ninguna norma consuetudinaria nueva que admita la legítima defensa frente a un ataque inminente y menos aún frente a amenazas inciertas. En el plano de los hechos, admitir esta norma propiciaría interpretaciones subjetivas, eliminaría el papel del CS y generaría una enorme inseguridad.

---

81 A/RES/ES-11/2, de 24 de marzo de 2022.

82 A/RES/ES-11/3, de 7 de abril de 2022.

83 GREEN, J.A.; HENDERSON, C., y RUYS, T., *op. cit.*, p. 29. El listado de sanciones impuestas por la Unión Europea puede consultarse aquí: https://www.consilium.europa.eu/en/policies/sanctions/restrictive-measures-against-russia-over-ukraine/sanctions-against-russia-explained/

84 *Vid.* Committee of Ministers' Resolution CM/Res(2022)2 of 16 March 2022 on the cessation of the membership of the Russian Federation to the Council of Europe in the context of the procedure launched under Article 8 of the Statute of the Council of Europe, according to which the Russian Federation ceased to be a member of the Council of Europe as from 16 March 2022, disponible en: https://www.coe.int/es/web/portal/-/the-russian-federation-is-excluded-from-the-council-of-europe.

Frente a las amenazas, se debe acudir a los mecanismos previstos por el Derecho Internacional: remitir el asunto al CS, emplear contramedidas (represalias o retorsiones) que no impliquen el uso de la fuerza y acudir a los medios de solución pacífica de las controversias internacionales.

Es posible que la regulación del uso de la fuerza tenga carencias y no sea adecuada (sobre todo por el poder de veto en manos de los miembros permanentes del CS), pero admitir la legítima defensa preventiva y anticipatoria no es la solución a los riesgos (inminentes o remotos) percibidos por los Estados para la propia seguridad. Deben primar el mantenimiento de la paz y seguridad internacionales, la coexistencia pacífica de los Estados, el respeto a su soberanía e independencia, la libre determinación de los pueblos y la solución pacífica de las controversias.

El debate doctrinal acerca de la legítima defensa anticipatoria y preventiva y la práctica estatal han contribuido a crear un clima favorable a la realización de interpretaciones flexibles, manipular el lenguaje y desdibujar los contornos de las normas, lo que ha constituido un ambiente idóneo para las intervenciones militares en suelo ajeno.

A nuestro juicio, la guerra de Ucrania puede (y debe) poner fin al debate sobre la legalidad de la legítima defensa preventiva. El alcance de las operaciones y la reacción de los Estados, incluyendo las grandes potencias occidentales, frente a la agresión rusa pueden constituir el revulsivo necesario para acabar con la controversia doctrinal en torno a la legitimidad de los usos preventivos de la fuerza y poner fin a una práctica estatal basada en estas interpretaciones.

Entendemos que la guerra de Ucrania va a suponer un antes y un después en la delimitación del contenido y alcance de la legítima defensa. A la vista de las consecuencias para Europa, y el mundo entero, de la invasión de Ucrania, el temor de que Rusia ataque otros países vecinos, unido al fracaso estadounidense en Afganistán y la amenaza china sobre Taiwán y su expansión por el Mar de la China Meridional, es preciso mantener interpretaciones estrictas de las excepciones a la prohibición del uso de la fuerza, reforzar los mecanismos de seguridad colectiva e incidir en los medios de arreglo pacífico de las controversias internacionales.

RESUMEN: Entre las razones invocadas por el presidente de la Federación Rusa, Vladimir Putin, para justificar su ataque a Ucrania del 24 de febrero de 2022, se encuentra la legítima defensa preventiva. A pesar de que este concepto no tiene cabida en el Derecho internacional, ha sido invocado en repetidas ocasiones para justificar las acciones armadas ilegales de los Estados más poderosos. Al mismo tiempo, existe una controversia en torno al momento en que surge el derecho a usar la fuerza en legítima defensa. Estas doctrinas expansivas habrían creado un clima favorable para justificar ciertas agresiones. El alcance de la guerra de Ucrania y la reacción de los Estados, incluyendo las grandes potencias, frente a la agresión rusa pueden constituir el revulsivo necesario para acabar con la controversia doctrinal en torno a la legitimidad de los usos preventivos de la fuerza y poner fin a una práctica estatal basada en estas interpretaciones.

ABSTRACT: Russian President Vladimir Putin tried to justify his attack on Ukraine on 24 February 2022 on the grounds, inter alia, of preventive self-defense. This concept has been used by the most powerful states to justify illegal armed action, even though it has no place in international law. At the same time, there is controversy over when the right to use force in self-defense arises. These expansive doctrines have created a favorable climate for justifying certain aggressions. The scale of the Ukrainian war and the reaction of states, including the major powers, to Russian aggression may provide the necessary impetus to end the doctrinal controversy over the legitimacy of the pre-emptive use of force and to put an end to state practice based on these interpretations.

PALABRAS CLAVES: guerra de Ucrania, legítima defensa preventiva, amenaza, seguridad, artículo 51.

KEYWORDS: Ukraine war, preventive self-defense, threat, security, Article 51.

Las operaciones cibernéticas contra las infraestructuras críticas en la guerra ruso-ucraniana

ANDREA COCCHINI[1]

1. INTRODUCCIÓN

En el momento en que se escribe se han documentado alrededor de 640 operaciones cibernéticas contra las infraestructuras críticas, físicas y digitales, ucranianas y unas 340 contra

---

1 Profesor ayudante doctor (acreditado contratado doctor) de Derecho internacional público y Relaciones internacionales, Universidad de Navarra (acocchini@unav.es). Esta publicación es resultado del Proyecto de I+D+i en el marco de los programas estatales de generación de conocimiento y fortalecimiento científico y tecnológico del sistema de I+D+i y orientada a los Retos de la Sociedad, convocatoria 2020, Proyecto PID2020-112577RB-I00 ("La búsqueda de una regulación internacional para las actividades cibernéticas ¿una ineludible necesidad?"), financiado por MCIN/ AEI. Todas las páginas web mencionadas en este estudio han sido consultadas el 17 de marzo de 2023.

infraestructuras rusas[2], con el fin de perturbar sus servicios gubernamentales, energéticos, logísticos, financieros, y crear así estragos sociales[3]. Entre las más destacadas, cabe recordar una serie de operaciones realizadas mediante *wipers*[4] (*Hermetic Wiper*, *Isaac Wiper* y *Caddy Wiper*) que, a principios de enero de 2022, afectaron a diversas instituciones públicas, empresas financieras, energéticas y de telecomunicaciones ucranianas[5]. Asimismo, el día del inicio de la agresión rusa, el malware *AcidRain Wiper*, lanzado contra la red KA-SAT de Viasat, provocó una interrupción parcial del servicio de banda ancha por satélite que interesó a miles de clientes en Ucrania y en toda Europa[6]. No obstante, las operaciones cibernéticas contra las infraestructuras críticas ucranianas remontan, por lo menos, a la "Revolución de Maidán" de 2013, cuando la población ucraniana manifestó su voluntad de acercarse más a Occidente. En particular, a partir de 2014, tras la anexión rusa de Crimea y el estallido del conflicto en el Donbás entre los rebeldes prorrusos y el ejercito ucraniano, las ofensivas cibernéticas de Rusia han ido

---

2 Para un listado actualizado y detallado de las operaciones cibernéticas que se producen en el marco de la guerra entre Rusia y Ucrania, véase https://cyberconflicts.cyberpeaceinstitute.org/threats/timeline

3 LEWIS, J. A., *Cyber War and Ukraine*, Center for Strategic & International Studies, junio de 2022, pp. 1-14, p. 2, disponible en https://csis-website-prod.s3.amazonaws.com/s3fs-public/publication/220616_Lewis_Cyber_War.pdf?S.iEKeom79InugnYWlcZL4r3Ljuq.ash.

4 El *wiper* es un tipo de malware que borra los datos del disco duro del ordenador que infecta.

5 "CaddyWiper: nuevo malware destructivo descubierto en Ucrania", *ESET*, 15 de marzo de 2022, disponible en https://www.welivesecurity.com/la-es/2022/03/15/caddywiper-nuevo-malware-destructivo-apuntando-ucrania/

6 "KA-SAT Network cyber attack overview", 30 de marzo de 2022, disponible en https://news.viasat.com/blog/corporate/ka-sat-network-cyber-attack-overview

intensificándose cada vez más[7]. Valga por todas[8], la operación ejecutada mediante el ransomware *NotPetya* contra la red informática de un instituto de crédito ucraniano que se propagó a otros sistemas informativos, causando daños a agencias gubernamentales, compañías de transporte marítimo, proveedores de energía eléctrica y hospitales de numerosos Estados, por un valor estimado de 10.000 millones de dólares. En relación con el alcance global que estas operaciones pueden llegar a tener, cabe notar que más de la mitad de los casi 2300 que se dieron hasta ahora en la guerra ruso-ucraniana afectaron a las infraestructuras críticas de 41 países involucrados indirectamente en el conflicto[9]. Esto demuestra que las operaciones cibernéticas contra sectores estratégicos estatales como la energía, la sanidad y el transporte se convirtieron ya en la normalidad[10], haciendo de la dimensión cibernética del conflicto armado en Ucrania un aspecto digno de ser profundizado.

El presente trabajo se propone, por tanto, estudiar los problemas jurídicos subyacentes a las operaciones cibernéticas contra las infraestructuras críticas ucranianas y rusas. Para ello, antes que nada, define los términos relevantes para el análisis, en particular, qué se entiende por "ciberataque" y por "infraestructuras críticas" (apartado 2). Explica así, en primer lugar,

---

7 REAL INSTITUTO ELCANO, *La Guerra en Ucrania: un año después*, disponible en https://www.realinstitutoelcano.org/especiales/especial-ucrania/

8 Para un estudio exhaustivo sobre los ataques cibernéticos sufridos por Ucrania en los últimos 10 años, véase PRZETACZNIK, J. y TARPOVA, S., *Russia's war on Ukraine: Timeline of cyber-attacks*, European Parliamentary ResearchService, junio 2022, pp. 1-7, disponible en https://www.europarl.europa.eu/RegData/etudes/BRIE/2022/733549/EPRS_BRI(2022)733549_EN.pdf

9 Véase https://cyberconflicts.cyberpeaceinstitute.org/impact

10 "Ciberataques a infraestructuras críticas", *NEC*, 09 de junio de 2021, disponible en https://www.nec.co.nz/market-leadership/publications-media/cyberattacks-on-critical-infrastructure/

por qué el Derecho internacional humanitario (DIH) se aplica también al ciberespacio en caso de conflicto armado internacional o interno (apartado 3). En segundo lugar, examina, en abstracto, si una operación cibernética puede representar un "ataque" tal y como lo define el DIH (subapartado 3.1). En tercer lugar, considera, en concreto, ciertas características de las operaciones cibernéticas realizadas contra las infraestructuras criticas ucranianas y rusas (subapartados 3.2 y 3.3). Por último, concluye que estas operaciones, pese a sus particularidades específicas, pueden clasificarse como ciberataques ilegales a los que se aplican las normas del DIH dirigidas a proteger la población civil (apartado 4).

2. LAS NOCIONES DE "CIBERATAQUE" Y DE "INFRAESTRUCTURAS CRÍTICAS"

Antes de ahondar en los aspectos jurídicos que interesan es necesario, no obstante, definir con precisión algunos términos fundamentales. En primer lugar, cabe señalar que el concepto genérico de "operaciones cibernéticas" se refiere al uso de capacidades cibernéticas para alcanzar ciertos objetivos en o a través del ciberespacio[11] e incluye actividades tan dispares como la desinformación, el ciber-espionaje o los ciberataques. En cuanto a los "ciberataques", el Grupo de expertos que redactó el Manual de Tallin 2.0[12] los define como una categoría

---

11 SCHMITT, M. N., (ed.), *Manual de Tallin 2.0 sobre el Derecho Internacional Aplicable a las Operaciones Cibernéticas*, Oxford University Press, Cambridge, 2017, pp. 1-597, Glossary, p. 564.

12 El Manual de Tallin 2.0 sobre el Derecho internacional aplicable a las operaciones cibernéticas es un estudio académico independiente que, como tal, no tiene valor jurídico vinculante, sino solo recomendatorio. No obstante, debido a la autoridad doctrinal de sus redactores, sigue siendo el material de referencia obligado para cualquiera

específica de operación cibernética, ofensiva o defensiva, de las que cabe esperar razonablemente que causen la lesión o la muerte de seres humanos o unos daños o la destrucción de bienes materiales[13]. De ahí que se puede decir que los ciberataques configuran la manifestación más enérgica y agresiva de la más amplia categoría de las "operaciones cibernéticas". Por su parte, el Centro Criptológico Nacional de España considera el ciberataque desde un punto de vista técnico, definiéndolo como una "acción producida en el ciberespacio que compromete la disponibilidad, integridad y confidencialidad de la información mediante el acceso no autorizado, la modificación, degradación o destrucción de los sistemas de información y telecomunicaciones o las infraestructuras que los soportan"[14]. Volveremos más adelante sobre estas definiciones y las consecuencias jurídicas que el DIH hace derivar de ellas.

Por lo que a las infraestructuras críticas se refiere, no se dispone de una definición unívoca consagrada en algún instrumento internacional y cada Estado determina qué sistemas, estructuras y capacidades considera críticos para su seguridad nacional. En nuestro ámbito regional, la Unión Europea las define en la Directiva 2022/2557 como "un elemento, instalación, equipo, red o sistema, o parte de un elemento, instalación, equipo, red o sistema, que es necesario para la prestación de un servicio esencial." El servicio esencial, a su vez, viene

---

que se aproxime a esta materia. Tanto el primero como el segundo Manual de Tallin fueron elaborados en el seno del Centro de Excelencia para la Ciberdefensa Cooperativa de la OTAN (CCDCOE) fundado en 2008, con sede en Tallin, creado para reunir y coordinar las capacidades de ciberdefensa de los Estados miembros de la OTAN en el que participan grupos de expertos provenientes de veintiuno países.

13 SCHMITT, M. N., (ed.), *op. cit.*, regla 92, p. 415.

14 CCN-CERT, *Glosario de Términos,* disponible en https://www.ccn-cert.cni.es/publico/seriesCCN-STIC/series/400-Guias_Generales/401-glosario_abreviaturas/index.html

descrito como “un servicio que es crucial para el mantenimiento de funciones sociales vitales, las actividades económicas, la salud pública y la seguridad, o el medio ambiente”[15]. En consecuencia, amplia los sectores que prestan servicios esenciales de los dos (energía y transportes) de la derogada Directiva 2008/114/CE[16] a los once actuales, entre los cuales el de la infraestructura digital[17]. En España, la Ley 8/2011, de 28 de abril, por la que se establecen medidas para la protección de las infraestructuras críticas, considera como “críticas”: “[...] las infraestructuras estratégicas cuyo funcionamiento es indispensable y no permite soluciones alternativas, por lo que su perturbación o destrucción tendría un grave impacto sobre los servicios esenciales”[18]. A su vez, la “criticidad” de una infraestructura dependerá de los factores siguientes: 1) el número de personas afectadas, según el número potencial de víctimas mortales o heridos graves y los efectos para la salud pública; 2) el impacto económico, en función de la magnitud de las pérdidas económicas y el deterioro de productos y servicios; 3) el impacto medioambiental, es decir, la degradación de la

---

15 Directiva (UE) núm. 2022/2557 del Parlamento Europeo y del Consejo de 14 de diciembre de 2022 relativa a la resiliencia de las entidades críticas y por la que se deroga la Directiva 2008/114/CE del Consejo, art. 2, párrs. 4-5, *DO* L núm. 333/164, 27 de diciembre de 2022.

16 Directiva 2008/114/CE del Consejo, de 8 de diciembre de 2008, sobre la identificación y designación de infraestructuras críticas europeas y la evaluación de la necesidad de mejorar su protección, *DO* L núm. 345/75, de 23 de diciembre de 2008.

17 Directiva (UE) núm. 2022/2557, Anexo. Tales sectores son: Energía; Transporte; Banca; Infraestructura de los mercados financieros, Sanidad; Agua potable; Aguas residuales; Infraestructura digital; Administración pública; Espacio; Producción, transformación y distribución de alimentos.

18 Ley 8/2011, de 28 de abril de 2011, por la que se establecen medidas para la protección de las infraestructuras críticas, art. 2, letras a), d), e), *BOE* núm. 102, de 29 de abril de 2011.

infraestructura crítica provocada por el ciberataque; y 4) el impacto público y social, esto es, la incidencia del ciberataque en la confianza de la población en la capacidad de las Administraciones Públicas, y las consecuencias en la vida cotidiana, incluida la pérdida y el grave deterioro de servicios esenciales[19].

De todo ello se concluye que pueden considerarse como infraestructuras criticas aquellos sistemas, físicos o digitales, vitales para el mantenimiento de las funciones esenciales de una sociedad cuya inhabilitación o destrucción puede quebrantar su seguridad, economía, salud pública o medioambiente[20]. Ejemplos típicos de infraestructuras críticas son las instalaciones hídricas, energéticas, digitales y hospitalarias, así como los sectores del transporte, de la alimentación, de la Administración pública o el financiero y tributario, entre los demás[21].

3. LOS CIBERATAQUES Y EL DIH

Aunque un ciberataque no sea un ataque tradicional, cinético, hoy día hay pocas dudas de que el DIH encuentra aplicación si la operación cibernética se da durante un conflicto armado[22].

---

19 *Ibidem*, artículo 2, letra h), párrafos 1, 2, 3 y 4.

20 WALLACE D. A., y REEVES, S. R., "Protecting Critical Infrastructure in Cyber Warfare: Is It Time for States to Reassert Themselves?", *UC Davis Law Review*, vol. 53, núm. 3, febrero de 2020, pp. 1607-1642, pp. 1612-1613; SCHMITT, M. N., (ed.), *op. cit.*, Glossary, p. 564.

21 Directiva (UE) núm. 2022/2557, Anexo.

22 Para uno de los primeros estudios relativos a esta cuestión, véase DÖRMANN, K., "Computer network attack and international humanitarian law", *ICRC*, 19 de mayo de 2001, disponible en https://www.icrc.org/en/doc/resources/documents/article/other/5p2alj.htm. Acerca de la aplicablidad del DIH también al ciberespacio, véase ELAC, *Oxford Statement on the International Law Protections against Cyber Operations Targeting the Health Care Sector*, apartado 5: "During

La circunstancia de que los ciberataques se ejecuten en un dominio distinto a los tradicionales (aire, tierra, mar, espacio) y en evolución constante, no significa que no se les pueda considerar como medios o métodos de guerra regulados por el DIH. El Comité Internacional de la Cruz Roja (CICR) lo dejó claro al señalar que, si un Estado realiza actividades cibernéticas contra otro, junto con o en apoyo de operaciones militares armadas, no cabe duda de que tal situación equivaldría a un conflicto armado internacional[23]. Del mismo modo, los expertos del Manual de Tallin 2.0 son concordes en el considerar que las operaciones cibernéticas ejecutadas en el contexto de un conflicto armado están sujetas al DIH[24]. Asimismo, el Instituto de Ética, Derecho y Conflictos Armados de la Universidad de Oxford (ELAC) en su quinta Declaración sobre la regulación de las operaciones mediante ransomware afirma claramente que el uso de un ransomware durante un conflicto armado está sujeto a las normas

---

armed conflict, international humanitarian law requires that medical units, transport and personnel must be respected and protected at all times. [...]". Disponible en https://www.elac.ox.ac.uk/the-oxford-process/the-statements-overview/he-oxford-statement-on-cyber-operations-targeting-the-health-care-sector/; TSAGOURIAS, N., "The legal status of cyberspace", en TSAGOURIAS, N., y BUCHAN, R. (eds.), *Research Handbook on International Law and Cyberspace*, Cheltenham, Edward Elgar Publishing, 2015, pp. 13-29, p. 13.

23 ICRC, *Convention (I) for the Amelioration of the Condition of the Wounded and Sick in Armed Forces in the Field*, Comentarios de 2016, párr. 254, disponible en https://ihl-databases.icrc.org/en/ihl-treaties/gci-1949/article-2/commentary/2016#94_B; CICR, *El derecho internacional humanitario y los desafíos de los conflictos armados contemporáneos*, Ginebra, 2011, pp. 1-60, pp. 40-41, disponible en https://www.icrc.org/es/doc/assets/files/red-cross-crescent-movement/31st-international-conference/31-int-conference-ihl-challenges-report-11-5-1-2-es.pdf

24 SCHMITT, M. N., (ed.), *op. cit.*, regla 80, p. 375.

aplicables del DIH[25]. El artículo 36 del Protocolo adicional I sobre la protección de las víctimas de los conflictos armados internacionales (1977) respalda esta idea, al prever que: "Cuando una Alta Parte contratante estudie, desarrolle, adquiera o adopte una nueva arma, o nuevos medios o métodos de guerra, tendrá la obligación de determinar si su empleo, en ciertas condiciones o en todas las circunstancias, estaría prohibido por el presente Protocolo o por cualquier otra norma de derecho internacional aplicable a esa Alta Parte contratante." Es evidente que la disposición da por hecho que el DIH se extienda a los armamentos, medios y métodos de guerra informáticos. Si así no fuese, sería superfluo averiguar su conformidad con el Derecho internacional humanitario actual[26].

También la jurisprudencia de la Corte Internacional de Justicia (CIJ) apoya esta tesis en la Opinión consultiva sobre la *Legalidad de la amenaza o el empleo de armas nucleares* (1996). En ella la CIJ afirma que el carácter intrínsecamente humanitario de los principios del DIH se extiende a todos los métodos de guerra y a todo tipo de armas "las del pasado, las del presente y las del futuro"[27]. Con lo cual, es posible incluir en ellas tam-

---

25 ELAC, *The Oxford Statement on International Law Protections in Cyberspace: The Regulation of Ransomware Operations*, apartado 6, disponible en https://www.elac.ox.ac.uk/the-oxford-process/the-statements-overview/the-oxford-statement-on-ransomware-operations/

26 GISEL, L., RODENHÄUSER, T., y DÖRMANN, K., "Veinte años después: el derecho internacional humanitario y la protección de las personas civiles contra los efectos de las ciberoperaciones durante los conflictos armados", *Revista Internacional de la Cruz Roja,* núm. 913, pp. 1-54, p. 14, disponible en https://international-review.icrc.org/sites/default/files/reviews-pdf/2022-05/913_gisel_OK.pdf

27 CORTE INTERNACIONAL DE JUSTICIA, *Opinión consultiva sobre la Legalidad de la amenaza o el empleo de armas nucleares*, 8 de julio de 1996, párr. 86, disponible en https://www.icj-cij.org/public/files/case-related/95/095-19960708-ADV-01-00-EN.pdf

bién las acciones militares perpetradas mediante instrumentos informáticos en el marco de un conflicto armado.

Por último, los Estados también lo van confirmando. Quizás el ejemplo más representativo sea el de los dos informes de 2013 y 2015 de los Grupos de Expertos Gubernamentales sobre los Avances en la Esfera de la Información y las Telecomunicaciones en el Contexto de la Seguridad Internacional, instituidos dentro de la Primera Comisión de la Asamblea General de las Naciones Unidas (ONU). En ambos, los Grupos concluían que el Derecho internacional y, en particular, la Carta de la ONU se aplican al marco de las Tecnologías de la Información y la Comunicación (TIC) como instrumentos fundamentales para mantener la paz y la estabilidad y fomentar un entorno abierto, seguro, pacífico y accesible en la esfera de las TIC[28]. Además, el Grupo que redactó el informe de 2015 señala que "existen principios jurídicos internacionales establecidos, incluidos, si procede, los principios de humanidad, necesidad, proporcionalidad y distinción" que se aplican al uso por los Estados de las TIC. La Asamblea General de la ONU ratificó a la postre las conclusiones de ambos Grupos en sendas reso-

[28] A/68/98 (2013), *Informe del Grupo de Expertos Gubernamentales sobre los Avances en la Información y las Telecomunicaciones en el Contexto de la Seguridad Internacional*, p. 9, párr. 19, disponible en https://documents-dds-ny.un.org/doc/UNDOC/GEN/N13/371/69/PDF/N1337169.pdf?OpenElement; A/70/174 (2015), *Informe del Grupo de Expertos Gubernamentales sobre los Avances en la Información y las Telecomunicaciones en el Contexto de la Seguridad Internacional*, p. 15, párr. 25, disponible en https://documents-dds-ny.un.org/doc/UNDOC/GEN/N15/228/38/PDF/N1522838.pdf?OpenElement

luciones 73/27 (2018)[29] y 73/266 (2019)[30]. Asimismo, tanto la OTAN[31] como la UE[32] reconocieron que el DIH se extiende a los ciberataques ejecutados durante un conflicto armado. Se puede decir así que las reglas básicas del DIH relativas a la protección de la población civil contra los efectos de las hostilidades se extienden también a los ciberataques contra las infraestructuras críticas de otros Estados. El debate se desplaza, por tanto, de si se puede aplicar el DIH al ámbito cibernético a *cómo* se aplican sus normas al caso específico de las operaciones cibernéticas contra las infraestructuras críticas (ucranianas y rusas, en nuestro caso).

---

29 A/RES/73/27, 11 de diciembre de 2018, *Avances en la esfera de la información y las telecomunicaciones en el contexto de la seguridad internacional*, Preámbulo, párr. 17, disponible en https://documents-dds-ny.un.org/doc/UNDOC/GEN/N18/418/08/PDF/N1841808.pdf?OpenElement

30 A/RES/73/266, 2 de enero de 2019, *Promoción del comportamiento responsable de los Estados en el ciberespacio en el contexto de la seguridad internacional*, Preámbulo, párr. 12, disponible en https://documents-dds-ny.un.org/doc/UNDOC/GEN/N18/465/05/PDF/N1846505.pdf?OpenElement

31 *NATO Wales Summit Declaration*, 5 de septiembre de 2014, párr. 72: "Our policy also recognises that international law, including international humanitarian law and the UN Charter, applies in cyberspace. Cyber attacks can reach a threshold that threatens national and Euro-Atlantic prosperity, security, and stability. Their impact could be as harmful to modern societies as a conventional attack." Disponible en https://www.nato.int/cps/en/natohq/official_texts_112964.htm

32 Comunicación conjunta al Parlamento Europeo y al Consejo, *The EU's Cybersecurity Strategy for the Digital Decade*, 16 de diciembre de 2020, pp. 1-28, p. 20, disponibile en https://digital-strategy.ec.europa.eu/en/library/eus-cybersecurity-strategy-digital-decade-0; Comunicación conjunta al Parlamento Europeo, al Consejo, al Comité Económico y Social Europeo y al Comité de las Regiones, *Estrategia de ciberseguridad de la Unión Europea: un ciberespacio abierto, protegido y seguro*, 7 de febrero de 2013, pp. 1-22, p. 17, disponible en https://eur-lex.europa.eu/legal-content/ES/TXT/PDF/?uri=CELEX:52013JC0001&from=EN

3.1. La noción de "ataque" a la luz del Derecho internacional humanitario

El artículo 48 del Protocolo Adicional I fija la norma fundamental sobre la protección de la población civil, manifestación del principio de distinción: "A fin de garantizar el respeto y la protección de la población civil y de los bienes de carácter civil, las Partes en conflicto harán distinción en todo momento entre población civil y combatientes, y entre bienes de carácter civil y objetivos militares y, en consecuencia, dirigirán sus operaciones únicamente contra objetivos militares." El sucesivo artículo 49 del Protocolo citado especifica que son ataques "los actos de violencia contra el adversario, sean ofensivos o defensivos"[33]. Por tanto, es necesario ante todo comprender si una operación cibernética es un "(ciber)ataque" para poder aplicar aquellas disposiciones del DIH pensadas para proteger la población civil y sus bienes y que se analizarán más adelante. *Ex* artículo 49, la violencia contra bienes civiles que los dañe o destruya o contra personas civiles a los que lesione o mate, es el elemento que distingue un "ataque" de cualquier otra operación militar entendida como "cualquier movimiento, maniobra y otra actividad emprendida por las fuerzas armadas con vistas al combate"[34]. La noción del artículo 49 se refiere, no solo y no tanto, a los medios y métodos de guerra, cuanto a sus efectos. El carácter violento de una operación militar no depende solo del recurso a la fuerza cinética, por lo que una

---

[33] Véase https://www.icrc.org/es/document/protocolo-i-adicional-convenios-ginebra-1949-proteccion-victimas-conflictos-armados-internacionales-1977#PRECAUCION

[34] SANDOZ, Y., SWINARSKI, C., Y ZIMMERMAN, B., (eds.), *Comentario del Protocolo del 8 de junio de 1977 adicional a los Convenios de Ginebra del 12 de agosto de 1949 relativo a la protección de las víctimas de los conflictos armados internacionales (Protocolo I),* CICR, Plaza y Janés Editores Colombia, 1998, párr. 152.

operación cuyas consecuencias sean violentas, se considera un "ataque", incluso si los medios y métodos usados para causarlas no fuesen violentos[35]. Por ejemplo, los ataques con armas químicas, biológicas o radiológicas no producen efectos cinéticos, pero constituyen "ataques" desde el punto de vista jurídico[36]. En otros términos, el alcance de la noción de "ataque" no depende de la naturaleza de la operación cibernética ejecutada, sino de las consecuencias concretas que produce. Así, una operación cibernética que mate o lesione a militares o a civiles o que destruya bienes militares o civiles debe tener la misma calificación jurídica de "ataque" o, mejor dicho, de "ciberataque", que las operaciones militares armadas[37]. En estos casos "no habría motivo para tratar la situación de manera diferente de la de los ataques equivalentes conducidos por métodos y medios de guerra más tradicionales"[38]. Piénsese, por ejemplo, en una operación cibernética que altere el funcionamiento de un sistema SCADA (*Supervisory Control And Data Acquisition*) que

---

35 DROEGE, C., "Get off my cloud: Cyber warfare, international humanitarian law, and the protection of civilians", *International Review of the Red Cross*, vol. 94, núm. 886, 2012, pp. 533-578, p. 557.

36 TRIBUNAL PENAL INTERNACIONAL PARA LA ANTIGUA YUGOSLAVIA, *Prosecutor v. Dusko Tadic,* Decision on the defence motion for interlocutory appeal on jurisdiction, 2 de octubre de 1995, párrs. 120-124, disponible en https://www.icty.org/x/cases/tadic/acdec/en/51002.htm

37 CICR, *El derecho internacional humanitario y los retos de los conflictos armados contemporáneos,* Ginebra, XXXII Conferencia Internacional de la Cruz Roja y de la Media Luna Roja, Ginebra, Suiza, 8-10 de diciembre de 2015, pp. 1-81, p. 54. Disponible en https://www.icrc.org/es/document/el-derecho-internacional-humanitario-y-los-desafios-de-los-conflictos-armados

38 HENCKAERTS, J. M., CAMERON, L., DEMEYERE, B. *et al.* (eds.), *Comentario del Primer Convenio de Ginebra Convenio (I) para aliviar la suerte que corren los heridos y los enfermos de las fuerzas armadas en campaña,* Buenos Aires, CICR, 2021, párr. 255.

controla una red eléctrica y provoque un incendio. Dado que las consecuencias son destructivas, la operación es un "ataque" de acuerdo con el artículo 49 del Protocolo[39].

No obstante, la realidad de las operaciones cibernéticas contemporáneas demuestra, también en el caso de Ucrania y Rusia, que ni los Estados ni los actores no estatales han desarrollado la tecnología necesaria pare realizar ciberataques capaces de matar o lesionar a personas civiles y dañar o destruir bienes de carácter civil. Por eso, el Grupo de redactores del Manual de Tallin 2.0 se planteó la cuestión de si una operación cibernética que interfiere con la *funcionalidad* de un objeto podría constituir un daño o destrucción que permita hablar de "ataque". Sin embargo, la mayoría de ellos consideró que sería posible hablar de un "daño" y, con ello, de un "ataque", solo si la restauración de la funcionalidad perdida a consecuencia de la operación cibernética requiriera de la sustitución de componentes *físicos* del objeto, sistema o infraestructura afectada. Según esta postura, una operación cibernética contra el sistema informático que regula el funcionamiento de una estación de distribución eléctrica que provoque su interrupción sería un ciberataque solo si para restablecer la distribución fuera necesaria la sustitución del sistema informático de control o de algunos de sus componentes vitales[40].

3.2. Las operaciones cibernéticas contra las infraestructuras críticas ucranianas y rusas

Esta interpretación restrictiva del ciberataque pone serios problemas a la hora de calificar jurídicamente a las operaciones

---

39 SCHMITT, M. N., (ed.), *op. cit.*, regla 92, p. 416.

40 *Ibidem*, p. 418.

cibernéticas en la guerra ruso-ucraniana[41]. Por una parte, hay autores que consideran que algunos de los ciberataques contra las infraestructuras criticas ucranianas constituirían crímenes de guerra por ser funcionales a ciertos ataques cinéticos de alta intensidad contra las mismas infraestructuras[42]. Por otra, es cierto que, en la mayoría de los casos, las operaciones cibernéticas que sufrió Ucrania se concretaron en ataques de denegación de servicios (DDoS) que impidieron temporalmente el acceso a los sitios web de los objetivos designados, sobre todo páginas gubernamentales y de la Administración pública[43] y que tuvieron un impacto relativamente bajo sobre la población civil. Del mismo modo, los DDoS contra las infraestructuras críticas rusas no provocaron los efectos físicos destructivos necesarios para considerarlos "ataques", aunque su impacto fue más pronunciado que en el caso ucraniano. En particular, resulta que varios actores cibernéticos pro-ucranianos consiguieron ejecutar una serie de operaciones de robo y filtración de datos (*Hack and Leak operations*), haciendo públicos los datos personales de casi tres mi-

41 MICROSOFT'S DIGITAL SECURITY UNIT, *An overview of Russia's cyberattack activity in Ukraine,* Special Report on Ukraine, 27 de abril de 2022, pp. 1-20, p. 10, disponible en https://query.prod.cms.rt.microsoft.com/cms/api/am/binary/RE4Vwwd

42 AMBOS, K., "Cyber-Attacks as International Crimes under the Rome Statute of the International Criminal Court?", *ICC Forum 2022,* disponible en https://iccforum.com/cyberwar#Ambos; KHMELOVA, IL., *Cyber, Artillery, Propaganda: Comprehensive Analysis of Russian Warfare Dimensions,* Economic Security Council of Ukraine, pp. 1-47, Recomendación núm. 4, disponible en https://cip.gov.ua/en/news/kiberataki-artileriya-propaganda-zagalnii-oglyad-vimiriv-rosiiskoyi-agresiyi; ROSCINI, M., "Cyber Operations Can Constitute War Crimes Under the ICC Jurisdiction Without Need to Amend the *Rome Statute", ICC Forum 2022,* disponible en https://iccforum.com/cyberwar#Ambos

43 MICROSOFT'S DIGITAL SECURITY UNIT, *op. cit.*, p. 11.

llones de ciudadanos rusos[44]. Pese a ello, es cierto que, hasta la fecha, las operaciones cibernéticas de ambas partes, por sí solas, no han causado ni muertes, ni lesiones humanas significativas, y tampoco la destrucción *física* de las infraestructuras críticas afectadas[45]. Sin considerar aquellas que han causado simples "inconvenientes o irritaciones"[46] en la población civil, sí se han dado operaciones cibernéticas que han producido consecuencias adversas a gran escala, como las que causó el malware *AcidRain Wiper* ya recordado. Sin embargo, estas no llegaron a dañar *físicamente* al sistema informático del que dependía el funcionamiento correcto de las infraestructuras afectadas, por lo que no se podrían considerar como "ataques" de acuerdo con la doctrina prevalente[47]. Se trataría más bien de operaciones cibernéticas que *inutilizaron* ciertas infraestructuras o servicios esenciales, sin destruirlas o dañarlas físicamente, sin matar o lesionar a nadie, ni obligando al remplazo de algunos de sus componentes físicos.

3.3. La ilegalidad de los ciberataques contra las infraestructuras críticas en el marco de la guerra ruso-ucraniana

¿Qué ocurre entonces con las operaciones cibernéticas de este tipo que no implican consecuencias físicas destructivas sino "solo" su *inutilización*? ¿Constituyen ataques prohibidos

---

44 CYBERPEACE INSTITUTE, *Cyber Dimensions of the Armed Conflict in Ukraine*, Quarterly Analysis Report Q4 - October to December 2022, pp. 1-26, pp. 4-11, disponible en https://cyberpeaceinstitute.org/wp-content/uploads/Cyber%20Dimensions_Ukraine%20Q4%20Report.pdf

45 Para un listado detallado de las operaciones cibernéticas perpetradas contra otros Estados que, directa o indirectamente, están involucrados en conflicto en Ucrania, se puede consultar https://cyberconflicts.cyberpeaceinstitute.org/threats/attack-details

46 SCHMITT, M. N., (ed.), *op. cit.*, regla 92, p. 418.

47 *Ibidem*

bajo el DIH actual o hay que excluirlas de la definición por no destruir la infraestructura crítica atacada? Consideramos que, pese a todo, sí, son ataques según el DIH. No parece sensato excluir de la noción de "ciberataque" a una operación cibernética que impide a una infraestructura crítica funcionar correctamente, solo porque sus componentes físicos no han sido dañados, obligando no obstante a reinstalar el sistema operativo o los datos cancelados[48]. Corrobora esta idea la afirmación del CICR según el cual: "[L]a referencia a la "neutralización" en la definición de objetivo militar (artículo 52 del Protocolo adicional I) sería superflua si una operación destinada a perjudicar la *funcionalidad* de un objeto (esto es, su neutralización) no constituyera un ataque"[49]. Al mismo tiempo, esta interpretación parece más respetuosa con el artículo 31, párrafo 1, de la Convención de Viena sobre el Derecho de los Tratados de 1969, de acuerdo con el cual las disposiciones de un tratado deben interpretarse teniendo en cuenta también su objeto y fin. De lo contrario, sacadas del contexto en el que deben aplicarse, podrían perder su eficacia, como en el caso de estas operaciones cibernéticas sin consecuencias físicas destructivas. Imaginemos así un hipotético ciberataque contra una central de distribución eléctrica, ucraniana o rusa, que deje sin suministro de energía a parte de la población civil que se ve así forzada a sobrevivir a temperaturas invernales extremadamente bajas. Como se ha dicho, es cierto que el concepto de ataque *ex* artículo 49 del Protocolo implica el recurso a la "violencia" que provoque la lesión o la muerte. Sin embargo, en atención a los propósitos humanitarios que inspiran todo el DIH, parece legítimo extender la definición de "ciberataque" también a las operaciones cibernéticas como las del ejemplo. Las enfermedades graves y/o los sufrimientos mentales que pueden derivar

---

48 *Ibidem.*

49 CICR, *El derecho internacional humanitario y los retos de los conflictos armados contemporáneos, op. cit.*, p. 54. (Cursiva añadida)

para los civiles de la operación cibernética pueden compararse a las lesiones que la definición de "violencia" abarca[50]. Asimismo, el artículo 51, párrafo 2, del Protocolo Adicional I, y el artículo 13, párrafo 2, del Protocolo Adicional II prohíben "los actos o amenazas de violencia cuya finalidad principal sea aterrorizar a la población civil." Por extensión, el Manual de Tallin 2.0 establece que quedarán prohibidos también los ciberataques cuyo objetivo sea amedrentar a la población civil de otro país. De momento que el terror es una condición psicológica que crea sufrimiento psíquico, la inclusión de dicho sufrimiento en la noción de "violencia" se justifica por analogía[51]. Así, siguiendo con nuestro ejemplo, el sufrimiento psíquico (además de físico) que derivaría de un ciberataque contra una planta energética representaría una violación del artículo 51.2 del Protocolo Adicional I y del artículo 13.2 del Protocolo Adicional II, por el terror que generaría entre los civiles. Ahora bien, cabe señalar que para aplicar esta disposición hace falta, en primer lugar, un ciberataque según la regla 92 del Manual. En segundo lugar, el propósito del ciberataque debe ser la propagación del terror entre la población civil, porque también un ciberataque lícito contra un objetivo militar puede causar terror, puesto que todo acto de violencia durante un conflicto provoca cierto grado de terror entre la población[52].

Además, es preciso recordar que el mismo artículo 51, en su párrafo 4, del Protocolo prohíbe los ataques indiscriminados, es decir: "a) [L]os que no están dirigidos contra un objetivo militar concreto; b) los que emplean métodos o medios de combate que no pueden dirigirse contra un objetivo militar concreto; o c) los que emplean métodos o medios de combate cuyos efectos no sea posible limitar conforme a lo exigido por

---

50 SCHMITT, M. N., (ed.), *op. cit.*, regla 92, p. 417.

51 *Ibidem.*

52 *Ibidem*, regla 98, p. 434.

el presente Protocolo". En definitiva, el artículo 51.4 prohíbe todo tipo de ataque que puede alcanzar indistintamente a objetivos militares y a personas civiles o a bienes de carácter civil. A la luz de esta disposición, los ciberataques contra las infraestructuras criticas están prohibidos por dos razones. En primer lugar, los ciberataques, de por sí, son un método de combate cuyos efectos son difíciles de limitar. Llevar a cabo un ciberataque sin afectar a la población civil puede ser tecnológicamente complejo de conseguir. La interconexión propia del ciberespacio implica que cualquier objeto que se conecte a la red, con independencia de su ubicación, podría verse perjudicado por una operación cibernética dirigida, en principio, solo contra un sistema informático concreto. Como demostraron los casos ya recordados del *Industroyer/CrashOverride* y del *NotPetya*, los ciberataques pueden a menudo provocar, delibera o erróneamente, consecuencias adversas y a gran escala para numerosos Estados y sus servicios esenciales[53]. En segundo lugar, el artículo 52, párrafo 2, del Protocolo establece que "los objetivos militares se limitan a aquellos objetos que por su naturaleza, ubicación, finalidad o utilización contribuyen eficazmente a la acción militar o cuya destrucción total o parcial, captura o neutralización ofrecen en las circunstancias del caso una ventaja militar definida". De acuerdo con esta definición, es fácil suponer que una infraestructura crítica podría convertirse en un objetivo militar cuando ofrezca en las circunstancias de cada caso una ventaja militar o si su destrucción representara una auténtica necesidad militar, tal y como prevén el artículo 53 *in fine* del IV Convenio de Ginebra; el artículo 54, párrafo 3 (6) así como el artículo 23 (g) del IV Convenio de La Haya de 1907 y el Reglamento anexo sobre las leyes y costumbres de

---

53 DURHAM, H., "Cyber operations during armed conflict: 7 essential law and policy questions", *Humanitarian Law and Policy Blog*, 26 de marzo de 2020, disponible en https://blogs.icrc.org/law-and-policy/2020/03/26/cyber-armed-conflict-7-law-policy-questions/

la guerra terrestre. No obstante, el artículo 52, párrafo 3, del Protocolo destaca claramente que en caso de duda a la hora de saber si un bien, que se dedica normalmente a fines civiles, puede utilizarse para contribuir eficazmente a la acción militar se presumirá que no se utilizará con tal fin, es decir, será considerado como civil. Con lo cual, hay que concluir que las infraestructuras críticas no pueden considerarse *nunca* como objetivos militares.

Por último, unos ciberataques contra las infraestructuras criticas como el de nuestro ejemplo podrían llegar a configurar también un quebrantamiento del artículo 54, párrafo 2, del citado Protocolo que prohíbe a las Partes beligerantes: "[A]tacar, destruir, sustraer o inutilizar los bienes indispensables para la supervivencia de la población civil, tales como los artículos alimenticios y las zonas agrícolas que los producen, las cosechas, el ganado, las instalaciones y reservas de agua potable y las obras de riego, con la intención deliberada de privar de esos bienes, por su valor como medios para asegurar la subsistencia, a la población civil o a la Parte adversa, sea cual fuere el motivo, ya sea para hacer padecer hambre a las personas civiles, para provocar su desplazamiento, o con cualquier otro propósito." Acudiendo a una interpretación teleológica de esta norma y a la consideración de la CIJ por la que el DIH se extiende a todos los métodos de guerra (del pasado, del presente y del futuro), es posible incluir entre estos bienes indispensables para la supervivencia de la población civil también los bienes y servicios esenciales que proporcionan las infraestructuras críticas. En este sentido, los expertos del Manual de Tallin 2.0, aunque excluyesen que la red en sí misma sea un bien indispensable para la supervivencia de la población civil, indicaron que la infraestructura digital necesaria para el funcionamiento de generadores eléctricos, instalaciones de riego y de agua potable, así como las instalaciones de producción de alimentos podría, dependiendo de las circunstancias, reunir los requisitos para considerarse un bien indispensable para la supervivencia de la población civil[54]. En nuestro ejemplo, es evidente que un ciberataque que dejara a numerosos civiles que viven a esas latitudes sin la posibilidad de calentarse, constituiría un ataque que amenaza la misma supervivencia de la población civil de acuerdo con el artículo mencionado.

4. CONCLUSIONES

Las operaciones militares armadas contra las infraestructuras críticas ucranianas, como sus instalaciones energéticas, tienen, como es obvio, un mayor impacto mediático debido a la magnitud y visibilidad de sus consecuencias. Sin embargo, los analistas internacionales han puesto de relieve el creciente papel que han adquirido también los ciberataques contra las infraestructuras que proporcionan servicios esenciales para la población civil, como son las páginas oficiales del Gobierno o de la Administración pública. El Derecho internacional reconoce que también a las operaciones cibernéticas que se llevan a cabo en el marco de un conflicto armado, interno o internacional, se aplican los principios básicos del DIH como es el de distinción. No obstante, para ello es menester, antes que nada, determinar si una operación cibernética es un "ataque" de acuerdo a la definición del DIH. Acudiendo a una interpretación basada en los efectos que las operaciones cibernéticas producen, se ha concluido que aquellas cuyas consecuencias sean violentas, esto es, que provoquen la lesión o la muerte de seres humanos o unos daños o la destrucción de bienes materiales, son seguramente "ataques" según el artículo 49 del Protocolo Adicional I. Ahora bien, el problema con las operaciones cibernéticas en el marco de la guerra entre Ucrania y Rusia es que estas, hasta la fecha, no han matado ni lesionado

---

54 SCHMITT, M. N., (ed.), *op. cit.*, regla 141, p. 533.

a nadie. Del mismo modo, no han provocado el deterioro *físico* de las infraestructuras críticas atacadas. Pese a ello, mediante un enfoque holístico que tenga en cuenta la funcionalidad de las infraestructuras críticas, el artículo ha intentado demostrar que las operaciones cibernéticas rusas y ucranianas contra estas infraestructuras son ciberataques prohibidos a la luz del DIH. No solo porque son ataques contra la población civil y sus bienes que violan el principio de distinción y sus corolarios, sino también porque configuran actos de violencia cuya finalidad es causar un sufrimiento psicológico en los civiles o, incluso, son acciones dirigidas a inutilizar bienes indispensables para la supervivencia de la población civil como son los bienes y servicios esenciales garantizados por las infraestructuras críticas.

En conclusión, a la luz de cualquiera de los artículos citados, los ciberataques contra las infraestructuras críticas, tanto ucranianas como rusas, deben tratarse como casos de ataques prohibidos bajo el DIH. En cuanto tales, activarán todas las garantías que el DIH prevé para la protección de las personas civiles y de los bienes de carácter civil.

Resumen: La agresión rusa a Ucrania puso de manifiesto una realidad que ya venía caracterizando las ofensivas militares de Moscú contra su país vecino, esto es, el recurso a operaciones cibernéticas contra las infraestructuras críticas ucranianas como una herramienta de guerra más para doblegar la voluntad de su adversario. La dimensión global que, en ocasiones, este fenómeno ha adquirido, además de sus efectos sobre las poblaciones civiles afectadas, han vuelto la cuestión del máximo interés. La presente contribución se propone, por tanto, analizar el asunto desde la vertiente del Derecho internacional humanitario (DIH), para intentar responder a la pregunta de si estas operaciones cibernéticas dirigidas contra las infraestructuras críticas por las partes beligerantes son o no ciberataques prohibidos bajo el DIH. El análisis concluye que, aunque (por ahora) no hayan alcanzado el nivel destructivo que muchos temían, estas operaciones sí constituyen ciberataques prohibidos a los que se aplican las medidas de protección en favor de la población civil que el DIH prevé.

Palabras clave: infraestructuras críticas, ciberataques, ciberseguridad, Derecho internacional humanitario, Ucrania, Rusia, agresión

ABSTRACT: CYBER OPERATIONS AGAINST CRITICAL INFRASTRUCTURES IN THE RUSSIAN-UKRAINIAN WAR. The Russian aggression against Ukraine brought to light a reality that had already characterized Moscow's previous offensives against its neighbouring country, namely the use of cyber operations against Ukrainian critical infrastructures as tool of war to bend the will of its adversary. The global dimension that this phenomenon has sometimes acquired and its effects on the civilian populations concerned have made the issue of the utmost interest. This contribution therefore sets out to analyse the matter from the perspective of International Humanitarian Law (IHL) in an attempt to answer the question of whether these types of cyber operations are cyber-attacks prohibited under the IHL. The analysis concludes that, although they have not (for now) reached the destructive level that many feared, these operations do constitute prohibited cyber-attacks to which IHL protection measures in favour of civilian populations apply.

Keywords: critical infrastructures, cyber-attacks, cybersecurity, International humanitarian law, Ukraine, Russia, aggression

Rusia-Ucrania: ¿la primera ciberguerra global? De ciberejércitos y hackers

IRENE VÁZQUEZ SERRANO[1]

SUMARIO. 1. INTRODUCCIÓN. 2. IDENTIFICACIÓN Y CLASIFICACIÓN DE LOS NUEVOS ACTORES EN EL CIBERESPACIO. 3. NATURALEZA Y RÉGIMEN JURÍDICO APLICABLE A LOS NUEVOS CIBERACTORES. 3.1. MILITARES Y CIBERMILITARES. 3.2. *HACKERS* PATRIÓTICOS. 3.3. *HACKTIVISTAS* O *SOFA HACKERS*. 4. CONCLUSIONES.

I. INTRODUCCIÓN

El 26 de febrero de 2022, dos días después de la invasión rusa a Ucrania, el viceprimer ministro ucraniano y ministro de Transformación Digital, Mykhilo FEDOROV, hizo una llamada a través de las redes sociales *Facebook, Telegram* y *Twitter,* con el objetivo de que especialistas ucranianos en ciberseguridad de

---

1 Profesora Ayudante Doctora en la Universidad de Murcia (irene.vazquez@um.es). Esta publicación es resultado del Proyecto de I+D+i en el marco de los programas estatales de generación de conocimiento y fortalecimiento científico y tecnológico del sistema de I+D+i y de I+D+i orientada a los Retos de la Sociedad, convocatoria 2020, Proyecto PID2020-112577RB-I00 ("La búsqueda de una regulación internacional para las actividades cibernéticas ¿una ineludible necesidad?"), financiado por MCIN/AEI. Todas las páginas webs mencionadas en este estudio han sido consultadas el 24 de marzo de 2023.

todo el mundo se unieran de forma voluntaria a un grupo creado en *Telegram*, que dio lugar a la creación de *Stand For Ukraine*[2].

Sin embargo, unas horas más tarde también se publicaba, ahora en el canal oficial de *Telegram* del Ministerio de Transformación Digital ucraniano, un mensaje parecido a los anteriores que añadía la siguiente frase: "Tas#1 We encourage you to use

---

2 El mensaje en *Facebook* y *Telegram*, ambos en ucraniano y dirigido a los ucranianos, señalaba: "Tenemos muchos ucranianos con talento en el ámbito digital: desarrolladores, ciberexpertos, diseñadores, redactores, especialistas en marketing, targetólogos, etcétera. Estamos creando un ejército informático. Todas las tareas operativas se presentarán en el canal de *Telegram*: t.me/itarmyofurraine. Habrá tareas para todos" (Mykhailo FEDEROV, 26 February 2022, *Facebook*, https://www.facebook.com/mykhailofedorov.com.ua/posts/1005386320078887, and *Telegram channel* https://t.me/zedigital/1114 o https://archive.ph/H2caw). Por su parte, el mensaje en *Twitter*, con mucha más difusión internacional por estar escrito en inglés, decía: "Estamos creando un ejército informático. Necesitamos talentos digitales. Todas las tareas operativas se darán aquí: t.me/itarmyofurraine" (Mykhailo FEDEROV, Twitter, 26 February 2022, https://web.archive.org/web/20220226232059/ https://twitter.com/FedorovMykhailo/status/1497642156076511233). Se buscaba un *talento específico* (desarrolladores, diseñadores y redactores) que, en opinión de Stefan SOESANTO, finalmente se ha canalizado hacía un grupo denominado *StandForUkraine* que luchan en el frente ucraniano contra la guerra de la desinformación con el objetivo de movilizar no sólo a ucranianos sino también a la comunidad internacional contra la propaganda falsa sobre el conflicto en medios y redes sociales. *StandForUkraine* cuenta con su propio sitio web y solo funciona a través de invitación para acceder a la aplicación de mensajería *Signal*, donde se comunican y organizan ("The IT Army of Ukraine. Structure, Tasking, and Ecosystem", *Cyberdefense report*, June 2022, pp. 1-32, p. 7 (https://css.ethz.ch/content/dam/ethz/special-interest/gess/cis/center-for-securities-studies/pdfs/Cyber-Reports-2022-06-IT-Army-of-Ukraine.pdf).

any vectors of cyber and DDoS attacks on these resources"[3]. Se creó así el ciberejército denominado *IT Army* o Ejército de las Tecnologías de la Información ucraniano encargado de proteger infraestructuras estatales ucranianas clave y de llevar a cabo operaciones de ciberespionaje para combatir en el ciberfrente, minimizando las amenazas rusas en ese escenario[4].

---

3 El mensaje iba acompañado de un listado que incluía 31 bancos rusos, empresas y sitios web oficiales rusos (*IT Army of Ukraine*, Telegram channel, 26 February 2022, https://t.me/itarmyofukraine2022/1 o https://archive.ph/SMt31).

4 La idea de la creación de un ciberejército ucraniano proviene de Yegor AUSHEV, un empresario ucraniano de las nuevas tecnologías, que se la hace llegar al ministro ucraniano FEDOROV. Nos encontramos ante un ejército electrónico que nace de la necesidad, creado *ad hoc*, sin un plan previo estructurado, quizá auspiciado por la falta de un mando cibernético militar ucraniano que, más tarde, evoluciona hasta convertirse en una *construcción híbrida*: ni civil ni militar, ni pública ni privada, ni local ni internacional, ni legal ni ilegal. De hecho, unos días después de realizada la llamada en las redes sociales, el *IT Army* ucraniano contaba con más de 300.000 miembros y ya había atacado la Bolsa de Moscú. Actualmente, la cifra de miembros ha ido en descenso, probablemente, debido a la pérdida de novedad, el aburrimiento en la repetición de tareas y la guerra cinética que continúa su curso sin que se haya visto afectada por las diversas actividades llevadas a cabo por el ciberejército. Paralelamente, a la creación del *IT Army*, el 28 de febrero de 2022, se crearon también las Fuerzas de Internet (*Internet Forces*) de Ucrania con la finalidad de defender a Ucrania en la guerra de la información. "The focus of the Internet Forces is on organizing political pressure campaigns abroad and disseminating Ukrainian war propaganda via social media, including Telegram, VKontakte, Discord, and Reddit" (SOESANTO, *op. cit.*, pp. 4-8 y 23). Las motivaciones para participar en el IT Army son semejantes entre sus miembros: sentían la necesidad de aportar tras ver el impacto devastador que el conflicto está teniendo en la población ucraniana (DELCKER, J. "Inside Ukraine's Cyber Guerrilla Army", *The Guardian*, 24 de marzo de 2022, https://www.theguardian.com/world/2022/mar/15/volunteer-hackers-fight-russia).

El conflicto ruso-ucraniano, incluso antes de su inicio formal[5], ha permitido constatar la existencia de amenazas híbridas, es decir, junto a los ataques convencionales de carácter militar o ataques cinéticos, se han llevado a cabo también ataques cibernéticos como ciberespionaje, campañas de desinformación o presión política y ciberataques contra estructuras críticas ucranianas (centrales nucleares, centrales eléctricas, potabilizadoras y depuradoras de agua, centros de distribución de gas, antenas y torres de comunicaciones o ferrocarriles, entre otros)[6] y, todo ello, no solo con la finalidad de atacar la integridad, la defensa y la seguridad del Estado ucraniano, sino también de desestabilizarlo desde un punto de vista político[7].

---

5 POLITYUK, P. y HOLLAND, S., "Cyberattack hits Ukraine as U.S. warns Russia could be prepping for war", *Reuters*, 14 de enero de 2022, https://www.reuters.com/world/europe/expect-worst- ukraine-hit-by-cyberattack-russia-moves-more-troops-2022-01-14/ y HARDING, L., "It's the right thing to do: the 300.000 volunteer hackers coming together to fight Russi", *The Guardian*, 15 March 2022, https://www.theguardian.com/world/2022/mar/15/volunteer-hackers-fight-russia.

6 Sobre los aspectos cibernéticos de la guerra rusa-ucraniana: SMITH, B., *Defending Ukraine: Early lessons from the Cyber War*, Microsoft, 2022, https://query.prod.cms.rt.microsoft.com/cms/api/am/binary/RE50KOK.

7 El que fuera Jefe del Estado Mayor del Mando Conjunto de Ciberdefensa en España, Enrique CUBEIRO CABELLO, ha definido la guerra híbrida como "el empleo coordinado y sincronizado de todas las capacidades de un Estado -económicas, militares, de información, diplomáticas, etc.- para combatir y erosionar a un oponente sin rebasar jamás el umbral que pueda desencadenar el derecho de respuesta en legítima defensa e, incluso, imposibilitando cualquier tipo de respuesta" ("El ciberespacio en la guerra de Ucrania", Documento de Opinión, *IEEE*, núm. 32/2022, pp. 1-14, p. 3, https://www.ieee.es/Galerias/fichero/docs_opinion/2022/DIEEEO32_2022_ENRCUB_Ucrania.pdf); señala, además, que "el ciberespacio se ha constituido en el elemento fundamental para muchas de las acciones que sustentan la guerra híbrida por las dificultades para detectar, trazar y atribuir los ataques a un actor concreto" ("Expertos recla-

Ahora bien, a pesar de que el conflicto ruso-ucraniano ha sido calificado como la *primera ciberguerra global de la historia*, pues se lleva a cabo en el *ciberespacio*, un nuevo dominio o elemento más que debemos tener en cuenta en los conflictos bélicos; se utilizan armas novedosas, *ciberarmas* (principalmente, virus informáticos); cuenta con nuevas *ciberestrategias* para amplificar los efectos de los ataques (propaganda, difusión de información falsa, campañas de desinformación y provocaciones a través de redes sociales como *Twitter*, *Tik Tok*, *Facebook* o *Instagram*) y tienen lugar diversas ciberamenazas[8], bien de forma aislada bien como

---

man una acción coordinada para combatir las amenazas híbridas en el ciberespacio", *Diario La ley*, 1 de diciembre de 2021). Si bien "the vast majority of malicious cyber activity has taken place far below the threshold of armed conflict between states, and has not risen to the level that would trigger such a conflict" (TALBOT JENSEN, E., "The Tallinn Manual 2.0: highlights and insights", *Georgetown Journal of International Law*, vol. 48, núm. 3, 2017, pp. 735-778, p. 736).

8 Las ciberamenazas pueden ser de tres tipos: a) cibercrímenes o ciberdelitos con objetivos económicos, como extorsiones mediante secuestro de datos -*ransomware*-, pirateo de la información, fallos de seguridad o accesos no autorizados, infecciones con *malware*, ataques de denegación de servicio -DDoS- (calefacción, sistemas bancarios, distribución de ayuda humanitaria, suplantación de identidad, pérdida o robo de archivos, o cualquier otra ciberextorsión) y ciberespionaje; b) ciberterrorismo, "con fines fundamentalmente políticos o político-religiosos"; y c) y, la más importante, la ciberguerra o uso del ciberespacio para aprovechamiento militar. La ciberguerra ha sido definida como el "conflicto entre Estados tecnológicamente avanzados que usa el ciberespacio como escenario principal y se lleva a cabo mediante ciberataques, aisladamente o como parte de una guerra u operaciones armadas convencionales" (GUTIÉRREZ ESPADA, C., *La responsabilidad por el uso de la fuerza en el ciberespacio*, Thomson Reuters Aranzadi, Navarra, 2020, pp. 17-20 y 24). Sobre esta cuestión puede verse también NASCIMENTO HEIM, T. y WESSEL, R. A., "The Various Dimensions of Cyberthreats: (In)consistencies in the Global Regulation of Cybersecurity", *Anales de Derecho*, vol 40, 2023, pp. 40-65, https://revistas.um.es/analesderecho/article/view/546921/337071.

parte de la operación armada convencional[9], lo cierto es que estamos ante una guerra convencional donde el ciberespacio no ha alcanzado la relevancia esperada[10].

---

9 De acuerdo con el Manual de Tallín 2.0, un ciberataque es una operación cibernética, tanto ofensiva como defensiva, de la que puede razonablemente esperarse, que cause lesiones o muerte de personas o daños o destrucción de bienes (SCHMITT, M. N., *Tallinn Manual 2.0 on the International Law applicable to Cyber Operations,* Cambridge University Press, Cambridge, 2017, p. 415, Regla 92).

10 Denominar *primera ciberguerra global* de la historia al conflicto ruso-ucraniano se ha visto superado por una *realidad inesperable* en las guerras de las tres o cuatro últimas décadas y, mientras se esperaba que Rusia *avasallase* a Ucrania desde el ciberespacio, teniendo en cuenta el control de aquélla sobre este nuevo dominio, lo cierto es que estamos ante el conflicto más convencional de las últimas décadas en el que podríamos diferenciar dos fases en lo referente a los ataques rusos perpetrados a través del ciberespacio: una primera fase, que inicia en torno al 13 de enero y prepara las operaciones, centrada en provocar temor y confusión en la población ucraniana; y una segunda fase que inicia con la invasión y se intensifica y sincroniza, ahora sí, con las acciones de otros ámbitos militares. Pero todos ellos ataques "de escasa complejidad técnica y de efectos bastante efímeros" que en nada se parece al "ciberapagón" que había sido pronosticado. "¿No ha querido o no ha podido?" (CUBEIRO CABELLO, E., "El ciberespacio...", *op. cit.,* pp. 4-5 y 11). Sobre las dudas que causa el hecho de utilizar el término *gran* o *primera ciberguerra* en relación con el conflicto ruso-ucraniano, véase: GAVRILA, A., "La gran ciberguerra de Ucrania que no ocurrió", *IEEE,* núm. 99, 2022, pp. 1-14, pp. 8-10; DE ÁLVARO MIZZIAN, M., "El ciberespacio en tiempos de guerra: la IT Army ucraniana", *IEEE,* núm. 24, 2023, pp. 1-15, p. 14, https://www.ieee.es/contenido/noticias/2023/03/DIEEEO24_2023_MARALV_Ciberespacio.html y BOLLERO, D., "Los misiles se imponen a la ciberguerra", *Público,* 4 de marzo de 2022, https://blogs.publico.es/kaostica/2022/03/04/los-misiles-se-imponen-a-la-ciberguerra/).

2. IDENTIFICACIÓN Y CLASIFICACIÓN DE LOS NUEVOS ACTORES EN EL CIBERESPACIO

En esta ciberguerra global, e híbrida, Rusia y Ucrania combaten en el ciberespacio con sus propios ejércitos. Es, de hecho, bastante habitual que las *fuerzas armadas* de un Estado se doten de unidades específicas para hacer frente a ciberamenazas. Sin ir más lejos, en el caso de España, existe el Mando Conjunto del Ciberespacio formado por sus propios soldados (uniformados con su ordenador) pero también por expertos informáticos (*hackers*) contratados por el propio Estado[11]. Son los denominados *ciberejércitos*, una figura que ha ido consolidándose paulatinamente, con capacidad ofensiva y defensiva, conformada por cibercombatientes o cibermilitares también conocidos como ciberguerreros, guerreros virtuales, soldados híbridos o, incluso, soldados invisibles[12].

Los Estados combaten, además, con los denominados ejércitos electrónicos o ejércitos de las tecnologías más conocidos, en inglés, como *IT Army*, conformados por los denominados *hackers* patrióticos.

En el caso de Ucrania, aquel anuncio de *Twitter* dio lugar a la creación del *Ejercito de las Tecnologías de la Información ucrania-*

---

11 GUTIÉRREZ ESPADA, C., *op. cit.*, p. 20. De hecho, cada vez son más frecuentes empresas privadas que, como *FireEye* (muy activa en el conflicto sirio, por ejemplo), ofrecen cursos intensivos de entrenamiento de *cibermilitares* durante tres días para, entre otras cosas, infiltrarse en ordenadores, páginas y cuentas de internet, robar información, crear cuentas falsas en redes sociales desde donde promover la desinformación o, incluso, hacer afirmaciones falsas (https://www.fireeye.com/content/dam/fireeye-www/global/en/services/pdfs/cc-fireeye-training-courses.pdf). Sobre el Mando Conjunto del Ciberespacio veáse https://emad.defensa.gob.es/unidades/mcce/.

12 Términos más conocidos en el idioma inglés: *cyberwarriors, virtual warriors* o *hybrid soldiers*.

no, un ejército electrónico de *hackers* civiles voluntarios, patrióticos y ucranianos de todo el mundo "especialistas en ciberseguridad", animados y estimulados por el anuncio del gobierno ucraniano y, quién sabe si también, *coordinados* por aquél.

> "The IT Army of Ukraine is a unique and smart construct whose organizational set up and operational impact will likely inform the art of cyber and information warfare in future conflicts. On the public side, the IT Army serves as a vessel that allows the Ukrainian government to utilize volunteers from around the world in its persistent DDoS activities against Russian government and company websites. (...) On the non-public side, the IT Army's in-house team likely maintains deep links to -or largely consists of- the Ukrainian defense and intelligence services"[13].

Los objetivos del *IT Army* ucraniano son, primordialmente, objetivos militares rusos, acometidos principalmente mediante ciberataques de denegación de servicios (DDoS); objetivos civiles como, por ejemplo, los ataques perpetrados a una empresa rusa productora de fertilizantes y a otra empresa distribuidora de alcohol en Rusia o las acciones que lleva a cabo el grupo de *hackers* polaco *Squad303,* que envía mensajes a nacionales rusos contrarrestando las noticias falsas acerca de la guerra emitidas por el gobierno ruso; y, por último, objetivos de doble uso, civiles y militares, como la ofensiva al sistema de navegación por satélite ruso GLONASS o los ataques a diversos sistemas bancarios en marzo del pasado año.

Además de las unidades especializadas en ciberespacio de los ejércitos y de los *hackers* patrióticos, es cada vez es más frecuente

---

[13] El *IT Army* ha derrumbado la creencia acerca de que la defensa de Ucrania no podría llevarse a cabo por aquellos ciudadanos o empresas ucranianas que viven en el extranjero. No estamos ante una colección de voluntarios que, de forma aleatoria, se unen para realizar ataques DDoS sin sentido contra infraestructuras o web rusas. Al contrario, parece existir toda una estructura subyacente (SOESANTO, S., *op. cit.*, p. 28).

en los conflictos la intervención de actores no estatales organizados; esto es, grupos externos conformados por los denominados *hacktivistas o sofa hackers*: civiles activistas políticos que llevan a cabo diversos ciberataques en la red, independientes de la estructura militar estatal, con el objetivo de debilitar al atacado o de ayudarle, pero siempre protegiendo la confidencialidad de sus datos (su identidad)[14]. Sin ir más lejos, el 24 de febrero de 2022, el grupo *Anonymous* escribía en un *tweet* que "el colectivo se declaraba oficialmente en ciberguerra contra el Gobierno ruso"[15] y también lo hacían otros grupos como los Partisanos Cibernéticos

---

14 *CyberKnow* ha establecido un listado de los diversos piratas informáticos, grupos e individuos, que han surgido desde la invasión de Rusia a Ucrania. A 3 de marzo de 2023, se contabilizan 117 grupos pro Ucrania, 74 grupos pro Rusia y 10 grupos desconocidos (*Medium*, CyberKonw, https://cyberknow.medium.com/update-21-2022-russia-ukraine-war-cyber-group-tracker-december-19-24c61f3349e3 y "Anonymus: the hacker collective that has declared cyberwar on Russia", *The Guardian*, 27 de febrero de 2022, https://www.theguardian.com/world/2022/feb/27/anonymous-the-hacker-collective-that-has-declared-cyberwar-on-russia).

15 Tras la invasión de Ucrania por Rusia, *Anonymous* anunció el comienzo de la *Operación Rusia* (#OpRussia) que consiste principalmente en atacar, mediante DDoS, y piratear y filtrar datos de empresas privadas rusas, así como de diversas infraestructuras digitales del gobierno ruso. Es importante señalar que cada individuo o grupo que pertenece a *Anonymous* tiene su propia motivación política, de ahí que quizá no se haya establecido una relación de cooperación entre el *IT Army* ucraniano y *Anonymous* (SOESANTO, S., *op. cit.*, pp. 25-27).

Bielorrusos[16]. Sin embargo, no se ha podido demostrar relación alguna entre el *IT Army* ucraniano y estos grupos externos[17].

---

16 Los Partisanos Cibernéticos Bielorrusos surgieron en septiembre de 2020 como respuesta a las protestas y represiones violentas que tuvieron lugar tras las elecciones presidenciales en Bielorrusia, llevando a cabo su primer *hackeo* público contra la página web de la presidencia bielorrusa el 2 de septiembre de 2020. Nueve días después atacaron NEXTA, el mayor canal de Telegram de noticias en ruso que cubre las protestas en Bielorrusia. En relación con Ucrania, el 24 de febrero de 2022, lanzaron un *ransomware* contra los sistemas informáticos de los ferrocarriles bielorrusos con el objetivo de interrumpir así el desplazamiento de equipos y tanques rusos hacia Ucrania (GREENBERG, A., "Why the Belarus railways hack marks a frist for ransomware?", *Wired*, 25 January 2022, https://www.wired.com/story/belarus-railways-ransomware-hack-cyber-partisans/).

17 Al igual que ocurre con *Anonymous*, tampoco los ciberpartisanos bielorrusos han obtenido respuesta alguna del *IT Army* ucraniano tras haber publicado en *Twitter* "estamos dispuestos a apoyar [al Ejército de las TI] con inteligencia, herramientas y operaciones" (Belarusian Cyber Partisans, *Twitter*, 18 March 2022, https://web.archive.org/web/20220608111705/ https://twitter.com/cpartisans/status/1504801050444058624). La reticencia del *IT Army* a hablar con los partisanos podría seguir la misma lógica que con *Anonymous*: desconoce quiénes son exactamente los individuos que forman los partisanos, si el IT Army puede confiar en ellos, cuáles son los motivos políticos subyacentes de los partisanos, dado que forman parte de la alianza de resistencia bielorrusa Suprativ, si una cooperación entre el *IT Army* y los partisanos en el ciberespacio podría considerarse políticamente como una cooperación del gobierno ucraniano con la oposición bielorrusa en el exilio y, por último, cuáles son las opciones del *IT Army* si los partisanos se salen del guión en sus actividades. (...) En general, la configuración híbrida que ha dominado el *IT Army* requiere un sano sentido de la *paranoia* y la necesidad de tomarse muy en serio la seguridad operativa para protegerse de los infiltrados rusos y de las violaciones de la información. Especialmente en tiempos de guerra, discernir entre quién es amigo, enemigo y todo lo demás es una tarea intrínsecamente complicada" (SOESANTO, S., *op. cit.*, p. 27).

Nos encontramos, por lo tanto, ante nuevos actores (ciberactores) y nuevos elementos que pueden actuar en el ciberespacio lo que nos obliga, a su vez, a plantear qué normas jurídicas les resultarán aplicables (*vid. infra* apartado. 3) y cuáles son los nuevos retos de seguridad pues, en general, el avance de las nuevas tecnologías (y su aplicación a la guerra) no ha ido acompañado de una adecuada previsión de protocolos de seguridad en la red ni de una mejora de la protección de los sistemas de comunicaciones de los ejércitos.

3. NATURALEZA Y RÉGIMEN JURÍDICO APLICABLE A LOS NUEVOS CIBERACTORES

La aparición de nuevos actores en el ciberespacio es preocupante no sólo en relación con la responsabilidad política de los Estados ruso y ucraniano (que no se abordará aquí por exceder del objeto de esta publicación[18]), sino también respecto de la

---

[18] El apoyo por parte de los gobiernos a la piratería informática patriótica no es nuevo. Sin embargo, con dicho apoyo, desde la invasión rusa a Ucrania, los Estados (Rusia, pero también Ucrania y sus afines) están violando de forma activa las *Once normas sobre el Comportamiento de los Estados en el ciberespacio* que, si bien ya habían sido propuestas por el Grupo de Expertos Gubernamentales de la ONU (2015), fueron consensuadas y aprobadas el pasado 10 de marzo de 2021 por el *Grupo de Trabajo de composición abierta sobre la evolución en el ámbito de la información y las telecomunicaciones* en el contexto de la seguridad internacional de la Asamblea General de la ONU en su Informe final de fondo (A/AC.290/2021/CRP.2) y, posteriormente, aprobadas por todos los Estados de la Asamblea General de las Naciones Unidas. Entre estas normas encontramos la responsabilidad de promover la cooperación interestatal en materia de estabilidad y seguridad de las tecnologías de la información y la comunicación, impedir el uso de las nuevas tecnologías de la información y la comunicación dentro del propio territorio, excluir las infraestructuras críticas del ámbito de los ataques y garantizar la integridad de la cadena de suministro.

responsabilidad internacional, estatal o individual[19]. Para ello se hace necesario identificar y clasificar estos nuevos ciberactores en el conflicto ruso-ucraniano -los *hackers* patrióticos y los *sofa hackers*- y así poder determinar su naturaleza jurídica (combatientes legítimos o civiles) desde la perspectiva del Derecho Internacional Humanitario (DIH) y aclarar el marco jurídico aplicable[20].

---

19 En relación con la responsabilidad individual, recientemente un grupo de abogados del Centro de Derechos Humanos de la Facultad de Derecho de la Universidad de Berkeley envió una petición formal a la Fiscalía de la Corte Penal Internacional para que "amplíe el alcance de su investigación para incluir el dominio cibernético además de los dominios tradicionales de la guerra, terrestre, aéreo, marítimo y espacial, dada la historia de la Federación Rusa de actividades cibernéticas hostiles en Ucrania", para que junto a (y no en sustitución de) la investigación por los crímenes de guerra también abriera el primer caso de crimen de ciberguerra contra *Sandworm*, la Unidad Militar 74455 de la Dirección General de Inteligencia, conocida como GRU, del Estado Mayor General de las Fuerzas Armadas de la Federación Rusa, que atacó empresas eléctricas ucranianas con graves efectos para los ciudadanos. El objetivo, buscar justicia para las víctimas de estos ataques y disuadir posibles ataques futuros, si bien los obstáculos son varios (convencer al tribunal de que los ataques ocurrieron en un contexto bélico, que la red eléctrica no era un objetivo militar o que se trató de ataques desproporcionados a civiles, entre otros). Se trata de comparar el nuevo dominio (el ciberespacio) con otro tipo de guerra (la aérea o la submarina) que en su origen también fueron novedosas, aplicarles los conceptos ya existentes como la proporcionalidad o la distinción ("The case for war crimes charges against Russia's Sandwork hackers", *Wired*, May 12, 2022, https://www.wired.com/story/cyber-war-crimes-sandworm-russia-ukraine/).

20 La regulación nacional por los Estados del ciberespacio es ineficiente si tenemos en cuenta la globalidad y la falta de fronteras del mismo; este fracaso en la garantía de la ciberseguridad estatal supone una menor ciberseguridad global de todos los Estados. El objetivo es garantizar la ciberseguridad dentro de cada uno de los Estados para contribuir así a la ciberseguridad extraterritorial y, por ende,

De forma general, la diferencia entre combatientes legítimos y civiles tiene su origen en el principio de distinción que establece la obligación de las partes, en y durante un conflicto armado, de distinguir entre combatientes legítimos y civiles[21]. Es importante señalar que

---

a la estabilidad del orden internacional, pues la protección de la ciberseguridad se ha convertido en un asunto de interés común para todos los Estados, con independencia de sus fronteras; y el Derecho internacional, y sus diversos ámbitos, son el marco normativo dónde garantizar dicha protección. A mayor aplicación del Derecho internacional en el ciberespacio, mayor ciberseguridad. Se apuesta así por el Derecho internacional, la cooperación internacional y el reconocimiento de obligaciones extraterritoriales estatales en la protección de Internet (KETTERMANN, M. C. and TIEDEKE, A. S., "Cybersecurity and extraterritorial obligations of states", GIBNEY, M., TÜRKELLI, G. E. (eds.), KRAJEWSKI, M. and VANDENHOLE, W., *The Routledge Handbook on Extraterritorial Human Rights Obligations*, Routledge, London and New York, pp. 404-417, pp. 404-405). En cuanto a la ciberseguridad entendida como "un bien común de la humanidad", véanse los informes del Grupo de Expertos Gubernamentales de la ONU de 2013 y de 2015. La necesidad de la aplicación del DIH a las operaciones cibernéticas durante los conflictos armados ha sido también manifestada por la CICR, que insta a los expertos gubernamentales a debatir sobre la aplicación del DIH para considerar así su adecuación y suficiencia (cuándo y cómo se debe aplicar) ("International Humanitarian Law and Cyber Operations during Armed Conflicts", *ICRC*, November 2019, pp. 1-9, pp. 4 y ss. (https://www.icrc.org/en/document/international-humanitarian-law-limits-cyber-operations), preocupados por el creciente uso que de estas ciberoperaciones se viene realizando en los conflictos armados y el coste civil que pueden suponer, apoyando así las conclusiones del Grupo de Trabajo de Composición Abierta (OEWG) establecido por la Asamblea General de la ONU en 2019 ("International Humanitarian Law imposes essential limits on the conducto f cyber operaations", *CICR*, 1 April 2022, https://www.icrc.org/en/document/international-humanitarian-law-limits-cyber-operations).

21 El principio de distinción es un principio de DIH de naturaleza consuetudinaria recogido en los arts. 48, 51.2, y 52.2 del *Protocolo Adicional*

"Entre combatientes y población civil no hay categorías intermedias, y reconocer su existencia traería consigo una debilitación grave del principio de distinción. Sin embargo, entre las tareas que desempeña el personal civil al servicio de la organización militar se encuentran algunas que pueden suponer *de facto* una participación directa en las hostilidades, o al menos provocar situaciones ambiguas de difícil calificación, como (...) la del experto informático civil que forma parte esencial de la guerra cibernética"[22].

Así, nos encontramos, por un lado, a los combatientes legítimos, también llamados combatientes regulares[23]. Éstos deben cumplir, de forma colectiva, con la observancia de las leyes y cos-

I a los Convenios de Ginebra de 1949 relativo a la protección de las víctimas de los conflictos armados internacionales de 1977 (Protocolo Adicional I).

22 DOMÉNECH OMEDAS, J. L., "Los sujetos combatientes", RODRÍGUEZ VILLASANTE Y PRIETO, J. L. y LÓPEZ SÁNCHEZ, J. (eds), *Derecho Internacional Humanitario*, 3ª ed., Tirant lo blanch, Valencia, 2017, pp. 175-204, p. 182.

23 Son combatientes "los miembros de las fuerzas armadas de una parte en el conflicto" (art. 43.1 Protocolo Adicional I) componiéndose éstas de "todas las fuerzas, grupos y unidades armados y organizados, colocados bajo un mando responsable de la conducta de sus subordinados ante esa Parte, aun cuando ésta esté representada por un gobierno o por una autoridad no reconocidos por una Parte adversa. Tales fuerzas armadas deberán estar sometidas a un régimen de disciplina interna que haga cumplir, 'inter alia', las normas de derecho internacional aplicables en los conflictos armados" (art. 43.1 Protocolo Adicional I); esto es, combatientes regulares, combatientes irregulares y combatientes circunstanciales o *levée en masse* (art. 4.A, apdos. 1, 2 y 3 del *III Convenio de Ginebra relativo al trato debido a los prisioneros de guerra* de 1949, respectivamente -III Convenio de Ginebra-). Han sido denominados también combatientes privilegiados: el "privilegio del combatiente es, en esencia, una licencia para matar o herir combatientes enemigos y destruir otros objetivos militares del enemigo" (Comisión Interamericana de Derechos Humanos, Informe sobre Terrorismo y Derechos Humanos (OEA/Ser.L/V//II.116 Doc.5 rev.1 corr., 22 de octubre de 2002, párr. 68).

tumbres de la guerra y la existencia de un mando responsable; y, de forma individual, con la falta de semejanza con la población civil no solo por el atuendo (signo distintivo que puede ser reconocido a distancia) sino también por el hecho de llevar las armas de manera franca y ostensible. Los combatientes legítimos tienen derecho a participar en las hostilidades y se les presume el estatuto de combatiente de forma que, en caso de captura, tendrán derecho al estatuto de prisionero de guerra, y no podrán ser castigados a causa de los resultados lesivos que ocasionen en las personas o en las cosas, pudiendo ser enjuiciados únicamente por violaciones del DIH, en particular, por crímenes de guerra, estando prohibido atacarlos cuando se encuentren fuera de combate[24].

Por otro lado, debemos hacer referencia a los civiles, una categoría residual que el artículo 50.1 del Protocolo Adicional I define como aquellas personas que no son miembros de las fuerzas armadas de una parte en el conflicto, ni de grupos pertenecientes a una parte en el conflicto y que tampoco son integrantes de los considerados combatientes circunstanciales (*levée en masse, vid. infra* apartado 3.2). Los civiles no puede ser objeto de ataque (art. 51.2 del Protocolo Adicional I), excepto que participen directamente en el conflicto y así lo señala también el Manual de Tallín 2.0: "Civilians are not prohibited from directly participating in cyber operations amounting to hostilities, but forfeit their protection from attacks for such time as thy so participate" (Regla 91)[25].

---

24 José Luís DOMÉNECH señala que los combatientes deben cumplir con el Derecho de los conflictos armados, absteniéndose de la utilización de medios y métodos de guerra prohibidos, debiendo tratar de forma adecuada a los heridos, enfermos, náufragos y a los prisioneros de guerra. Igualmente, deben respetar y proteger a la población civil, de la que deben distinguirse y a los bienes civiles, incluidos los bienes culturales, considerados patrimonio cultural y espiritual de los pueblos ("Los sujetos combatientes", *op. cit.*, pp. 183-185).

25 SCHMITT, M. N., *op. cit.*, p. 413.

Esclarecidas ambas categorías, a continuación, pasamos a analizar los diversos ciberactores que pueden intervenir en un conflicto.

3.1. Militares y cibermilitares

Las fuerzas armadas regulares de un Estado están integradas por militares y por los denominados *cyber* o *virtual warriors* (cibermilitares), militares de las unidades de ciberdefensa que, de forma oficial, forman parte de las mismas, pero también por aquellos que han sido contratados por el propio Estado, los denominados *contratistas*[26]. Los militares y cibermilitares,

---

[26] Los contratistas son combatientes, instructores, asesores o personal de apoyo operacional y logístico que, contratados por los gobiernos a través de empresas militares y de seguridad privada, "pueden realizar funciones intrínsecamente gubernamentales", como el legítimo uso de la fuerza, siempre y cuando cumplan con las normas de DIH ("la protección de no combatientes, los derechos de los prisiones de guerra y los tipos de armas considerados legítimos"), que se convierten en una *herramienta de control* sobre las empresas militares y de seguridad privada, sin que pueda ya ponerse en duda que los militares privados contratados por el Estado están sujetos al DIH y responden por los crímenes internacionales que hayan cometido. En este sentido, el Comité Internacional de la Cruz Roja (CICR) ha señalado la inexistencia de lagunas en el Derecho, no porque existan normas dirigidas a dichas empresas sino porque su personal y las actividades que realizan sí quedan bajo el paraguas del DIH (LABORIE IGLESIAS, M., "Empresas militares y de seguridad privadas", VILLASANTE Y PRIETO, J. L. y LÓPEZ SÁNCHEZ, J. (coords.), *Derecho Internacional Humanitario*, 3ª ed., Tirant lo Blanch, Valencia, 2017, pp. 205-219, p. 207). Debemos distinguirlos de los mercenarios, categorías de combatientes ilícitos y, por lo tanto, sin derecho a estatuto de combatiente: "Se entiende por mercenario toda persona: "a) que haya sido especialmente reclutada, localmente o en el extranjero, a fin de combatir en un conflicto armado; b) que, de hecho, tome parte directa en las hostilidades; c) que tome parte en las hostilidades animada esencialmente por el deseo de obtener un provecho personal y

de acuerdo con el art. 4.A.1 del III Convenio de Ginebra, son considerados combatientes y cibercombatientes regulares o legítimos y, por lo tanto, gozan del derecho al estatuto correspondiente. En cuando a los contratistas, sólo podrán ser considerados combatientes si hubieran sido contratados de forma directa por el Ministerio de Defensa de uno de los Estados parte en el conflicto armado, bien a través de un procedimiento formal reglado por una ley nacional, bien *de facto* porque se encuentren éstos desarrollando una "función de combate continua"[27]. En todo caso, ambas categorías (oficiales y contratados) deberán cumplir con los requisitos para mantener la condición de combatientes[28].

---

a la que se haga efectivamente la promesa, por una Parte en conflicto o en nombre de ella, de una retribución material considerablemente superior a la prometida o abonada a los combatientes de grado y funciones similares a las fuerzas armadas de esa Parte; d) que no sea nacional de una Parte en conflicto ni residente en un territorio controlado por una Parte en conflicto; e) que no sea miembro de las fuerzas armadas de una Parte en conflicto; y f) que no haya sido enviada en misión oficial como miembro de sus fuerzas armadas por un Estado que no es Parte en conflicto" (art. 47.2 Protocolo I de 1977).

27 Tienen derecho al estatuto de prisionero de guerra en el caso de ser capturados, de acuerdo con el art. 4.4 del III Convenio de Ginebra que contempla como excepción al principio de que solo los combatientes tienen derecho al estatuto de guerra la circunstancia de "las personas que acompañan a la fuerza sin ser realmente miembros de las mismas (…) a condición de que hayan recibido autorización de las fuerzas armadas a las cuales acompañan, teniendo éstas la obligación de proporcionarles, con tal finalidad, una tarjeta de identidad similar al modelo adjunto" (LABORIE IGLESIAS, M., "Empresas militares y de seguridad privadas", *op. cit.*, pp. 210-212).

28 Los requisitos para obtener el estatuto de combatiente, que se presumen cuando estamos ante fuerzas armadas regulares pero se exigen en el resto de casos, son de dos tipos. Por un lado, requisitos colectivos ("los que se predican de la fuerza combatiente"): la existencia de un mando responsable y la observancia de las leyes y costumbres

En el caso de los cibercombatientes de las fuerzas armadas, cuando en el curso de una operación cibernética en un conflicto armado internacional no cumplan con los requisitos del estatuto de combatiente, también perderán su derecho a la inmunidad de combatiente y al estatuto de prisionero de guerra, pudiendo ser procesados por dichas acciones (Regla 87 del Manual de Tallín 2.0)[29].

Sin embargo, la duda que se plantea es cómo afecta el hecho de ser un cibercombatiente al cumplimiento de los requisitos para la obtención del estatuto de combatiente. En cuanto a los requisitos colectivos, no presentan éstos mayor problema, pues los cibercombatientes deberán llevar a cabo sus ciberacciones siempre de conformidad con el Derecho de los conflictos armados[30] y, además, integrados en las fuerzas armadas, lo harán bajo la existencia de un mando responsable, sin que el hecho de operar en el ciberespacio suponga diferencia alguna en este sentido. Sin embargo, no ocurre igual en relación con el requisito individual relativo a la falta de semejanza con la población civil, donde los cibercombatientes deberán distinguirse de la población con el uso del uniforme, y "no hay motivos para apartarse

---

de guerra; y, por otro lado, requisitos individuales, dirigidos a distinguirse de la población civil: el uso del atuendo (un signo distintivo fijo que les permita reconocerse a distancia -normalmente, el uniforme-) y llevar las armas de manera franca y ostensible (arts. 43 y 44 Protocolo Adicional I).

29 La inmunidad de los combatientes es un principio de Derecho internacional consuetudinario reconocido en el art. 43.2 del Protocolo Adicional I y así lo señalaron también los miembros del Grupo de Tallín en sus comentarios a la Regla 87 del Manual de Tallín 2.0 (SCHMITT, M. N., *op. cit.*, pp. 402-408).

30 Por ejemplo, un combatiente que lleve a cabo operaciones cibernéticas que violen el Derecho penal nacional no podrá ser procesado por dichas acciones siempre que se lleven a cabo de conformidad con el derecho de los conflictos armados (SCHMITT, M. N., *op. cit.*, p. 402).

de este requisito general para quienes participan en operaciones cibernéticas (…) independientemente de circunstancias como la distancia de la zona de operaciones o la separación clara de la población civil"[31] y llevar las armas abiertamente, pero si los ordenadores y programas informáticos son considerados armas, este requisito "tiene poca aplicación en el contexto cibernético"[32].

---

31 Sin embargo, mientras que algunos miembros del Grupo de Tallín señalaron que el Derecho internacional consuetudinario de los conflictos armados en relación con la inmunidad de los combatientes y el estatuto de prisionero no ofrece excepciones a esta norma, otros señalaron que existen dos excepciones. La primera, que el requisito sólo se aplica en circunstancias en las que el hecho de no llevar un signo distintivo fijo puede provocar razonablemente que un atacante sea incapaz de distinguir entre civiles y combatientes, exponiendo así a los civiles a un mayor riesgo de ser atacados por error. Por ejemplo, una situación en la que un equipo de las Fuerzas Especiales recibe el encargo de identificar y atacar una instalación militar de control cibernético situada en un grupo de instalaciones civiles similares. El hecho de que el personal militar de la instalación no lleve uniforme haría más difícil para el equipo de las Fuerzas Especiales distinguir las instalaciones militares de las civiles, aumentando así el riesgo de que las instalaciones civiles sean erróneamente objeto de ataque. La segunda, si los cibercombatientes se encuentran dentro de un objetivo militar obligado a llevar el distintivo, por ej. una aeronave militar con una marca externa que indique la nacionalidad y el estatus militar (SCHMITT, M. N., *op. cit.*, p. 405). En este sentido, *El CICR ha propuesto un emblema digital de cruz roja/media luna roja para indicar protección en el ciberespacio* bien mediante un sistema de nombres de dominio, bien mediante un emblema basado en una dirección IP o bien mediante un emblema de autenticación digital (Comité Internacional de la Cruz Roja, 2 de noviembre de 2022, https://www.icrc.org/es/document/el-cicr-propone-un-emblema-digital-de-la-cruz-rojamedia-luna-roja-para-indicar-proteccion).

32 SCHMITT, M. N., *op. cit.*, p. 406.

3.2 Hackers patrióticos

Junto a las fuerzas armadas de las partes en el conflicto, en la actual guerra híbrida ruso-ucraniana hemos visto surgir los ejércitos electrónicos o *IT Army* conformados por los denominados *hackers* patrióticos: una nueva categoría de ciberactores pro Ucrania que han sido autores de diversos ciberataques. Ante la necesidad de establecer la responsabilidad de los *hackers* patrióticos por los ciberataques cometidos se hace necesario aclarar su naturaleza jurídica, que plantea no pocas dudas: ¿combatientes regulares, irregulares, circunstanciales?, ¿civiles, quizá?

En primer lugar, debemos preguntarnos si los *hackers* patrióticos pueden ser considerados combatientes regulares en el sentido del art. 4.A.1 del III Convenio de Ginebra de 1949 (cibercombatientes legítimos con derecho a estatuto): "miembros de las fuerzas armadas de una Parte en conflicto, así como los miembros de las milicias y de los cuerpos de voluntarios que formen parte de estas fuerzas armadas". Como ya se ha señalado, para pertenecer a las fuerzas armadas de una parte en el conflicto se requiere una relación formal o, al menos, una pertenencia *de facto* entre el grupo organizado y la parte en el conflicto, sin que sea necesario que dicha relación haya sido declarada expresamente. Sin embargo, no se da dicha pertenencia, ni siquiera *de facto,* entre los *hackers* patrióticos y el Estado ucraniano, estableciendo aquéllos sus propios objetivos de forma independiente y unilateral[33]. Pero es que, además, tampoco puede considera-

---

[33] De hecho, el propio *IT Army* explicó en un post de *Telegram* el 4 de abril: "hay bastantes canales que realizan ataques DDoS contra servicios hostiles con nosotros. Cada comunidad tiene una base de datos de tutoriales, así como un número suficiente de participantes implicados. Es importante entender que cada comunidad es independiente y elige objetivos prioritarios para sí misma. Pero todos nos comunicamos entre nosotros y muy a menudo nos apoyan en los ataques a nuestros objetivos. Queremos agradecer a nuestros suscriptores y

se que los *hackers* patrióticos sean un *grupo organizado*, pues no existe una persona responsable de los subordinados ni existe un sistema disciplinario interno que obligue a cumplir con el Derecho de los conflictos armados; sería más bien una suerte de unión o asociación únicamente virtual sin orden o jerarquía interna que permitirá calificar a sus miembros como combatientes regulares o pertenecientes a las fuerzas armadas ucranianas[34].

En segundo lugar, debemos plantearnos si los *hackers* patrióticos pueden ser considerados combatientes irregulares, categoría recogida en el art. 4.A.2 del III Convenio de Ginebra (1949) que los define como "los miembros de otras milicias y los miembros de otros cuerpos de voluntarios, incluidos los de los movimientos organizados de resistencia, que pertenezcan a una Parte en conflicto". En tal caso, se estaría ante cibercombatientes legítimos que, por tanto, tendrían derecho al estatuto de prisionero, así como a la inmunidad de combatiente.

---

a las siguientes comunidades su posición activa y su ayuda en la lucha contra el enemigo en el ciberespacio" (IT Army of Ukraine, *Telegram channel*, 4 April 2022, https://t.me/itarmyofukraine2022/265 o https://archive.ph/ANHcd). Algunas de esas comunidades, a las que hemos clasificado como grupos externos (*Ukrainian Reaper, KiberBull, Cyber Palyanitsa, Studentcybergroup, DDoS Attack Cyber Cossacks, Anonymous-Ukraine, DDoS joint group* y *UA Cyber Shield*, entre otros), y que trataremos más adelante, pueden llegar a trabajar conjuntamente con el *IT Army* ucraniano, como ocurrió con *UA Cyber Shield* o *DisBalancer*. Es interesante destacar cómo estas comunidades, junto a la capacidad ofensiva, también cuentan con capacidad defensiva, por ejemplo, participan en sistemas de recompensas sobre detección de vulnerabilidades críticas, incluidas filtraciones de datos, en sitios web del gobierno y en infraestructuras ucranianas ofrecidos por empresas ucranianas que operan desde Estados miembros de la UE o la OTAN (SOESANTO, S., *op. cit.*, pp. 8-22). De una opinión contraria es María DE ÁLVARO al afirmar que el *IT Army* pertenece a los "grupos y personas respaldados por entes estatales" (*op. cit.*, p. 5).

34 SCHMITT, M. N., *op. cit.*, p. 404.

Al igual que hemos hecho en relación con los combatientes regulares, debemos ahora analizar si estas fuerzas irregulares o grupos armados organizados asimilables a las fuerzas armadas pertenecen a una parte del conflicto para poder calificarlos como combatientes irregulares o ilegítimos. El requisito de pertenecer a una parte en el conflicto, como hemos visto, requiere al menos una relación *de facto* entre el grupo organizado y la parte en el conflicto. Esta relación puede ser objeto de una declaración formal, pero también puede manifestarse mediante un acuerdo tácito o un comportamiento decisivo que deje claro para qué parte combate el grupo[35]. Así, según señala el artículo 8 del Proyecto de artículos sobre responsabilidad del Estado de la Comisión de Derecho Internacional "se considerará hecho del Estado según el Derecho internacional el comportamiento de una persona o de un grupo de personas si esa persona o ese grupo actúa por instrucciones o bajo la dirección o el control de ese Estado al observar ese comportamiento"[36]. El grado de control exigido para que un Estado sea responsable de la conducta de un grupo armado organizado fue establecido por la Corte Internacional de Justicia en el asunto *de las actividades militares y paramilitares en Nicaragua y contra Nicaragua* señalando la Corte que se requería que el Estado tuviera un *control efectivo* sobre los actos del grupo[37]. El control efectivo incluye tanto la capacidad de hacer

---

35 PICTET (ed.), *Commentary on the Third Geneva Convention Relative to the Treatment of Prisoners of War*, CICR, Ginebra, 1970, p. 57.

36 *Proyecto de artículos sobre responsabilidad del Estado por hechos internacionalmente ilícitos*, adoptado por la CDI en 2001. Resolución 56/83 de la Asamblea General, de 12 de diciembre de 2001, Doc. A/RES/56/83.

37 Asunto *de las actividades militares y paramilitares en Nicaragua y contra Nicaragua* (Nicaragua v. EEUU), CIJ, Sentencia de 27 de junio de 1986, CIJ *Recueil* 1986, párrs. 109-115. Así, la participación preponderante o decisiva de un Estado en la "financiación, organización, adiestramiento, suministro y equipamiento [...], la selección de sus objetivos militares o paramilitares y la planificación de la totalidad

que se produzcan las actividades constitutivas de la operación, como la capacidad de ordenar el cese de las que estén en curso[38]. En este sentido, un Estado puede recurrir a un grupo de particulares para realizar operaciones cibernéticas durante un conflicto armado porque el grupo posee una capacidad o unos conocimientos que los órganos del Estado no tienen, como quizá pudiera ocurrir con el *Ejército de las Tecnologías de la Información* ucraniano. Sin embargo, lo que suscita más dudas es si los *hackers* patrióticos que componen el citado Ejército de las Tecnologías cumplen con el requisito de grupo "organizado" para poder hablar de control por parte del Estado, pues el Grupo de Tallín ya ha señalado que al ser una organización informal "virtual" (organizada en línea), cuyos miembros operan colectivamente pero sin organización alguna (no hay cooperación entre sí sino autonomía), teniendo dificultades para establecer que actúan bajo un único mando responsable, no puede constituir un grupo armado organizado[39]. Asimismo, tampoco parece que sea un grupo sujeto a un sistema interno disciplinario que pueda imponer que se cumpla el DIH, con lo que resulta cuestionable que los *hackers* patrióticos puedan clasificarse como combatientes regulares.

En tercer lugar, nos quedaría por considerar la posibilidad de clasificar a los *hackers* patrióticos como combatientes circunstanciales o *levée en masse* recogidos en el artículo 4.A.3 del

---

de sus operaciones" se ha considerado insuficiente para alcanzar el umbral de "control efectivo" (párr. 115).

38 SCHMITT, M. N., *op. cit.*, p. 96. "En la práctica, para que un grupo armado organizado pueda considerarse que pertenece a una de las partes en conflicto, es necesario que lleve a cabo sus acciones "en nombre y con el acuerdo de esa parte" (*Guía para interpretar la noción de partición directa en las hostilidades según el Derecho Internacional Humanitario*, CICR, 2010, p. 23, https://www.icrc.org/es/doc/assets/files/other/icrc_003_0990.pdf).

39 SCHMITT, M. N., *op. cit.*, p. 390.

III Convenio de Ginebra (1949) que los define como "la población de un territorio no ocupado [no un individuo o pequeño grupo] que, al acercarse el enemigo, se levanta en masa (*levée en masse*) tomando espontáneamente las armas para combatir a las tropas invasoras sin haber tenido tiempo para constituirse en fuerzas armadas regulares, siempre que lleve francamente las armas y respete las leyes y costumbres de la guerra". Ambos requisitos, "*la desorganización y espontaneidad* en la oposición armada a un enemigo que invade el territorio propio" por parte de "la población de un territorio no ocupado", parecerían ser aplicables al *IT Army* ucraniano[40], de acuerdo con la Regla 88 del Manual de Tallín[41].

Incluso en sus comentarios a la Regla 88, el Grupo de Tallín señala que la noción de *levée en masse* podría ser aplicable a las poblaciones que actúan en respuesta a una orden de su gobierno dada por vía inalámbrica, tal y como ocurrió con el anuncio del viceprimer ministro ucraniano. Sin embargo, añaden, en el contexto cibernético, la aplicación del concepto de combatiente circunstancial o *levée en masse* es algo problemática. Consideremos el caso en el que los miembros de la población comienzan a organizar espontáneamente operaciones cibernéticas en respuesta a una invasión de su país. Si las operaciones implican a una gran parte de la población y se dirigen a la fuerza invasora, podría decirse que los implicados son miem-

---

40 Ahora bien, tan pronto como se lleven a cabo las movilizaciones pertinentes y se organice la resistencia, esta figura desaparece para dar paso a otras figuras, incluida la del combatiente guerrillero, si permanece en parte del territorio nacional en régimen de ocupación" (DOMÉNECH OMEDAS, J. L., "Los sujetos combatientes", *op. cit.*, pp. 191-192).

41 Regla 88: "En un conflicto armado internacional, los habitantes de un territorio no ocupado que participen en operaciones cibernéticas como parte de una *levée en masse* gozan de inmunidad de combatiente y del estatuto de prisionero de guerra" (SCHMITT, M. N., *op. cit.*, p. 408).

bros de una *levée en masse.* Sin embargo, lo cierto es que los medios y la experiencia necesarios para participar eficazmente en operaciones cibernéticas pueden ser relativamente limitados en la población. Por lo tanto, no está claro si una *levée en masse* puede estar compuesta únicamente por una parte significativa de los miembros con capacidad cibernética de la población. Además, históricamente una *levée en masse* se entendía como un levantamiento general de la población para repeler una invasión de una fuerza que se aproximaba de forma que, dado que no contemplaba operaciones militares en profundidad en el territorio enemigo, es cuestionable que los individuos que lanzan operaciones cibernéticas contra objetivos militares enemigos distintos de las fuerzas invasoras puedan ser considerados miembros de una *levée en masse.* Así, el Grupo de expertos que elaboraron el Manual de Tallín estuvo dividido en cuanto a si los privilegios asociados al concepto de *levée en masse* (se consideran combatientes con derecho a estatuto de prisionero de guerra e inmunidad) se aplican a una población civil que contrarresta un ciberataque masivo (cuyos efectos son comparables a los de una invasión física por parte de fuerzas enemigas), apostando la mayoría de miembros por la consideración de los *hackers patrióticos* como civiles[42].

Respecto de los civiles, como ya se ha señalado, no está prohibido que éstos participen de forma directa en las ciberoperaciones, pero su estatuto cambiaría ("No se prohíbe a los civiles participar directamente en operaciones cibernéticas equivalentes a hostilidades, pero pierden su protección contra ataques mientras participen en ellas", Regla 91 del Manual de Tallín 2.0). De hecho, el Grupo de Tallín señaló que éstos mantienen su condición de civiles aunque participen directamente en el conflicto poniendo como ejemplo, precisamente, un conflicto armado internacional en el que *hackers* patrióticos civiles

---

42 SCHMITT, M. N., *op. cit.*, pp. 408-409.

emprendieran de forma independiente operaciones cibernéticas ofensivas contra las fuerzas del enemigo. Los civiles que participan directamente en un conflicto, esto es, que se *transforman* en fuerzas combatientes[43], pueden ser legítimamente atacados y, a menos que se les califique como participantes en una *levée en masse* (ya hemos visto la dificultad de que así sea en el caso de los *hackers* patrióticos ucranianos), éstos carecen de estatuto de combatiente y, por lo tanto, de inmunidad de combatiente por sus acciones[44].

Pero, ¿qué se entiende por participación directa en el conflicto? El Comité Internacional de la Cruz Roja ha señalado que son ejemplos de participación directa en el conflicto coger un arma y dispararla, entregar munición en el frente de un conflicto y levantar barricadas. Y añade el Comité que, si la dimensión donde se produce el conflicto es el ciberespacio, podría considerarse *participación directa* la interferencia electrónica en las redes informáticas militares; esto es, un *hacker* que lleva a cabo operaciones cibernéticas conta Rusia que afecten a sus operaciones militares y diplomáticas, bien como parte de un ciberejército bien como parte de un grupo externo, podrá ser considerado un civil participando de forma directa en las hostilidades[45].

---

43 DOMÉNECH OMEDAS, J. L., "Los sujetos combatientes", *op. cit.,* p. 181.

44 Es interesante también destacar cómo una minoría del Grupo adoptó la postura de que estos individuos no se califican ni como combatientes ni como civiles, y por lo tanto no se benefician de las protecciones de las Convenciones de Ginebra III o IV, respectivamente (SCHMITT, M. N., *op. cit.,* pp. 413-414).

45 De la misma opinión, DOMÉNECH OMEDAS, J. L., al señalar que también un "experto informático civil que forma parte esencial de la guerra cibernética" puede considerarse una participación directa *de facto* en las hostilidades ("Los sujetos combatientes", *op. cit.,* p. 182).

3.3 Hacktivistas o sofa hackers

Por último, quedaría determinar la naturaleza jurídica de los *hacktivistas* o *sofa hackers*, esto es, los actores no estatales organizados como *Anonymous* o los Partisanos Cibernéticos Bielorrusos.

A nuestro entender, estos grupos deberían considerarse también civiles pues, si llevamos a cabo el mismo análisis que hemos realizado en el apartado anterior en relación con los *hackers* patrióticos, los *hacktivistas o sofa hackers* no pueden ser considerados miembros de la fuerzas armadas de una Parte en el conflicto (combatientes regulares del art. 4.A.1 III Convenio de Ginebra); no pueden formar parte de movimientos organizados de resistencia, que pertenece a una parte del conflicto (combatientes irregulares del art. 4.A.2 III Convenio de Ginebra); y tampoco pueden ser considerados parte de la población que se levanta contra un futuro invasor (combatientes circunstanciales o *levée en masse* del art. 4.A.3 III Convenio de Ginebra).

Estaríamos, de nuevo, ante civiles que participan directamente en las hostilidades y a los que sería aplicable todo lo señalado en el anterior apartado. Ahora bien, la transposición al ciberespacio de estas categorías no está exenta de dificultades en su interpretación, siendo aún una cuestión clave aún no resuelta[46].

4. CONCLUSIONES

En primer lugar, el conflicto ruso-ucraniano no ha sido finalmente el esperado *primer ciberconflicto global*, pero su uso del ciberespacio sí ha puesto de manifiesto una vez más la dificul-

---

46 MAČÁK, K., "Unblurring the lines: military cyber operations and international law", *Journal of Cyber Policy*, vol. 6, núm. 3, pp. 411-428, p. 421, https://www.tandfonline.com/doi/epdf/10.1080/23738871.2021.2014919?needAccess=true&role=button.

tad que encuentran las normas básicas de DIH al aplicarse al ciberespacio y, en particular, a los nuevos ciberactores: los denominados cibercombatientes de las Fuerzas Armadas ucranianas, los *hackers* patrióticos que conforman el *Ejército de las Tecnologías de la Información* ucraniano y los *hacktivistas* o *sofa hackers.*

En segundo lugar, si en el marco de una ciberamenaza se lograra identificar a los ciberactores, a excepción de los cibercombatientes que sí son considerados miembros de las fuerzas armadas, tanto los *hackers* patrióticos como los *hacktivistas* o *sofa hacker* deberán ser considerados civiles de acuerdo con el DIH y en aras a establecer su responsabilidad internacional. No obstante, el DIH y, en particular, el estatuto de combatiente es una de las cuestiones que más dudas está generando en la actualidad en relación con los nuevos ciberactores y el Comité Internacional de la Cruz Roja ha pedido a los Estados recientemente que trabajen en ello.

Por último, recordemos que, en todo caso, estamos ante una realidad bélica que, debido al continuo avance de la tecnología en el ciberespacio, evoluciona cada día, a lo que se une la inexistencia (aún) de normas claras de Derecho internacional aplicables al ciberespacio. Es una tarea inexcusable de los Estados seguir trabajando en ello y asegurar así un comportamiento responsable en el ciberespacio.

Resumen: La guerra rusa-ucraniana ha sido considerada la primera ciberguerra global de la historia donde diversos ataques, tanto cinéticos como cibernéticos, se van sucediendo en el nuevo dominio estatal, el ciberespacio, con el objetivo de atacar la integridad, la defensa y la seguridad de ambos Estados, pero también de desestabilizarlos desde un punto de vista político. Así, junto a las fuerzas armadas estatales, han surgido nuevos y diversos actores que, con diversas denominaciones (cibercombatientes, *hackers* o *hackers* patrióticos o *sofa hackers*), participan del conflicto mediante ciberataques varios como el ciberespionaje, las campañas de desinformación o presión política y los ciberataques a estructuras críticas como bancos o centrales nucleares, eléctricas o centros de distribución de gas, entre otros, que ponen de manifiesto la necesidad de determinar la naturaleza de estos nuevos actores, de acuerdo con el Derecho Internacional Humanitario, para poder determinar así las posibles responsabilidades, estatales o individuales, que puedan derivarse de sus actuaciones de acuerdo con el Derecho Internacional.

Palabras clave: Rusia-Ucrania, ciberespacio, ciberguerra, ciberejército, *hacker*, civil.

Abstract: The Russian-Ukrainian war has been considered the first global cyberwar in history, in which both kinetic and cyberattacks are taking place in the new state domain, cyberspace, with the aim of attacking the integrity, defense and security of both states, but also of destabilizing them from a political point of view. Thus, alongside the state armed forces, new and diverse actors have emerged who, under various names (cyber combatants, hackers or patriotic hackers or sofa hackers), participate in the conflict through various cyberattacks such as cyber espionage, disinformation or political pressure campaigns and cyberattacks on critical structures such as banks or nuclear power plants, These attacks highlight the need to determine the nature of these new actors, in accordance with International Humanitarian Law, in order to determine the possible responsibilities, whether state or individual, that may derive from their actions in accordance with International Law.

Keywords: Russia-Ukraine, cyberspace, cyber war, cyber army, hacker, civilian.

La Corte Penal Internacional frente a los crímenes cometidos en Ucrania: una acción legítima y cooperativa

CARMEN QUESADA ALCALÁ

INTRODUCCIÓN

La agresión de la Federación Rusa a Ucrania ha conmocionado a la Comunidad Internacional, al tiempo que ha permitido una reacción institucional sin precedentes. La Corte Penal Internacional (CPI) no podía permanecer ajena a dicha reacción en el ejercicio de su competencia sobre los crímenes más graves de trascendencia internacional. En este sentido, la lucha contra la impunidad en Ucrania por parte de la Corte puede ser interpretada como una oportunidad para afianzar su legitimidad en el ámbito de la Comunidad Internacional. Pero dicha acción de la CPI llama la atención porque ha concitado esfuerzos de cooperación inéditos en relación con la justicia penal internacional, lo que va a permitir que la Corte ejerza su jurisdicción de un modo más eficaz.

A continuación, vamos a realizar un ejercicio de imaginación jurídica, tomando en consideración las escasas decisiones de la CPI respecto de Ucrania (algunas bajo secreto de sumario), las sucesivas declaraciones y acciones de la Fiscalía de la Corte en cuanto a dicha situación, y las actuaciones de otros órganos de la esfera ONU, OSCE y UE en relación con las violaciones de derechos humanos y del Derecho Internacional Humanitario en Ucrania. Igualmente, la labor de la CPI en relación con la intervención rusa en Georgia y los crímenes cometidos en la misma nos puede arrojar algo de luz sobre cuál será el camino que la Corte tomará en cuanto a la situación de Ucrania.

El análisis de dichos textos posibilitará que averigüemos cuáles han sido las bases del ejercicio de la jurisdicción de la CPI sobre Ucrania y cómo se ha activado la competencia de la Corte en relación con esta situación. Asimismo, nos va a permitir dilucidar sobre qué crímenes va a ejercer su competencia la CPI, con especial atención al crimen de agresión y sus dificultades para ser enjuiciado en este caso. Y, finalmente, vamos a examinar quiénes pueden ser responsables ante la Corte por los crímenes cometidos en Ucrania, y a quién ha decidido este tribunal enjuiciar en la actualidad, sin olvidar la espinosa cuestión de la responsabilidad penal internacional de los Jefes de Estado. Pero, sin duda, la clave de nuestro análisis va a ser el "cómo" está investigando y va a enjuiciar dichos crímenes la CPI, puesto que, a esta tarea legítima de la Corte, ésta se enfrenta contando con la cooperación sin precedentes de varios actores internacionales.

La legitimidad y la cooperación son los dos prismas bajo los cuales vamos a examinar la acción de la CPI en relación con la situación de Ucrania. Conscientes de las dificultades que entraña el ejercicio de la jurisdicción de la Corte en una situación de tanta complejidad, vamos a defender la legitimidad de dicha acción, al tiempo que constatamos que, por primera vez, dicha jurisdicción va a contar con la colaboración de una comunidad internacional que se siente agredida en su conjunto.

1.- LA COMPETENCIA DE LA CPI RESPECTO DE LOS CRÍMENES COMETIDOS EN UCRANIA: ¿DEMASIADOS LÍMITES?

1.1.-Las bases del ejercicio de la competencia por parte de la CPI respecto de los crímenes cometidos en Ucrania

En primer lugar, hemos de destacar que, a diferencia de Georgia[1], país que también ha sufrido la agresión de la Fede-

---

1 La posibilidad de intervención de la Corte Penal Internacional (CPI) en Georgia viene dada por la ratificación por parte de dicho país del Estatuto de Roma el 5 de septiembre de 2003. De este modo, se otorga competencia a la Corte sobre los crímenes cometidos en su territorio desde el 1 de diciembre de 2003 en adelante. En este sentido, hemos de recordar que, entre 1990 y 1992, se produjo un primer conflicto con la intervención de la Federación Rusa en Osetia del Sur. Mucho más tarde, en agosto de 2008, se desencadena otro conflicto armado, con las mismas partes involucradas, que duraría una semana. Bajo los auspicios de la UE, las partes acordaron cesar las hostilidades el 12 de agosto de 2008. Con todo, se habrían continuado cometiendo crímenes en la última etapa del conflicto, produciéndose la firma del alto el fuego el 15 de agosto de 2008.
Se produjo una petición de la Fiscalía de la CPI de autorización de apertura de una investigación a la Sala de Cuestiones Preliminares, en relación con los crímenes cometidos entre el 1 de julio y el 10 de octubre de 2008. La petición de la Fiscalía se basaba en la comisión de posibles casos de crímenes de guerra y crímenes contra

ración Rusa y del que se está ocupando la CPI, Ucrania no es un Estado Parte del Estatuto de Roma. No obstante, Ucrania ha ejercido dos veces su prerrogativa para aceptar la jurisdicción de la Corte (art.12.3 del Estatuto de Roma-ER-)[2] sobre presuntos crímenes internacionales ocurridos en su territorio.

---

la humanidad, cometidos tanto por las fuerzas armadas georgianas como por las milicias osetias y las fuerzas armadas rusas (ICC Pre Trial Chamber I, Public Document with Confidential, EX PARTE, Annexes A,B, C, D.2, E.3, E.7, E.9, F H and Public Annexes 1, D.1, E.1, E.2, E.4, E.5, E.6, E.8,G ,I, J Request for authorisation of an investigation pursuant to article 15, disponible en: https://www.icc-cpi.int/CourtRecords/CR2015_19375.PDF). La Sala de Cuestiones Preliminares autorizó la apertura de una investigación sobre la Situación en Georgia el 27 de enero de 2016 (ICC, Pre-Trial Chamber I, Situation in Georgia, Decision on the Prosecutor's request for authorization of an investigation, 27 January 2016, Nº ICC-01/15). Los crímenes respecto de los cuales la Fiscalía tenía motivos para creer que existían tres responsables penales a nivel internacional eran crímenes de guerra cometidos en Osetia del Sur, Georgia y alrededores entre el 8 y el 27 de agosto de 2008. En particular, se refería a los siguientes: reclusión – artículo 8(2)(a)(vii)-2; Tortura – artículo 8(2)(a)(ii)-1; Trato inhumano – artículo 8(2)(a)(ii)-2; Atropellos a la dignidad personal - artículo 8(2)(b)(xxi); Toma de rehenes – artículo 8(2)(a)(viii); y Transferencia ilícita – artículo 8(2)(a)(vii). Los responsables penales respecto de los cuales la Fiscalía solicitaba se emitiera una orden de detención ostentaban competencias durante la ocupación de Osetia del Sur, y las órdenes de detención se centraban en el confinamiento ilegal, los malos tratos, la toma de rehenes y el posterior traslado ilegal de civiles de etnia georgiana en el contexto de una ocupación por parte de la Federación Rusa. Ver: JIMÉNEZ LÓPEZ, J.A., "La Corte Penal Internacional y el antiguo espacio soviético: una relación compleja. Los casos de Ucrania y Georgia", en SALINAS DE FRÍAS, A.; PETIT DE GABRIEL, E. W. (dirs.); GARCÍA ANDRADE, P.; ÁLVAREZ ARCÁ, I. (coords.), *La Corte Penal Internacional 20 años después*, Tirant lo Blanch, 2022, pp. 451-468.

2 El art.12.3 del Estatuto de Roma reza así: "3. Si la aceptación de un Estado que no sea Parte en el presente Estatuto fuere necesaria de

De este modo, la primera declaración presentada por el Gobierno de Ucrania el 25 de febrero de 2014[3] aceptaba la jurisdicción de la CPI con respecto a los presuntos delitos cometidos en territorio ucraniano del 21 de noviembre de 2013 al 22 de febrero de 2014[4]. Dicha declaración hacía referencia a los presuntos crímenes cometidos en relación con el Euromaidan[5]. Con posterioridad, ante la evolución de los aconte-

---

conformidad con el párrafo 2, dicho Estado podrá, mediante declaración depositada en poder del Secretario, consentir en que la Corte ejerza su competencia respecto del crimen de que se trate. El Estado aceptante cooperará con la Corte sin demora ni excepción de conformidad con la Parte IX."

3 El texto de la declaración de 25 de febrero de 2014, se puede consultar en: https://www.icc-cpi.int/sites/default/files/itemsDocuments/997/declarationRecognitionJuristiction09-04-2014.pdf.

4 A este respecto, cabe señalar, como hemos mencionado anteriormente, que, a finales de 2013, estalló un conflicto entre Ucrania y la Federación de Rusia a raíz de una crisis política en Ucrania. El hecho detonante fue que el presidente Yanukóvich decidió suspender el proceso que iba a llevar a la firma del acuerdo de asociación con la Unión Europea. Dicha suspensión desencadenó un movimiento popular que denominado «revolución de la dignidad» (Euromaidán). Como consecuencia, en Crimea, soldados rusos encapuchados y sin distintivos tomaron el control de todos los puntos estratégicos de la región el 27 de febrero de 2014. El 16 de marzo de 2014 se organizó un «referéndum» de independencia y de unificación con la Federación de Rusia. Ante estos hechos, la Asamblea General de la ONU adoptó la Resolución 68/262 (Integridad territorial de Ucrania), de 27 de marzo de 2014, en respuesta a la crisis de Crimea. La Asamblea General afirmó su compromiso con la soberanía, la independencia política, la unidad y la integridad territorial de Ucrania dentro de sus fronteras reconocidas internacionalmente, subrayando la invalidez del referéndum del 16 de marzo celebrado en la Crimea autónoma (UN AG Res. 68/262, de 27 de marzo de 2014).

5 En el caso de Ucrania, la declaración de aceptación de la jurisdicción de la CPI, vía artículo 12.3 del Estatuto, se produjo el 25 de febrero de 2014, como consecuencia de la decisión adoptada por la

cimientos de Crimea y los distritos orientales de la República, el 8 de septiembre de 2015, Ucrania emitió una segunda declaración[6], que prorrogaba este período de forma indefinida para abarcar los presuntos delitos cometidos en todo el territorio de Ucrania desde el 20 de febrero de 2014 en adelante. Estas declaraciones habían dado lugar a que la Fiscalía de la CPI encajara la situación de Ucrania entre las que son objeto del examen preliminar de la Corte, mucho antes de que se produjera la agresión por parte de la Federación Rusa en 2022[7].

Rada Suprema (Parlamento de Ucrania). Dicha Declaración fue comunicada al Secretario de la CPI a través de la Embajada ucraniana en los Países Bajos. Posteriormente, fue corroborada por el Ministro de Asuntos Exteriores de Ucrania. La legitimidad del Parlamento ucraniano para adoptar dicha declaración parece fuera de toda duda. No obstante, el contexto en el que fue adoptada la misma sí ofrece dudas. En este sentido, recordemos que se produjo durante el Euromaidán, que condujo al Presidente Yanukóvich a abandonar el país, mientras que asumía el cargo interinamente Oleksandr Turchinov. Las elecciones de 25 de mayo de 2014 condujeron al poder a Petró Poroshenko. Este presidente nunca cuestionó la validez de la Declaración de febrero de 2014. Bien al contrario, la completó con una segunda declaración en septiembre de 2015. Es interesante la reflexión de BOLLO AROCENA sobre la aceptación de dichas declaraciones por parte de la CPI cuando son formuladas por gobiernos *de facto*, en situaciones como la mencionada: BOLLO AROCENA, M.D., "La declaración unilateral de aceptación de la competencia de la Corte Penal Internacional (artículo 12.3 del ECPI). de la formulación estatutaria a su puesta en práctica (Costa de Marfil, Uganda, Palestina, Ucrania...), *Revista Electrónica de Estudios Internacionales*, nº31, 2016, pp. 12 y 13.

6 El texto de la declaración de 8 de septiembre de 2015 se puede consultar en: https://www.icc-cpi.int/sites/default/files/iccdocs/other/Ukraine_Art_12-3_declaration_08092015.pdf#search=ukraine

7 ICC, OTP, Report on Preliminary Examination Activities 2020, 14 December 2020, pp.68-72.

La cuestión decisiva es si estas declaraciones constituyen base suficiente para que la CPI pueda conocer de los crímenes cometidos desde febrero de 2022 con la invasión rusa de Ucrania. Así, en cuanto a las posibles limitaciones temporales de las declaraciones emitidas por Ucrania, hemos de señalar que la segunda declaración prorroga la competencia temporal de la CPI sobre Ucrania de modo indefinido, al establecer que acepta la competencia de la CPI desde el 20 de febrero de 2014, sin señalar fecha de terminación del ejercicio de la jurisdicción por parte de la Corte. En consecuencia, sí existe base jurídica para que la Corte conozca de los crímenes cometidos en Ucrania en la intervención militar de Rusia que comenzó el 24 de febrero de 2022.

Por otro lado, en referencia a las posibles limitaciones materiales de dichas declaraciones, coincidimos con BOLLO AROCENA[8] en que, en ningún caso cabe interpretar que Ucrania ha limitado la competencia material de la CPI permitiéndole solo enjuiciar crímenes de guerra y crímenes contra la humanidad, tal y como rezaban las declaraciones anteriormente mencionadas. Así, la Regla 44 del Reglamento de Procedimiento y Prueba[9] limita la discrecionalidad de los Estados para definir

---

8 BOLLO AROCENA, M.D., "La declaración unilateral de aceptación de la competencia de la Corte Penal Internacional (artículo 12.3 del ECPI). de la formulación estatutaria a su puesta en práctica (Costa de Marfil, Uganda, Palestina, Ucrania...), *Revista Electrónica de Estudios Internacionales,* nº31, 2016, pp.1-34, en particular p.17.

9 Regla 44 del Reglamento de Procedimiento y Prueba. Declaración prevista en el párrafo 3 del artículo 12.
"1. El Secretario, a solicitud del Fiscal, podrá preguntar a un Estado que no sea Parte en el Estatuto o que se haya hecho Parte en él después de su entrada en vigor, con carácter confidencial, si se propone hacer la declaración prevista en el párrafo 3 del artículo 12.
2. Cuando un Estado presente al Secretario, o le comunique su intención de presentarle, una declaración con arreglo al párrafo 3 del artículo 12 o cuando el Secretario actúe conforme a lo dispuesto en

la situación que puede ser investigada por la CPI. En todo caso, no parece que la intención de Ucrania fuera restringir la competencia material de la Corte al formular sus declaraciones. E, incluso, de haber sido ésta su intención, la posible limitación desde el punto de vista *ratione materiae* no tendría efecto jurídico alguno[10]. Del mismo modo, nos alineamos con BOLLO AROCENA[11] cuando afirma que al aceptar Ucrania la competencia de la Corte respecto de cualquiera de los crímenes establecidos en el art.5 del ER, estaría incluido el crimen de agresión. Cuestión diferente es que dicha jurisdicción se pueda hacer efectiva.

De este modo, las bases de ejercicio de la competencia por parte de la Corte quedaban aseguradas, a pesar de que la Federación Rusa no sólo no había ratificado el Estatuto de Roma, sino que había anunciado su intención de no ratificarlo, lo que

---

la subregla 1, el Secretario informará al Estado en cuestión de que la declaración hecha con arreglo al párrafo 3 del artículo 12 tiene como consecuencia la aceptación de la competencia con respecto a los crímenes indicados en el artículo 5 a que corresponda la situación y serán aplicables las disposiciones de la Parte IX, así como las reglas correspondientes a esa Parte que se refieran a los Estados Partes."

10 De hecho, la Sala de Cuestiones Preliminares en el caso Gbagbo, afirmó que las declaraciones formuladas al amparo del art.12.3 del Estatuto de Roma se enmarcan en el ámbito general del Estatuto de Roma y de la Regla 44 de las Reglas de Procedimiento y Prueba. Recordemos que dicha Regla fue introducida para evitar la utilización política de la Corte por parte de los Estados Ver: ICC, Decision on the 'Corrigendum of the challenge to the jurisdiction of the International Criminal Court on the basis of articles 12(3), 19(2), 21(3), 55 and 59 of the Rome Statute filed by the Defence for President Gbagbo (ICC-02/11-01/11-129", Pre Trial Chamber I, 15 de agosto de 2012, párr. 59 y 60.

11 BOLLO AROCENA, M.D., "Agresión rusa a Ucrania, Crímenes Internacionales y Corte Penal Internacional", *Anuario Español De Derecho Internacional,* Vol. 39, 2023, p.105.

se conoce comúnmente como retirada de la firma, por Decreto de 16 de noviembre de 2016[12]. Las afortunadas declaraciones de Ucrania, aún haciendo referencia a un contexto anterior a la agresión rusa de febrero de 2022, han posibilitado la intervención de la CPI cuando Ucrania y sus víctimas más necesitan de la justicia penal internacional.

Dichas declaraciones, junto con una remisión colectiva inédita de la situación de Ucrania ante la CPI han sido los pilares necesarios para que la Corte emita órdenes de detención históricas, como veremos más adelante. Con todo, sería deseable que, a la luz de las lecciones aprendidas y de los deseos de Ucrania de jugar un papel más activo en el ámbito internacional, este país se convirtiera en Estado parte del Estatuto de Roma.

1.2.-La activación de la competencia de la CPI sobre los crímenes cometidos en Ucrania: una activación sin precedentes

Nada más comenzar la ofensiva militar de gran envergadura de Rusia en Ucrania el 24 de febrero de 2022, se producía una reacción expedita por parte de la CPI. Así, el 28 de febrero de

---

12 En este sentido, hubo una reacción unánime de la UE, expresando que: "We regret the Russian Federation's decision to withdraw its signature and not to become a party to the Rome Statute establishing the International Criminal Court (ICC), according to the order signed yesterday by President Putin.
The Russian Federation signed the Rome Statute on 13 September 2000 and the European Union has consistently urged Russia to ratify it, considering Russia's special responsibility for upholding accountability for the most serious crimes of concern to the international community as a whole in its capacity as a permanent member of the UN Security Council " (https://www.dipublico.org/104691/rusia-anuncia-que-retira-su-firma-del-estatuto-de-roma-que-crea-la-corte-penal-internacional-cpi/, consultado por última vez el 7 de noviembre de 2022).

2022, el Fiscal de la CPI anunció que solicitaría autorización para abrir una investigación sobre la Situación en Ucrania, sobre la base de las conclusiones anteriores de la Fiscalía derivadas de su examen preliminar[13]. En dicho anuncio, el Fiscal concluyó que existía fundamento razonable para creer que se habían cometido crímenes de guerra y crímenes contra la humanidad en Ucrania. Igualmente, no descartó la ampliación de su investigación a cualquier nuevo presunto delito de su competencia, y que fuera cometido por cualquiera de las partes en el conflicto. El Fiscal añadió que una vía alternativa a la solicitud de autorización a la Sala de Cuestiones Preliminares que aceleraría el proceso sería que un Estado Parte del Estatuto de Roma remitiera la situación a la Fiscalía.

La respuesta fue rápida, y ante la deriva de los acontecimientos, el 1 de marzo de 2022, la CPI recibió una remisión de la situación de Ucrania por parte de un Estado Parte en el Estatuto de Roma: la República de Lituania[14]. El 2 de marzo de 2022, un grupo coordinado de Estados Parte (39) presentó

---

13 El 1 de marzo de 2022, el Fiscal presentó un memorándum a la Presidencia de la CPI de conformidad con el artículo 45 del Reglamento de la Corte, informando de su intención de presentar una solicitud a una Sala de Cuestiones Preliminares para que autorizara la apertura de una investigación sobre la situación en Ucrania, en virtud del artículo 15(3) del Estatuto de Roma (ICC-01/22-1-AnxI). Ver también: https://www.icc-cpi.int/news/statement-icc-prosecutor-karim-aa-khan-qc-situation-ukraine-i-have-decided-proceed-opening, consultado por última vez el 8 de noviembre de 2022.

14 La remisión presentada por Lituania hacía referencia a una comunicación anterior transmitida por dicho país el 28 de febrero de 2022, transmitida de manera confidencial en virtud del artículo 15 del Estatuto. En dicha comunicación se establecía, sobre la base de cierta información referenciada, que había una base razonable para creer que se habían cometido crímenes de guerra y crímenes de lesa humanidad en Ucrania desde (al menos) el 24 de febrero de 2022 (ICC-01/22-1-Anexo B).

una remisión conjunta sobre dicha situación[15]. El 11 de marzo de 2022, el Fiscal confirmó que otros dos Estados, Japón y Macedonia del Norte[16], habían remitido la Situación en Ucrania a la Fiscalía. El 21 de marzo de 2022, Montenegro informó además a la Oficina de su decisión de unirse al grupo de remisión de Estados Parte, y el 1 de abril de 2022, la República de Chile se unió a dicho grupo también.

En total, 43 Estados remitieron la situación de Ucrania a la Corte, remisión colectiva que resulta inédita, puesto que más de un tercio de los Estados Parte han participado en ella. Ante las primeras remisiones, ya el 2 de marzo de 2022, el Fiscal anunció que había procedido a abrir una investigación sobre la situación en Ucrania sobre la base de las comunicaciones recibidas[17] y se adjudicó la situación a la Sala de Cuestiones Preliminares II[18].

---

15 República de Albania, Commonwealth de Australia, República de Austria, Reino de Bélgica, República de Bulgaria, Canadá, República de Colombia, República de Costa Rica, República de Croacia, República de Chipre, República Checa, Reino de Dinamarca, República de Estonia, República de Finlandia, República de Francia, Georgia, República Federal de Alemania, República Helénica, Hungría, República de Islandia, Irlanda, República de Italia, República de Letonia , Principado de Liechtenstein, Gran Ducado de Luxemburgo, República de Malta, Nueva Zelanda, Reino de Noruega, Reino de los Países Bajos, República de Polonia, República de Portugal, Rumania, República Eslovaca, República de Eslovenia, Reino de España, Reino de Suecia, Confederación Suiza, Reino Unido de Gran Bretaña e Irlanda del Norte. Ver: ICC-01/22-1-Anexo C.

16 ICC-01/22-1-Anexo E.

17 https://www.icc-cpi.int/news/statement-icc-prosecutor-karim-aa-khan-qc-situation-ukraine-receipt-referrals-39-states, 2 March 2022, consultado por última vez el 8 de noviembre de 2022.

18 ICC, Public with public Annex I, Decision assigning the situation in Ukraine to Pre-Trial Chamber II, Doc. ICC-01/22, 2 March 2022.

De este modo, el alcance de la situación examinada por la CPI abarcaría, en principio, cualquier acusación pasada y presente respecto de presuntos crímenes de guerra, crímenes de lesa humanidad o genocidio cometidos en cualquier parte del territorio de Ucrania por cualquier persona desde el 21 de noviembre de 2013 en adelante, con lo que se incluiría la situación actual. Pero dichas bases para el ejercicio de la competencia por parte de la CPI determinan, asimismo, que no pueda ejercer su competencia sobre el crimen de agresión, como veremos a continuación.

1.3.- Las dificultades para juzgar la agresión por parte de la CPI

La intervención de Rusia en Ucrania responde claramente a los perfiles del crimen de agresión, tal y como está tipificado y definido en el Estatuto de Roma, tras la entrada en vigor de las enmiendas de Kampala[19].

---

19 En este sentido, conviene recordar varios datos relevantes. en la Conferencia de revisión de Kampala de 2010, y tras varios años de trabajo de un grupo preparatorio en Princeton, se configuró un tipo penal mediante la inclusión de tres disposiciones en el Estatuto, el art.8 bis, el 25(3) bis y el 15 bis (finalmente, hubo también un art.15 bis y un 15 ter), así como las correspondientes enmiendas a las disposiciones del ECPI y de los Elementos de los Crímenes relacionadas. La definición adoptada para el crimen de agresión posee, así, tres aspectos, dignos de ser destacados: la conducta del Estado (el acto de agresión), la conducta individual (el crimen *stricto sensu*), y las condiciones de procedibilidad (relación entre la CPI y el Consejo de Seguridad a efectos de la determinación del acto de agresión y del crimen de agresión). El crimen de agresión es un crimen de líderes, y este perfil junto con su delicado vínculo con el Consejo de Seguridad de la ONU configuran de modo especial su fisonomía. Así, en cuanto a las condiciones para el ejercicio de la jurisdicción de la Corte sobre el crimen de agresión y el papel del Consejo de Seguridad, hemos de señalar que estas condiciones habían de estar en

conexión con las disposiciones relevantes de la Carta de las Naciones Unidas, en particular con los artículos 1.1, 10, 11, 12, 14, 24, 39 y 103 de dicho instrumento (ESCOBAR HERNÁNDEZ, C., "Corte Penal Internacional, Consejo de Seguridad y crimen de agresión: un equilibrio difícil e inestable". En MARIÑO MENÉNDEZ, F. (Eds.). *El Derecho Internacional en los albores del siglo XXI, Homenaje al Profesor Juan Manuel Castro-Rial Canosa,* Trotta, 2002, pp. 243-264; STEIN M., "The Security Council, the International Criminal Court, and the Crime of Aggression: How Exclusive is the Security Council's Power to Determine Aggression?", *Indiana International and Comparative Law Review.* No. 16, 2005, pp.1-36; BLOKKER, N., "The Crime of Aggression and the United Nations Security Council", *Leiden Journal of International Law,* nº 20, 2007, p. 867-894). Se intentó realizar un encaje de bolillos para lograr la compatibilidad y el resultado no fue negativo en la lucha contra la impunidad. De hecho, el problema se planteaba cuando se remitía una situación por actores diferentes al Consejo de Seguridad. En estos casos, la primera obligación de la Fiscal es verificar si el Consejo de Seguridad ha determinado la comisión de un acto de agresión por el Estado en cuestión. En caso afirmativo, puede actuar. De no ser así, y transcurridos 6 meses sin que el Consejo se pronuncie, el Fiscal puede seguir adelante con la autorización de la División de Cuestiones Preliminares. En todo caso, se consiguió que la CPI pudiera seguir adelante en relación con un crimen de agresión sin la previa determinación del Consejo de Seguridad. La jurisdicción material de la CPI sobre el crimen de agresión fue activada el 17 de julio de 2018, tras obtener el número de ratificaciones necesarias. Sobre este proceso de nacimiento y evolución, ver: QUESADA ALCALÁ, C., "El crimen de agresión como amenaza a la seguridad global", *Cuadernos de Estrategia,* nº 160, 2013, pp. 77-116; QUESADA ALCALÁ, C., "La agresión: un crimen "cierto" de futuro "incierto", en AZNAR GÓMEZ, M. J. (Coords.) *Estudios de derecho internacional y de derecho europeo en homenaje al profesor Manuel Pérez González,* 2012, Vol. 1 (Tomo I), pp. 1069-1092; REMIRO BROTONS, A., "El crimen de agresión en el Estatuto de la CPI revisado: *Nascetur ridiculus mus*", en CARDONA LLORENS, J., PUEYO LOSA, J., RODRÍGUEZ-VILLASANTE Y PRIETO, J. L., & SOBRINO HEREDIA, J. M. (EDS.). AZNAR GÓMEZ, M. (Coord.). *Estudios de Derecho Internacional y Derecho Europeo en Homenaje al Profesor Manuel Pérez González.* Tomo I. 2012, pp.1115-1129.

Por un lado, se trata de una violación manifiesta del art.2.4 de la Carta de la ONU[20] por sus características, gravedad y escala. Por otro, si analizamos uno por uno los apartados a) a g) del art.8 bis párr.2° del Estatuto de Roma, vemos cómo la lista de actos constitutivos de la definición del acto de agresión encaja plenamente con la conducta rusa en Ucrania[21]. Y este encaje es clarísimo, a pesar de los argumentos justificativos esgrimidos por Rusia, en particular: la legítima defensa, la protección de sus nacionales y la intervención humanitaria[22]. Nos

---

20 WILMSHURST, E., "Ukraine: Debunking Russia's Legal Justifications! (Chatman House, 24 February 2022, en https://www.chathamhouse.org/2022/02/ukraine-debunking-russias-legal-justifications, consultado por última vez el 25 de mayo de 2023; *Déclaration de l'Institut de Droit International sur l'agression en Ukraine,* 1 Mars 2022, en https://www.idi-iil.org/fr/declaration-de-linstitut-de-droit-international-sur-lagression-en-ukraine/, consultado por última vez el 25 de mayo de 2023; Global Institute for the Prevention of Aggression, *Statement on Russia's invasion of Ukraine: a crime of aggression. the need to amend the crime of aggression's jurisdictional regime,* march 24, 2022, en https://crimeofaggression.info/wp-content/uploads/GIPA-Statement_24-March-2022_ENG.pdf, consultado por última vez el 25 de mayo de 2023.

21 Se ha producido un ataque de las fuerzas armadas rusas al territorio de Ucrania; se han producido y se siguen produciendo bombardeos por parte de las fuerzas armadas rusas en territorio de Ucrania; se ha dado un bloqueo de puertos y costas de Ucrania, intentando impedir el acceso de este país al Mar Negro; se están produciendo ataques contra las fuerzas armadas terrestres, navales y aéreas, e incluso contra la flota mercante de terceros Estados; y, además, Rusia ha enviado grupos irregulares, bandas armadas y mercenarios, como el Grupo Wagner, de modo que éstos están llevando a cabo actos de similar gravedad a los actos anteriormente mencionados. Ver: BOLLO AROCENA, M.D., "Agresión rusa a Ucrania, Crímenes Internacionales y Corte Penal Internacional", *Anuario Español De Derecho Internacional,* Vol. 39, 2023, pp. 101-146, en particular p.108.

22 Sobre dichos argumentos, ver: PUREZA, J.M; ALCAIDE FERNÁNDEZ, J., "La guerra en Ucrania:¿qué (des)orden antecede a qué nuevo (des)orden?", *Revista Electrónica de Estudios Internacionales,* n°44, diciembre 2022, en particular pp.4-15.

hallamos, por tanto, ante un crimen de agresión de manual, cometido por la persona que ostenta el control de la acción militar y política de Rusia, Vladimir Putin, por lo que se cumpliría también el requisito de liderazgo, ya que el crimen de agresión es un crimen de líderes conforme al Estatuto de Roma[23].

Sin embargo, tal y como señala ESCOBAR HERNÁNDEZ, "la Corte no podrá en ningún caso ejercer su jurisdicción respecto del crimen de agresión, ya que un eventual reconocimiento unilateral por Ucrania de la competencia de la Corte respecto de esta categoría de crímenes no solo no se ha producido, sino que —además— resulta imposible como consecuencia de las especiales reglas que se establecen en el Estatuto de Roma respecto de la atribución y ejercicio de la competencia de la CPI"[24].

En efecto, respecto del crimen de agresión, el ER establece una serie de reglas especiales. De este modo, la CPI no tendrá jurisdicción sobre los nacionales de los Estados Parte en el Estatuto de Roma de la CPI que no hayan ratificado las enmiendas relativas al crimen de agresión, contenidas en los artículos 8 bis, 15 bis y ter del Estatuto. Todo ello en el supuesto de una remisión estatal o de una investigación iniciada por el Fiscal de la CPI. A fecha de 8 de mayo de 2023, son 123 los Estados parte en el Estatuto, y de éstos solo 45 han aceptado la enmienda. Por lo tanto, hay alrededor de 88 Estados que no han aceptado los artículos 8bis, 15 bis y ter del Estatuto.

---

23 HAJDIN, N. "The Leadership Clause in the Crime of Aggression and Its Customary International Law Status", 17 March 2022, en https://www.justsecurity.org/80696/the-leadership-clause-in-the-crime-of-aggression-and-its-customary-international-law-status/#:~:text=From%20the%20outset%2C%20the%20crime,International%20Military%20Tribunal%20(IMT), consultado por última vez el 23 de mayo de 2023.

24 ESCOBAR HERNÁNDEZ, C., "Ucrania y la Corte Penal Internacional: una oportunidad para la Corte y para la lucha contra la impunidad", *Revista Española de Derecho Internacional,* Vol. 74/2, julio-diciembre 2022, Madrid, p.65.

En este sentido, hemos de resaltar, como ya se ha mencionado, que ni Rusia ni Ucrania son Estados Parte del Estatuto de Roma de la CPI, y tampoco han ratificado las enmiendas correspondientes al crimen de agresión. Si nos situamos en el contexto de los Estados no Parte, aún se agrava más la cuestión. De este modo, conforme al art.15 bis.5 del Estatuto de Roma, respecto de un Estado no Parte en el presente Estatuto, la Corte no ejercerá su competencia sobre el crimen de agresión cuando éste sea cometido por los nacionales de ese Estado o en el territorio del mismo[25].

No obstante, las remisiones del Consejo de Seguridad a la CPI no tienen las limitaciones jurisdiccionales señaladas, tal y como figura en el art.15 ter del ER. En consecuencia, la única posibilidad para que la CPI conociera de la agresión sería la remisión por parte del Consejo de Seguridad y esto es imposible por el veto de Rusia en tanto que miembro permanente de este órgano.

En este sentido, coincidimos con PONS RAFOLS, cuando éste afirma que esta situación refleja la debilidad estructural de las Organizaciones internacionales, tanto de la ONU[26] como

---

25 "Respecto de un Estado no Parte en el presente Estatuto, la Corte no ejercerá su competencia respecto del crimen de agresión cuando éste sea cometido por los nacionales de ese Estado o en el territorio del mismo" (art.15. bis 5 del Estatuto de Roma de la Corte Penal Internacional).

26 El 25 de febrero de 2022, se adoptó un proyecto de resolución por parte del Consejo de Seguridad de las Naciones Unidas (CSNU) que lamentaba la "agresión de la Federación de Rusia contra Ucrania en violación del artículo 2, párrafo 4 de la Carta de las Naciones Unidas". Dicho Proyecto obtuvo 11 votos a favor, 1 en contra y 3 abstenciones (UN Security Council, "Draft resolution", UN Doc S/2022/155, 25 February 2022; UN Security Council, Letter dated 28 February 2014 from the Permanent Representative of Ukraine to the United Nations addressed to the President of the Security Council (S/2014/136) - Verbatim Record, UN Doc S/PV.8979, 25

de la CPI, "para ofrecer una respuesta colectiva e institucional a una agresión como la ocurrida en Ucrania, particularmente si el agresor es un Estado con asiento permanente en el Consejo de Seguridad"[27].

February 2022, p. 6). Debido al veto de Rusia y la incapacidad del Consejo de Seguridad de las Naciones Unidas para cumplir con sus funciones, la cuestión se transfirió a la Asamblea General de las Naciones Unidas (UN Security Council, Resolution 2623 on Emergency Special Session of the General Assembly on Ukraine, UN Doc S/RES/2623(2022), 27 February 2022; dicha resolución fue adoptada por 11 votos a favor, 1 en contra (Rusia) y 3 abstenciones (China, India y Emiratos Árabes Unidos). Ver: UN Security Council, Letter dated 28 February 2014 from the Permanent Representative of..., p. 2). El 2 de marzo de 2022, la Asamblea General adoptó una resolución titulada "Agresión contra Ucrania" en la que deplora en los términos más enérgicos la agresión de la Federación Rusia contra Ucrania en violación del Artículo 2.4 de la Carta de la ONU (UN General Assembly, Resolution ES-11/1 on Aggression against Ukraine, UN Doc A/RES/ES-11/1, 18 March 2022). La resolución fue aprobada con 141 votos a favor, 5 en contra y 35 abstenciones. Ver: Ver: UN General Assembly, Aggression against Ukraine – Verbatim Record, 11th emergency special session: 1st plenary meeting, UN Doc A/ES-11/PV.1, 28 February 2022; UN General Assembly, Aggression against Ukraine – Verbatim Record, 11th emergency special session: 2nd plenary meeting, UN Doc A/ES-11/PV.2, 28 February 2022; UN General Assembly, Aggression against Ukraine – Verbatim Record, 11th emergency special session: 3rd plenary meeting, UN Doc A/ES-11/PV.3, 1 March 2022; UN General Assembly, Aggression against Ukraine – Verbatim Record, 11th emergency special session: 4th plenary meeting, UN Doc A/ES-11/PV.4, 1 March 2022; UN General Assembly, Aggression against Ukraine – Verbatim Record, 11th emergency special session: 5th plenary meeting, UN Doc A/ES-11/PV.5, 2 March 2022.

27 PONS RAFOLS, X., "La guerra de Ucrania, las Naciones Unidas y el Derecho Internacional: algunas certezas sistémicas insostenibles", *Revista Electrónica de Estudios Internacionales*, nº43, junio 2022, pp. 1-33, en particular p.3.

Para cerrar esta brecha que impide a la CPI juzgar a Putin y los altos mandos de Rusia por agresión[28], en noviembre de 2022, la Comisión Europea presentó diferentes opciones a los Estados miembros para garantizar que estas personas puedan rendir cuentas por las atrocidades cometidas en Ucrania[29]. Entre dichas opciones se propuso[30]: un tribunal internacional especial e independiente basado en un tratado multilateral; o un tribunal especializado integrado en un sistema de justicia nacional con jueces internacionales, al estilo de los tribunales híbridos. En todo caso, para la Comisión Europea, resulta claro que el establecimiento de un tribunal especial ha de ser respaldado por la ONU[31].

Con todo, la Unión Europea ha ido más allá, posibilitando la creación de dos mecanismos totalmente novedosos, que van a posibilitar el enjuiciamiento de la agresión, aunque no sea por la CPI, pero con la colaboración de ésta. De este modo, el 23 de marzo de 2023, los siete países miembros del equipo conjunto de investigación (JIT), creado para luchar contra los crímenes internacionales cometidos en Ucrania y respaldado por Eurojust[32], decidieron modificar el acuerdo entre ellos para reflejar el papel que debía jugar el futuro Centro Internacional para el Enjuiciamiento del Crimen de Agresión contra Ucrania

---

28 Sobre esa brecha y sus consecuencias, ver: McDougall, c., "The Imperative of Prosecuting Crimes of Aggression Commited against Ukraine", *Journal of Conflict & Security Law*, 2023, pp.1-29.

29 https://ec.europa.eu/commission/presscorner/detail/en/statement_23_1363 consultado por última vez el 22 de mayo de 2023.

30 https://ec.europa.eu/commission/presscorner/detail/en/ip_22_7311 consultado por última vez el 22 de mayo de 2023.

31 Sobre estas propuestas y el apoyo institucional, ver: CORTEN, O; KOUTROULIS, V., "Tribunal for the crime of aggression against Ukraine: a legal assessmet", European Parliament, December 2022, pp.1-60.

32 Ucrania, Lituania, Polonia, Estonia, Letonia, Eslovaquia y Rumanía.

(ICPA)[33]. El enfoque de dicho Centro será el apoyo y mejora de las investigaciones sobre el crimen de agresión.

En esta misma línea de actuación, la CPI no podía quedar al margen del enjuiciamiento del crimen de agresión. Así, y como participante en el JIT[34] mencionado, la Fiscalía de la CPI podrá cooperar con dicho Centro Internacional para el Enjuiciamiento del crimen de agresión en Ucrania, cuando se den ciertas condiciones. Dichas condiciones van a depender de la implantación práctica de dicho Centro por parte de Eurojust. En todo caso, dichas condiciones nunca se van a poder alejar del marco competencial de la Corte Penal Internacional, asentado en el Estatuto de Roma, con la incorporación de las enmiendas relativas a la agresión. Pero nada impide que la CPI, al investigar sobre el terreno en Ucrania se encuentre con elementos probatorios que pueda proporcionar a dicho Centro Internacional para el Enjuiciamiento del crimen de agresión en Ucrania.

Esta actuación cooperativa de la CPI amortiguaría la sensación enfatizada por KRESS y otros autores de que el tratamiento especial que recibe el crimen de agresión en la situación

---

33 https://www.eurojust.europa.eu/news/international-centre-prosecution-crime-aggression-made-official-united-justice-conference consultado por última vez el 22 de mayo de 2023. Es de destacar que dicho Centro ya fue anunciado por Ursula von der Leyen el 2 de febrero de 2023. Ver: https://neighbourhood-enlargement.ec.europa.eu/news/statement-president-von-der-leyen-joint-press-conference-ukrainian-president-zelenskyy-2023-02-02_en, consultado por última vez el 22 de mayo de 2023.

34 https://www.eurojust.europa.eu/news/icc-participates-joint-investigation-team-supported-eurojust-alleged-core-international-crimes consultado por última vez el 22 de mayo de 2023.

de Ucrania refleja la sensibilidad política diferenciada que se asocia a este delito[35].

2.-EL FUNDAMENTO RAZONABLE PARA INVESTIGAR Y LA COMPLEMENTARIEDAD

Tomando en consideración los antecedentes relativos a la situación de Ucrania ante la CPI, hemos de destacar que, ya en 2020, la Fiscalía de la CPI había determinado la existencia de fundamentos razonables para creer que, desde el 30 de abril de 2014 en adelante, se cometieron al menos ciertos crímenes de guerra en el contexto del conflicto armado en el Este de Ucrania, fundamentalmente relacionados con ataques a la población civil y edificios protegidos, tortura, asesinato y crímenes de índole sexual[36]. Igualmente, la Fiscalía consideraba que si, además, calificábamos el conflicto armado de interna-

---

35 KRESS, C.; HOBE, S. AND NUßBERGER, A., "The Ukraine War and the Crime of Aggression: How to Fill the Gaps in the International Legal System", January 2023, en https://www.justsecurity.org/84783/the-ukraine-war-and-the-crime-of-aggression-how-to-fill-the-gaps-in-the-international-legal-system/ consultado por última vez el 23 de mayo de 2023.

36 En particular, los siguientes crímenes de guerra: : dirigir intencionalmente ataques contra civiles y bienes de carácter civil, de conformidad con el artículo 8(2)(b)(i)- (ii) o 8(2)(e)(i); dirigir intencionalmente ataques contra edificios protegidos, de conformidad con el artículo 8(2)(b)(ix) o 8(2)(iv); homicidio intencional/asesinato, de conformidad con el artículo 8(2)(a)(i) o el artículo 8(2)(c)(i); tortura y trato inhumano/cruel, de conformidad con el artículo 8(2)(a)(ii) o el artículo 8(2)(c)(i)); ultrajes a la dignidad personal, de conformidad con el artículo 8(2)(b)(xxi) o el artículo 8(2)(c)(ii); violación y otras formas de violencia sexual, de conformidad con el artículo 8(2)(b)(xxii) o el artículo 8(2)(e)(vi) del Estatuto de Roma (ICC, OTP, Report on Preliminary Examination Activities 2020, 14 December 2020, párr.280).

cional, existía fundamento razonable para creer que se habían cometido otros crímenes de guerra, relacionados fundamentalmente con el ataque a personal y bienes civiles, así como reclusiones ilegales[37]. Estas conclusiones se aplicarían sin duda a la situación de Ucrania en la actualidad tras la agresión rusa de febrero de 2022, puesto que el fundamento razonable para creer que se están cometiendo crímenes de la competencia de la CPI sigue vigente.

Una vez establecido por parte de la Fiscalía que existe fundamento razonable para abrir una investigación sobre la situación de Ucrania, será preciso determinar, igualmente, si se dan los requisitos de complementariedad. De hecho, en la situación de Georgia, hay que resaltar que la solicitud de la Fiscalía de la CPI estaba directamente relacionada con la paralización de las investigaciones nacionales sobre los crímenes cometidos en Georgia durante el conflicto mencionado[38]. Así, las autoridades de Georgia informaron, en una carta de 17 de marzo de 2015[39], de la suspensión de las actuaciones judiciales, debido a causas relacionadas con la seguridad del país. Por otra parte, las autoridades rusas también habían iniciado una investiga-

---

37 En particular: lanzar intencionalmente ataques que resultaron en daños a civiles y bienes de carácter civil claramente excesivos en relación con la ventaja militar prevista (ataques desproporcionados), de conformidad con el artículo 8(2)(b)(iv); y reclusión ilegal, de conformidad con el artículo 8(2)(a)(vii) del Estatuto (ICC, OTP, Report on Preliminary Examination Activities 2020, 14 December 2020, párr.281).

38 https://www.coalitionfortheicc.org/es/news/20160912/datos-clave-para-entender-la-investigacion-de-georgia, consultado por última vez el 20 de septiembre de 2022.

39 ICC, Pre-Trial Chamber, Situation in Georgia, Public redacted version of ''Prosecutor's application pursuant to article 58 for warrants of arrest against Mikhail MINDZAEV, Gamlet GUCHMAZOV and David SANAKOEV", 10 March 2022, ICC-01/15-34-Conf-Exp, párr.132.

ción de presuntos delitos cometidos en relación con el conflicto de 2008, pero no en cuanto a los crímenes detallados por la Corte Penal Internacional.

En la situación de Ucrania, la Corte Penal Internacional va a enjuiciar no sola y no por sí sola. Sin embargo, podría darse el caso de que, debido a causas relacionadas con la seguridad del país, las autoridades judiciales nacionales pudieran llegar a suspender algunas de las actuaciones pertinentes, con la consiguiente entrada en acción de Corte Penal Internacional. En todo caso, la actuación de los órganos judiciales nacionales de Ucrania o los de otros países, en virtud del principio de jurisdicción universal, sería necesaria a la luz de las capacidades limitadas de la Corte y el gran número de crímenes cometidos.

La CPI podría encargarse de los responsables de los más graves crímenes cuyos responsables sean altos cargos o que estén en un rango jerárquico superior, mientras que los tribunales nacionales, rusos, ucranianos o de terceros países, se encargarían de los responsables de dichos crímenes a otro nivel jerárquico inferior.

Sin embargo, hemos de prestar atención al hecho de que se desarrollen enjuiciamientos a nivel interno que no respeten la imparcialidad y el derecho a la tutela judicial efectiva. En este sentido, cabe mencionar que, tal y como ha señalado Amnistía Internacional[40], el 10 de marzo, de 2023 el Comité de Investigación de Rusia[41] anunció que tres prisioneros de guerra ucranianos[42] habían sido declarados culpables de crímenes de guerra en virtud del Código Penal ruso y condenados a varios

---

[40] https://www.amnesty.org/es/latest/news/2023/03/ukraine-prisoners-of-war-sentenced-to-prison-following-sham-trials-in-russian-occupied-territories/, consultado por última vez el 24 de mayo de 2023.

[41] La agencia rusa responsable de investigar delitos graves.

[42] Viktor Pohozei, Maksym Butkevych y Vladyslav Shel.

años de prisión. Llama poderosamente la atención que uno de los condenados, Maksym Butkevych, es un conocido periodista ucraniano y destacado defensor de los derechos humanos, que se unió voluntariamente a las fuerzas armadas ucranianas en marzo de 2022.

Pero esta situación no es novedosa. De hecho, ya en julio de 2022, Aleksandr Bastrykin, director del Comité de Investigación de Rusia, anunció que las autoridades rusas habían abierto más de 1.300 investigaciones penales contra cientos de ciudadanos ucranianos, sospechosos de haber cometido "crímenes contra la paz y la seguridad de la humanidad". Este anuncio se produjo después de que un "tribunal" separatista de la región de Donetsk, ocupada por Rusia, ordenara en junio de 2022 la muerte de dos ciudadanos británicos y un ciudadano marroquí capturados[43] (que fueron liberados más tarde como parte de un intercambio de prisioneros entre Ucrania y Rusia).

Por parte de Ucrania, con fecha de 25 de junio de 2022, la Oficina del Fiscal General de dicho país registró casi 20.000 casos penales relacionados con delitos de derecho internacional. De éstos 18.805 se referían a crímenes de guerra, 73 al acto de agresión, 18 a propaganda de guerra y 634 a otros crí-

---

43 Estos tres soldados se habían enrolado en el Ejército ucraniano hace ya unos años y ostentaban el estatuto de prisionero de guerra al ser capturados. Fueron juzgados sin consideración alguna a dicho estatuto y condenados a pena de muerte, tras un juicio de dos días de duración. Ver: https://www.amnesty.org/es/latest/news/2022/06/ukraine-russia-death-sentences-against-three-foreign-members-of-ukrainian-forces-by-separatists-courts-a-blatant-violation-of-international-law/, consultado por última vez el 24 de mayo de 2023. Ver también: HILL CAWTHORNE, L., "The prosecution of british fighters by pro-russian separatists in Ukraine, en EJIL Talk!, 14 June 2022, https://www.ejiltalk.org/the-prosecution-of-british-fighters-by-pro-russian-separatists-in-ukraine/, consultado por última vez el 24 de mayo de 2023.

menes[44]. Algunos de los juicios se están llevando a cabo en ausencia, porque los presuntos responsables han regresado a Rusia[45]. Por otro lado, tal y como fue informada la Misión del Mecanismo de Moscú (en el marco de la OSCE), Ucrania se dispone a enmendar su Código Penal con el fin de que queden reflejados mejor los crímenes cometidos contra los niños. En particular, desde el 13 de abril de 2023, existe una propuesta de enmienda del párr.438 del Código Penal Ucraniano que recogería el desplazamiento forzoso de población civil como crimen de guerra[46].

Los enjuiciamientos llevados a cabo a nivel interno sin respetar el derecho a la tutela judicial efectiva no impedirían la acción de la Corte Penal Internacional, por lo que habrá que estar muy atentos a las acciones judiciales que se lleven a cabo en Rusia, y no sólo en Rusia, sino también en Ucrania. En el caso de los Estados no Partes en el Estatuto se plantea el problema de si los enjuiciamientos nacionales estarían sujetos al juego de la complementariedad/cosa juzgada de los artículos 17 a 20 del ER. En estos casos, el Estado jamás ha consentido a dicho control en un ámbito que corresponde a su jurisdicción. En consecuencia, el examen por la Corte de las condiciones en las cuales se llevan a cabo los enjuiciamientos en sus ordenamientos internos será rechazado por el Estado, que lo contemplará como una injerencia ilícita en los asuntos de su competencia. Este sería el caso de la Federación Rusa.

---

44 https://en.gp.gov.ua/ua/ consultado por última vez el 24 de mayo de 2023.

45 OSCE, Report of the OSCE Moscow Mechanism's mission of experts entitled *Report on Violations of International Humanitarian and Human Rights Law, War Crimes and Crimes Against Humanity Committed in Ukraine (1 April – 25 June 2022)*, 14 July 2022, p.75.

46 OSCE, *Report on Violations and Abuses of International Humanitarian and Human Rights Law, War Crimes and Crimes Against Humanity, related to the Forcible Transfer and/or Deportation of Ukrainian Children to the Russian Federation*, 4 May 2023, p.75.

En cambio, al haber aceptado Ucrania la competencia de la CPI a través del mencionado art.12.3 ER, sí se pondría en marcha el juego de la complementariedad/cosa juzgada establecido en el propio Estatuto. De este modo, la CPI podría procesar a alguien ya procesado por un tribunal interno, cuando el proceso no hubiese sido instruido en forma independiente o imparcial "de conformidad con las debidas garantías procesales reconocidas por el derecho internacional" (art.20.3 ER)[47].

Por tanto, la complementariedad continúa estando en el corazón del funcionamiento de la CPI. Así declaró el Fiscal, al señalar la importancia de la celebración, el 15 de junio de 2022, de una reunión con representantes de los ministerios relevantes y los servicios de inteligencia de Ucrania[48]. En dicha reunión, a juicio de la Fiscalía, se identificaron una serie de líneas prioritarias de acción para apoyar la investigación independiente de la Fiscalía, al tiempo que se identificaban una serie de vías de cooperación entre la Fiscalía de la CPI y Ucrania. La cooperación deseable con Rusia, de momento, no ha sido posible.

---

47 El art.20.3 del ER señala que "La Corte no procesará a nadie que haya sido procesado por otro tribunal en razón de hechos también prohibidos en virtud de los artículos 6, 7, 8 u 8 bis a menos que el proceso en el otro tribunal: a) Obedeciera al propósito de sustraer al acusado de su responsabilidad penal por crímenes de la competencia de la Corte; o b) No hubiere sido instruido en forma independiente o imparcial de conformidad con las debidas garantías procesales reconocidas por el derecho internacional o lo hubiere sido de alguna manera que, en las circunstancias del caso, fuere incompatible con la intención de someter a la persona a la acción de la justicia."

48 "ICC Prosecutor Karim A. A. Khan QC visits Kharkiv, Ukraine on 15 June 2022", Statement 17 June 2022, en https://www.icc-cpi.int/news/icc-prosecutor-karim-khan-qc-visits-kharkiv-ukraine-15-june-2022, consultado por última vez el 14 de noviembre de 2022.

3.-LA CPI Y LOS CRÍMENES DE SU COMPETENCIA COMETIDOS EN UCRANIA: DE LA TEORÍA A LOS HECHOS

Como dicen KRESS y otros[49], derivado del "pecado original" del crimen de agresión, aparecen otros crímenes internacionales cometidos en el conflicto de Ucrania. De este modo, la Corte Penal Internacional podría conocer de los crímenes de genocidio, crímenes contra la humanidad y crímenes de guerra cometidos en Ucrania. Ya anticipamos que va a ser difícil que se retenga el crimen de genocidio, por varios motivos. En primer lugar, por las dificultades probatorias que entraña la demostración de la intención genocida, tal y como se ha demostrado en otros casos, como el de Al Bashir en Sudán[50]. En segundo lugar, porque sobre la base del genocidio, está conociendo ya la Corte Internacional de Justicia en relación con Ucrania[51]. En todo caso, los posibles actos constitutivos de genocidio en Ucrania no van a quedar impunes. Así, el 14 de abril de 2023, los siete miembros del equipo conjunto de investigación (JIT) apoyado por Eurojust sobre presuntos crímenes internacionales cometidos en Ucrania han acordado no solo

---

49 KRESS, C.; HOBE, S. AND NUßBERGER, A., "The Ukraine War and the Crime of Aggression: How to Fill the Gaps in the International Legal System", January 2023, en https://www.justsecurity.org/84783/the-ukraine-war-and-the-crime-of-aggression-how-to-fill-the-gaps-in-the-international-legal-system/ consultado por última vez el 23 de mayo de 2023.

50 Sobre las dificultades de retener el cargo de genocidio en el caso Al Bashir, ver: https://www.bbc.com/news/51489802 consultado por última vez el 25 de mayo de 2022.

51 ICJ, Allegation of Genocide, under the Convention on the prevention and punishment of the crime of genocide (Ukraine v. Russian Federation). Ucrania presentó la demanda ante la CIJ el 27 de febrero de 2022, solicitando la adopción de medidas cautelares.

investigar los presuntos crímenes de guerra, sino también los delitos de genocidio cometidos en Ucrania[52].

En cambio, no hay la menor duda de que, a raíz de la agresión desencadenada contra Ucrania por parte de Rusia se están originando una serie de violaciones graves del Derecho Internacional Humanitario, obligatorio "en todo tiempo y circunstancias" (Convenios de La Haya 1899 y 1907, Convenios de Ginebra de 1949 y Protocolo Adicional I de 1977)[53]. En este sentido, hay que señalar que los ataques contra la población civil y contra objetivos no militares constituyen infracciones graves del Derecho Internacional Humanitario calificadas como crímenes de guerra por el Estatuto de Roma[54].

La Asamblea General de la ONU y el Consejo de Derechos Humanos se han ocupado del tema en varias ocasiones[55]. Así,

---

52 https://www.eurojust.europa.eu/news/joint-investigation-team-garners-further-support-icpa-and-agrees-investigate-genocide-crimes consultado por última vez el 25 de mayo de 2023.

53 La Federación Rusa debe respetar todas las obligaciones contraídas de Derecho Internacional Humanitario, en particular en el Convenio IV aplicable a la población civil en las zonas ocupadas, respetando sus derechos fundamentales y patrimoniales, sus garantías judiciales básicas y a sus autoridades administrativas y judiciales (art. 47 ss) (DECLARACIÓN DE LOS MIEMBROS DE LA AEPDIRI SOBRE LA AGRESIÓN RUSA EN UCRANIA, en https://www.aepdiri.org/index.php/declaracion-ucrania).

54 Para un análisis concienzudo de los crímenes internacionales cometidos en Ucrania, ver: BOLLO AROCENA, M.D., " Agresión rusa a Ucrania, Crímenes Internacionales y Corte Penal Internacional", *Anuario Español de Derecho Internacional*, vol. 39, 2023, pp. 101-146.

55 General Assembly resolutions ES-11/1 of 2 March 2022 on aggression against Ukraine and ES-11/2 of 24 March 2022 on the humanitarian consequences of the aggression against Ukraine, and Human Rights Council resolution 49/1 of 4 March 2022 on the situation of human rights in Ukraine stemming from the Russian aggression (NU HCR, Resolution adopted by the Human Rights Council of 4

en la Resolución 49/1 del Consejo de Derechos Humanos, titulada "Situation of human rights in Ukraine stemming from the Russian aggression" [56] se estableció una Comisión Internacional Independiente de Investigación sobre Ucrania, compuesta por tres expertos, que aplica el estándar de prueba de "motivos razonables para concluir"[57], con el objeto de llegar a conclusiones sobre la base de información verificada y comprobada. Las conclusiones de dicha Comisión Internacional podrán ser tomadas en consideración por la CPI en el desempeño de su labor, de modo que sus conclusiones resultan de gran interés, aun estando limitadas en su alcance temporal (solo acontecimientos de finales de febrero y marzo de 2022), y territorial (cuatro regiones de Ucrania)

March 2022. The deteriorating human rights situation in Ukraine stemming from the Russian aggression. 7 March 2002 (NU Doc. A/HRC/RES/49/1). Por su parte, la Resolución del Consejo de Derechos Humanos S-34/1, de 12 de mayo de 2022, ya expresaba una profunda preocupación por el alarmante número de víctimas civiles causadas por la agresión contra Ucrania y se condenaba enérgicamente los ataques contra civiles y bienes de carácter civil, incluidos los ataques contra zonas residenciales, escuelas, jardines de infancia e instalaciones médicas, y los perpetrados mediante el uso de municiones, ataques aéreos y de artillería, así como el uso de la tortura y otros tratos crueles, inhumanos o degradantes, las ejecuciones arbitrarias y extrajudiciales, las desapariciones forzadas, la violencia sexual y de género, los traslados y desplazamientos forzados de población, y las violaciones y abusos cometido contra los niños (UN, HRC, Resolution adopted by the Human Rights Council of 12 May 2022. The deteriorating human rights situation in Ukraine stemming from the Russian aggression, 16 May 2022 (NU Doc. A/HRC/RES/S-34/1)).

56 NU HCR, Resolution adopted by the Human Rights Council of 4 March 2022. The deteriorating human rights situation in Ukraine stemming from the Russian aggression. 7 March 2002 (NU Doc. A/HRC/RES/49/1).

57 Ibidem, párr.11 (a).

Así, dicha Comisión Internacional Independiente de Investigación sobre Ucrania, en su informe de 18 de octubre de 2022[58], se refirió los hallazgos sobre los eventos ocurridos a fines de febrero y marzo de 2022 en cuatro regiones de Kyiv, Chernihiv, Kharkiv y Sumy, según lo solicitado por la resolución anteriormente mencionada del Consejo de Derechos Humanos. A juicio de la Comisión, desde el 24 de febrero de 2022, en Ucrania se han cometido crímenes de guerra, violaciones de los derechos humanos y del derecho internacional humanitario[59]. También concluye la Comisión que las fuerzas armadas rusas son responsables de la gran mayoría de las violaciones identificadas. No obstante, señala que las fuerzas ucranianas también han cometido violaciones del derecho internacional humanitario en algunos casos, incluidos dos incidentes que califican como crímenes de guerra.

---

58 Comisión Internacional Independiente de Investigación sobre Ucrania, UN. Doc. A/77/533, 18 de octubre de 2022.

59 Entre las violaciones de Derecho Internacional Humanitario constitutivas de crímenes de guerra que son destacadas por la mencionada Comisión destaca el uso de armas explosivas con efectos indiscriminados, tales como municiones en racimo, cohetes no guiados y ataques aéreos. En este sentido, dicha Comisión resalta el hecho de que dichas armas hayan herido y matado civiles, afectado a edificios como hospitales y escuelas, y devastado barrios enteros. Igualmente, entre los hallazgos de la Comisión, se documentan disparos por parte de las fuerzas armadas rusas respecto de civiles que intentaban huir, y el despliegue de activos militares rusos de forma que se vulneraba el Derecho Internacional Humanitario.
La Comisión encontró patrones de ejecuciones sumarias, reclusiones ilegales, torturas y tratos inhumanos o degradantes, así como actos de violencia sexual cometidos por fuerzas armadas rusas en las mencionadas áreas ocupadas. Del mismo modo, la Comisión documentó detenciones ilegales, desapariciones forzadas y desplazamientos forzosos de la población a la Federación Rusa. Dicho órgano de investigación se centró, igualmente, en los menores, como víctimas especialmente vulnerables de los hechos relatados, en particular los ataques indiscriminados, la tortura y la violación (Ibid n (58)).

Toda la información aportada por dicha Comisión Internacional de Investigación será relevante para el desempeño de sus funciones por parte de la Fiscalía de la Corte Penal, aunque la labor de dicho órgano de la ONU se ha limitado a un período de tiempo muy concreto, el relativo al inicio de la intervención rusa en Ucrania. La competencia temporal de la CPI no se limitará necesariamente a ese período, sino que se extenderá sobre los crímenes cometidos con posterioridad.

Por otro lado, también se ha acudido al Mecanismo de Moscú[60] en el marco de la OSCE con el fin de: establecer los hechos y circunstancias que rodean posibles contravenciones del Derecho Internacional Humanitario y de los Derechos Humanos; y establecer los hechos y circunstancias de posibles casos de crímenes de guerra y crímenes de lesa humanidad; así como recopilar, consolidar y analizar esta información con miras a presentarla a los mecanismos de rendición de cuentas

---

60 El 3 de marzo de 2022, el Mecanismo de Moscú de la Organización para Seguridad y Cooperación en Europa (OSCE) fue invocado por Ucrania con el apoyo de 45 Estados participantes. En consecuencia, el 14 de marzo de 2022 se nombró una Misión de tres expertos, que de acuerdo con las reglas del Mecanismo de Moscú debía completar su trabajo dentro de las tres semanas y, por lo tanto, entregó su informe a Ucrania como Estado invitado el 5 de abril de 2022. Ver los siguientes informes emitidos por el Mecanismo de Moscú: OSCE, *Report on violations of international humanitarian and human rights law, war crimes and crimes against humanity committed in Ukraine since 24 february 2022* by Professors Wolfgang Benedek, Veronika Bílková and Marco Sassòli, 13 April 2022; OSCE, Report of the OSCE Moscow Mechanism's mission of experts entitled *Report on Violations of International Humanitarian and Human Rights Law, War Crimes and Crimes Against Humanity Committed in Ukraine (1 April – 25 June 2022)*, 14 July 2022; OSCE, *Report on Violations and Abuses of International Humanitarian and Human Rights Law, War Crimes and Crimes Against Humanity, related to the Forcible Transfer and/or Deportation of Ukrainian Children to the Russian Federation*, 4 May 2023.

pertinentes, incluidas las cortes o tribunales nacionales, regionales o internacionales con jurisdicción sobre el tema. Los tres informes presentados por dicho Mecanismo, especialmente el de mayo de 2023 sobre traslado forzoso de menores a Rusia, serán tomados especialmente en consideración por la Corte Penal Internacional, a la luz de que las dos órdenes de detención emitidas por dicho tribunal en la actualidad hacen referencia a dicho crimen.

Así, y con el fin de sentar las bases para propiciar su labor investigadora, el 16 de marzo de 2022, el Fiscal de la CPI visitó Polonia y Ucrania[61]. En dicha visita, se reunió con el Presidente del Gobierno ucraniano, el Ministro de Exteriores y el Fiscal General del Estado, así como con otras autoridades de Polonia. Igualmente, visitó el centro de recepción de refugiados de Medyka. El mensaje dirigido a aquellos involucrados en las hostilidades fue muy claro. De este modo, concluyó que los ataques dirigidos intencionalmente contra la población civil y contra bienes civiles, incluidos hospitales, constituirían delitos que su Oficina puede investigar y enjuiciar. De hecho, algunos de los crímenes mencionados por la Fiscalía (en sus distintas comparecencias) hacen referencia a las vulneraciones de los principios de proporcionalidad y distinción, así como al tipo de armas y municiones usadas. Igualmente, se hace alusión a la cuestión de la población desplazada forzosamente y a los refugiados.

Crímenes de guerra y crímenes contra la humanidad serán los principales crímenes sobre los que conozca la CPI en relación con el conflicto de Ucrania, y para ello cuenta con in-

---

61 Statement of ICC Prosecutor, Karim A.A. Khan QC, on his visits to Ukraine and Poland: “Engagement with all actors critical for effective, independent investigations.” Statement 16 March 2022, en https://www.icc-cpi.int/news/statement-icc-prosecutor-karim-aa-khan-qc-his-visits-ukraine-and-poland-engagement-all-actors, consultado por última vez el 8 de noviembre de 2022.

formación especialmente relevante que le proporciona tanto la Comisión Internacional de Investigación de la ONU creada por el Consejo de Derechos Humanos y con el Mecanismo de Moscú, que tiene entre sus funciones recopilar información y presentarla ante tribunales internacionales. La CPI no está sola, sino que está investigando con la inestimable ayuda de otros organismos internacionales comprometidos con la lucha contra la impunidad.

4.-LOS RESPONSABLES DE LOS CRÍMENES COMETIDOS EN UCRANIA ANTE LA CPI

4.1.-La ambiciosa imparcialidad de la CPI

En dicha declaración de 16 de marzo de 2022[62], la Fiscalía realiza un recordatorio, tanto a fuerzas armadas regulares, como milicias o grupos de autodefensa de su posible responsabilidad penal internacional, destacando que el hecho de vestir uniforme o portar armas no les permite quedar exentos de responsabilidad. Del mismo modo, el Fiscal ya aseguraba que su Oficina estaba recogiendo pruebas para cumplir su objetivo de investigar a los responsables de los más graves crímenes cometidos en Ucrania. E, igualmente, destacó la imparcialidad del funcionamiento de su Oficina, expresando su disponibilidad para reunirse con las autoridades de la Federación Rusa.

Es importante que la CPI actúe sobre la base de la imparcialidad, de modo que, tal y como afirmó su Fiscal en su intervención ante el Consejo de Seguridad, "[…] this is a time when we need to mobilize the law and send it into battle, not on the side of Ukraine against the Russian Federation or on the

---

62 *Ibidem.*

side of the Russian Federation against Ukraine, but on the side of humanity to protect, to preserve, to shield people who are children, who are women and who are men, who have certain basic rights"[63].

Las intenciones de la Fiscalía son ambiciosas, como lo demuestra su declaración del 17 de junio de 2022, cuando afirmaba que " cada persona que coja un arma, conduzca un tanque o lance un misil debería saber que puede ser declarada responsable allí donde los crímenes sean cometidos[64].

Si aplicamos las reglas del Estatuto de Roma[65], nos encontramos con que la CPI será competente para conocer de los crímenes de genocidio, crímenes de guerra o crímenes contra la humanidad cometidos en Ucrania por nacionales rusos, de Ucrania o nacionales de otros países, aunque no hayan ratifica-

---

63 "Statement of ICC Prosecutor, Karim A.A. Khan QC, at the Arria-Formula meeting of the UN Security Council on "Ensuring accountability for atrocities committed in Ukraine", Statement 27 April 2022, en https://www.icc-cpi.int/news/statement-icc-prosecutor-karim-aa-khan-qc-arria-formula-meeting-un-security-council-ensuring, consultado por última vez el 14 de noviembre de 2022.

64 La traducción es propia: "Every person who picks up a gun, drives a tank or launches a missile should know that they can be held accountable where crimes are committed". Ver: "ICC Prosecutor Karim A. A. Khan QC visits Kharkiv, Ukraine on 15 June 2022", Statement 17 June 2022, en https://www.icc-cpi.int/news/icc-prosecutor-karim-khan-qc-visits-kharkiv-ukraine-15-june-2022, consultado por última vez el 14 de noviembre de 2022.

65 Artículo 12.2 del Estatuto de Roma: "2. En el caso de los apartados a) o c) del artículo 13, la Corte podrá ejercer su competencia si uno o varios de los Estados siguientes son Partes en el presente Estatuto o han aceptado la competencia de la Corte de conformidad con el párrafo 3: a) El Estado en cuyo territorio haya tenido lugar la conducta de que se trate, o si el crimen se hubiere cometido a bordo de un buque o de una aeronave, el Estado de matrícula del buque o la aeronave; b) El Estado del que sea nacional el acusado del crimen."

do el Estatuto de Roma ni aceptado la competencia de la CPI al amparo del art.12.3 del ER. De este modo, los nacionales rusos, sean miembros oficiales de las Fuerzas Armadas o miembros del Grupo Wagner, podrán ser enjuiciados por la Corte por los crímenes cometidos en territorio ucraniano. Igualmente, los nacionales de otros países que se hubieran enrolado en el Ejército ruso o ucraniano podrían ser responsables ante la Corte.

Las reglas de responsabilidad penal individual establecidas en el Estatuto de Roma se aplicarían a los casos derivados de la situación de Ucrania, y podrían ser responsables aquellos que ostenten la capacidad de mando, tales como Putin o el Ministro de Defensa ruso, o sus homólogos en la parte ucraniana, así como aquellos que cumplan órdenes, conforme a las reglas de los artículos 25 a 28 del Estatuto de Roma. De hecho, el art. 27 ER (Improcedencia del cargo oficial) establece que el ER se aplica a todos "sin distinción alguna basada en el cargo oficial". Esto es de especial relevancia para el conflicto de Ucrania, dada la implicación en el conflicto de las personas con las más altas responsabilidades en el gobierno. Pero, no podemos olvidar que dicho artículo 27 también regula en su apartado 2º la inoponibilidad de las inmunidades ante la CPI[66].

La CPI ya tuvo ocasión de pronunciarse sobre la inoperancia de la inmunidad de los Jefes de Estado ante la propia Corte en el caso Al-Bashir[67]. Contando con una diferencia sustancial,

---

66 Art.27.2 del Estatuto de Roma: "Las inmunidades y las normas de procedimientos especiales que conlleve el cargo oficial de una persona, con arreglo al derecho interno o al derecho internacional, no obstarán para que la Corte ejerza su competencia sobre ella."

67 ICC, Prosecutor v. Omar Hassan Ahmad Al Bashir, *Decision under article 87(7) of the Rome Statute on the non-compliance by Jordan with the request by the Court for the arrest and surrender of Omar Al-Bashir*, 11 December 2017,Doc. ICC-02/05-01/09-309; ICC, Prosecutor v. Omar Hassan Ahmad Al Bashir, *Judgment in the Jordan Referral re Al-Bashir appeal*, 6 May 2019, Doc. ICC-02/05-01/09-397. Sobre los argumen-

puesto que la situación de Ucrania no ha sido remitida por el Consejo de Seguridad ante la CPI como sí lo fue la de Sudán, nos alineamos con ESCOBAR HERNÁNDEZ[68], cuando defiende la inoponibilidad de la inmunidad del Jefe de Estado, en este caso Vladimir Putin, ante la Corte Penal Internacional.

En todo caso, el problema básico se encuentra en hacer efectiva dicha responsabilidad penal internacional haciendo posible la entrega de los actores involucrados en este conflicto, a la luz de que esas personas ostentan altos cargos en el gobierno de los Estados involucrados. Y es aquí donde la cooperación de los Estados y de las Organizaciones internacionales juega un papel fundamental.

---

tos esgrimidos en ambas sentencias, ver: ABRISKETA URIARTE, J., "Al Bashir : ¿excepción a la inmunidad del jefe de Estado de Sudán y cooperación con la Corte Penal Internacional?", *Revista Española de Derecho Internacional*, Vol. 68, N° 1, 2016, pp. 19-47

68 Ver: ESCOBAR HERNÁNDEZ, C., «La progresiva institucionalización de la jurisdicción penal internacional: la Corte Penal Internacional», en GARCÍA ARÁN, M. y LÓPEZ GARRIDO, D., *Crimen internacional y jurisdicción universal*, Tirant lo Blanch, Valencia, 2000, p.252. Ver también algunos de los argumentos esgrimidos por Escobar Hernández en su labor como Relatora Especial sobre la inmunidad de jurisdicción penal extranjera de los funcionarios del Estado, en particular: "[...] en realidad, analizando dicha práctica, cabe concluir que los crímenes internacionales que sirven de base para limitar o exceptuar la aplicación de la inmunidad son aquellos respecto de los cuales existe un amplio consenso en la comunidad internacional para considerarlos como crímenes que pueden ser objeto de persecución penal por parte de los tribunales penales internacionales y, en especial, la Corte Penal Internacional. En consecuencia, los crímenes en cuestión deben identificarse con los crímenes de genocidio, lesa humanidad y crímenes de guerra" (UN, Comisión de Derecho Internacional, Quinto informe sobre la inmunidad de jurisdicción penal extranjera de los funcionarios del Estado», presentado por la Relatora Especial, ESCOBAR HERNÁNDEZ, C., UN Doc. A/CN.4/70, Anuario de la CDI, vol. II, Ginebra, 2016, pp. 97-98).

4.2.-Las órdenes de detención: un secreto a voces

Ya en septiembre de 2022, el Fiscal de la CPI se dirigió al Consejo de Seguridad de las Naciones Unidas y enfatizó que la investigación de la supuesta deportación ilegal de niños de Ucrania era una prioridad para su Oficina[69]. En consonancia con esa declaración de intenciones, el 17 de marzo de 2023, la Sala II de Cuestiones Preliminares de la CPI emitió órdenes de detención respecto de dos personas en el contexto de la situación en Ucrania[70]: el Sr. Vladimir Vladimirovich Putin, Presidente de la Federación Rusa, y la Sra. Maria Alekseyevna Lvova-Belova, Comisionada para los Derechos del Niño de la Oficina del Presidente de la Federación Rusa[71]. Basándose en la solicitud de la Fiscalía de 22 de febrero de 2023, anteriormente mencionada, la Sala de Cuestiones Preliminares II consideró que existen motivos razonables para creer que dichos sospechosos son responsables de ciertos crímenes de guerra cometidos contra niños ucranianos, en particular de: la deportación ilegal de población (niños) y el traslado ilegal de población (niños) de las zonas ocupadas de Ucrania a la Federación Rusa.

Dichas órdenes de detención están bajo secreto de sumario, para obtener la adecuada protección de las víctimas y testigos y también para salvaguardar la investigación. No obstante, consciente de que la conducta abordada en la presente situación supuestamente continúa, y que el conocimiento público de las órdenes puede contribuir a la prevención de la comisión de

---

69 Ver: UN Security Council, 9135TH MEETING (AM),SC/15036, 22 September 2022.

70 https://www.icc-cpi.int/news/situation-ukraine-icc-judges-issue-arrest-warrants-against-vladimir-vladimirovich-putin-and, consultado por última vez el 9 de mayo de 2023.

71 https://www.icc-cpi.int/news/statement-prosecutor-karim-khan-kc-issuance-arrest-warrants-against-president-vladimir-putin, consultado por última vez el 16 de mayo de 2023.

nuevos delitos, la Sala consideró que es de interés de la justicia autorizar a la Secretaría hacer pública la existencia de las órdenes de detención, el nombre de los sospechosos, los delitos por los cuales se emiten las órdenes de detención y las modalidades de responsabilidad establecidas[72]. De este modo, conocemos algunos de los datos respecto de los dos acusados.

Por un lado, Vladimir Vladimirovich Putin, Presidente de la Federación de Rusia, es presuntamente responsable del crimen de guerra de deportación ilegal de población (niños) y traslado ilegal de población (niños) de las zonas ocupadas de Ucrania a Rusia Federación (en virtud de los artículos 8(2)(a)(vii) y 8(2)(b)(viii) del Estatuto de Roma). Los delitos se cometieron presuntamente en el territorio ocupado de Ucrania al menos desde el 24 de febrero de 2022. Hay motivos razonables para creer que el Sr. Putin tiene responsabilidad penal individual por los delitos antes mencionados, (i) por haber cometido los actos directamente, junto con otros y/o a través de otros (artículo 25(3)(a) del Estatuto de Roma), y (ii) por no haber ejercido un control adecuado sobre los subordinados, civiles y militares, que cometieron los actos, o permitieron su comisión, y que estaban bajo su control efectivo, autoridad y control, conforme a la responsabilidad del superior (artículo 28(b) del Estatuto de Roma).

Por otro lado, la Sra. Maria Alekseyevna Lvova-Belova, Comisionada para los Derechos del Niño de la Oficina del Presidente de la Federación Rusa, es presuntamente responsable del crimen de guerra de deportación ilegal de población (niños) y traslado ilegal de población (niños) de áreas ocupadas de Ucrania a la Federación de Rusia (en virtud de los artículos 8(2)(a)(vii) y 8(2)(b)(viii) del Estatuto de Roma). Los delitos se cometieron presuntamente en el territorio ocupado de Ucrania al menos desde el 24 de febrero de 2022. Hay motivos

---

72 *Ibid* n. (70).

razonables para creer que la Sra. Lvova-Belova tiene responsabilidad penal individual por los delitos antes mencionados, por haber cometido los actos directamente, junto con otros y/o a través de otros (artículo 25(3)(a) del Estatuto de Roma).

En este sentido, hemos de destacar que uno de los crímenes de guerra más frecuentemente cometido por las Fuerzas rusas ha sido el traslado forzoso de la población ucraniana[73] a zonas ocupadas o controladas por los rusos (como la autoproclamada República de Donetsk) o directamente a territorio ruso[74]. El traslado forzoso de la población civil está prohibido expresamente por el Protocolo I a los Convenios de Ginebra (art.58), y constituye un crimen de guerra a la luz de los artículos 8.2. a) vii) y 8.2.b) viii) del Estatuto de Roma. Cuando este crimen afecta a niños resulta especialmente sangrante, y el hecho de

---

73 Conforme al Informe de Human Rights Watch, la práctica de traslado forzoso de la población ha venido siendo habitual en la zona Mariúpol y en la Región de Jarkóv, en ocasiones utilizando el engaño de pretender ir a otro lugar, o usando la amenaza, sin que existiera la posibilidad de negarse por parte de la población civil (HUMAN RIGHTS WATCH, "We had no choice. Filtration and the Crime of Forcibly Transferring Ukranian Civilians to Russia", September 2022 diponible en https://www.hrw.org/sites/default/files/media_2022/09/ukraine0922_web.pdf.

74 Así viene documentado en: *Informe de la Comisión Internacional Independiente de Investigación sobre Ucrania*, A/77/533, 18 de octubre de 2022, disponible en https://documents-dds-ny.un.org/doc/UNDOC/GEN/N22/637/77/PDF/N2263777.pdf?OpenElement, párrs. 75-80; Sobre el traslado forzoso de la población civil, ver el estudio profundo realizado en: HUMAN RIGHTS WATCH, "We had no choice. Filtration and the Crime of Forcibly Transferring Ukranian Civilians to Russia", September 2022 diponible en https://www.hrw.org/sites/default/files/media_2022/09/ukraine0922_web.pdf. Ver también: *Report on violations of International Humanitarian and Human Rights Law, War Crimes and Crimes against Humanity committed in Ukraine (1 April-25 June 2022)*, OSCE, ODIHR.GAL/36/22/Corr.1, 14 de julio de 2022, en particular p.28.

que las órdenes de detención de la CPI caminen en ese sentido resulta tremendamente revelador.

De hecho, el 15 de junio de 2022, el Alta Comisionada de las Naciones Unidas para los Derechos Humanos había declarado que estaba investigando las denuncias relativas a la sustracción de niños de orfanatos en Donbas, donde Rusia había ido ganando terreno[75]. De este modo, Michelle Bachelet ya había manifestado que le preocupaban los supuestos planes de las autoridades rusas para permitir el traslado de niños de Ucrania a familias en la Federación Rusa. La CPI se hace eco de esta preocupación y sus órdenes de detención en relación con Ucrania se centran en este tipo de crímenes que afectan a niños, y en referencia a dos altos cargos que resultan imputados, no sólo el Presidente Putin, sino la Comisionada para los Derechos del Niño de la Oficina del Presidente.

En el Informe de la Misión de la OSCE en Ucrania[76], se relataba la existencia de un gran número de traslados forzosos de niños, sin que se fuera capaz de ofrecer el dato exacto. A mediados de mayo de 2022, la propia Comisión de Derechos Humanos de Ucrania constató que Rusia había reubicado a más de 210.000 niños durante el conflicto[77]. El 14 de junio

---

75 UN's Bachelet concerned over Ukraine orphans 'deported' to Russia for adoption, UN News, 15 June 2022, at https://news.un.org/en/story/2022/06/1120412, consultado por última vez el 9 de mayo de 2023.

76 OSCE, *Report on violations of International Humanitarian and Human Rights Law, War Crimes and Crimes against Humanity committed in Ukraine (1 April-25 June 2022)*, ODIHR.GAL/36/22/Corr.1, 14 de julio de 2022, p.32.

77 DEUTSCH, A., "Ukraine probes deportation of children to Russia as possible genocide", *Reuters*, 3 June 2022, at https://www.reuters.com/world/europe/exclusive-ukraine-investigates-deportation-children-russia-possible-genocide-2022-06-03/, consultado por última vez el 9 de mayo de 2023.

de 2022, según la información proporcionada por la ex Comisionada del Parlamento ucraniano para los derechos humanos, Lyudmila Denisova, Rusia había deportado a 1 700 000 ucranianos, incluidos 276 000 niños[78]. A pesar de las pruebas en contra, Rusia ha venido negando las acusaciones de que el ejército ruso deporta por la fuerza a ciudadanos ucranianos, incluidos niños a Rusia[79].

Por su parte, el Informe del Alto Comisionado de las Naciones Unidas para los Derechos Humanos, relativo al período comprendido entre el 1 de agosto de 2022 y el 31 de enero de 2023[80] amplia la información sobre las zonas en las que se está produciendo el traslado forzoso de niños y menciona partes de Donetsk, así como las regiones de Kharkiv, Kherson, Kyiv, Odesa y Zaporizhzhia mientras estaban ocupadas por la Federación Rusa o controladas temporalmente por las fuerzas armadas rusas.

Pero la información más relevante y actual que puede estar tomando en consideración la Corte Penal Internacional es la proporcionada por el Mecanismo de Moscú en su informe titulado *Report on Violations and Abuses of International Humanitarian and Human Rights Law, War Crimes and Crimes Against Humanity, related to the Forcible Transfer and/or Deportation of Ukrainian*

---

78 *Report on violations of International Humanitarian and Human Rights Law, War Crimes and Crimes against Humanity committed in Ukraine (1 April-25 June 2022)*, OSCE, ODIHR.GAL/36/22/Corr.1, 14 de julio de 2022, p.73.

79 Moscow denies deporting Ukrainians to Russia, TeleTrader, Teletrader, 22 March 2022, at https://www.teletrader.com/moscow-denies-deporting-ukrainians-to-russia/news/details/57536310?ts=1648496942911, consultado por última vez el 9 de mayo de 2023.

80 OACNUDH, *Report on the Human Rights Situation In Ukraine*, 24 March 2023.

Children to the Russian Federation, de mayo de 2023[81]. En este informe se detallan de modo minucioso los hechos relativos a la deportación ilegal de niños a la Federación Rusa, al tiempo que se relatan las normas de Derecho Internacional Humanitario y del Derecho Internacional de los Derechos Humanos que son vulneradas.

De acuerdo con el informe anteriormente mencionado, el Mecanismo de Moscú llega a la conclusión de que el desplazamiento masivo de niños ucranianos es un hecho no discutido ni por Rusia ni por Ucrania[82]. Este dato es significativo y refleja la adecuación de que la orden de detención de la CPI se centre en este crimen. Por un lado, se da el umbral de gravedad general (crímenes más graves de trascendencia para la comunidad internacional en su conjunto), y el umbral específico requerido para los crímenes contra la humanidad (generalizado o sistemático) y para los crímenes de guerra (como parte de un plan o política o como parte de la comisión a gran escala de tales crímenes). Por otro, existen pruebas irrefutables aportadas por este Mecanismo de la OSCE, lo que impediría los problemas probatorios a los que frecuentemente se enfrenta la CPI.

De hecho, conforme a dicho informe del Mecanismo de Moscú, las víctimas de dicho crimen serían los grupos más vulnerables entre los niños desplazados: huérfanos y menores no acompañados. A juicio de la Misión, los motivos más frecuentes para justificar los desplazamientos de niños de modo organizado son: la evacuación por motivos de seguridad[83]; el traslado para su

---

81 OSCE, *Report on Violations and Abuses of International Humanitarian and Human Rights Law, War Crimes and Crimes Against Humanity, related to the Forcible Transfer and/or Deportation of Ukrainian Children to the Russian Federation*, 4 May 2023.

82 *Ibidem*, p.1.

83 *Ibidem*, pp.14-15.

adopción o acogimiento[84]; y la estancia temporal en los llamados "recreation camps"[85]. Quedan identificados, así, las víctimas de este crimen y el patrón seguido en la comisión del mismo.

No cabe la menor duda de que es positivo, a efectos del enjuiciamiento de Vladimir Putin y de Maria Alekseyevna Lvova-Belova, la evidencia de una serie de acciones coordinadas y organizadas con el objetivo de trasladar forzosamente a niños ucranianos. De este modo, el Presidente de la Federación Rusa habría ordenado dichas acciones, que serían ejecutadas por las personas al servicio de la Comisionada para los Derechos del Niño. La responsabilidad del superior y la responsabilidad penal individual por haber cometido dichos crímenes de guerra por sí solo o con la ayuda de otros queda, así, perfectamente demostrada. La Corte Penal Internacional es consciente de que se juega mucho con estas órdenes de detención y pisa con pies de plomo, siendo extremadamente escrupulosa con las pruebas a su disposición. Esa podría ser la razón de que haya optado por dos órdenes de detención muy concretas en relación solo a un crimen de los tipificados en el ER, ya que posee muchas pruebas de la comisión del mismo, gracias a la colaboración de otros organismos internacionales.

5.-LA COOPERACIÓN CON LA CPI Y EL PAPEL DESTACADO DE LA UNIÓN EUROPEA

La Comisión Internacional Independiente de Investigación sobre Ucrania recomendaba mejorar la coordinación de los esfuerzos internacionales y nacionales de rendición de cuentas, para mejorar la eficacia y prevenir daños a las víctimas y testigos. La Comisión, de conformidad con su mandato, ya señala-

---

84 *Ibidem*, pp.16-17.

85 *Ibidem*, pp.17-18.

ba su intención de contribuir a la identificación de los responsables. En este sentido, dicha contribución a la identificación de los responsables de los crímenes internacionales relatados podrá ser de gran importancia para la labor investigadora de la Corte Penal Internacional. Pero la colaboración con la Corte no se da solo por parte de la ONU, sino que la UE se está mostrando decisiva al respecto.

En este sentido, es muy interesante señalar los diferentes modos de cooperación de la UE con la CPI en la situación de Ucrania. Por un lado, en la remisión colectiva de 43 Estados Parte a la Corte, figuraban 26 Estados miembros de la UE, todos menos Eslovaquia.

En segundo lugar, se ha intensificado la colaboración de Eurojust con el equipo de la Fiscalía de la CPI, a través de un Equipo Conjunto de Investigación (JIT)[86], que involucra fuer-

---

86 En un sentido amplio, podemos definir a los Equipos Conjuntos de Investigación (ECIs) -o en inglés Joint Investigation Teams (JITs)- como un grupo investigador-operativo creado sobre la base de un acuerdo entre dos o más Estados Miembros u otras partes, con un objetivo específico y un periodo de vigencia limitado. El reconocimiento de Resoluciones Judiciales y, fundamentalmente, aquellas resoluciones previas al inicio de un procedimiento judicial penal constituyen la base de los mecanismos de Cooperación Policial en el ámbito de la Unión Europea. De este modo, los mecanismos creados por los protocolos y acuerdos internacionales, entre los que se encuentra la actividad investigadora de un ECI, son eficaces ante el Juzgado que conoce de la investigación, independientemente de la ubicación de éste, siempre que se observen escrupulosamente las garantías procesales durante la práctica de las diligencias encomendadas a los investigadores (Ver, en particular: Guía práctica de los equipos conjuntos de investigación presentada por la Secretaría de la Red de ECI. Esta Guía amplía el anterior Manual de los equipos conjuntos de investigación a la luz de la experiencia práctica adquirida e incorpora el modelo de acuerdo del ECI actualizado (DO C 18 de 19.1.2017)) .

zas policiales y judiciales de Polonia, Lituania y Ucrania[87]. En marzo de 2022, Eurojust ayudó a Lituania, Polonia y Ucrania a establecer un equipo conjunto de investigación sobre graves crímenes internacionales presuntamente cometidos en Ucrania. La Oficina del Fiscal de la CPI firmó un acuerdo en abril para participar en este Equipo Conjunto de Investigación, siendo la primera vez que dicha Oficina se une a un equipo de estas características[88]. En mayo de ese mismo año, Eslovaquia, Estonia y Letonia también se unieron al JIT. Es la primera vez que se crea un JIT de estas características para una situación de la que se está ocupando la CPI. Las posibilidades de actuación y de intercambio de pruebas, así como de validez procesal de las mismas se multiplican exponencialmente con el uso de este mecanismo.

En tercer lugar, en mayo de 2022, la UE aprobó un procedimiento acelerado para adaptar el Reglamento de Eurojust, con el fin de que la Agencia pudiera almacenar y compartir pruebas de presuntos crímenes internacionales graves cometidos en Ucrania, trabajando en estrecha colaboración con la Corte Penal Internacional[89]. Esta reforma del Reglamento de Eurojust tiene

---

87 "Statement by ICC Prosecutor, Karim A.A. Khan QC: Office of the Prosecutor joins national authorities in Joint Investigation Team on international crimes committed in Ukraine". Statement 25 April 2022, en https://www.icc-cpi.int/news/statement-icc-prosecutor-karim-aa-khan-qc-office-prosecutor-joins-national-authorities-joint, consultado por última vez el 8 de noviembre de 2022.

88 https://www.eurojust.europa.eu/eurojust-and-the-war-in-ukraine, consultado por última vez el 14 de noviembre de 2022.

89 *Reglamento (U) 2022/838 del Parlamento Europeo y del Consejo de 30 de mayo de 2022 por el que se modifica el Reglamento (UE) 2018/1727 en lo que respecta a la preservación, análisis y almacenamiento en Eurojust de pruebas relativas al genocidio, los crímenes contra la humanidad, los crímenes de guerra y las infracciones penales conexas,* L148/1, DOCE 30.5.2022. Para un análisis muy interesante de dicho Reglamento y sus aportaciones, ver: TORRES PÉREZ, M., "Eurojust, veinte años de compromiso por la cooperación judicial penal en Europa. el fu-

su origen en la necesidad, reconocida por el Parlamento Europeo[90], de intensificar las competencias de Eurojust para mejorar la coordinación de los Estados miembros, e incluso apoyar el establecimiento de una jurisdicción o mecanismo internacional que se hiciera cargo de coordinar la recolección de pruebas y así mejorar la eficiencia de los procesos de rendición de cuentas.

En consonancia con esta sensibilidad del Parlamento Europeo y con la propia reforma del Reglamento de Eurojust, es de destacar la puesta en marcha, el 23 de febrero de 2023[91],

---

turo de la agencia ante la guerra en Ucrania", *Revista Electrónica de Estudios Internacionales*, nº 44, diciembre 2022, pp.1-17.
Es de destacar que la modificación del Reglamento de Eurojust consolida la base jurídica existente para el tratamiento por parte de la Agencia de las pruebas sobre los crímenes internacionales más graves. Los dos cambios principales incluyen: 1) la creación de una base de datos de Eurojust para almacenar pruebas de crímenes internacionales; y 2) un nuevo mandato de Eurojust para analizar las pruebas almacenadas en la base de datos. Eurojust establecerá la base de datos donde se conservarán y almacenarán de forma segura las pruebas de los crímenes de guerra. Eurojust analizará las pruebas para establecer vínculos, identificar lagunas en la investigación y asesorar a los fiscales sobre el camino a seguir. Eurojust trabajará en estrecha colaboración con la Corte Penal Internacional, para que el análisis también pueda beneficiar su investigación, a través de su cooperación con los Estados interesados. El acceso a la información estará siempre sujeto a la aprobación del país que la proporcionó (https://www.eurojust.europa.eu/eurojust-and-the-war-in-ukraine, consultado por última vez el 14 de noviembre de 2022).

90 Resolución 2022/2655 (RSP) del Parlamento Europeo, de 19 de mayo de 2022, sobre la lucha contra la impunidad por los crímenes de guerra en Ucrania, disponible en https://www.europarl.europa.eu/doceo/document/TA-9-2022-0218_ES.pdf, consultado por última vez el 25 de mayo de 2023.

91 https://www.eurojust.europa.eu/news/start-operations-core-international-crimes-evidence-database-and-new-international-centre consultado por última vez el 25 de mayo de 2023.

de la Base de Datos para la Prueba de Delitos Internacionales (CICED)[92]. CICED es una base de datos judicial centralizada y hecha a medida de Eurojust[93] para preservar, almacenar y analizar pruebas de crímenes internacionales de forma segura. Con el apoyo de la CICED, se identificarán las acciones sistemáticas que existen detrás de los principales crímenes internacionales y, de esta manera, contribuir al avance de las investigaciones nacionales e internacionales, asegurando así que no se dupliquen los esfuerzos y que no se pierda la cadena de custodia en las pruebas (algo que es muy habitual en pleno conflicto armado). Por otro lado, contar con una centralización de la información relacionada con las víctimas ayuda a evitar el fenómeno de revictimización de las mismas, derivado de las continuas entrevistas realizadas a las mismas. Sin duda, esta base de datos constituye una herramienta muy importante para respaldar la acción de la CPI en relación con los crímenes internacionales cometidos en Ucrania.

En quinto lugar, y siendo conscientes de que la colaboración necesaria con la CPI en la situación de Ucrania precisa del compromiso de la Sociedad Civil, el 22 de septiembre de 2022,

---

92 El CICED consta de tres componentes: un método seguro de transmisión de datos digitales, almacenamiento seguro de datos y herramientas de análisis avanzadas. La base de datos también contiene un registro de información sobre quién presentó la prueba, así como el hecho y el tipo de delito al que se refiere (RIEHLE, C., "Eurojust: One Year of Judicial Support for Ukraine ", 5 May 2023, https://eucrim.eu/news/eurojust-one-year-of-judicial-support-for-ukraine/#:~:text=On%2023%20February%202023%2C%20the,Database%20(CICED)%20began%20operation., consultado por última vez el 25 de mayo de 2023).

93 De este modo, solo pueden presentar pruebas las autoridades nacionales competentes de los Estados miembros de la UE y los países con fiscales de enlace en Eurojust (*Ibidem*). Conviene recordar que, desde 2018, Ucrania es uno de los Estados no miembros de la UE que poseen dicho fiscal de enlace en Eurojust.

Eurojust y la Fiscalía de la Corte Penal Internacional hicieron públicas unas directrices prácticas para las organizaciones de la sociedad civil sobre la documentación de los crímenes internacionales fundamentales, como los crímenes de guerra y los crímenes de lesa humanidad[94]. El objetivo de esta guía es propiciar una adecuada recopilación y preservación de información por parte de las organizaciones de la sociedad civil, con el fin de contribuir a las investigaciones y enjuiciamientos a nivel nacional o ante la CPI. Dichas directrices se han elaborado basándose en la experiencia de la Oficina del Fiscal de la CPI, Eurojust, *Genocide Network*[95], organizaciones de la sociedad civil, fiscales nacionales y socios internacionales.

---

94 EUROJUST, Network for investigation and prosecution of genocide, crimes against humanity and war crimes, ICC OTP, *Documenting international crimes and human rights violations for accountability purposes: Guidelines for civil society organisations,* 21 September 2022, en https://www.icc-cpi.int/sites/default/files/2022-09/2_Eurojust_ICC_CSOs_Guidelines_2-EN.pdf, consultado por última vez el 14 de noviembre de 2022.

95 La Red europea para la investigación y el enjuiciamiento del genocidio, los crímenes de lesa humanidad y los crímenes de guerra ('Red de Genocidio') fue establecida en 2002 y reforzada en 2003 por el Consejo de la Unión Europea para permitir una estrecha cooperación entre las autoridades nacionales en la investigación y enjuiciamiento de los crímenes de genocidio, crímenes de lesa humanidad y crímenes de guerra. El mandato de la Red es asegurar que los perpetradores no queden impunes dentro de los Estados Miembros. Los Estados de la UE están representados en la Red de Genocidio a través de Puntos de Contacto nacionales, que incluyen fiscales, investigadores y funcionarios especializados y dedicados a la asistencia judicial mutua. La Red proporciona una plataforma para que los profesionales intercambien información operativa y compartan experiencias y mejores prácticas a través de reuniones bianuales. La Red es un foro único, en el que las autoridades nacionales de los Estados miembros se unen a los Estados observadores y organizaciones asociadas de la Unión Europea, las Naciones Unidas, así como a la sociedad civil, en un objetivo común: la lucha contra la impu-

De este modo, la Unión Europea se significa de modo especial dando un espaldarazo decisivo a la acción de la Corte Penal Internacional en Ucrania, con el objetivo claro de evitar la impunidad por los graves crímenes cometidos en este conflicto. En esta misma línea, hemos de destacar que el conflicto de Ucrania ha desencadenado una respuesta sin precedentes de la Comunidad Internacional a nivel judicial, de modo que, en mayo de 2023, contábamos con investigaciones en curso relacionadas con este conflicto en más de 20 países, incluidos 16 Estados miembros de la UE[96].

Continuando en el nivel de cooperación estatal, el 17 de mayo de 2022, la Fiscalía de la Corte desplegó en Ucrania un equipo de 42 investigadores, expertos forenses y personal de apoyo con el fin de avanzar en su investigación sobre los crímenes de competencia de la CPI. Países Bajos colaboró en la aportación de un número significativo de expertos para contribuir a dicha misión. Pero los Países Bajos no ha sido el único país en cooperar con la Fiscalía de la Corte. De hecho, tras la emisión de una Nota Verbal de 7 de marzo de 2022 solicitando el apoyo de los Estados Parte, varios Estados han enviado expertos nacionales. Dichos expertos funcionarían apoyando el trabajo de la Oficina del Fiscal.

No obstante, la Fiscalía es consciente de que la cooperación más necesaria es la de Ucrania y Rusia. En este sentido, la Fiscalía ha puesto de manifiesto que es preciso fortalecer la sinergia de su acción investigadora con las autoridades nacionales sobre el terreno en Ucrania. Para el Fiscal, sólo a través

---

nidad (https://www.eurojust.europa.eu/judicial-cooperation/practitioner-networks/genocide-network, consultado por última vez el 14 de noviembre de 2022).

96 https://www.eurojust.europa.eu/publication/one-year-timeline-eurojusts-response-war-ukraine consultado por última vez el 25 de mayo de 2023.

de una estrecha cooperación con las autoridades ucranianas, se pueden establecer flujos de trabajo apropiados, fortaleciendo la cadena de custodia en relación con las pruebas[97]. El 17 de junio de 2022, el Fiscal anunció la inminente apertura de una Oficina de la CPI sobre el terreno, con el fin de continuar con el apoyo y reforzar la presencia del personal de la CPI en Ucrania[98]. Sin embargo, la Oficina de la CPI se hizo esperar.

Finalmente, el 23 de marzo de 2023, el Fiscal General de Ucrania, Kostin Andriy, y el Secretario de la Corte Penal Internacional ("CPI" o "la Corte"), Peter Lewis, firmaron un acuerdo de cooperación sobre el establecimiento de una oficina nacional de la CPI en Ucrania[99]. En nombre de Ucrania, firmó el acuerdo el Fiscal General Andriy Kostin, declarando que era el inicio de una cooperación importante y resaltando que no iban a detenerse "hasta que todos los autores de crímenes internacionales cometidos en Ucrania sean llevados ante la justicia, independientemente de su posición política o militar"[100].

En este sentido, no podemos olvidar que la CPI tiene ya siete oficinas sobre el terreno, en particular en: Kinshasa y Bunia (República Democrática del Congo, "RDC"); Kampala (Ugan-

---

97 " ICC Prosecutor Karim A.A. Khan QC announces deployment of forensics and investigative team to Ukraine, welcomes strong cooperation with the Government of the Netherlands", Statement 17 May 2022, en https://www.icc-cpi.int/news/icc-prosecutor-karim-aa-khan-qc-announces-deployment-forensics-and-investigative-team-ukraine, consultado por última vez el 14 de noviembre de 2022.

98 "ICC Prosecutor Karim A. A. Khan QC visits Kharkiv, Ukraine on 15 June 2022", Statement 17 June 2022, en https://www.icc-cpi.int/news/icc-prosecutor-karim-khan-qc-visits-kharkiv-ukraine-15-june-2022, consultado por última vez el 14 de noviembre de 2022.

99 https://www.icc-cpi.int/news/ukraine-and-international-criminal-court-sign-agreement-establishment-country-office, consultado por última vez el 16 de mayo de 2023.

100 *Ibidem.*

da); Bangui (República Centroafricana, "CAR"); Abiyán (Costa de Marfil); Tbilisi, Georgia); y Bamako (Malí). Dichas oficinas sobre el terreno cumplen un papel esencial en el desarrollo y mantenimiento de las relaciones de cooperación con las partes interesadas, que son claves en las situaciones de las que se está ocupando la Corte. La situación de Ucrania, dada la gravedad y sistematicidad de los crímenes que se cometen allí, precisaba, sin duda, de una oficina de estas características con el fin de que la CPI pudiera desarrollar su labor con más eficacia.

6.-CONCLUSIONES:

En conclusión, la Corte Penal Internacional no está mirando a otro lado ante la gravedad de los crímenes internacionales cometidos en Ucrania. Y, de hecho, podrá enjuiciar los crímenes de genocidio, crímenes contra la humanidad y crímenes de guerra cometidos en la situación de Ucrania por los principales responsables de los mismos, incluido el Jefe de Estado de la Federación Rusa. En cambio, el crimen de agresión no podrá ser castigado por la Corte, a la luz de los estrechos límites impuestos por el Estatuto de Roma en su revisión de Kampala. Con todo, dicho crimen no debería quedar impune, y así lo demuestra la creación por la UE de un Centro Internacional para el Enjuiciamiento del Crimen de Agresión, basado en Eurojust.

La tarea de la CPI en relación con Ucrania ha sido abordada con firmeza, pero con delicadeza, puesto que la Corte es consciente de que ésta constituye una oportunidad única para afianzar su legitimidad en el contexto de la comunidad internacional. De hecho, las dos órdenes de detención emitidas por dicho órgano judicial internacional, una de ellas contra Putin, hacen referencia al crimen de traslado forzoso de niños. Esta circunscripción a un solo crimen con dos acusados es muy reveladora de la actitud cauta de la Corte. Ésta opta por un crimen que está suficientemente documentado por los mecanismos establecidos por la ONU y la OSCE, tales como la Comisión Internacional Independiente de Investigación sobre Ucrania y el Mecanismo de Moscú. De esta manera, la CPI se cubre las espaldas, comenzando por investigar y enjuiciar crímenes respecto de los cuales no existan dificultades probatorias importantes. En el futuro es de esperar que la investigación de la Corte vaya obteniendo más frutos y se amplie el espectro de los crímenes sobre los que va a ejercer su competencia en la situación de Ucrania.

Llama la atención poderosamente el gran respaldo que está obteniendo la CPI en su actuación frente al conflicto de Ucrania. No sólo ha conseguido que active su jurisdicción una suerte de *actio popularis* que pone de manifiesto cómo toda la comunidad internacional se siente agredida en su conjunto, sino que se han puesto en marcha una serie de mecanismos nuevos o renovados para colaborar con la Corte.

En definitiva, la ofensiva militar de Rusia en Ucrania ha conducido a una serie de actuaciones inéditas en el marco de varias Organizaciones internacionales que se muestran dispuestas a cooperar con la CPI de un modo decisivo. En particular, hay que resaltar los caminos de cooperación que se han abierto en relación con la UE, la OSCE o la ONU.

El máximo exponente de estas nuevas vías de cooperación es la UE con el establecimiento de un Equipo Conjunto de Investigación del que forma parte la Corte, la modificación del Reglamento de Eurojust para favorecer la colaboración con la CPI, la creación del Centro anteriormente mencionado para el enjuiciamiento de la agresión, y la puesta en marcha de la Base de Datos para la Prueba de crímenes internacionales graves.

Igualmente, se han abierto varias vías de cooperación con los Estados, a través de la aportación de expertos y de contribuciones financieras, que son especialmente relevantes. Finalmente, también se han abierto nuevas sendas de cooperación con la Sociedad Civil respecto de la investigación de la Fiscalía de la CPI, mediante la aportación de información telemática y las directrices para la recopilación de pruebas.

En definitiva, podemos concluir que la Corte Penal Internacional no se enfrenta sola a los crímenes internacionales cometidos en el conflicto ucraniano. Hace frente a los mismos con un gran respaldo de la Comunidad Internacional, de modo que se trata de una acción no sólo legítima sino cooperativa, dada la cantidad y calidad de medios y actores involucrados en la lucha contra la impunidad en este conflicto. Lamentablemente, una vez más, el horror humano propicia grandes avances en la configuración de un verdadero Sistema de Justicia Penal Internacional[101]. En dicho Sistema, la CPI ocupa un papel central, pero no único, y el conflicto de Ucrania constituye un recordatorio sin precedentes de esta certeza.

---

[101] ESCOBAR HERNÁNDEZ, C., "Ucrania y la Corte Penal Internacional: una oportunidad para la Corte y para la lucha contra la impunidad", *Revista Española de Derecho Internacional,* Vol. 74/2, julio-diciembre 2022, Madrid, p.75-76.

Algunas consideraciones sobre la situación de Ucrania en la Corte Penal Internacional

CARLOS GIL GANDÍA[1]

1. CONSIDERACIONES GENERALES

Permítanos ilustrar el presente trabajo por mayor sencillez y claridad con unos apuntes históricos que importa a nuestro asunto. Los helenos nunca llegaron a vincular o relacionar la guerra y el derecho. La única forma de derecho que se concebía era la victoria por las armas. Los romanos, por el contrario, sí asociaron la idea del derecho con la guerra, bajo unas escrupulosas formalidades muy ritualizadas que hubo de cumplirse para con el enemigo, de este modo, se humanizaba la guerra o como mínimo al enemigo. Esa formalidad del derecho era lo que hacía justa o injusta una guerra. Sin embargo, fue Cicerón el que relegó la formalidad para elevar a los altares la justicia de la Cau-

1 Profesor de Derecho Internacional Público y Relaciones Internacionales en la Universidad de Murcia (acreditado a contratado doctor por la ANECA), carlos.gil@um.es Todas las páginas webs mencionadas en este estudio han sido consultadas el 15 de marzo de 2023.

sa, prevaleciendo esta sobre aquella. Así, se admite como lícita la Causa, aunque se ponga en peligro la vida de los inocentes, y se logre la victoria y el fin jurídico motivante de la guerra. Así fue defendida por Victoria y Suárez, teólogos y tratadistas cristianos.

El criterio adoptado por Putin de la justicia de la Causa es la salvación de los rusos afincados en Ucrania y los ucranianos sociológicamente rusos, atacados por el gobierno nazi ucraniano, según la narrativa del Kremlin[2]; también la legitimidad histórica de Rusia sobre Crimea, ya que, según el relato del neozar ruso, la península fue transferida a Ucrania por el líder soviético Nikita Jruschov de manera ilegítima en 1954. Por lo tanto, la anexión de Crimea fue una medida necesaria para corregir una injusticia histórica, defendiéndose un derecho de lucha por encima del derecho a la vida. Toda acción es apoyada, como si se le otorgara la naturaleza de guerra santa, por la Iglesia Ortodoxa rusa, que ha desempeñado un papel importante en la formación de una identidad nacionalista rusa y en la defensa de los valores y tradiciones rusas en contraposición a la influencia de Occidente. Pero la Iglesia rusa, como guía espiritual de Putin, olvida que la añorada URSS fue partícipe del reconocimiento de valores compartidos y reflejados en la Carta de las Naciones Unidas, que sustituye el poder del fusil por el poder del Estado de Derecho, de acuerdo con el modelo filosófico kantiano de cooperación y no el hegeliano de lucha. Asimismo, también se olvida que el antiguo Estado socialista fue partícipe activo en la creación del Tribunal Internacional Militar de Núremberg a fin de luchar contra la impunidad por los crímenes cometidos por los nazis.

---

2 "Sorprendentes, si es que no ofensivas para la inteligencia, estas motivaciones porque ni Ucrania era un Estado militarizado o en situación de militarizarse progresivamente [...] ni es un Estado nacionalsocialista ni que esa ideología política sea la que defiende su gobierno", escribe GUTIÉRREZ ESPADA, C., *Sobre la "operación militar especial" de Rusia en Ucrania*. Diego Marín, Murcia, 2022, p. 15.

Paz, mantenimiento de la seguridad internacional y cultura contra la impunidad son, pues, imperativos categóricos que los Estados del orden global han de cumplir; lamentablemente, el *Guernica* de Picasso sigue vigente en la guerra ruso-ucraniana, también la obra *Guerra y Paz* de Tolstoi, confirma que la guerra interrumpe todo y viene a interrumpir el mundo, impasse producido en Ucrania y su población. Además, esta guerra transmite la crisis de autoridad y credibilidad a la que, en los últimos tiempos[3], promovida en parte por los Estados hegemónicos, se enfrenta el Derecho Internacional (DIP)[4], aunque las crisis parece ser su estado natural. Por eso, es tan importante recordar de un lado a Ihering, ya que la lucha por el derecho es un proceso necesario para la preservación de la justicia y la estabilidad social; de otro a Kelsen, que destacaba la importancia del derecho como herramienta para el mantenimiento de la paz internacional.

La transgresión de los marcos normativos e institucionales que establece el DIP, en particular el art. 2.4 de la Carta de las Naciones Unidas, resulta siempre alarmante y peligroso, máxi-

---

3 Quizás se puede concretar los últimos tiempos desde 1989, con la caída del Muro de Berlín y final de la Guerra Fría, hasta la actualidad. Aquella fecha, tan significativa por tratarse de los últimos vestigios del s. XX, el más corto, según el historiador Eric Hobswam, pudo ser, pero no fue el inicio de una nueva actitud de los Estados para con el respeto y la defensa del Derecho Internacional, o como mínimo de sus principios estructurales; sin embargo, no fue así. Y de modo brillante lo analiza REMIRO BROTÓNS, A., *Civilizados, bárbaros y salvajes en el nuevo orden internacional*, McGraw-Hill, Madrid, 1996.

4 Sobre esta cuestión, se ha pronunciado PONS RAFOLS, X., "La guerra de Ucrania, las Naciones Unidas y el Derecho Internacional: algunas certezas sistémicas insostenibles", en *REEI*, núm. 43, junio 2022, pp. 1-33. Asimismo, REMIRO BROTÓNS, A., "Bush y los Estados hampones", en Estudios de Política Exterior, vol. 16, núm. 90, 2002, pp. 91-98, al hilo de la legítima defensa preventiva de los Estados Unidos contra Irak.

me si se traduce en guerra de agresión[5]. Estados Unidos, con Gran Bretaña, y una colación de Estados, dieron la bienvenida a la entonces naciente Corte Penal Internacional (CPI) con la guerra de agresión desencadenada contra Irak el 20 de marzo de 2003. Transcurridos veinte años, Rusia regalaba a la universitaria CPI el crimen de agresión perpetrado contra Ucrania el 24 de febrero de 2022[6]. En ambos casos intervienen los Estados canallas que se enfrentaron en la Guerra Fría[7], y que no son Estados parte del Estatuto de Roma (ER)[8]. Estas negaciones y

---

5 Prohibida por la Carta de las Naciones Unidas, cuya debilidad jurídica se muestra cuando sucede. Véase MARIÑO MENENDEZ, F., "La debilidad del orden jurídico internacional ante los desafíos de la globalidad", en Anuario Español de Derecho Internacional, vol. 34, 2018, pp. 151-164.

6 El 25 de febrero de 2022 hubo un proyecto de resolución presentado al Consejo de Seguridad. Fue rechazado por 11 votos a favor, 1 voto en contra (Rusia) y 3 abstenciones (China, India y Emiratos Árabes Unidos). Desde entonces, han sido varias las reuniones que no han finalizado con la adopción de una resolución. Sí, en cambio y entre otras, la Asamblea General de las Naciones Unidas adoptó el 23 de febrero de 2023 una resolución donde reclama el fin de la guerra en Ucrania y exige la retirada inmediata de Rusia, de conformidad con la Carta de la ONU. El texto, presentado por Ucrania y respaldado por más de 60 países, logró 142 votos a favor, 7 en contra (Bielorrusia, Eritrea, Mali, Nicaragua, la República Popular Democrática de Corea, Rusia y Siria), y 32 abstenciones.

7 Pretensiones rusas para cuestionar el papel policial norteamericano y demostrar que sus derechos como gran potencia pueden jugar a su favor. En cualquier caso, las viejas guerras de conquista anteriores a 1945 resurgen en Europa, con anexiones territoriales vergonzosas a la lógica jurídica y de seguridad global, acompañadas de la amenaza del uso de armas nucleares, y fuera de un marco geopolítico mutuamente acordado, limitó otrora un poco el alcance de la agresión o la respuesta a ella durante la Guerra Fría.

8 Lo que ocurre en el centro de Europa con la invasión rusa a Ucrania no es una guerra más como las tantas que se dieron en África, Medio Oriente, Asia Central, etc., sino el nuevo enfrentamiento geopo-

vulneraciones del DIP[9] son especialmente perniciosas porque niegan la ley y hacen del poder y la fuerza la causa última del sistema internacional[10]. Pareciera que las grandes potencias estuvieran siempre tentadas de terciar el Derecho a su favor, tergiversándolo, y pervirtiendo los principios fundamentales que se establecieron hace medio siglo en la Declaración sobre los Principios del DIP referentes a las relaciones de amistad y a la cooperación entre los Estados de conformidad con la Carta de las Naciones Unidas[11].

La "operación militar especial" rusa se apoyó jurídicamente en la legítima defensa del art. 51 de la Carta ONU, vinculándola con la "responsabilidad de proteger" a las víctimas de Do-

---

lítico entre Europa-Atlántico Occidental y Rusia-China Oriental, que afecta también a los más vulnerables del Sur Global, que se ven obligados a aliarse con unos o con otros, ya sea de forma explícita, ya sea a través del silencio. Sobre esta cuestión, véase FISAS, V., *Hegemonías, bloques y potencias en el siglo XXI. El orden mundial tras la guerra de Ucrania,* La Catarata, Madrid, 2022.

9 Ciertamente, varios se casos se han dado, de forma grave, tras la Segunda Guerra Mundial, pero quizá la guerra de agresión rusa contra Ucrania sea la más grave. En este sentido se pronunciado ANDRÉS SÁENZ DE SANTAMARÍA, P., "La guerra de Ucrania y el orden internacional global", en *Temas para el debate,* núm. 329, 2022, pp. 28-31.

10 La inobservancia del Derecho Internacional, de los propósitos y objetivos de la Carta de las Naciones Unidas, así como la lucha contra la impunidad, de mantenerse en el tiempo podría suponer una verdadera mutación constitucional del sistema previsto en el tratado fundacional de la ONU, como afirmó GONZÁLEZ CAMPOS, J.D., SÁNCHEZ RODRÍGUEZ, L., y ANDRÉS SAENZ DE SANTA MARÍA, P., en *Curso de Derecho Internacional Público,* Civitas, Madrid, 2008, p. 30.

11 Resolución 2625-XXV de la Asamblea General, aprobada por consenso el 24 de octubre de 1970. Sobre el medio siglo de la Declaración, véase REMIRO BROTÓNS, A., "La Declaración sobre los Principios cumple cincuenta años. Rondó el poder taimado", en *REDI,* vol. 72, núm. 1, 2020, pp. 17-25.

netsk y Lugansk[12], de un presunto genocidio perpetrado por Ucrania[13]. Estos argumentos están más cercanos a la ciencia ficción que a la realidad de las nociones jurídicas sugeridas por Rusia. Por ello, la Comunidad Internacional ha condenado enérgicamente tal ilegal actuación[14], so pretexto de lo que ha realizado Rusia es invadir y ocupar Ucrania.

---

12 Tal argumento parece hacerse eco de aquellos que trataron de justificar la intervención militar contra Yugoslavia en el contexto de la crisis de Kosovo en 1999, o más generalmente la doctrina del "derecho de intervención humanitaria" utilizada para justificar los bombardeos en Siria.

13 Rusia envió una carta oficial al Consejo de Seguridad (S/2022/154) el mismo día del lanzamiento de su "operación militar especial" en Ucrania, exponiendo sus argumentos jurídicos. Un magnífico trabajo que contraargumenta todas las máximas del gobierno ruso para atacar a Ucrania es el de CORTEN, O., "L'emploi de la force de la Russie contre l'Ukraine : violation, mise en cause ou réaffirmation de la Charte des Nations unies?", en Journal Tribunaux, 26 de noviembre de 2022. Disponible en la siguiente dirección: https://jt.larcier.be/publications/jt_2022-fr/jt_2022_38-fr/jt2022_38p711

14 Desde el inicio de la invasión rusa de Ucrania, varios organismos internacionales han manifestado su condena. La UE ha condenado el ataque ruso a Ucrania y ha instado a Rusia a retirar sus tropas de la región y a respetar la integridad territorial de Ucrania. La OTAN ha expresado su apoyo a Ucrania y ha condenado el ataque ruso a Ucrania. El Secretario General de la ONU, António Guterres, ha condenado enérgicamente el ataque ruso a Ucrania y ha pedido un cese inmediato de las hostilidades. Asimismo, también la Organización para la Seguridad y la Cooperación en Europa; la Secretaria General de la OEA, cuyo Consejo Permanente suspendió a Rusia como observador permanente de esta organización; el Consejo de Europa ha expulsado a la Federación rusa (16 de marzo de 2022), o la suspensión de Rusia en su condición de miembro en el Consejo de Derechos Humanos de las Naciones Unidas (Resolución ES-11/4, de 7 de abril de 2022, aprobada por la Asamblea General en el Undécimo periodo de sesiones, de carácter extraordinario y urgencia.

La lucha contra la impunidad es crucial para el mantenimiento de la paz y la seguridad internacionales, ya que la justicia puede prevenir futuros conflictos, disuadir a los perpetradores de cometer crímenes internacionales graves y promover la reconciliación y la construcción de la paz. En este trabajo se analiza el hacer de la CPI en la situación ucraniana[15]. En el contexto de la lucha por el derecho, el tribunal representa un esfuerzo por establecer un sistema judicial internacional penal que tenga la capacidad de juzgar y sancionar a individuos que cometan crímenes internacionales, independientemente de su nacionalidad y condición de mando; y aunque la CPI no tiene un mandato específico en cuanto al mantenimiento de la paz, sí es un instrumento a favor de ella al prevenir la impunidad de los criminales y promover la justicia y la rendición de cuentas por crímenes que atentan contra la conciencia de la humanidad[16].

2. COMPETENCIA, JURISDICCIÓN E INVESTIGACIÓN DE LA CORTE PENAL INTERNACIONAL EN LA SITUACIÓN DE UCRANIA

La expansión de la judicialización del ordenamiento jurídico internacional ha supuesto una tendencia a la judicialización de los conflictos armados –o no–, para trasladar tal situación a

---

15 Un excelente trabajo sobre esta cuestión es el escrito por ESCOBAR HERÁNDEZ, C., "Ucrania y la Corte Penal Internacional", en *REDI*, vol. 74, núm. 2, 2022, pp. 57-76.

16 La institucionalización de la justicia internacional penal nació vinculada al conflicto armado con el Tribunal Militar Internacional de Núremberg y el Tribunal Militar Internacional para el Lejano Oriente, y así continúa. Sobre la CPI como mecanismo de paz, véase ESCOBAR HERNÁNDEZ, C., "La Corte Penal Internacional. Un instrumento al servicio de la paz", en *Revista internacional de filosofía política,* núm. 21, 2003, pp. 5-35.

otro medio conflictual, el proceso judicial: un proceso formal muy volátil basado en la confrontación y diseñado para proteger al mundo con el objetivo de contribuir a la paz, como es la situación de la invasión rusa en Ucrania. Más allá de su resistencia en el campo de batalla, aquel país ha lanzado una ofensiva legal contra Rusia en los tribunales internacionales[17]. Los engranajes de la justicia internacional son normalmente lentos, pero en esta situación se mueven de forma relativamente ligera en respuesta a la guerra ruso-ucraniana. Si bien hay resistencia militar, económica y financiera contra la invasión, la estratégica legal de Ucrania no debe subestimarse, máxime con la importancia que supone el funcionamiento del Estado de Derecho en el ordenamiento jurídico internacional.

Las pruebas que poco a poco aparecen revelan la comisión de aterradores crímenes de guerra por parte de las fuerzas conquistadoras, entre otras violaciones del Derecho Internacional Humanitario[18]; así como también crímenes de lesa humanidad y, sobre todo, la calificación jurídica que merece la inva-

---

17 Destacando la demanda interpuesta contra Rusia ante la Corte Internacional de Justicia en virtud de la Convención sobre Genocidio (26 de febrero de 2022), y los procesos interestatales que hay entre Rusia y Ucrania en el Tribunal Europeo de Derechos Humanos. Cabe señalar, sin embargo, que la idea de resolución del conflicto a través del frente judicial exclusivamente es más ficción que realidad.

18 Sobre esta cuestión, la Asamblea General de las Naciones Unidas, en un equilibrio de no ofender a Rusia, que es la ostentadora de poder, ergo, Poder Nuclear, recordó lo consabido: “Exige que todas las partes cumplan plenamente sus obligaciones contraídas en virtud del derecho internacional humanitario para no causar daño a la población civil ni los bienes de carácter civil, absteniéndose de atacar, destruir, sustraer o inutilizar bienes indispensables para la supervivencia de la población civil, y respetando y protegiendo al personal humanitario y los envíos utilizados para las operaciones de socorro humanitario”, A/ES-11/L.1*, *Agresión contra Ucrania,* 1 y 2 de marzo de 2022, párr. 12.

sión rusa, crimen de agresión que desencadena los crímenes mencionados[19]; pero, a diferencia de aquellos, este queda sin castigo en la práctica[20], pues ni Rusia ni Ucrania son Estados parte en el ER y la vía alternativa al Estado parte para activar la competencia y la jurisdicción de la CPI sobre la agresión es el Consejo de Seguridad[21], en cuyo caso Rusia usaría su derecho de veto. Descartada queda[22]. No obstante, la CPI sí puede co-

---

19 En la Conferencia de Kampala (2010) se definió el crimen de agresión del art. 8 *bis* (2) como "el uso de la fuerza armada por un Estado contra la soberanía, la integridad territorial o la independencia política de otro Estado, o en cualquier otra forma incompatible con la Carta de las Naciones Unidas" y una persona lo comete cuando "estando en condiciones de controlar o dirigir efectivamente la acción política o militar de un Estado, dicha persona planifica, prepara, inicia o realiza un acto de agresión que por sus características, gravedad y escala constituya una violación manifiesta de la Carta de las Naciones Unidas", véase Resolución RC/Res.6, el *crimen de agresión,* de 28 de junio de 2010.

20 Sobre la imposibilidad de castigar el crimen de agresión, léase REMIRO BROTÓNS, A., "Crimen de agresión, crimen sin castigo", en *Agenda Internacional,* vol. 12, núm. 23, 2006, pp. 11-37.

21 Art. 13 (b) del Estatuto de Roma.

22 La imposibilidad de juzgar el crimen de agresión en el seno de la CPI ha dado lugar a llamamientos para que se creen mecanismos especiales de rendición de cuentas, como un tribunal concreto para juzgar el crimen citado, y cuyo abanderado es Philippe Sands y también Oona A. Hathaway. Otra propuesta es que se configure una cámara especial en el sistema jurídico ucraniano, con el posible apoyo del Consejo de Europa. También la Comisión Europea ha propuesto crear un mecanismo para investigar tal crimen. Sin embargo, mientras continúan estas propuestas, que evidentemente son bienvenidas porque forman parte de la cultura contra la impunidad, se debe recordar que ya existe una institución para investigar y enjuiciar tales crímenes, la CPI. Creemos que cualquier creación de otro mecanismo que asuma objetivos del tribunal mencionado podría afectar a su legitimidad y eficacia. Además, Ucrania no ha mostrado interés en crear mecanismos ad hoc. Sobre estas cuestio-

nocer de determinados crímenes cometidos en territorio ucraniano, en virtud de las declaraciones unilaterales que Ucrania ha realizado para aceptar la competencia del tribunal internacional penal de carácter permanente[23]. Declaraciones, ambas, como veremos, tienen una duración ilimitada[24].

La primera declaración fue presentada el 17 de abril de 2014, sobre presuntos crímenes cometidos en territorio ucraniano del 21 de noviembre de 2013 al 22 de febrero de 2014[25],

---

nes, véase BRADFIELD, P., "Prosecuting in a time of war-agression, inmunities and the preservation of evidence in Ukraine", en *Irish Criminal Law Journal,* vol. 32, issue 2, 2022, pp. 51-65.

23 No obstante, cabe señalar que "el examen de la situación de Ucrania por la CPI constituye un magnífico laboratorio en el que han operado todos los mecanismos previstos en este complejo sistema de atribución de la competencia y de activación de la jurisdicción de la CPI, con la única excepción de la participación en dichos procesos del Consejo de Seguridad de las Naciones Unidas", afirma ESCOBAR HERNÁNDEZ, C., "Ucrania y la Corte Penal Internacional: Una oportunidad para la Corte y para la lucha contra la impunidad", en *REDI,* vol. 74, núm. 2, 2022, pp. 57-76, p. 58.

24 Sobre estas declaraciones, en particular, y otras, en general, remitidas a la CPI, se ha pronunciado BOLLO AROCENA, M.D., "La declaración unilateral de aceptación de la competencia de la Corte Penal Internacional (artículo 12.3 del ECPI). De la formulación estatutaria a su puesta en práctica (Costa de Marfil, Uganda, Palestina, Ucrania…)", *REEI,* núm. 31, 2016.

25 De conformidad con lo estipulada en la declaración, Ucrania solicita "the purpose of identifying, prosecuting and judging the autthors and accomplices of acts commited on the territory of Ukraine".

en el contexto de la crisis del Euromaidan. La segunda es del 8 de septiembre de 2015, tras la anexión ilegal rusa de Crimea[26]. Se acepta la jurisdicción del tribunal para investigar cualquier acto de genocidio, crimen de lesa humanidad o crimen de guerra cometido en el territorio ucraniano desde el 20 de febrero en adelante[27], y tanto por personal ruso como ucraniano.

La aceptación de la jurisdicción de la CPI no desencadena automáticamente una investigación por varios motivos. El primero es que Ucrania no puede activarla por no ser Estado parte en el ER. El segundo y correlativo al primero, es que el fiscal tiene capacidad para tal ejercicio según los arts. 13 y 15 del tratado si un caso es remitido por un Estado parte o por el Consejo de Seguridad de las Naciones Unidas o de *motu propio*. Sobre esta base, finalmente han sido varios Estados parte los que han remitido la situación[28], descartando, por lo anteriormente co-

---

26 Al respecto, REMIRO BROTÓNS, A., "Derecho y poder en el destino de Crimea", en *Anuario español de derecho internacional*, núm. 34, 2018, pp. 231-243.

27 Dice así la declaración: "On the recognition of the jurisdiction of the International Criminal Court by Ukraine over crimes against humanity and war crimes commited by senior officals of the Russian Federation and leaders of terrorist organizations "DNR" and "LNR", with led to extremely grave consequences and mass murder of Ukranian nationals".

28 Se trata de una remisión sin precedentes a la CPI, lo que elimina el importante obstáculo procesal de que la investigación estuviera condicionada a la aprobación de una sala de cuestiones preliminares. El 1 de marzo la Corte recibió una declaración de Lituania. El 2 de marzo hicieron una declaración conjunta los siguientes Estados parte: República de Albania, Commonwealth de Australia, República de Austria, Reino de Bélgica, República de Bulgaria, Canadá, República de Colombia, República de Costa Rica, República de Croacia, República de Chipre, República Checa, Reino de Dinamarca, República de Estonia, República de Finlandia, República de Francia, Georgia, República Federal de Alemania, República Helénica, Hungría, República de Islandia, Irlanda, República de Italia, Repú-

mentado, la vía del Consejo de Seguridad, y la del propio fiscal que sería más lenta debido al procedimiento a seguir[29]. Pero, con todo, hemos de tener en cuenta que Rusia no es parte en el ER y tampoco ha realizado una declaración unilateral aceptando la competencia de la CPI, consiguientemente el citado país no tiene la obligación de cooperar con el tribunal. Asimismo, si bien es cierto que los nacionales rusos que han participado en la perpetración de crímenes pueden ser objeto de una orden de detención por parte del tribunal, no es menos cierto que no podrán ser trasladados al tribunal en caso de hallarse en territorio ruso o en aquellos territorios ucranianos que han sido anexados ilegalmente por Rusia, por disponer control efectivo del territorio. Pero si aquellos huyeran a cualquier Estado parte del tratado fundacional del tribunal, sí podrían ser detenidos y entregados de conformidad con la obligación de cooperar.

El fiscal decidió abrir una investigación[30] –la segunda en un país postsoviético, después de Georgia– sobre la base de las

---

blica de Letonia, Principado de Liechtenstein, Gran Ducado de Luxemburgo, República de Malta, Nueva Zelanda, Reino de Noruega, Reino de los Países Bajos, República de Polonia, República de Portugal, Rumania, República Eslovaca, República de Eslovenia, Reino de España, Reino de Suecia, Confederación Suiza, Reino Unido de Gran Bretaña e Irlanda del Norte. El 11 de marzo de 2022, se unieron Japón y Macedonia del Norte. El 21 de marzo de los presento se adhirió Montenegro, y el 1 de abril la República de Chile. Estas remisiones subrayan la confianza de la comunidad internacional en la capacidad de la CPI.

29 No obstante, el 28 de febrero de 2022, el Fiscal de la CPI anunció que solicitaría autorización para abrir una investigación sobre la situación en Ucrania, sobre la base de las conclusiones anteriores de la Oficina (investigación preliminar de la antigua fiscal, Bensouda) derivadas de su examen preliminar, y que abarcara cualquier nuevo presunto crimen que caiga dentro de la jurisdicción de la Corte.

30 Esta fase investigadora difiere de otras conocidas por la CPI por las siguientes consideraciones. En primer lugar, la participación de di-

remisiones recibidas por los Estados parte en relación con la situación de Ucrania[31]. Khan (fiscal) habrá de informar a la sala de cuestiones preliminares sobre la fase de investigación, garantizando un enfoque más transparente del funcionamiento de la CPI. No obstante, las investigaciones de esta magnitud y complejidad tardan un tiempo que, en ocasiones, desespera a las víctimas; más si cabe en este caso se hace doblemente difícil en una zona en guerra activa donde el acceso a pruebas, testigos y víctimas es extremadamente limitado, si acaso imposible[32]. No obstante, ya hay informes o documentos probatorios sobre la presunta comisión de crímenes de guerra y crímenes de lesa humanidad en territorio ucraniano por parte de operativos rusos. A ello ha ayudado el apoyo logístico y económico[33] de la UE, ONU, Estados miembros (Canadá, Francia, Reino

---

versos actores en la obtención de pruebas de los presuntos crímenes internacionales cometidos en territorio ucraniano. En segundo lugar, la rapidez, en la medida de lo posible, con la que han actuado las autoridades nacionales y organismos internacionales en la apertura de investigaciones nacionales e internacionales. En tercer lugar, la situación de conflicto en Ucrania goza de un volumen de documentación sin precedentes.

31 ER arts. 13 a y c, 15 y 18 (1).

32 La Oficina del Fiscal ha creado, por primera vez, un portal dedicado exclusivamente a la obtención de pruebas que pueden ser enviadas por cualquier persona que tenga información sobre la situación en Ucrania. https://otppathway.icc-cpi.int/index.html

33 La Corte es una institución con problemas de liquidez porque muchos Estados, incluidos algunos de los que ahora le envían donaciones voluntarias, han estado insistiendo durante mucho tiempo en que se restrinja su presupuesto a pesar de su creciente carga de trabajo. El fiscal Khan ha manifestado que las donaciones ayudan a la aceleración de la investigación: https://www.icc-cpi.int/news/statement-icc-prosecutor-karim-aa-khan-qc-contributions-and-support-states-parties-will

Unido)[34] y países hostiles contra la CPI como es EEUU[35]. Se trata del mayor sustento que la CPI ha recibido hasta la fecha, particularmente político[36]. Más de 42 investigadores, expertos forenses y personal de apoyo se han desplegado sobre el terreno, el mayor número jamás realizado por la Oficina del Fiscal en una sola misión[37]. Además, la CPI ha establecido una oficina en Kiev para asegurar y aumentar la presencia de su personal en Ucrania. La Oficina cuenta con un fuerte apoyo de los Estados[38], y se compromete a intercambiar información con ellos, en particular a través de la participación en un equipo de investigación conjunto respaldado por Eurojust, una novedad para la fiscalía y la CPI en general. La participación de Ucrania

---

34 La Coalición por la Corte Penal Internacional considera que esta financiación debería ser perdurable, no solo en una situación, ya que lo que se demuestra es un racismo institucional por denegar tal apoyo en otras situaciones y en otros casos. Disponible en la siguiente web: Should the ICC accept Western funding for its probe in Ukraine? | ICC | Al Jazeera

35 Estados Unidos ha enviado a gente especializada en crímenes de guerra y crímenes de lesa humanidad a La Haya. Véase: How to Achieve Accountability for Atrocities in Ukraine | United States Institute of Peace (usip.org).

36 El compromiso colectivo de los Estados de apoyar el trabajo de la CPI se reafirmó en la *Political Declaration of the Ministerial Ukraine Accountability Conference*, celebrada en La Haya el 14 de julio de 2022. https://www.government.nl/documents/diplomatic-statements/2022/07/14/political-declaration-of-the-ministerial-ukraine-accountability-conference

37 Por ejemplo, International Partnership for Human Rights y NAKO han elaborado un preciso informe sobre los crímenes de guerra. https://www.iphronline.org/wp-content/uploads/2023/02/Enabling-War-Crimes-report-final.pdf

38 El compromiso colectivo de los Estados de apoyar el trabajo de la CPI se reafirmó en la *Political Declaration of the Ministerial Ukraine Accountability Conference*, celebrada en La Haya el 14 de julio de 2022. https://www.government.nl/documents/diplomatic-statements/2022/07/14/political-declaration-of-the-ministerial-ukraine-accountability-conference

y la fiscalía del tribunal en este equipo de investigación conjunto puede generar dudas sobre la imparcialidad e independencia de la investigación, pero la Fiscalía decidirá *caso por caso* qué elementos se compartirán o conservarán.

3. VÍCTIMAS DE CRÍMENES INTERNACIONALES EN LA SITUACIÓN DE UCRANIA

El conflicto ha provocado una grave crisis humanitaria, con una gran cantidad de civiles muertos (7000, según la ONU) y afectados por la violencia y la falta de acceso a servicios básicos como la atención médica y la educación. Muchas personas han sido desplazadas de sus hogares y viven en condiciones de refugiados, particularmente en la UE[39].

3.1. Víctimas personas físicas y jurídicas

Las Reglas de Procedimiento y Prueba de la CPI (RPP) reconocen la condición de víctima tanto a las personas físicas como jurídicas[40]. Se trata de una noción amplia de víctima, pues los tribunales predecesores solo reconocían a la persona física[41]. Esta novedad se complementa con otra, el ER no

---

39 4,8 millones son los refugiados ucranianos en la UE, contabilizaba ACNUR el 6 de diciembre de 2022. https://www.consilium.europa.eu/es/policies/eu-migration-policy/refugee-inflow-from-ukraine/. En España, se superan las 160.000 protecciones temporales a refugiados ucranianos, a 29 de diciembre de 2022. https://www.lamoncloa.gob.es/serviciosdeprensa/notasprensa/interior/Paginas/2022/291122-refugiados-ucrania.aspx

40 Regla 85.

41 Sobre esta cuestión, véase GIL GANDÍA, C., *La reparación de las víctimas de crímenes internacionales y la Corte Penal Internacional*, Aranzadi, Navarra, 2020, y ORIHUELA CALATAYUD, E., *Las víctimas y la Corte*

solamente crea un sistema jurídico de rendición de cuentas, sino también –y por primera vez en un tribunal internacional penal– de reparación directa del daño sufrido por las víctimas de crímenes internacionales. Asimismo, la función reparadora del tribunal ha sido reconocida por la jurisprudencia de la CPI al afirmar que el sistema restaurativo es esencial para el éxito del tribunal[42]; además de que la justicia impartida por aquel necesita ir más allá de la dominante, la justicia punitiva[43]; refiriéndose, consiguientemente, a la justicia restaurativa. La primera se centra en el reo y en la pena; la segunda en la víctima y en la reparación del daño. El prisma cambia, máxime cuando la justicia internacional penal nació para centrarse en el delincuente, de conformidad con la responsabilidad internacional penal reconocida por los principios de Núremberg, no tanto en la víctima. Ambas justicias se complementan.

Desde el punto de vista de la justicia restaurativa, la voz de las víctimas es esencial para configurar la verdad y la obtención

---

Penal Internacional, Aranzadi, Navarra, 2014. Sobre una perspectiva comparativa de la intervención de las víctimas en los diferentes procesos de los tribunales internacionales penales, DEL CARPIO, J., *Las víctimas ante los tribunales penales internacionales ad hoc,* Tirant lo Blanch, Valencia, 2009.

42 "The reparation scheme provided for in the Statute is not only one of the Statute's unique features. It is also a key feature. In the Chamber's opinion, the success of the Court is, to some extent, linked to the success of its reparation system", señaló la Sala de Cuestiones Preliminares I en su decisión, ICC-01/04-01/06-l-US-Exp-Con, de 10 de febrero de 2006, párr. 150.

43 "The Statute and the Rules introduce a system of reparations that reflects a growing recognition in international criminal law that there is a need to go beyond the notion of punitive justice, towards a solution which is more inclusive, encourages participation and recognises the need to provide effective remedies for victims", expuso la Sala de Primera Instancia I en su decisión ICC-01/04-01/06, 7 de agosto de 2012, párr. 177.

de pruebas. Pero a esa voz hay que protegerla, con el objetivo de evitar la victimización secundaria[44]. Se señala esto porque en el presente caso cabe la posibilidad de provocar un daño adicional por la intervención de varios actores en las investigaciones. En esta línea se ha pronunciado la Oficina del Fiscal de la CPI, por ello ha elaborado unas directrices en colaboración con Eurojust y la Red de Genocidio basadas en el principio de no dañar a las víctimas ni tampoco la investigación[45].

Las víctimas ucranianas podrán obtener reparación a través de dos vías: la judicial y la administrativa. La primera se da en sede judicial, pero solamente podrán lograr reparación según los crímenes que el reo haya sido condenado y exista nexo causal entre el daño sufrido por la víctima y el crimen cometido por el reo. Además, la jurisprudencia ha dejado claro que sin condena no hay reparación vía judicial, según el art. 75 del ER. Así pues, la segunda da lugar en el procedimiento de asistencia del Fondo, donde la víctima halla una situación más acorde con sus intereses reparadores debido a que no está sometida al postulado jurisprudencial anterior, por tratarse de un mandato de naturaleza administrativa, no judicial. No obstante, se debe aclarar que el Fondo no sustituye a la obligación de reparar del reo y se efectúa de conformidad con el principio de complementariedad de la CPI, por

44 La victimización secundaria puede tener consecuencias negativas a largo plazo para la víctima, incluyendo la pérdida de confianza en las instituciones y en otras personas, el aumento de la ansiedad y la depresión, la retraumatización y la falta de acceso a servicios de apoyo adecuados.

45 Estas directrices tienen como objetivo ayudar a las organizaciones de la sociedad civil a recopilar y preservar información relacionada con crímenes internacionales y violaciones de derechos humanos, que pueden convertirse en pruebas admisibles en los tribunales, y evitar la victimización secundaria. Disponibles en https://www.eurojust.europa.eu/publication/documenting-international-crimes-and-human-rights-violations

tanto, sabe de la situación de las víctimas una vez que el tribunal esté conociendo de la situación, para el caso, de Ucrania. Por el momento, el Fondo no ha actuado sobre el terreno ucraniano[46]. Cuando finalmente actúe, posiblemente el programa de asistencia ofrezca servicios de rehabilitación física, psicológica y apoyo material, que es la dinámica habitual. Por eso es tan importante, además, que, si los Estados parte quieren ayudar a las víctimas, además de focalizar su trabajo en la rendición de cuentas del reo, también pueden nutrir de recursos o contribuciones voluntarias al mandato de asistencia del Fondo Fiduciario con el objetivo de financiar las reparaciones de las víctimas.

3.2. Ecosistema como víctima

Pero, llegados a este punto, cabe preguntarse si, además de las personas físicas o jurídicas, hay otra víctima en el conflicto ruso-ucraniano. Esta es la Naturaleza[47], una víctima silenciosa[48]. En Ucrania, la guerra ha resultado en la degradación del

---

46 A febrero de 2023, el Fondo Fiduciario conoce y trabaja en la República Centroafricana, República Democrática del Congo, Norte Uganda, Costa de Marfil, Malí, Georgia y Kenia.

47 La Naturaleza como sujeto de derecho es una innovación jurídica que han planteado los países del Sur Global (Ecuador, Bolivia, Colombia), y que se expande en un marco del constitucionalismo global en la era del Antropoceno. Desde la perspectiva del Derecho Internacional, véase BORRÀS PENTINAT, S., y SÁNCHEZ, M., "Los derechos de la naturaleza: ¿El camino hacia la paz ecológica?", en *Revista Catalana de Dret Ambiental*, vol. 13, núm. 1, 2022.

48 Sobre la creciente sensibilidad ambiental, particularmente a partir de los años 70, respecto de la protección del medioambiente en el Derecho Internacional Humanitario, véase ABAD CASTELOS, M., "Hacer las paces con la naturaleza y hacer que la naturaleza sea clave para la paz", en SOROETA LICERAS, J., OTAEGUI, I., y DE CASTRO, J.L., (coord.), *Cursos de Derecho Internacional y Relaciones Internacionales Vitoria-Gasteiz 2021*, Tirant lo Blanch, Valencia, 2021, pp. 21-63, pp. 43-44.

aire, agua y suelos en muchas áreas, debido a la explosión de municiones, la quema de combustibles fósiles, etc. Asimismo, el conflicto bélico ha afectado gravemente a la vida silvestre, a los recursos hídricos y a la biodiversidad de la región. Se han registrado pérdidas significativas de áreas forestales y de cultivos, y la contaminación del agua ha afectado la vida acuática y la calidad del agua potable[49]. Desde el comienzo de la guerra ha habido un aumento significativo de los gases de efecto invernadero, mientras que los enfrentamientos que se han producido cerca de las centrales nucleares de Chernóbil y Zaporizhia (las más grandes de Europa) plantean inquietudes graves sobre la posibilidad de fugas radiactivas.

La regla 85 de las RPP no reconoce a la Naturaleza como sujeto de derecho, ni da lugar a ampliar la noción de persona jurídica para reconocerla, por la definición del término. Por lo que se plantea la propuesta de modificar tal disposición con el objetivo de reconocerla. Esta hendidura normativa constata que la perspectiva jurídica y la clase de justicia de la CPI es antropocéntrica, no ecocéntrica[50]; pero, sobre la base del art. 21 (derecho aplicable), se considera que la magistratura podría elaborar una serie de principios ambientales con el objetivo

---

49 El PNUMA ha constatado el daño ambiental aludido en el texto principal en un informe preliminar que fue solicitado por el Gobierno de Ucrania. https://www.unep.org/resources/report/environmental-impact-conflict-ukraine-preliminary-review

50 No obstante, cabe recordar que el 15 de septiembre de 2016, la Fiscalía de la CPI publicó una política sobre la selección y priorización de los casos que investiga, en la que se reconoce la relación entre la degradación ambiental y los crímenes internacionales. La política establece que la Fiscalía puede considerar factores ambientales en la selección y priorización de los casos, y que puede investigar los impactos ambientales como un aspecto importante en las víctimas de crímenes. Disponible en: https://www.icc-cpi.int/sites/default/files/itemsDocuments/20160915_OTP-Policy_Case-Selection_Eng.pdf

de configurar un modelo de justicia ecológico[51], que complemente a los modelos retributivo y restaurativo.

Asimismo, la consideración de ciertas conductas como constitutivas de crimen y la consiguiente intervención de los tribunales penales permite afirmar que, para la protección del medioambiente en el seno de la CPI, ha sido propuesto el tipo penal ecocidio como quinto crimen internacional en el ER, art. 5[52]. Por el momento, la protección jurídica del medioambiente en el seno del tribunal se da por medio de los crímenes de guerra, porque la degradación ambiental puede tener un impacto negativo en la salud, el bienestar y la calidad de vida de las personas afectadas[53], es decir, se protege la Naturaleza en tanto en cuanto sus daños afectan al ser humano (visión antropocéntrica).

---

51 Sobre esta cuestión me pronuncié en El Laboratorio Filosófico sobre la Pandemia y el Antropoceno, con el trabajo: "Corte Penal Internacional: ¿Posibilidad de un modelo de justicia ecológica?", 15 de julio de 2021. https://redfilosofia.es/laboratorio/2021/07/15/corte-penal-internacional-posibilidad-de-un-modelo-de-justicia-ecologica/

52 Es noble y justo recordar el trabajo que realizó Higgins sobre esta cuestión. Pues durante años defendió el ecocidio como crimen internacional, cuyo pensamiento se plasmó en HIGGINS, P., *Eradicating Ecocide,* Shepheard-Walwyn, Londres, ed. 2, 2016. Asimismo, sobre esta cuestión véase GIL GANDÍA, C., "Corte Penal Internacional: ¿Un nuevo paradigma medioambiental en la justicia internacional penal?", en SOTO CARRRASCO, D., y PALACIOS, M. (coord.). *El reto de la Agenda 2030: desafíos éticos y experiencias ambientalistas en Iberoamérica,* UPACIFICO, Quito (Ecuador), 2020, pp. 101-126. Asimismo, véase el documento elaborado por varios expertos internacionales capitaneados por el abogado internacionalista y profesor Philippe Sands, para la Fundation Stop Ecocide en 2021. https://www.stopecocide.earth/expert-drafting-panel

53 De la Conferencia de las Naciones Unidas sobre el Medio Humano, celebrada en junio de 1972, se adoptó la Declaración de Estocolmo, que estableció la relación entre el medioambiente y los derechos humanos.

El ER y los Elementos de los Crímenes establecen que el lanzamiento de un ataque intencionado que afecte, a sabiendas, el medioambiente de forma extensa, duradera y grave es un crimen de guerra[54]. Pues el daño deliberado contra el medioambiente es contrario al Derecho Internacional en vigor[55]. Hasta la fecha, la CPI no ha condenado a nadie por ese crimen, por lo que se halla ante un desafío en la situación ucraniana.

La CPI debe hacer lo posible, con la ayuda del PNUMA y cualesquiera otros actores implicados en las investigaciones, para esclarecer hechos y señalar culpables por la catástrofe ambiental que está aconteciendo en Ucrania. Porque la protección del medioambiente también puede tener un efecto positivo en la resolución de conflictos, y puede contribuir a la estabilidad política y económica de los países, lo que a su vez puede fomentar la paz. Es lo que se conoce como *paz ambiental*[56]: se enfoca en la necesidad de proteger el medioambiente y promover su uso sostenible para garantizar la paz y la estabilidad en el mundo. Por consiguiente, la CPI debe contribuir a la citada paz en tanto mecanismo al servicio de la paz.

---

54 En el caso de *Prosecutor v. Milan Martic* (IT-95-11), 12 de junio de 2007, el TPIY condenó al acusado por crimen de guerra de destrucción de ciudades, pueblos y aldeas, y la destrucción de bienes dedicados a fines religiosos y culturales. En este caso, el tribunal también consideró que la destrucción del medioambiente puede ser considerada un crimen de guerra, si se cumple el criterio de que la degradación del medio ambiente sea "extensa, duradera y grave".

55 En estos términos se pronunció la Corte Internacional de Justicia en *Legality of the Use by a State of Nuclear Weapons in Armed ConJEict, Advisory Opinion*, I. C. J. Reports 1996, p. 66, párr.32.

56 Sobre esta cuestión véase SWAIN A., y ÖJENDAL, JJ., *Handbook of Environmental Conflict and Peacebuilding*, Routledge, Londres, 2018.

4. COOPERACIÓN ESTATAL EN LA SITUACIÓN DE UCRANIA

La cooperación estatal no debe reducirse exclusivamente a la venta de armamento a Ucrania, también existe y es muy importante, para abordar el conflicto desde la perspectiva judicial, la cooperación jurídico-judicial, que implica afrontar la rendición de cuentas. Porque la negación de cooperación equivale a una afirmación vergonzante de impunidad.

La cooperación es la columna vertebral de la CPI. Sin ella, el trabajo del tribunal se desmorona, como verifica el caso Al-Bashir[57]. La obligación de cooperar es importante para garantizar la eficacia de la justicia internacional y para prevenir la impunidad por los crímenes internacionales. Los Estados parte no solamente deben cooperar en la CPI con la participación en sus órganos y con todos sus órganos, sino también con ella[58]. No obstante, la cooperación y asistencia del tribunal se amplía también a los Estados no parte del ER[59], incluyendo a Ucrania, que firmó el ER en 2000 pero no lo ratificó por la presunta necesidad de enmiendas constitucionales para tal fin.

---

57 Contra el antiguo mandatario sudanés han sido emitas dos órdenes de arresto. La primer tuvo fue el 4 de marzo de 2009, mientras que la segunda el 12 de julio de 2010. Ningún Estado africano ha tenido al prófugo (con las órdenes emitidas, el sudanés ha viajado a Eritrea, Liberia, Egipto, Malawi, Chad, República Democrática del Congo, India y Sudáfrica). De este modo, se incumple reiteradamente el deber de cooperación con la CPI. Sobre un análisis de órdenes de arresto, CERVELL HORTAL, M.J., "La resolución 1970 (2011) del Consejo de Seguridad y la remisión de la cuestión libia a la CPI: ¿la unión hace la fuerza?", en *Anuario Español de Derecho Internacional*, núm. 27, 2011, pp. 77-107.

58 Art. 86. Y art. 88.

59 Art. 87 ER.

Los cimientos de la cooperación estatal en la situación de Ucrania emprendieron con la remisión de 43 Estados parte del caso para la puesta en marcha del hacer investigador del fiscal de la CPI. Pero estos, con el resto de Estados parte, también deben de cooperar, en el caso de solicitarlo la CPI, por medio de la identificación y búsqueda de personas u objetos; la práctica de pruebas, incluidos los testimonios bajo juramente, dictámenes e informes periciales que requiera el tribunal; el interrogatorio a persona objeto de investigación o enjuiciamiento; la notificación de documentos relevantes, inclusive judiciales; la facilitación voluntaria de expertos o testigos; así como también el traslado provisional de personas.

Es llamativo el caso de Estados Unidos. Este Estado comenzó una persecución contra la CPI desde el principio de su existencia, con advertencias y belicosas amenazas, por medio de acuerdos bilaterales de no extradición impulsados por Bush Jr., por los cuales las partes se comprometieron a no atender las solicitudes de detención y entrega demandadas por la CPI –sean o no parte en el ER– a fuer de proteger a los militares norteamericanos. La hostilidad yanqui se recrudeció con la Administración Trump. Anunció sanciones contra la CPI y adoptó medidas contra la fiscal Bensouda, y otros, como fue la restricción del visado. ¿Cambiará EEUU realmente su postura con la CPI o se tratará más bien de una construcción artificial como la vida de Truman en el Show de Truman? Por el momento, tras el apoyo masivo que se ha dado a la CPI y tras una visita a los Estados Unidos del presidente ucraniano Zelensky en 2022, el Congreso de EEUU aprobó un paquete general de 23 *fixes* que incluían varias soluciones legislativas que podrían facilitar que los Estados Unidos cooperasen con la CPI en el caso de Ucrania[60]. Incluso se abrió la puerta, de un lado, a la posibilidad de

---

60 Véase https://www.congress.gov/bill/117th-congress/house-bill/2617/text

donar recursos económicos al Fondo Fiduciario en beneficio de las víctimas[61], de otro, el tribunal también puede ahora llevar a cabo actividades de investigación relacionadas con Ucrania en los Estados Unidos[62]. Es, sinceramente, una buena oportunidad para ejercer el liderazgo del sistema multilateral de la ONU centrado en la ayuda a la CPI. Queda, pues, claro, que la postura de la Administración Biden con la CPI está cambiando de forma paulatina, pero restringida porque se reduce solo al caso de Ucrania[63]. Para el resto de situaciones, y haciendo el símil con la película citada, hay una tensión constante entre la realidad presentada por el poderoso actor principal (el canal de televisión en "El Show de Truman", Estados Unidos en la relación con la CPI) y la verdad que se encuentra debajo de la superficie. Truman busca desesperadamente descubrir la verdad sobre su vida, mientras que la CPI busca desenterrar la verdad sobre los crímenes internacionales graves, que a menudo son encubiertos o ignorados por el Estado hegemónico.

---

61 En el siguiente enlazo se puede encontrar todas las propuestas norteamericanas. https://www.state.gov/supporting-justice-and-accountability-in-ukraine/

62 En el año 2022, una delegación norteamericana visitó las dependencias de la CPI en La Haya. Una visita histórica, teniendo en cuenta el historial de hostilidad mencionado en el texto principal. Véase https://www.hrw.org/news/2022/11/07/us-delegation-makes-historic-visit-international-criminal-court. Asimismo, en marzo de 2023, el Fiscal General de la CPI tuvo encuentro con el Fiscal General de los EEUU en Lviv durante una conferencia por la *United for Justice,* en el que se trató la cooperación como mecanismo esencial para garantizar la justicia y la rendición de cuentas por la comisión de crímenes internacionales.

63 Y veremos qué sucede, porque el Pentágono se muestra reticente a colaborar con la CPI, según el New York Times de 8 de marzo de 2023. https://www.nytimes.com/2023/03/08/us/politics/pentagon-war-crimes-hague.html?smid=nytcore-ios-share&referringSource=articleShare ¡Qué sucedería con la doctrina Jackson!

5. CONCLUSIONES

Cada situación y caso que conoce y trabaja la CPI es un desafío. En el caso de Ucrania, también. Posiblemente, es la primera vez que el aludido tribunal cuenta con un gran apoyo de actores de la Comunidad Internacional con el objetivo de luchar contra la impunidad en la guerra ruso-ucraniana. Incluso, como hemos visto, de Estados Unidos.

La obtención de pruebas es un gran reto porque el conflicto armado se perpetua en el tiempo. Además, hay lugares controlados por Rusia que a buen seguro será difícil cuando no imposible lograr pruebas. Sin embargo, el presente caso también presenta oportunidades para seguir avanzando en la lucha contra la impunidad por medio de la imaginación, como se ha demostrado con la apertura de un portal para enviar información del conflicto armado. Es también una buena ocasión para que la magistratura del tribunal y demás órganos introduzcan una perspectiva ambiental en el proceso judicial. Es una ocasión para visibilizar la Naturaleza como víctima, para ampliar tal noción en la normativa de la CPI y tipificar el ecocidio, así se reconocería la alta relevancia que la sociedad le concede a su propio entorno ambiental. El éxito de la investigación y, en su caso, posterior enjuiciamiento, de la situación de Ucrania no depende solamente del tribunal, también de la cooperación estatal. Sin esta, el hacer de la CPI es exiguo e incluso podría declinar a la nada.

Resumen. En este trabajo se analiza la situación de Ucrania en la Corte Penal Internacional, al hilo de la remisión de 43 Estados parte de los posibles crímenes cometidos en territorio ucraniano a raíz de la guerra de agresión emprendida por rusa contra Ucrania. El análisis se centra en la investigación de la situación por el fiscal de la Corte Penal Internacional, las víctimas de crímenes internacionales y la cooperación estatal.

Abstract. The purpose of this paper is to analyze the position of Ukraine on the International Criminal Court in light of the remission of 43 States parties to the possible crimes committed on Ukrainian territory as a result of the war of aggression launched by Russia against Ukraine. In this analysis, the focus is on the investigation of the situation by the prosecutor of the International Criminal Court, the victims of international crimes, and the cooperation of the various states.

Palabras clave: Corte Penal Internacional, Rusia, Ucrania, pruebas, agresión, víctimas.

Keywords: ICC, Russia, Ukraine, evidence, aggression, victims.

¿El no reconocimiento de la inmunidad de la "troika" de un Estado no parte (Rusia) del Estatuto de la Corte Penal Internacional como contramedida de terceros? Reflexiones al hilo del actual conflicto ucraniano

HAROLD BERTOT TRIANA[1]

SUMARIO: 1. INTRODUCCIÓN. 2. RUSIA COMO *ESTADO NO PARTE* DEL ESTATUTO DE ROMA Y EL ÁMBITO DE COMPETENCIAS DE LA CPI EN EL CONFLICTO UCRANIANO. 3. ¿LA DENEGACIÓN DE INMUNIDAD DE JURISDICCIÓN CON RESPECTO A UN ESTADO NO PARTE EN LOS MARCOS DE UN *DEBER DE COOPERAR* ANTE LA VIOLACIÓN GRAVE DE UNA NORMA DE *JUS COGENS*? 4. ¿PODRÍA JUSTIFICARSE ENTONCES COMO CONTRAMEDIDA DE TERCEROS EL QUEBRANTAMIENTO DE LA INMUNIDAD DE JURISDICCIÓN DE LA *TROIKA*, ANTE VIOLACIONES GRAVES DE OBLIGACIONES FUNDAMENTALES DE LA COMUNIDAD INTERNACIONAL? 5. PALABRAS FINALES.

1 Profesor de Derecho Internacional Público de UNIE Universidad (España). Profesor Asistente de la Universidad de la Habana (Cuba). Doctor en Ciencias Sociales y Jurídicas (Línea Derecho) de la Universidad Rey Juan Carlos. Correo electrónico: hbertottriana@gmail.com

1. INTRODUCCIÓN

En los distintos escenarios judiciales y arbitrales abiertos a consecuencia del conflicto ruso-ucraniano, es el espacio revitalizado de la Corte Penal Internacional (CPI) el que mayor atención acapara en la comunidad internacional ante la existencia de presuntos crímenes internacionales en territorio de Ucrania.[2] Entre las diversas cuestiones sobre el rol de esta institución judicial, sin lugar a dudas una de las más polémicas resulta la posible responsabilidad penal internacional de la "troika" de Rusia (Jefe de Estado, Jefe de Gobierno y Ministro de Relaciones Exteriores).

Dentro del amplio espectro de materias que se suscitan, las siguientes líneas analizan cómo afecta la condición de *Estado no parte* de Rusia en el Estatuto de la CPI en la cuestión de la inmunidad de jurisdicción penal de la "troika" rusa ante la CPI. Se pone el acento en la "tensión" existente entre los artículos 27 y 98 del Estatuto, en los marcos del *deber de cooperación* de los Estados partes, en casos en que se requiera cumplir con *solicitudes de arresto y entrega* de la CPI. A partir de un supuesto de *lege ferenda*, el trabajo analiza si el cumplimiento de una *solicitud de arresto y entrega* de la CPI por un Estado parte con respecto a las prin-

---

2 En igual sentido, se registra un notable activismo por crear un tribunal especial para juzgar el *crimen de agresión*. El ex primer ministro de Reino Unido, Gordon Brown, junto a otras figuras de diversos ámbitos, hicieron público una declaración en el que abogaron por un tribunal de este tipo para Ucrania. (Statement Calling for the Creation of a Special Tribunal for the Punishment of the Crime of Aggression against Ukraine. https://gordonandsarahbrown.com/wp-content/uploads/2022/03/Combined-Statement-and-Declaration.pdf). Hasta la fecha de hoy, cuenta con algún respaldo de la Asamblea Parlamentaria del Consejo de Europa, el Parlamento Europeo, la Asamblea Parlamentaria de la OTAN, y la Asamblea Parlamentaria de la OSCE.

cipales autoridades políticas en ejercicio de Rusia (la "troika"), pudiera justificarse como contramedidas de terceros Estados.

2. RUSIA COMO *ESTADO NO PARTE* DEL ESTATUTO DE ROMA Y EL ÁMBITO DE COMPETENCIAS DE LA CPI EN EL CONFLICTO UCRANIANO

La CPI tiene competencia *ratione materiae*, conforme al Estatuto de Roma, sobre los crímenes establecidos en los artículos 5, 6, 7 y 8*bis* del Estatuto (crimen de genocidio, crímenes de lesa humanidad, crímenes de guerra y crimen de agresión). El principio de *territorialidad* y de *personalidad activa*, a su vez, informa la competencia de la CPI sobre el territorio de un Estado parte o de un Estado que ha reconocido la jurisdicción de la CPI en los términos del artículo 12 (3) del Estatuto; o cuando los crímenes sean cometidos por nacionales de un Estado parte (artículo 12.2 del Estatuto). Estos criterios, sin embargo, sucumben cuando se trata de remisiones del Consejo de Seguridad, en ejercicio de las facultades del Capítulo VII de la Carta de la ONU.

De este modo la competencia de la CPI sobre los crímenes establecidos en el Estatuto no se limita únicamente al territorio de los Estados partes o si se cometen por nacionales de Estados partes.[3] Puede ejercer también competencia con respecto a nacionales de Estados no partes en los supuestos ya apuntados: que la competencia se fundamente en una remisión del Consejo de Seguridad de Naciones Unidas[4]; o que la comisión de estos crímenes por nacionales de Estados no partes se realice en territorio de Estados partes o de Estados que, sin ser partes,

---

[3] Artículo 12 del Estatuto de la CPI.

[4] Artículo 13 del Estatuto de la CPI.

consienten la jurisdicción de la CPI para conocer de estos crímenes establecidos en el mencionado Estatuto[5].

Este último supuesto es el que se ajusta al actual conflicto ucraniano. Aunque Ucrania y Rusia no son Estados partes del Estatuto, el primero reconoció la jurisdicción de la CPI de conformidad con el mencionado artículo 12 (3) del Estatuto de la CPI. De esta forma la CPI tiene competencia con respecto a presuntos crímenes cometidos en territorio ucraniano, ya sea por nacionales de Ucrania como de Rusia.[6] Ucrania reconoció el 9 de abril de 2014 la jurisdicción de la CPI para "identificar", "perseguir" y "juzgar" a los responsables de presuntos crímenes cometidos en el período del 21 de noviembre de 2013 al 22 de febrero de 2014 en el territorio de Ucrania.[7] Posteriormente, otra declaración del 8 de septiembre de 2015 consintió en el mismo sentido la jurisdicción de la CPI desde el 20 de febrero de 2014 con una "duración indefinida".[8]

El proceso para "activar" la competencia de la CPI, alcanzó especial relevancia en este caso. La remisión de una situación por un Estado parte (13.a del Estatuto) o por el Consejo de Seguridad, evade a la Fiscalía de la CPI de un "control judicial" por la Sala de Cuestiones Preliminares de la CPI cuando deci-

---

5 El artículo 12 (3) del Estatuto de la CPI.

6 La competencia territorial está establecida en los artículos 12 y 13 b) del Estatuto de la CPI. La propia Corte se ha pronunciado en este sentido. *Vid.*, por ejemplo: *Judgment on the Appeal of Mr. Thomas Lubanga Dyilo against the Decision on the Defence Challenge to the Jurisdiction of the Court pursuant to article 19 (2) (a) of the Statute of 3 October 2006*, ICC-01/04-01/06-772, párr. 22.

7 *Vid.*, la declaración presentada por Ucrania el 9 de abril de 2014 en: https://www.icc-cpi.int/sites/default/files/itemsDocuments/997/declarationRecognitionJuristiction09-04-2014.pdf.

8 *Vid.*, la declaración presentada por Ucrania con fecha 8 de septiembre de 2015 en: https://www.icc-cpi.int/sites/default/files/iccdocs/other/Ukraine_Art_12-3_declaration_08092015.pdf#search=ukraine.

de iniciar una "investigación", después de agotada la etapa o fase de "examen preliminar". Sin embargo, si el Fiscal inicia *de oficio* un "examen preliminar", de conformidad con el artículo 15, sólo puede pasar a la fase de "investigación" con la autorización de la mencionada Sala de Cuestiones Preliminares, que evalúa la existencia de un "fundamento suficiente para abrir una investigación" (artículo 15.4).

En la situación de Ucrania, la Fiscalía había decido iniciar *de oficio* un examen preliminar desde el 25 de abril de 2014, de acuerdo con la aceptación de la competencia de la CPI realizada por Ucrania el 17 de abril de 2014, para los hechos ocurridos en el período del 21 de noviembre de 2013 y el 22 de febrero de 2014, es decir, para los hechos denominados "eventos de Maidán".[9] Con la segunda declaración ucraniana de 8 de septiembre de 2015, el *ámbito temporal* del examen preliminar se extendió desde el 20 de febrero de 2014 *hacia adelante*[10], y abarcaba los hechos relacionados con presuntos crímenes en Crimea y en la parte este de Ucrania.[11]

---

9 "Le Procureur de la Cour pénale internationale, Fatou Bensouda, ouvre un examen préliminaire en Ukraine", Communiqué de presse: 25 avril 2014, Corte Penal Internacional. https://www.icc-cpi.int/fr/news/le-procureur-de-la-cour-penale-internationale-fatou-bensouda-ouvre-un-examen-preliminaire-en; International Criminal Court, The Office of the Prosecutor, "Report on Preliminary Examination Activities 2020", 14 December 2020, párr..269. https://www.icc-cpi.int/sites/default/files/itemsDocuments/2020-PE/2020-pe-report-eng.pdf.

10 "ICC Prosecutor extends preliminary examination of the situation in Ukraine following second article 12(3) declaration", Press Release: 29 September 2015. https://www.icc-cpi.int/news/icc-prosecutor-extends-preliminary-examination-situation-ukraine-following-second-article-123.

11 International Criminal Court, The Office of the Prosecutor, "Report on Preliminary Examination Activities 2020", 14 December 2020, párr. 270.

Al momento de la agresión rusa en febrero de 2022, la situación de Ucrania se encontraba en esta fase de "examen preliminar". Fue el 28 de febrero de 2022 cuando el Fiscal de la CPI, Karim A.A. Khan consideró, a partir de la evaluación suministrada por el examen preliminar, la existencia de una *base razonable* para la *apertura de una investigación* con relación a *presuntos crímenes de guerra* y *crímenes de lesa humanidad*. La *expansión del conflicto* sirvió de justificación para ensanchar la investigación de los presuntos crímenes que pudieran cometerse por ambas partes en todo el territorio ucraniano.[12]

Sin embargo, como hemos indicado, el inicio *de oficio* del examen preliminar en la situación ucraniana encontraba, en términos de agilidad procesal, la necesidad de la *autorización* de la Sala de Cuestiones Preliminares. Por esta razón, para dar respuestas urgentes en materia de investigación a los graves acontecimientos que se sucedían con la agresión rusa, el propio Fiscal hizo un llamado a *acelerar* el procedimiento mediante la *remisión* por un Estado parte.[13] Desde el 1 de marzo varios Estados remitieron la situación a la Oficina del Fiscal.[14] Esto posibilitó que el 2 de marzo de 2022, con base en el ya mencionado artículo 14 del Estatuto, el Fiscal decidiera abrir una investigación desde el 21 de noviembre de 2013 en todo el territorio ucraniano, y con respecto a *toda denuncia pasada y presente* sobre crímenes de guerra, crímenes de lesa humanidad o genocidio.[15]

---

12 Statement of ICC Prosecutor, Karim A.A. Khan QC, on the Situation in Ukraine: "I have decided to proceed with opening an investigation." Statement: 28 February 2022. https://www.icc-cpi.int/news/statement-icc-prosecutor-karim-aa-khan-qc-situation-ukraine-i-have-decided-proceed-opening.

13 *Ibíd.*

14 *Ibíd.* Consultar en este sitio web todos los Estados involucrados.

15 Statement of ICC Prosecutor, Karim A.A. Khan QC, on the Situation in Ukraine: Receipt of Referrals from 39 States Parties and the Opening of an Investigation, Statement: 2 March 2022. https://www.icc-

En cuanto al *crimen de agresión*, la CPI no tiene atribuida competencia en la presente situación. El ejercicio de esta competencia -por remisión de Estados o *proprio motu*- solo se fundamenta cuando *resulte* "de un acto de agresión cometido por un Estado Parte, salvo que ese Estado Parte haya declarado previamente que no acepta esa competencia mediante el depósito de una declaración en poder del Secretario".[16] A diferencia de la competencia para el resto de los crímenes previstos en el Estatuto, esta competencia se excluye para los Estados no partes, ya sea cuando fuera "cometido por los nacionales de ese Estado o en el territorio del mismo"[17]. Por su parte la remisión del Consejo de Seguridad de Naciones a la CPI para este crimen, en virtud del artículo 15*ter* del Estatuto, es una posibilidad que queda descartada por la presencia y el rol de Rusia en este órgano[18].

A la par de la existencia de procesos judiciales contra soldados de nacionalidad rusa al amparo de la legislación ucraniana -que ya despiertan suspicacias sobre su conformidad con las garantías del debido proceso[19] y por los riesgos de una limita-

---

cpi.int/news/statement-icc-prosecutor-karim-aa-khan-qc-situation-ukraine-receipt-referrals-39-states.

16 Artículo 15 *bis* 4)

17 Artículo 15 *bis* 5) del Estatuto de la Corte Penal Internacional.

18 Artículo 15 *ter* 1): "La Corte podrá ejercer su competencia respecto del crimen de agresión de conformidad con el apartado b) del artículo 13, con sujeción a las disposiciones de este artículo." El artículo 13 sobre "ejercicio de la competencia" establece que: "La Corte podrá ejercer su competencia respecto de cualquiera de los crímenes a que se refiere el artículo 5 de conformidad con las disposiciones del presente Estatuto si: (...) b) El Consejo de Seguridad, actuando con arreglo a lo dispuesto en el Capítulo VII de la Carta de las Naciones Unidas, remite al Fiscal una situación en que parezca haberse cometido uno o varios de esos crímenes".

19 BARDET, C., "Ukraine: the risk of judging war crimes during war", *Justiceinfo.net*, 30 de mayo de 2022. Disponible en: https://www.justiceinfo.net/en/93059-ukraine-risk-judging-war-crimes-during-war.html#utm_

ción de estos enjuiciamientos únicamente a nacionales rusos en la cooperación de Ucrania con la CPI[20] con base en las investigaciones a cargo de la Oficina del Fiscal[21], a la que se han sumado otras organizaciones internacionales[22]-, se abren preguntas sobre la posibilidad de juzgamiento de los líderes políticos rusos por la CPI, o por cualquier otro tribunal internacional especial creado al efecto, o incluso por tribunales nacionales extranjeros. Sin embargo, para cada uno de ellos existen dificultades *fácticas* y *jurídicas* de enorme envergadura.

En el caso de procesamiento, juzgamiento y condena de Jefes de Estado, Jefes de Gobiernos o Ministros de Relaciones Exteriores por un tribunal nacional extranjero, mientras se encuentre en ejercicio de su cargo, es posible invocar en todo momento *inmunidad* conforme a normas de derecho internacional consuetudinario. La inmunidad *ratione personae* (por ra-

---

source=twitter&utm_medium=reseaux-sociaux; NURIDZHANIAN, G., "Prosecuting war crimes: are Ukrainian courts fit to do it?", *Ejil: Talk!*, 11 de agosto de 2022. Disponible en: https://www.ejiltalk.org/prosecuting-war-crimes-are-ukrainian-courts-fit-to-do-it/.

20 Sobre este problema en la Ley de Cooperación de Ucrania de 20 de mayo de 2022, que modificó el Código de Procedimiento Penal, ver a: AMBOS, K., "Ukrainian Prosecution of ICC Statute Crimes: Fair, Independent and Impartial?", *Ejil: Talk!*, 10 de junio de 2022. Disponible en: https://www.ejiltalk.org/ukrainian-prosecution-of-icc-statute-crimes-fair-independent-and-impartial/.

21 Sobre el conjunto de acciones llevadas a cabo por el Fiscal, consultar: https://www.icc-cpi.int/news?f[0]=related_to:890.

22 Vale resaltar los informes del *Mecanismo de Moscú* de la Organización para la Seguridad y la Cooperación en Europa, los trabajos de la *Comisión Internacional Independiente de Investigación sobre Ucrania* establecida por el Consejo de Derechos Humanos, la *Misión de Observación de los Derechos Humanos de la ONU en Ucrania*, la creación de un *Grupo Asesor de Crímenes Atroces* por acuerdo de la Unión Europea, Estados Unidos y Reino Unido, en "apoyo" de las Unidades de Crímenes de Guerra de la Oficina del Fiscal General de Ucrania, entre otros.

zón de la persona) se reconoce para los Jefes de Estado, Jefes de Gobiernos o Ministros de Relaciones Exteriores en el período en que ejercen sus funciones, ya sea por actos realizados de carácter privados u oficiales, o por la comisión de crímenes internacionales de la magnitud en que parece se están cometiendo en territorio ucraniano.

Pese a una creciente preferencia por establecer excepciones a la inmunidad *ratione materiae* de la que gozan esta categoría de personas cuando terminan su mandato, es cierto que aún no puede concluirse en una norma de derecho consuetudinario de esta excepción a la inmunidad de jurisdicción cuando se trate de crímenes internacionales. Esta realidad es así, aun cuando pueda advertirse una práctica judicial y normativa a nivel nacional que muestra cada vez más ejemplos en aceptar esta excepción a la inmunidad *ratione materiae.*[23] Sin embargo, aunque no existió coincidencia en este punto,[24] en la posición

---

23 *Vid.*, los números ejemplos de decisiones judiciales y normativas referenciados en el *Texto del proyecto de artículos sobre la inmunidad de jurisdicción penal extranjera de los funcionarios del Estado aprobado por la Comisión en primera lectura*, Informe de la Comisión de Derecho Internacional, 73er período de sesiones (18 de abril a 3 de junio y 4 de julio a 5 de agosto de 2022), Asamblea General, Documentos Oficiales Septuagésimo séptimo período de sesiones Suplemento núm. 10 (A/77/10), pp.253-255. La CIJ se ha pronunciado en el sentido de no afectar la inmunidad de jurisdicción en estos casos de violación de obligaciones derivadas de normas de *jus cogens*, como se reconoció en *Arrest Warrant of 11 April 2000 (Democratic Republic of the Congo v. Belgium)*, Judgment, I.C.J. Reports 2002, párr.58; y *Jurisdictional Immunities of the State (Germany v. Italy: Greece intervening)*, Judgment, I.C.J. Reports 2012, párrs. 92- 97.

24 *Vid.*, las explicaciones de la Relatora Especial sobre la inclusión del artículo 7 del *Texto del proyecto de artículos sobre la inmunidad de jurisdicción penal extranjera de los funcionarios del Estado aprobado por la Comisión en primera lectura*, Informe de la Comisión de Derecho Internacional, 73er período de sesiones (18 de abril a 3 de junio y

adoptada reciente por la Comisión de Derecho Internacional (CDI), cuando las personas concluyen sus funciones en estos cargos, se benefician de la inmunidad *ratione materiae* de manera restrictiva para los actos realizados a "título oficial", pero no así para los actos a "título privado", y tampoco con respecto a la comisión de "crímenes internacionales", como "crimen de genocidio", "crímenes de lesa humanidad", "crímenes de guerra", "crimen de apartheid", "tortura", "desapariciones forzadas".[25] En cualquier caso, no es posible prever el curso de los acontecimientos en este sentido, y la viabilidad para un procesamiento de la "troika" rusa por tribunales nacionales extranjeros una vez que concluyan su mandato por la comisión de presuntos crímenes de este tipo.

Ante esta realidad, en lo que se refiere a la CPI, y tomando en cuenta que no es posible incoar juicios en ausencia del acusado (*in absentia*) en virtud del artículo 63 del Estatuto[26],

---

4 de julio a 5 de agosto de 2022), Asamblea General, Documentos Oficiales Septuagésimo séptimo período de sesiones Suplemento núm. 10 (A/77/10), pp. 253-255.

25 "Artículo 7 Crímenes de derecho internacional respecto de los que la inmunidad *ratione materiae* no se aplica.
1. La inmunidad *ratione materiae* respecto del ejercicio de la jurisdicción penal extranjera no se aplica en relación con los siguientes crímenes de derecho internacional: a) crimen de genocidio; b) crímenes de lesa humanidad; c) crímenes de guerra; d) crimen de apartheid; e) tortura; f) desapariciones forzadas", *ibíd.*, p. 207.

26 Aunque, como es lógico, ello no obsta para que el proceso pueda iniciarse en su ausencia y que, en determinados procedimientos, no se requiera la presencia del acusado. En este sentido, puede comprobarse los artículos 53.3; 56. 2 d); 58. *Vid.*, SCHABAS, W. A.; CARUANA, V., "Article 63 Trial in the presence of the accused", en TRIFFTERER, O., y AMBOS, K. (eds.), *Rome Statute of the International Criminal Court, A Commentary*, 3a ed., C.H. Beck, Hart, Nomos, 2016, pp.1575-1576. Ver también el artículo 61.2 referido a la "confirmación de los cargos antes del juicio".

existen dos posibles vía a explorar: una vez decidido por la CPI un posible arresto por otros Estados partes del Estatuto y su traslado a la CPI (cuando se encuentre de visita, por ejemplo), en virtud del deber de cooperación al amparo del artículo 86 del Estatuto; y un actuar de este tipo por un Estado no parte que haya aceptado la competencia de la CPI (Ucrania en este caso). La vía del Consejo de Seguridad para obligar a Estados no partes a cooperar en este sentido sería más remota (Rusia bloquearía cualquier procedimiento que diera cobertura a esta posibilidad, como es lógico).

En cualquiera de los casos, no obstante, la cobertura del artículo 27 para evitar la inmunidad de jurisdicción y proceder en consecuencia al arresto y traslado de un Jefe de Estado o gobierno, encuentra el obstáculo del artículo 98 del Estatuto.[27] La "compatibilidad" de ambos artículos han sido fuente de amplias discordias en la práctica, cuyos orígenes es posible encontrarlo, como se ha reconocido, porque "fueron redactados por diferentes grupos de trabajo", donde "el artículo 27 hace que

---

27 Se refiere a que la CPI "no dará curso a una solicitud de entrega o de asistencia en virtud de la cual el Estado requerido deba actuar en forma incompatible con las obligaciones que le imponga el derecho internacional con respecto a la inmunidad de un Estado o la inmunidad diplomática de una persona o un bien de un tercer Estado, salvo que la Corte obtenga anteriormente la cooperación de ese tercer Estado para la renuncia a la inmunidad"; así como que no se "dará curso a una solicitud de entrega en virtud de la cual el Estado requerido deba actuar en forma incompatible con las obligaciones que le imponga un acuerdo internacional conforme al cual se requiera el consentimiento del Estado que envíe para entregar a la Corte a una persona sujeta a la jurisdicción de ese Estado, a menos que ésta obtenga primero la cooperación del Estado que envíe para que dé su consentimiento a la entrega". Artículo 98 Cooperación con respecto a la renuncia a la inmunidad y consentimiento a la entrega.

las inmunidades sean irrelevantes", mientras que "el artículo 98 aparentemente revive su pertinencia".[28]

En una situación remitida por el Consejo de Seguridad, con la existencia de varias órdenes de arresto contra un Jefe de Estado en funciones de un Estado no parte (el sudanés Hassan Ahmad Al Bashir) y "requerimientos" a los Estados partes para la cooperación en esta materia, diferentes decisiones de la CPI se refirieron a la ausencia de cooperación en este sentido de varios Estados: la propia Sudán, República de Chad, Kenia, Djibouti, Malawi, República Democrática del Congo, Uganda y Jordania.[29] En este punto, la decisión de 12 de diciembre

---

[28] TRIFFTERER, O., BURCHARD, C., "Article 27 Irrelevance of official capacity", en TRIFFTERER, O., y AMBOS, K. (eds.), *Rome Statute of the International Criminal Court, A Commentary*, 3a ed., C.H. Beck, Hart, Nomos, 2016, p.1041. *Vid.*, en la doctrina sobre los problemas de interpretación de ambos artículos a: AKANDE, D., "International law immunities and the International Criminal Court", *American Journal of International Law*, vol. 98, 2004, núm. 3, pp. 407-433; GAETA, P., "Does President Al Bashir Enjoy Immunity from Arrest?", *Journal of International Criminal Justice*, vol. 7, 2009, núm. 2, 2009, pp.315–332; TLADI, D., "The ICC Decisions on Chad and Malawi: On Cooperation, Immunities, and Article 98", *Journal of International Criminal Justice*, vol. 11, 2013, núm. 1, pp. 199-222; KREß, C., "The International Criminal Court and Immunities under International Law for States Not Party to the Court's Statute", en BERGSMO, M., y YAN, L. (eds.), *State Sovereignty and International Criminal Law*, Torkel Opsahl Academic EPublisher Beijing, 2012, pp.223-261.

[29] Sobre el largo proceso de oposición de varios Estados a cumplir con las solicitudes de arresto de Al-Bashir, consultar: "Non-cooperation", "VI. (a) Situation in Darfur, Sudan", ICC. https://asp.icc-cpi.int/non-cooperation. Consultar también: ABRISKETA, J., "Al Bashir: ¿excepción a la inmunidad del jefe de Estado de Sudán y cooperación con la Corte Penal Internacional?", *Revista española de derecho internacional*, vol. 68, 2016, núm. 1, pp. 19-47; GAMARRA CHOPO, Y., "Observaciones de una amica curiae en el caso Al-Bashir ante la Corte Penal Internacional", *Anuario español de derecho internacional*, núm. 36, 2020, pp. 395-427.

de 2011 de la Sala de Cuestiones Preliminares de la CPI con relación a la negativa de Malawi de dar cumplimiento a las "solicitudes de cooperación emitidas por la Corte con respecto al arresto y la entrega de Omar Hassan Ahmad Al Bashir" resulta trascendental de los argumentos brindados por la CPI.

En opinión de la Sala, la "tensión" entre ambos artículos no podía concluir en un rechazo por Malawi de cumplir las solicitudes de cooperación con apelación del artículo 98 (1).[30] En su razonamiento, la excepción a la inmunidad de jurisdicción de los Jefes de Estado ante tribunales internacionales, al momento de buscar su arresto, se constituía en derecho consuetudinario[31]. De ello se derivó, a su juicio, que "(t)here is no conflict between Malawi's obligations towards the Court and its obligations under customary international law; therefore, article 98(1) of the Statute does not apply"[32] y por tanto "the unavailability of immunities with respect to prosecutions by international courts applies to any act of cooperation by States which forms an integral part of those prosecutions."[33] Esta exclusión de la inmunidad operaba entonces tanto en la cooperación de los Estados partes con la CPI como en la cooperación interestatal. Sobre este último punto, la Sala consideró "that when cooperating with this Court and therefore acting on its behalf, States Parties are instruments for the enforcement of the *ius puniendi* of the international community whose exercise has

---

30 *Situation in Darfur, Sudan The Prosecutor v. Omar Hassan Ahmad Al Bashir, Decision Pursuant to the Article 87(7) on the Failure of the Republic of Malawi to Comply with the Cooperation Requests Issued by the Court With Respect to the Arrest and Surrender of Omar Hassan Ahmed Al Bashir*, ICC-02/05-01/09-139, 12 de diciembre de 2011, Sala de Cuestiones Preliminares I, párr. 37.

31 *Ibid.*, párr. 43.

32 *Ibid.*

33 *Ibid.*, párr. 44.

been entrusted to this Court when States have failed to prosecute those responsible for the crimes within its jurisdiction."[34]

Esta posición, no obstante, ha sido contestada por varios Estados y el *Protocolo de Malabo* de 2015 adoptado por la Unión Africana[35] fue un ejemplo elocuente de esta posición. En la doctrina, por su parte, diversas interpretaciones se han formulado para hacer compatible ambos artículos aparentemente contradictorios. Se puede coincidir, en este sentido, sobre la base de que "un tratado internacional como el Estatuto de Roma no puede obligar a los Estados que no son parte" y por tanto la competencia de la CPI "solo puede conciliarse con el derecho internacional público", que la discusión se desplaza al plano de si los artículos 27.1 y 2 son "codificaciones del estado actual del derecho internacional consuetudinario".[36]

En este sentido se sostiene que el artículo 27 del Estatuto de la CPI "declara" un "derecho consuetudinario" que excluye la "inmunidad funcional" (o *ratione materiae*) a los funcionarios estatales ante un tribunal internacional".[37] De la exclusión de la inmunidad de jurisdicción *ratione personae*, en un debate que se centra en el inciso 2 del mencionado artículo 27,[38] recientemente la CPI ha reconocido que éste no sólo consiste en una disposi-

---

34 *Ibíd.*, párr. 46.

35 "No charges shall be commenced or continued beforte the Court against any serving AU Head of States o Government, or anybody acting or entitled to act in such capacity, or other senior state officials base don their functions, during their tenure of office." Artículo 46 B *bis*. Protocol on Amendments to the Protocol on the Statute of the African Court of Justice and Human Rights. Disponible en: https://au.int/sites/default/files/treaties/36398-treaty-0045_-._protocol_on_amendments_to_the_protocol_on_the_statute_of_the_african_court_of_justice_and_human_rights_e-compressed.pdf.

36 TRIFFTERER, O., BURCHARD, C., *op. cit.*, p. 1042.

37 *Ibid.*, pp.1048-1049.

38 *Ibíd.*, 1052.

ción convencional, sino que "also reflects the status of customary international law"[39]. En este orden reitera una posición asentada en la jurisprudencia internacional y en la doctrina:

> "(...) there is neither State practice nor *opinio juris* that would support the existence of Head of State immunity under customary international law *vis-à-vis* an international court."[40]

Con respecto al artículo 98 (1) del Estatuto, es dable destacar una posición asumida por la propia CPI: este artículo no "estipula", ni "reconoce" ni "preserva" cuestiones de inmunidad, sino que tan sólo se trata de una "regla procesal" o "salvaguardia procesal" que obliga a la CPI a evaluar si el deber de cooperar de un Estado parte, con una solicitud de arresto o asistencia, pudiera constituir una vulneración de obligaciones en materia de inmunidad con respecto a un Estado no parte.[41]

Desde esta perspectiva, el artículo 98 no obstaculiza la renuncia a la inmunidad de jurisdicción cuando se trata de Estados partes (*renuncia anticipada*) o cuando aceptan la jurisdicción de la CPI en virtud del mencionado artículo 12.3 (en donde se habla de *renuncia retroactiva* de la inmunidad). El artículo 27 (2) haría inoponible ante el tribunal la inmunidad de jurisdicción en virtud del derecho internacional que justifique denegar el arresto y entrega de personas solicitadas, así como entre los Estados mencionados cuando actúen en los marcos del *deber de cooperar* con la CPI en la detención y entrega. Esta "renuncia" abarca no sólo el momento de comparecer ante la CPI sino también la investigación o cuando se emiten órdenes de arresto[42].

---

39 *Judgment in the Jordan Referral re Al-Bashir Appeal*, ICC-02/05-01/09-397-Corr, 06 May 2019. párr. 103.

40 *Ibid.*, párr.113.

41 *Ibid.*, párr. 130-131.

42 *Judgment in the Jordan Referral re Al-Bashir Appeal*, ICC-02/05-01/09-397-Corr, 06 May 2019. párr p.102.

Para los Estados no partes, entonces, es donde alcanza relevancia este artículo: las obligaciones internacionales del Estado parte, de acuerdo al derecho internacional, con respecto a un Estado no parte, se constituyen en un valladar para dar curso a una solicitud de entrega o asistencia. La CPI, como ha reconocido en *Judgment in the Jordan Referral re Al-Bashir Appeal*, debería abstenerse de hacer una solicitud de este tipo cuando ello implique una vulneración de obligaciones internacional sobre inmunidad del Estado parte con respecto a un Estado no parte.[43]

Desde esta forma, el deber de cooperar con la CPI problematiza la cuestión de la inmunidad de jurisdicción en sus relaciones verticales, es decir, entre los Estados partes y los Estados no partes –y no tanto con respecto a la jurisdicción de la CPI. A tenor del artículo 98 (1) sería la CPI el órgano encargado de realizar la valoración si la solicitud implicaría que el Estado vulneraría alguna obligación internacional sobre inmunidad, aun con las previsiones de la regla 195 de la *Rules of Procedure and Evidence*, sobre el *suministro de información* del Estado requerido a la CPI como *ayuda* en su decisión cuando considere "a problem of execution in respect of article 98"; o cuando coloca en el *consentimiento* del Estado la viabilidad del proceder de la CPI en el caso del inciso 2 de ese artículo 98.[44]

Aunque es cierto que los Estados partes consintieron que fuera la CPI la que determinara el cumplimiento de obligaciones internacionales del Estado parte en sus relaciones interestatales[45], existe una creciente contestación a esta práctica

---

43 *Ibid.*, párr. 129.

44 Section V. Cooperation under article 98, Rule 195 Provision of information.

45 "(...) the Pre-Trial Chamber found that under this provision and rule 195 of the Rules, it is the Court's responsibility, and not of the State Party, to address any conflict that may exist between a State Party's duty to cooperate with the Court and that State's obligations

(como ya hemos hecho alusión), que invita a pensar en diversas posibilidades de actuación. En este orden, la justificación del proceder de los Estados partes frente a los Estados no partes adquiere relevancia en el contexto de sus relaciones internacionales. Serían supuestos que no involucrarían al Consejo de Seguridad, como han sido los casos hasta ahora conocido por la CPI, y la búsqueda del no reconocimiento de la inmunidad de Jefes de Estados de un Estado no parte en los marcos de las obligaciones de cooperación establecidos por el Consejo.

A partir de la posición mantenida por la CPI en esta controvertida compatibilidad entre el artículo 27 y el 98 del Estatuto, varios escenarios podrían imaginarse: 1) que el Estado requerido incumpla *las solicitudes de detención provisional o de detención* emitidas por la CPI por considerar su actuación "incompatible con las obligaciones que le imponga el derecho internacional con respecto a la inmunidad de un Estado" o con relación a "un acuerdo internacional conforme al cual se requiera el consentimiento del Estado que envíe para entregar a la Corte a una persona sujeta a la jurisdicción de ese Estado"; 2) que el Estado requerido sobre detención, mediante una solicitud de entrega o asistencia, coincida con la CPI en que se actúa de forma compatible con sus obligaciones internacionales en materia de inmunidad de jurisdicción con respecto a un Estado no parte; y 3) que haya demostrado o asuma, en efecto, que el cumplimiento de los requerimientos de la CPI supondrían actuar de forma *incompatible* en materia de inmunidad hacia un Estado no parte, ya sea en virtud del derecho internacional o por una convención al respecto, pero que tenga a la vez la voluntad de cumplir con el deber de cooperar con la CPI a través de esos requerimientos.

---

to respect immunities under international law." *Judgment in the Jordan Referral re Al-Bashir Appeal*, ICC-02/05-01/09-397-Corr, 06 May 2019. párr. 52. KREß, C., *op. cit.*, pp. 223-261.

En este tercer escenario es que cabe suponer diversas respuestas del Estado para justificar su actuación frente al Estado no parte. En este trabajo se analiza que no reconocer la inmunidad de jurisdicción para cooperar con la CPI en la investigación de presuntos crímenes internacionales podría defenderse en los marcos de las contramedidas en derecho internacional. Es cierto que este tipo de supuestos plantearía una situación anómala: tomaría base, desde el punto de vista jurisdiccional, en el cumplimiento de una obligación para ese Estado de acuerdo al Estatuto de la CPI (horizontal), pero que tendría que justificarse frente a un *Estado no parte* como una *contramedida* (vertical). Dicho de otro modo: para dar cumplimiento a una obligación convencional, sería preciso una situación de violación de un tratado o de una norma de derecho consuetudinario con respecto a otro Estado.

Sobre este limitado supuesto se enfoca el análisis que sigue. De inicio se exponen las posibles justificaciones a emplear por un *Estado parte* que considere su actuación en materia de inmunidad como una violación frente a un *Estado no parte*. Para ello se analizará si sería posible enmarcar este proceder conforme a las exigencias de una *contramedida de terceros*, es decir, por un Estado que reacciona frente a un Estado responsable por la violación grave de una norma de *jus cogens*, aunque no sea el Estado lesionado directamente (en el sentido expuesto por la CDI, como se verá más adelante). Previo a ello, cabe analizar si el Estado podría justificar el no reconocimiento de la inmunidad de jurisdicción de un Estado no parte, en los marcos del deber de cooperar en el derecho internacional ante una violación grave de una norma de *jus cogens*.

3. ¿LA DENEGACIÓN DE INMUNIDAD DE JURISDICCIÓN CON RESPECTO A UN ESTADO NO PARTE EN LOS MARCOS DE UN *DEBER DE COOPERAR* ANTE LA VIOLACIÓN GRAVE DE UNA NORMA DE *JUS COGENS*?

En *Barcelona Traction* y en la opinión consultiva *Consecuencias jurídicas de la construcción de un muro en el territorio palestino ocupado* se ha insistido por la CIJ que cuando la violación consiste en una obligación *erga omnes*, "all States can be held to have a legal interest in their protection".[46] De ahí el *deber de cooperar* que concierne a todos los miembros de la comunidad internacional, como se ha reconocido, entre otros, en opiniones consultivas como *Consecuencias jurídicas de la separación del archipiélago de Chagos de Mauricio en 1965* de 2019.[47] En la Corte Interamericana de Derechos Humanos (Corte IDH), a nivel regional, por ejemplo, se ha destacado que cuando se trate de la vulneración de "normas inderogables de derecho internacional (*ius cogens*)", es decir, "(a)nte la naturaleza y gravedad de los hechos, más aún tratándose de un contexto de violación sistemática de derechos humanos, la necesidad de erradicar la impunidad se presenta ante la comunidad internacional como un deber de cooperación interestatal para estos efectos".[48]

---

46 *Barcelona Traction, Light and Power Company, Limited, Second Phase, Judgment,* I.C.J. Reports 1970, párr. 33; *Legal Consequences cf the Construction of a Wall in the Occupied Palestinian Territory,* Advisory Opinion, I. C. J. Reports 2004, párr. 155.

47 *Legal Consequences of the Separation of the Chagos Archipelago from Mauritius in 1965,* Advisory Opinion, I.C.J. Reports 2019, párr. 182.

48 *Caso La Cantuta Vs. Perú.* Fondo, Reparaciones y Costas. Sentencia de 29 de noviembre de 2006. Serie C No. 162, párr. 160.; *Caso Gelman Vs. Uruguay.* Fondo y Reparaciones. Sentencia de 24 de febrero de 2011. Serie C No. 221, párrs. 233-234

En el *Texto del proyecto de artículos sobre la responsabilidad del Estado por hechos internacionalmente ilícitos* de la CDI (*Texto del proyecto sobre responsabilidad*), después de un largo proceso de posiciones encontradas, estableció "consecuencias particulares" para el caso de "una violación grave por el Estado de una obligación que emane de una norma imperativa de derecho internacional general." Además de las previstas para el Estado responsable cuando no se trate de este tipo de violaciones (*cese de la conducta ilícita* y *garantías y seguridades de no repetición*), se suma *no reconocer* "como lícita una situación creada por una violación grave" y el *deber de cooperar* "para poner fin, por medios lícitos, a toda violación grave".[49]

Resulta evidente que los presuntos crímenes internacionales, investigados al amparo del Estatuto de la CPI, cumplen con los requisitos para ser considerado una violación "grave" de una obligación de normas imperativas del derecho internacional, como ya apuntan las investigaciones referidas previamente. Para el *Texto del proyecto sobre la responsabilidad* la gravedad "implica el incumplimiento flagrante o sistemático de la obligación por el Estado responsable". Pero la posible denegación de la inmunidad de jurisdicción, como una medida a tomar por un Estado parte en los marcos del *deber de cooperación* frente a Estados responsable como Rusia, encontraría el obstáculo de la *licitud* de las acciones a realizar para dar cumplimiento a este deber (artículo 41.1 del *Texto del proyecto sobre la responsabilidad*). Este requisito ha sido recordado recientemente en el *Proyecto de conclusiones sobre la identificación y las consecuencias jurídicas de las normas imperativas de derecho internacional general* de la CDI, en su conclusión 19 referida a "Particular consequences of se-

---

49 Artículo 41.1 del Texto del proyecto de artículos sobre la responsabilidad del Estado por hechos internacionalmente ilícitos, *Anuario de la Comisión de Derecho Internacional, 2001*, Vol. II, 2da parte, p. 121.

rious breaches of peremptory norms of general international law (*jus cogens*)", en el que se expresa:

> "States shall cooperate to bring to an end through lawful means any serious breach by a State of an obligation arising under a peremptory norm of general international law (*jus cogens*)."[50]

Aunque el Relator Especial de la CDI comentó en el *Texto del proyecto sobre la responsabilidad* que este "deber positivo de cooperar" podía desarrollarse ante una "diversidad de circunstancias", por lo cual se rechazaba exponer "de manera detallada qué forma deberá adoptar esa cooperación"[51], cualquiera de ellas debía comportar medios lícitos. De este modo, los Estados que pretendan encontrar fundamentos a la denegación de inmunidad en el cumplimiento de las obligaciones convencionales del Estatuto, bajo la consideración de que se trataría de medidas violatorias de obligaciones internacionales con respecto a un Estado no parte, les resultaría complicado ampararse en el *deber de cooperar* que reconoce el derecho internacional para este tipo de situaciones.

---

50 Draft conclusions on identification and legal consequences of peremptory norms of general international law (*jus cogens*) 2022, en *Yearbook of the International Law Commission*, 2022, vol. II, Part Two.

51 Texto del proyecto de artículos sobre la responsabilidad del Estado por hechos internacionalmente ilícitos, *op. cit.*, p. 122.

4. ¿PODRÍA JUSTIFICARSE ENTONCES COMO CONTRAMEDIDA DE TERCEROS EL QUEBRANTAMIENTO DE LA INMUNIDAD DE JURISDICCIÓN DE LA *TROIKA*, ANTE VIOLACIONES GRAVES DE OBLIGACIONES FUNDAMENTALES DE LA COMUNIDAD INTERNACIONAL?

El *Texto del proyecto sobre la responsabilidad* reconoce en su articulado (los artículos del 49 al 53) el derecho de un "Estado lesionado" de responder en contramedidas. Cuando se trata de violaciones graves de normas imperativas, en su artículo 48.1 reconoce la posibilidad de invocar la responsabilidad por Estados no lesionados, que incluye el derecho de *reclamar* el cese del ilícito, *seguridades y garantías de no repetición* y la *reparación* "en interés del Estado lesionado o de los beneficiarios de la obligación violada". Pero ¿podrían estos Estados no lesionados responder en contramedida en este tipo de situaciones para, precisamente, hacer *cesar el ilícito* y que se repare?

Este fue uno de los temas más espinosos en las discusiones de la CDI[52], y ya sabemos que el *Texto del proyecto sobre la responsabilidad* en su artículo 54 se refiere a que el Estado no lesionado puede "tomar medidas lícitas" en busca de esta finalidad. La redacción de este artículo, como explicó el propio Relator, había sido sensible a una práctica "escasa" y que sólo "concierne a un número limitado de Estados", y en la que, por tanto, no podía "reconocer-

---

52 GAJA, G., "The Protection of General Interests in the International Community", *Recueil des Cours de l'Academie de Droit International de la Haye*, vol. 364, 2012, p. 130. *Vid.*, dentro de la amplia bibliografía a: CRAWFORD, J., *The International Law Commission's Articles on State Responsibility. Introduction, Text and Commentaries,* Cambridge University Press, 2002, pp. 302-305; GUTIÉRREZ ESPADA, C., "Las contramedidas de Estados 'terceros' por violación de ciertas obligaciones internacionales", *Anuario Argentino de Derecho Internacional,* 2001-2002, pp. 15-49.

se claramente el derecho de los Estados mencionados en el artículo 48 a adoptar contramedidas en interés colectivo". Por todo ello, se reconoció expresamente que se *dejaba* "la solución de esta cuestión al ulterior desarrollo del derecho internacional"[53].

Esta redacción del artículo 54, de la que se coincide en su *ambigüedad*, está sujeta a diversas interpretaciones, que se debate en dos interpretaciones posibles cuando se refiere a "medidas lícitas": a la licitud de las medidas en sí, que restringiría el alcance de este artículo a las *retorsiones*; o que esta *licitud* se refiera a que la medida debe cumplir con las condiciones y límites establecida en el *Texto del proyecto sobre la responsabilidad* para justificar las contramedidas en general.[54] Esta segunda lectura es a la que se inclina un gran sector de la doctrina.[55] No son pocas las voces entonces que asumen que este *Texto del proyecto sobre la responsabilidad*, en efecto, abrió la puerta a que Estados no lesionados pudieran reaccionar en contramedida.[56] En cualquier caso, aun cuando se advierte esta posibilidad[57], no es

---

53 El Relator Especial comentó: "El artículo habla de «medidas lícitas» y no de «contramedidas» para no prejuzgar ninguna posición acerca de las medidas adoptadas por Estados distintos del Estado lesionado en respuesta a violaciones de obligaciones para la protección del interés colectivo o de las obligaciones contraídas con la comunidad internacional en su conjunto." Texto del proyecto de artículos sobre la responsabilidad del Estado por hechos internacionalmente ilícitos, *op. cit.*, p. 149.

54 SICILIANOS, L-A., "Countermeasures in Response to Grave Violations of Obligations Owed to the International Community", en CRAWFORD, J., PELLET, A., OLLESON, S., PARLETT, K. (eds.), *The Law of International Responsibility*, Oxford University Press, 2010, p. 1145.

55 *Vid.*, GAJA, G., "The Protection of General Interests in the International Community", *op. cit.*, p.130; Linos-Alexandre Sicilianos, *op. cit.*, p. 1145.

56 ALLAND, D., "Countermeasures of General Interest", *European Journal of International Law*, vol. 13, 2002, núm. 5, pp. 1221-1239.

57 FROWEIN, J. A., "Reactions by not directly affected states to breaches of public international law", *Recueil des Cours de l'Academie de*

una discusión acabada[58] e involucra incluso la posibilidad de este tipo de reacciones cuando implique uso de la fuerza, aunque se concluya que la práctica todavía es incipiente[59].

El estado de la práctica actual en derecho internacional sobre inmunidad de jurisdicción, permite advertir una tendencia cada vez más creciente a admitir su no reconocimiento en tribunales nacionales cuando están involucradas violaciones graves de normas de *jus cogens.* Como se ha reconocido, no es una cuestión que suela abordarse en los marcos de *contramedidas*[60], dentro de un problema general como es la dificultad de identificar una *opinio juris* sobre contramedidas en sentido amplio[61], además de cierta reticencia en la doctrina.[62] En el *Texto*

Droit International de la Haye, vol. 248, 1994, pp.423 y ss; TOMUSCHAT, C., "International law: ensuring the survival of mankind on the eve of a new century: general course on public international law", *Recueil des Cours de l'Academie de Droit International de la Haye,* vol. 281, 1999, p. 377.

58 D'ARGENT, P., "Les obligations internationales", *Recueil des Cours de l'Academie de Droit International de la Haye,* vol. 417, 2021, p. 104.

59 *Vid.*, CERVELL HORTAL, M. J., "El ataque de Estados Unidos contra Siria por el empleo de armas químicas: ¿acto contra legem o contramedida por violación del ius cogens?", *Anuario Español de Derecho Internacional,* vol. 33, 2017, pp. 169-203.

60 FRANCHINI, D., "State immunity as tool of foreign policy: the unanswered question of certain iranian assets", *Virginia Journal of International Law,* vol. 60, 2020, núm. 2, pp. 464-465.

61 Cfr. DAWIDOWICZ, M., "Public Law Enforcement without Public Law Safeguards? An Analysis of State Practice on Third-party Countermeasures and Their Relationship to the UN Security Council", *British Yearbook of International Law,* vol. 77, 2006, núm. 1, 2006, pp. 412 y ss.; DAWIDOWICZ, M., "Third-party countermeasures: observations on a controversial concept", en CHINKIN, C., BAETENS, F. (eds.), *Sovereignty, Statehood and State Responsibility, Essays in Honour of James Crawford,* Cambridge University Press, 2015, pp. 340-362.

62 En la doctrina española, por ejemplo, al referirse a las denominadas "contramedidas judiciales" como denegación de inmunidad de

del proyecto sobre la responsabilidad no se incluyó ningún artículo que hiciera referencia al levantamiento de la inmunidad de jurisdicción de las personas involucradas en caso de violaciones graves de normas de *jus cogens* como una de las consecuencias previstas en el artículo 41.[63] Sin embargo, no es una cuestión ajena al debate doctrinal y al que se ha desarrollado en el seno de algún órgano de Naciones Unidas. En este último caso, el profesor Fernando Mariño Menéndez, como Presidente del Comité contra la Tortura, en un criterio recordado por algún sector de la doctrina[64], expresaba en 2005:

---

jurisdicción, Gutiérrez Espada ha sostenido: "En mi opinión la regulación de las contramedidas como una causa de exclusión de la ilicitud en el Derecho internacional de la Responsabilidad vigente resulta difícil de aplicarse en el marco de los parámetros de la propuesta." GUTIÉRREZ ESPADA, C., "Sobre la inmunidad de jurisdicción de los estados extranjeros en España, a la luz de la Ley Orgánica 16/2015, de 27 de octubre", *Cuadernos de Derecho Transnacional*, vol. 8, 2016, núm. 2, 2016, p. 31.

63 GAJA, G., "The Protection of General Interests in the International Community", *op.cit.*, p. 137. Algunas propuestas fueron abordadas por la CDI para que se incluyeran como consecuencias de una violación grave de obligaciones debidas de la comunidad internacional la inoponibilidad de la inmunidad de jurisdicción de las personas, pero finalmente no se incluyeron. *Vid.*, por ejemplo, *Anuario de la Comisión de Derecho Internacional 2000*, vol. I, pp. 335-336.

64 *Vid.*, al respecto: LONGOBARDO, M., "State Immunity and Judicial Countermeasures", *European Journal of International Law*, vol. 32, 2021, núm. 2, pp. 460; TARRE MOSER, P., "Non-Recognition of State Immunity as a Judicial Countermeasure to Jus Cogens Violations: The Human Rights Answer to the ICJ Decision on the *Ferrini Case*", *Goettingen Journal of International Law*, vol. 4, 2012, núm. 3, 2012, p. 811; MCGREGOR, L., "Torture and State Immunity: Deflecting Impunity, Distorting Sovereignty", *European Journal of International Law*, vol.18, 2007, núm. 5, p. 919; FORCESE, C., "De-immunizing Torture: Reconciling Human Rights and State Immunity", *McGill Law Journal*, vol. 52, 2007, p. 162.

> "(...) as a countermeasure permitted under international public law, a State could remove immunity from another State - a permitted action to respond to torture carried out by that State. There was no peremptory norm of general international law that prevented States from withdrawing immunity from foreign States in such cases to claim for liability for torture."[65]

Durante el procedimiento en el caso *Jurisdictional Immunities of the State (Germany v. Italy: Greece intervening)*, iniciado por Alemania contra Italia ante la posición de los tribunales italianos de permitir demandas civiles contra Alemania en busca de reparación por violaciones del derecho internacional humanitario durante la Segunda Guerra Mundial, se deslizó la idea de que Italia defendiera la actitud de los tribunales italianos con respecto a la inmunidad de jurisdicción de Alemania como "contramedida"[66].

---

65 Summary record of the 2nd part (public) of the 646th meeting, held at the Palais Wilson, Geneva, on Friday, 6 May 2005: Committee against Torture, 34th session, párr. 64.

66 Italia había sostenido en su Contra-Memoria: "Italy believes, without going into the discussion about the jus cogens nature of the violations and without aiming at a general holding that jus cogens violations require that immunities of all kinds be set aside, that in the present cases Italian judges did not commit an unlawful act since lifting Germany's immunity was the only appropriate and proportionate remedy to the ongoing violation by Germany of its obligations to offer effective reparation to Italian war crimes victims. Such a measure was adopted only after several attempts by the victims to institute proceedings in Germany and it was the only possible means to ensure respect for and implementation of the imperative reparation regime established for serious violations of IHL." *Case Concerning Jurisdictional Immunities of the State (Germany V. Italy) Counter-Memorial of Italy, 22 December 2009*, párr. 6.39. Por su parte, Alemania sostuvo en la audiencia pública del día 12 de septiembre de 2011, en palabras de Christian Tomuschat: "Likewise, it would be outright absurd to argue that the jurisdiction of the Italian courts may be justified as a countermeasure responding to Germany's failure to fulfil its duty of reparation. There is no such failure, and for more

Sin embargo, éste aspecto no fue controvertido por Italia y la CIJ no tuvo que pronunciarse al respecto.[67]

A los efectos de analizar la situación que se plantea este trabajo, como es la posibilidad de entender como contramedida contra un Estado no parte del Estatuto de la CPI la denegación de inmunidad de jurisdicción contra la "troika" ante una solicitud de arresto y asistencia, se hace necesario tomar en cuenta varios aspectos. Estos parten de considerar la violación por un Estado de la inmunidad de jurisdicción penal extranjera de un componente de la *troika* de otro Estado, como una violación de una obligación jurídica internacional con respecto a ese Estado en materia de inmunidad al amparo del derecho internacional.[68] Las funciones estatales y el ejercicio de la representación del Estado por estos órganos, se protegen frente a otros Estados con el reconocimiento de esta inmunidad de jurisdicción, cuyo fundamento descansa en el principio de igualdad soberana del Estado.[69] Con esta premisa, vale destacar entonces que:

---

than 40 years, from the conclusion of the two compensation treaties of 1961 until the culmination of the Ferrini case, Italy never made any representation to Germany in that sense. Lastly, Italy has never contended that the assumption of jurisdiction by the Corte di Cassazione was legally justified as a countermeasure." *Public sitting held on Monday 12 September 2011, at 10 a.m., at the Peace Palace, President Owada presiding, in the case concerning Jurisdictional Immunities of the State (Germany v. Italy: Greece intervening), Verbatim Record*, p. 28.

67 Kimberley N. Trapp y Alex Mills abordan "the perhaps curious absence (in either the Court's judgment or Italian pleadings) of the argument that any violation of immunity might be justified as a lawful countermeasure." TRAPP, K. N., MILLS, A., "Smooth Runs the Water where the Brook is Deep: The obscured Complexities of Germany v Italy", *Cambridge Journal of International and Comparative Law*, vol. 1, 2012, núm. 1, pp. 153-168.

68 *Vid., Arrest Warrant of 11 April 2000 (Democratic Republic of the Congo v. Belgium)*, Judgment, I.C.J. Reports 2002, párr. 78.

69 *Ibíd.*, párr.54

En primer lugar, a diferencia de otros supuestos de violaciones de normas de *jus cogens*, donde la jurisdicción de los tribunales se pueda fundamentar en el *principio de jurisdicción universal* (sujetos a los límites y condiciones del derecho interno), la base jurisdiccional de un tribunal (o de otro órgano del Estado) de un Estado parte de la CPI para denegar o no reconocer la inmunidad de jurisdicción sería otra: se realizaría en los marcos convencionales del *deber de cooperación* establecido en el Estatuto de la CPI, una vez que se requiera por la CPI, aunque el procedimiento a seguir deba realizarse conforme al derecho interno de ese Estado. De esta forma, el inicio del procedimiento indicado al efecto se produciría por conducto de los canales estatales establecidos.

En segundo lugar, aun cuando en procesos que implican no reconocer la inmunidad de jurisdicción penal en casos de violaciones de normas de *jus cogens*, no sólo incluyen a órganos judiciales, en el Estatuto de la CPI se hace hincapié en la "autoridad judicial competente del Estado" ante una *solicitud de detención provisional o de detención*. Será ante este tipo de órganos que debe ser "llevado sin demora" el detenido para *determinar* si la "orden le es aplicable", si la "detención se llevó a cabo conforme a derecho"; y si "se han respetado los derechos del detenido"[70]. Esto pone en el centro del debate entonces el papel de los tribunales, dentro del entramado estatal, y es ahí donde existe una amplia discusión sobre la posibilidad de "contramedidas judiciales", es decir, que las medidas tomadas por estos órganos puedan ser justificadas como contramedidas en derecho internacional frente a otros Estados responsables.

Este último aspecto tiene varios contornos. Para los defensores de contramedidas por los tribunales (*contramedidas judiciales*), el *Texto del proyecto de artículos sobre la responsabilidad* no

70 Artículo 59 (1) y (2) del Estatuto de la CPI.

limita los órganos del Estado que puedan realizar una contramedida, y esta idea se refuerza con que la responsabilidad del Estado puede ser atribuida por actos "de todo órgano del Estado, ya sea que ejerza funciones legislativas, ejecutivas, judiciales o de otra índole".[71] Para sus críticos, cuando se analiza la existencia de un hecho ilícito previo que justifique una contramedida, se objeta que las reglas procesales sobre inmunidad de jurisdicción permitan a *los tribunales determinar la existencia de un hecho ilícito internacional*, precisamente por la "naturaleza procesal" de la inmunidad, como reconoció la CIJ en *Arrest Warrant of 11 April 2000 (Democratic Republic of the Congo v. Belgium)*[72]. También se expresa en su contra que las contramedidas se toman en los marcos de "evaluaciones políticas" que son ajenas a las funciones de los tribunales[73], y por tanto éstas sólo pueden ser tomadas por el gobierno de un Estado como el órgano representante del Estado en sus relaciones internacionales[74].

En cierto modo, resulta difícil encontrar que los propios tribunales nacionales fundamenten en términos de *contramedidas* la denegación de la inmunidad de jurisdicción frente al Estado responsable. Y más que ello, que sean los tribunales los órganos competentes para cumplir las exigencias de procedimiento para justificar contramedidas, como las del artículo 52 del *Texto del proyecto de Artículos*. En la práctica de los Estados, como reconoce el derecho internacional, sería el ejecutivo o

---

71 Artículo 4 del Texto del proyecto de artículos sobre la responsabilidad del Estado por hechos internacionalmente ilícitos, *op.cit. Vid.*, TARRE MOSER, P., *op .cit.*, p.834; FRANCHINI, D., *op. cit.*, pp.469-471.

72 *Cfr.* LONGOBARDO, M., *op. cit.*, p.471. "While jurisdictional immuriity is procedural in nature, criminal responsibility is a question of substantive law." *Arrest Warrant of 11 April 2000 (Democratic Republic of the Congo v. Belgium)*, Judgment, I.C.J. Reports 2002, párr. 60.

73 Cfr. *Ibid.*, p.473.

74 Cfr. *Ibid.*, pp. 475 y ss.

el "gobierno"[75] el órgano reconocido con la titularidad de la representación internacional del Estado en sus relaciones internacionales. Las condiciones o exigencias para justificar frente a un Estado responsable la realización de determinadas medidas como contramedidas, entraña un nivel de *deliberación política*, y de *acciones de política exterior*, que es difícil concebir su realización por un órgano diferente al que tiene reconocido la titularidad de la representación internacional del Estado.

Aunque no es posible desconocer, ya sea de *lege ferenda* y conforme al derecho interno de un Estado, que los tribunales puedan fundamentar su decisión en términos de una *contramedida*, y así cumplir con las exigencias procedimentales apuntadas previamente, habría que precisar dos aspectos con relación a la explicación anterior: una cuestión sería determinar el órgano competente para dar cumplimiento, por ejemplo, con las "condiciones de procedimiento razonables para la adopción de contramedidas" del artículo 52 con respecto al Estado infractor: y otra que los tribunales, como órganos del Estado, puedan realizar actos que constituyan ilícitos internacionales y

---

75 La Corte Permanente de Justicia Internacional en su opinión consultiva *German Settlers in Poland* de 10 de septiembre de 1923 consideró: "States can act only by and through their agents and representatives". *German Settlers in Poland*, Advisory Opinion of 10 September 1923, Permanent Court of International Justice, Serie B, núm. 6, p. 22. La Corte Internacional de Justicia también ha sostenido: "(…) in general, in international law and practice, it is the Executive of the State that represents the State in its international relations and speaks for it at the international level (*Armed Activities on the Territory of the Congo (New Application: 2002) (Democratic Republic of the Congo v. Rwanda), Jurisdiction and Admissibility, Judgment, I.C.J. Reports 2006*, p. 27, paras. 46-47). Accordingly, primary attention will be given to statements made or endorsed by the Executives of the two Parties." *Application of the International Convention on the Elimination of All Forms of Racial Discrimination (Georgia v. Russian Federation)*, Preliminary Objections, Judgment, I.C.J. Reports 2011, párr. 37.

que puedan ser justificadas por el propio Ejecutivo como respuestas en contramedidas frente a otros Estados.[76]

De este modo, el escenario *posible* para concebir la existencia de contramedidas por tribunales y que se puedan justificar conforme a las exigencias del *Texto del proyecto sobre la responsabilidad*, pudiera plantearse del siguiente modo: los tribunales se limitarían a determinar la cuestión de la inmunidad de jurisdicción en los marcos de su competencia, y de acuerdo a las obligaciones convencionales del Estado en materia de cooperación; y sería entonces el Ejecutivo el que estaría a cargo de traducir la decisión tomada por los tribunales en los términos de *contramedidas* frente al Estado concernido (es decir, justificar la existencia de una conducta ilícita previa y de la respuesta brindada en materia de inmunidad). Esta situación no se opondría, en su caso, a que pudiera darse cumplimiento a las condiciones establecidas por la CDI en su proyecto en su artículo 52[77].

Sobre el cumplimiento de las condiciones y límites de las contramedidas en derecho internacional, ésta se ha destacado en un grupo importante de decisiones judiciales y arbitrales[78]

---

76 Para el cumplimiento de algunos requisitos procedimentales de las contramedidas, Daniel Franchini abogó para algunos casos que éstos pudieran ser cumplido por el Ejecutivo. *Vid.*, FRANCHINI, D., *op. cit.*, p.479-480.

77 "1. Antes de tomar contramedidas, el Estado lesionado: a) Requerirá al Estado responsable, de conformidad con el artículo 43, que cumpla las obligaciones que le incumben en virtud de la segunda parte; y b) Notificará al Estado responsable cualquier decisión de tomar contramedidas y ofrecerá negociar con ese Estado. 2. No obstante lo dispuesto en el apartado b del párrafo 1, el Estado lesionado podrá tomar las contramedidas urgentes que sean necesarias para preservar sus derechos."

78 Responsabilité de l'Allemagne à raison des dommages causés dans les colonies portugaises du sud de l'Afrique (sentence sur le principe de la responsabilité) (Portugal contre Allemagne) 31 juillet 1928,

y que reconoce el *Texto del proyecto de artículos sobre Responsabilidad del Estado.* En este punto, las condiciones y requisitos de las contramedidas también deben entenderse de aplicación a las contramedidas adoptadas por Estados terceros no lesionados.[79] Como ya se ha dicho, para el caso de contramedidas de Estados terceros sería la existencia de un hecho internacionalmente ilícito previo que afecte normas imperativas. En la justificación frente al Estado responsable de la denegación de la inmunidad, el requisito de la existencia de un hecho ilícito previo que afecta una norma de *ius cogens* no estaría supeditado a que la responsabilidad individual no se haya determinado todavía en el proceso incoado ante la CPI.[80] La evaluación y justificación en este su-

---

en *Reports of International Arbitral Awards,* Vol. II, p.1028; Responsabilité de l'Allemagne en raison des actes commis postérieurement au 31 juillet 1914 et avant que le Portugal ne participât à la guerre (Portugal contre Allemagne), 30 juin 1930, en *Reports of International Arbitral Awards,* Vol.II, p.1057; Case concerning the Air Service Agreement of 27 March 1946 between the United States of America and France Decision of 9 December 1978, en *Reports of International Arbitral Awards,* Vol. XVIII, párr.83; Gabčikovo-Nagymaros Project (Hungary/Slovakia), Judgment, I.C.J. Reports 1997, párr. 83.

79 Como ya hemos hecho mención, Giorgio Gaya consideró que la referencia a "medidas lícitas" en el artículo indica que deben adoptarse, para su licitud, con arreglo a las exigencias de las contramedidas a realizar por Estados lesionados. En este mismo orden se refiere al artículo 5 c) de la Resolución del Instituto de Derechos Humanos, titulada "Obligations Erga Omnes in International Law", de la que fue relator, y que sostuvo: "Should a widely acknowledged grave breach of an *erga omnes* obligation occur, all the States to which the obligation is owed: (...) (c) are entitled to take non-forcible counter-measures under conditions analogous to those applying to a State specially affected by the breach."

80 La CIJ en el asunto Jurisdictional Immunities of the State (Germany v. Italy: Greece intervening), expuso en este sentido: "Immunity from jurisdiction is an immunity not merely from being subjected to an adverse judgment but from being subjected to the trial pro-

puesto correría a cuenta del ejecutivo o el gobierno en la misma forma en que se realizaría para otras situaciones de contramedidas frente a un Estado responsable.

En otro tanto, el no reconocimiento de la inmunidad de jurisdicción podría perfilarse en los marcos de la finalidad de una contramedida, como es para "poner fin al hecho internacionalmente ilícito si ese hecho continúa" y "dar reparación al Estado lesionado"[81]. Sobre la limitación del "incumplimiento" de las obligaciones internacionales con respecto al Estado responsable (inmunidad de jurisdicción) a un criterio "temporario", en los comentarios del Relator del *Texto del proyecto sobre la responsabilidad* se especificó que, si bien "las contramedidas se adoptarán esencialmente para asegurar la cesación de un hecho ilícito que continúa", ésta "también pueden adoptarse para garantizar la reparación"[82]. Las acciones de no reconocer la inmunidad de jurisdicción, a los efectos de cooperar en el procesamiento de presuntos responsables ante la CPI, pueden enmarcarse en este límite temporal.

Puede sostenerse también que estas medidas no afectarían ninguna de las obligaciones identificadas en el artículo 50 del *Texto del proyecto sobre la responsabilidad* (*obligaciones que no pueden ser afectadas por las contramedidas*). Tampoco cabría inferir que la negación de la inmunidad de jurisdicción frente a violaciones graves de normas de *jus cogens*, pueda desbordar los contornos de "proporcionalidad" con relación al "perjuicio sufrido", a partir de la "gravedad" del propio hecho ilícito que comporta estas

---

cess. It is, therefore, necessarily preliminary in nature." *Jurisdictional Immunities of the State (Germany v. Italy: Greece intervening)*, Judgment, I.C.J. Reports 2012, párr. 82.

81 *Vid.*, los comentarios del relator Especial del Texto del proyecto de artículos sobre la responsabilidad del Estado por hechos internacionalmente ilícitos, *op. cit.*, p. 139.

82 *Ibid.*, p.140.

violaciones de normas imperativas. Los "derechos en cuestión" a tomar en cuenta en la evaluación de esta proporcionalidad sería la inmunidad de jurisdicción del Estado, que se fundamenta en una norma de derecho consuetudinario que no alcanza la consideración de normas *de jus cogens*, por más que exista una tendencia jurisprudencia a nivel internacional en hacerla prevalecer frente a violaciones graves del tipo que tratamos.

5. PALABRAS FINALES

Cualquier posibilidad de llevar al banquillo de la CPI a la "troika" de Rusia, en las actuales circunstancias mundiales, no parece ser el futuro inmediato ni mediato. La posibilidad defendida en este trabajo, no desconoce que son razones problemáticas para su invocación o que sea un recurso de *ultima ratio*, si es que cabe imaginarse como respuesta posible. Entre las dificultades para ello se encuentra que el camino más corto para fundamentar por un Estado parte el cumplimiento de una solicitud de arresto contra un Estado no parte no parece que sean, *prima facie*, los enrevesados contornos de las contramedidas, y menos aún la incierta y poco clarificada "contramedida de terceros". Tampoco desconoce esta propuesta, como se argumentó, que no es una situación idónea que un Estado actúe en el cumplimiento de obligaciones convencionales del Estatuto, y que a la vez deba justificar las acciones para su cumplimiento frente a un Estado no parte como si tratara de una violación de obligaciones internacionales. Pero es evidente que, aun cuando la CPI considera viable esta posibilidad contra un Estado no parte (que en la práctica ha tenido la actuación del Consejo de Seguridad), abre un escenario en que el Estado, en sus relaciones verticales con un *Estado no parte*, deba justificar sus acciones para dar cumplimiento a sus obligaciones convencionales con respecto a ese *Estado no parte*. Es en este contexto que las líneas precedentes enmarcaron el análisis.

Resumen: El artículo analiza el rol de la Corte Penal Internacional en el actual conflicto ucraniano y pone énfasis en la condición de Rusia de Estado no parte en el Estatuto Roma y cómo afecta a la inmunidad de jurisdicción penal del Jefe de Estado, Jefe de Gobierno y Ministro de Relaciones Exteriores ante futuras acciones a tomar por este tribunal internacional. A partir de la tensión entre los artículos 27 y 98 del Estatuto de Roma para cumplir con el deber de cooperación cuando se soliciten entregas o asistencia de un Estado parte con respecto a un Estado no parte, el trabajo analiza una posible respuesta en los marcos de contramedidas de terceros o contramedidas de Estados no lesionados.

Abstract: The article analyzes the role of the International Criminal Court in the current Ukrainian conflict and emphasizes Russia's status as a non-party to the Statute of the International Criminal Court and how it affects immunity from criminal jurisdiction of the Head of State, the Head of Government and the Minister of Foreign Affairs before future actions to be taken by the international criminal court. Based on the tension between articles 27 and 98 of the Rome Statute to comply with the duty of cooperation when arrests or assistance are requested from a State party with respect to a State not party, the paper analyzes a possible response in the frameworks of countermeasures by third parties or countermeasures by non-injured States.

Palabras claves: inmunidad de jurisdicción, Estatuto de la Corte Penal Internacional, contramedida de terceros, violaciones graves de normas imperativas de derecho internacional.

Keywords: State Immunity Statute of the International Criminal Court, third party countermeasure, serious violations of peremptory norms of international law.

Ucrania: baño de realidad para la política de defensa europea

ARACELI MANGAS MARTÍN[1]

1. INTRODUCCIÓN

La agresión rusa a Ucrania se ha desarrollado como una guerra de limitado alcance geográfico en lo militar. En efecto, el teatro de las operaciones no ha salido básicamente del territorio ucraniano al tener el Estado agredido limitado el posible teatro de las hostilidades en calidad de guerra de legítima defensa. La respuesta ucraniana a la agresión rusa se ha circunscrito sustancial y legalmente -con algunas dudas sobre

---

1 Catedrática de Derecho Internacional Público, Facultad de Derecho; Investigadora del ICEI, Universidad Complutense de Madrid (amangas@ucm.es). Todas las páginas webs mencionadas en este estudio han sido consultadas a 16 de febrero de 2024.

la autoría de determinados hechos[2]- al marco de la legítima defensa y, por tanto, limitada a repeler la invasión y recuperar el territorio invadido. Más allá de lo militar, es un conflicto con repercusiones globales geopolíticas y geoeconómicas.

Es cierto que la UE ha reaccionado unida y con fuerza política, así como una parte significativa del mundo occidental. La UE ha sabido liderar una coalición antibelicista en el marco de la ONU con un rosario de resoluciones de condena. También la UE ha sido motor de las sanciones más completas, extensas e intensas sobre Rusia. Ni Rusia ni China ni el mundo se esperaba la dureza, intensidad y amplitud de las sanciones europeas. Tampoco creíamos a la UE capaz de sancionar con esa velocidad y contundencia. Y fueron en aumento cuando se decidió que progresivamente se iría disminuyendo la dependencia energética europea hasta cortar todo vínculo energético -por este orden: carbón, petróleo, gas-, con Rusia (con la excepción díscola de la autocracia parlamentaria húngara).

Aunque la comunidad internacional no ha seguido de igual manera y con razón su política de sanciones -ni estaba obligada jurídicamente ni tenía por qué hacerlo-, importa subrayar que, al aprobar esa batería de sanciones, la UE ha hecho lo impensable en ayuda política, militar y financiera a un Estado tercero[3].

---

2 En 2022 hubo ataques aislados en zonas fronterizas (depósitos de combustible y de armas). Sin embargo, los ataques en suelo ruso, incluso sobre la ciudad de Moscú, se han repetido desde mayo de 2023, de momento, más con un efecto psicológico y propagandístico. Ucrania ha negado la autoría (por ejemplo, Le Monde, 14.05.2023) https://www.lemonde.fr

3 Tanto el liderazgo político global de la UE y el eje sancionador occidental como la pasividad de más de la mitad de la Humanidad representada por los Estados más poblados, los he analizado en "Europa desafiada: reacción a la agresión rusa en Ucrania", *Anales de la Real Academia de Ciencias Morales y Políticas*, año 75, n.º 100, curso

Pero también la guerra ha puesto a la UE ante la realidad de sus insuficiencias y debilidades y la fragilidad de sus exigencias en materia de valores.

2. LA POLITICA TRANQUILA DE DEFENSA POR LOS AIRES

Hasta 2022, la Unión Europea había construido su papel en el mundo como potencia regulatoria y comercial; se centraba, al menos formalmente, en los valores (derechos humanos, democracia, Estado de Derecho...) y la cooperación. El poder blando era su fuerte. Cambiar esa forma de actuar es muy difícil después de más de 70 años.

Hasta la agresión a Ucrania, la UE se había circunscrito en de materia relaciones exteriores y seguridad a ser un "productor o proveedor de seguridad", limitándose a acciones, en el pasado, como las misiones "Petersberg" (de carácter humanitario, gestión de crisis para mantenimiento o restablecimiento de la paz). Ese cometido de confianza se había ampliado a principios de este siglo XXI y mantenido en la actualidad a misiones más permanentes o duraderas dentro de las "rutinas" de gestión de crisis (algunas con una decena de años). Eran limitados operativos militares, aunque muy efectivos, centrados en la vigilancia y prevención o de contención o estabilización con varios cientos de efectivos o en algún caso entre 1000 y 2000 militares[4].

2022-2023, pp. 117-142., RACMYP y Agencia Estatal del Boletín Oficial de Estado, 2023. Real Academia de Ciencias Morales y Políticas

4 Como lo son, a título de ejemplo, las misiones EUFORALTHEA-Bosnia Herzegovina, EUNAVFOR-ATALANTA en el Cuerno de África y EUNAVFOR-IRINI en el Mediterráneo frente a las costas de Libia. A esas tres hay que añadir otras centradas en la formación de las fuerzas autóctonas del Estado receptor de los operativos (EUTM-Somalia;

Incluso se puede afirmar lo mismo de los ejércitos de los Estados miembros, incluidos los grandes Estados: llevan decenas de años inmersos de forma exclusiva en misiones de gestión de crisis (cientos de efectivos, patrullaje sin combates...). Están deshabituados a los combates abiertos y masivos como los que se están produciendo en Ucrania[5] y no tienen depósitos de munición para una guerra de alta intensidad, como lo ha reconocido la Asamblea Nacional francesa [6].

EUTM-Malí; EUTM-República Centroafricana; EUTM- Mozambique). O las "misiones civiles" desplegadas para cuyo objetivo es reforzar la policía, el estado de derecho y la administración civil en entornos frágiles y de conflicto, incluida la asistencia de formación a las Fuerzas Armadas; por ejemplo, las desplegadas en Armenia y, en especial, en Ucrania [Decisión (PESC) 2022/2243 del Consejo de 14 de noviembre de 2022 por la que se pone en marcha la Misión de Asistencia Militar de la Unión Europea en apoyo a Ucrania (EUMAM Ucrania), *DO* L 294, de 15.11.2022]. El conjunto de las 12 misiones civiles y las 9 de carácter militar y de seguridad desplegadas hasta julio de 2023 pueden verse en https://www.eeas.europa.eu/eeas/missions-and-operations_en#9620.

5 Algunos Estados -como Francia, la primera potencia militar de la UE- ante ese desequilibrio de preparación en sus FFAA frente a una guerra masiva ha iniciado grandes maniobras de entrenamiento (*Le Monde*, 04.05.2022). La OTAN ha decidido incrementar las fuerzas armadas disponibles hasta 300.000 personas (https://www.nato.int/nato_static_fl2014/assets/pdf/2022/6/pdf/290622-strategic-concept.pdf); https://www.europapress.es/internacional/noticia-otan-elevara-mas-300000-efectivos-fuerzas-respuesta-rapida-20220627144554.html).

6 Según un informe de la Comisión de Defensa Nacional y Fuerzas Armadas de la Asamblea Nacional de Francia (17.02.2023), los stocks de munición (proyectiles, misiles, torpedos, etc.) para sostener un enfrentamiento de alta intensidad no les permitiría durar más de unas semanas en caso de un conflicto "duro". (https://www.lemonde.fr/international/article/2023/02/18/l-armee-francaise-manque-de-munitions-pour-la-haute-intensite_6162334_3210.html?xtor=EPR-32280629-[a-la-une]-20230218-[zone_edito_2_titre_1]&M_BT=34840265434131).

La UE no necesitó herramientas de poder duro pues siempre confió en su capacidad de influencia como la gran potencia de poder blando. Se ha dicho que la UE vivía en un mundo feliz en la creencia de que (casi) todo se soluciona sin la fuerza militar. Su Política Común de Seguridad y Defensa (en adelante, PCSD) ha sido una herramienta ajena a la protección inmediata y directa de su integridad o de sus intereses, y casi siempre se había puesto al servicio del mantenimiento de la paz en el marco de la ONU.

2.1. El impulso a la defensa tras el brexit

El concepto de defensa autónoma no es nuevo[7] si bien el presidente Macron ha sido su gran impulsor y renovador. Viene del contexto generado en 2011 cuando el presidente Obama formuló un giro estratégico de la política exterior norteamericana anunciando el reequilibrio hacia la región Asia-Pacífico, consagrado en cumbre de APEC 2011 en Hawái y, más tarde, en diversos documentos sobre orientaciones estratégicas de EE. UU.

Al parecer un problema similar le sucede al Reino Unido (https://www.elconfidencial.com/mundo/2023-03-10/ucrania-desnuda-verguenzas-ejercito-britanico_3590006/)

7 El concepto no es enteramente igual al más avanzado que se defiende actualmente; Consejo Europeo de Helsinki (Conclusiones de 11 de diciembre de 1999): punto 27: "El Consejo Europeo ha destacado su determinación de crear una capacidad de decisión autónoma y, en aquellas operaciones militares en las que no participe la OTAN en su conjunto, la capacidad de iniciar y llevar a cabo operaciones militares dirigidas por la UE en respuesta a crisis internacionales. Este procedimiento, que evitará duplicaciones innecesarias, no implica la creación de un ejército europeo."
Este concepto lo abordé en "Seis proyectos en busca de Europa", en *Cursos de Derecho Internacional y Relaciones Internacionales de Vitoria-Gasteiz 2021*, Tirant lo Blanch, Valencia, 2022, pp. 101-170, en especial pp. 156-164.

La retirada del Reino Unido de la UE dejó a Francia en *soledad estratégica* como la única gran potencia militar de la UE. Francia aspiraba a liderar una defensa europea sin estar supeditados a los intereses superiores de EE. UU.

El temor británico a una capacidad militar autónoma europea que pudiera hacer sombra a la OTAN le hizo preservar la primacía de esta organización militar. Siempre vetó cualquier propuesta de un cuartel general militar de la UE y se opuso a aumentar el presupuesto para la Agencia Europea de Defensa; o impidió las cooperaciones estructuradas y la financiación mediante mecanismos comunes. Tras el anuncio mismo de la retirada británica, sin esperar a la consumación jurídica de su abandono, se inició el relanzamiento esperado de la política de defensa común y del concepto de autonomía estratégica.

Se puso en marcha el cuartel general propio, el mando de la operación *Atalanta* en el Océano Indico, se reguló y se aprobaron en estos años un centenar de cooperaciones estructuradas en defensa[8], la financiación de los costes comunes relaciona-

---

8 Decisión (PESC) 2017/2315 del Consejo, de 11.12. 2017, *DO* L 331 de 14.12.2017. Una «cooperación estructurada permanente» (PESCO, acrónimo en inglés) es una modalidad especial de cooperación reforzada militar regulada en el artículo 46 TUE y en el Protocolo 10, que capacita a un grupo de Estados miembros, que «cumplan criterios más elevados de capacidades militares y que hayan suscrito compromisos más vinculantes en la materia», a llevar a cabo misiones más exigentes, siempre que el resto de los Estados miembros esté de acuerdo con su despliegue independientemente de su participación. Suscitaron grandes expectativas mientras era imposible contar con ellas por el veto británico. Pasados seis años de su puesta en marcha, de momento, son "juegos de salón". El Reino Unido se unió a PESCO sobre movilidad [Decisión (PESC) 2022/2244, *DO* L 294, de 15.11.2022]. Y Dinamarca se ha sumado a las cooperaciones estructuradas al renunciar a su exención en defensa e incorporarse plenamente a la PCSD -a raíz de la agresión rusa-, incluida la financiación de los gastos operativos, la puesta a disposición de la Unión de capacidades mili-

dos con las operaciones militares de la PCSD, el Fondo Europeo de Defensa[9], reforzado la Agencia Europea de Defensa...

Las conclusiones del Consejo Europeo (1-2.10.20) y del Consejo de Competitividad (16.11.2020) precisaron el contexto general: "conseguir la autonomía estratégica sin dejar de preservar una economía abierta en los ecosistemas industriales más sensibles y en ámbitos específicos, como la sanidad, la industria de la defensa, el espacio, la tecnología digital, la energía y las materias primas fundamentales" [10].

Tras la conmoción del *brexit,* parecía que entrábamos en la senda correcta y había oportunidades para la política de seguridad y defensa europea. La Historia y los cambios nos vuelven a pillar a contrapié; cuando la UE quiere cambiar, como lo hace tan lentamente, el contexto cambia y pulveriza nuestra voluntad. Ya lo decía hace años el escritor Xavier Batalla: "*Europa, que quería cambiar el mundo, está siendo cambiada por un mundo que no para de cambiar*»[11].

---

tares, el Fondo Europeo de Apoyo a la Paz y al acervo de decisiones y organización [Decisión (PESC) 2023/1015 del Consejo, de 24 de mayo de 2023, *DO* L 136, de 24.05.2023; Decisión (PESC) 2023/994 del Consejo de 22 de mayo de 2023, *DO* L 135, 23.05.2023].

9 Creado para promover la colaboración europea en la investigación y el desarrollo de productos y tecnologías de aplicación y contribuir a la autonomía estratégica de la UE; aprobado el 29.04.2021, *DO UE,* 12.05.2021.

10 "El Consejo Europeo invita a la Comisión a que localice los casos de dependencia estratégica, especialmente en los ecosistemas industriales más sensibles como en el ámbito de la salud, y proponga medidas para la reducción de dichas dependencias, en particular mediante la diversificación de las cadenas de producción y suministro, la constitución de reservas estratégicas y el fomento de la producción y la inversión en Europa" (punto 5 de las Conclusiones, https://data.consilium.europa.eu/doc/document/ST-13-2020-INIT/es/pdf)

11 "De la cuna a la tumba", *La Vanguardia.* 27.06.2010.

Aquellos avances desde el *brexit* parecieron casi un juego de niños cuando Rusia decidió atacar para avasallar a un Estado con fronteras reconocidas internacionalmente. La UE concentrada en fuegos artificiales y planeamientos de salón como las cooperaciones estructuradas (PESCO); Rusia lanzando fuego real devastando ciudades, golpeando a la población civil en Ucrania y amenazando con armas nucleares nada más empezar su agresión.

2.2 Ayuda militar a Ucrania y rearme europeo

Al menos desde la caída del Muro de Berlín, casi todos los Estados miembros de la UE (y de la OTAN) aplicaron los "dividendos de la paz": se rebajó el esfuerzo presupuestario en gastos de defensa gracias a los beneficios políticos de la desaparición del concepto de *enemigos* en la Nueva Carta de París de 1990 y sus acuerdos de reducción de fuerzas convencionales y cielos abiertos.

La confianza generada en los noventa y comienzos del nuevo siglo XXI llevó a un *desarme silencioso* de una mayoría de Estados de la OTAN y de la UE[12]. No hubo reacción a la espiral de agresiones cuando hubo acciones agresivas en Europa, ya fueran de la OTAN (agresión a Yugoslavia en 1999 e invasión y ocupación de su territorio y de su integridad territorial después en 2008 -región de Kosovo-), ya rusas como la de Georgia en 2008 (en respuesta a la de Kosovo) o la de Crimea-Dombass en 2014. Y casi todos los miembros de la OTAN (salvo 7) desoyeron las recomendaciones institucionales de mantener un

---

12 En opinión del General Dacoba "Las fuerzas armadas europeas han reducido temerariamente su tamaño, tanto en efectivos humanos como en equipamiento" (DACOBA CERVIÑO, F.J., "Seguridad en Europa: más OTAN, ¿menos UE?", Documento de Análisis IEEE 25/2023, p.1, https://www.ieee.es/Galerias/fichero/docs_analisis/2023/DIEEEA25_2023_FRADAC_Seguridad.pdf.

nivel de gasto del 2 % del presupuesto nacional en defensa (España sólo un 1.03% o Alemania un 1.3 %)[13]. Solo Grecia, incluso cuando arreció su crisis económico-financiera, siguió pertrechándose ante la permanente amenaza turca.

Las consecuencias de la onda expansiva por la invasión rusa han cambiado no solo las líneas geopolíticas globales sino las de la propia UE y sus Estados miembros en materia de defensa. El conjunto del continente ha dado un giro a su percepción de las amenazas y de sus respuestas. Los Estados de la UE, miembros o no de la Alianza, han acordado tras la agresión rusa, entre otras decisiones vitales, rearmarse[14], si bien se reconoce en el Informe del SIPRI que Estados del antiguo bloque del Este ya duplicaron con creces su gasto militar desde 2014, año en que Rusia se anexionó Crimea.

Desde el inicio de la agresión rusa, la UE volvió a hacer algo impensable: rearmar al Estado agredido. Acordó utilizar fondos comunes de naturaleza intergubernamental (extrapresupuestarios), como el Fondo Europeo de Apoyo a la Paz (FEAP) [15]

---

13 https://www.nato.int/cps/en/natohq/topics_67655.htm; https://www.huffingtonpost.es/entry/radiografia-de-la-otan-cuanto-gasta-cada-pais-en-defensa-y-para-que-servira_es_62c44b99e4b0f612572c3eac.html.

14 Un ejemplo -por otra parte, bien justificado- es Finlandia al aumentar su presupuesto en defensa en un 36 % desde 2022; Lituania (+ 27%), Suecia (+12%) y Polonia (+11%); España, un 7,3% (Stockholm International Peace Research Institute , Press relèase, 24 April 2023, https://www.sipri.org/media/2023/world-military-expenditure-reaches-new-record-high-european-spending-surges-0. También se dice que Rusia aumentó en un 34 % sus previsiones de gasto en 2022 respecto de lo presupuestado en 2021, lo que sugiere, para el SIPRI, "que la invasión de Ucrania le ha costado a Rusia mucho más de lo que preveía". Buena parte del aumento de gastos en defensa occidentales se deben, en unos casos, a la ayuda militar a Ucrania (Reino Unido, España…) y, en otros, a las previsiones de defensa propia ante la amenaza rusa.

15 Decisión (PESC) 2021/509 del Consejo de 22 de marzo de 2021 por la que se crea un Fondo Europeo de Apoyo a la Paz y se deroga la

creado en 2021, para sostener la guerra. Se creó con una dotación de 5.692 millones de euros para el período 2021-2027 para financiar las operaciones de seguridad (como las enunciadas Atalanta, IRINI, Bosnia y las de formación EUTM) en las que ya entonces se previó "el suministro de equipos o plataformas militares diseñados para producir efectos letales" [16]. Inimaginable.

No es exactamente mutualizar la defensa, no, dado que hablamos de un fondo intergubernamental y no de fondos del presupuesto ordinario de la UE; aunque sí muy parecido en lo político. El efecto similar, políticamente hablando, es que la UE ha autorizado utilizar fondos directamente gubernamentales comunes para proveer de armamento letal (ofensivo) a Ucrania con un fondo común intergubernamental del que se gastó a finales de 2022 la mitad de lo presupuestado hasta 2027 por la asistencia militar a Ucrania, la mayoría en armamento y también para material sanitario[17]. Y no se ayuda a un Estado miembro agredido, no, sino a un tercer Estado.

Decisión (PESC) 2015/528, *DO* L 102, de 24.03.2021.

16 Y acepta que el Estado miembro que se oponga a esa finalidad ofensiva no la impide, si bien "dicho Estado miembro no contribuirá a financiar la medida. En su lugar, recordando su compromiso inicial optativo voluntario, dicho Estado miembro aportará una cantidad adicional a medidas de asistencia distintas de las relativas a dicho equipo o plataforma" (art. 5.3 de la Decisión 2021/509).

17 Se tuvieron que modificar esas previsiones del FEAP en 2.287 millones de euros con un límite financiero de 7. 979 millones de euros; incluso ya se ha previsto que, en caso de necesidad, puede aumentarse este límite máximo en otros 3.500 millones de euros hasta 2027 (Decisión PESC 2023/577 de 13 de marzo de 2023, *DO* L75 de 14.03.2023). A 20.07.2023 se había dispuesto de 5. 600 millones de euros en favor de Ucrania con cargo al FEAP (https://www.consilium.europa.eu/es/policies/european-peace-facility/timeline-european-peace-facility/). El conjunto de la ayuda militar de la UE y sus Estados miembros era de 15.300 millones de euros (25.05.2023) y en el conjunto de ámbitos (humanitaria, militar, refugiados y económica) supera

La UE también ha autorizado y promovido el suministro bilateral de armas de los Estados miembros a Ucrania, etc. No mutualiza exactamente la ayuda militar; tampoco interviene directamente en las operaciones militares; pero arma con medios financieros de sus Estados miembros a Ucrania y sostiene su legítima defensa.

2.3. Legalidad de la ayuda: no beligerancia

La legalidad de la ayuda militar europea (o de terceros Estados al agredido) tiene fundamento en el Derecho internacional. En el DI clásico (hasta la entrada en vigor de la Carta de la ONU) siempre fue posible vender (ceder o donar) armamento a un Estado en guerra, ya fuera agresor o agredido, con el riesgo de ser interceptado y destruido por la parte adversa. Y vender o donar armamento no le convertía en beligerante a ese Estado.

Al estar en vigor formalmente el principio de la prohibición del uso de la fuerza, al menos formalmente, desde la vigencia de la Carta en 1946 (consuetudinariamente antes, según sentencia de la Corte Internacional de Justicia de 27.06.1986), la venta o entrega de armas en caso de guerra debe ser solo al Estado agredido.

Un Estado agredido tiene derecho a recabar ayuda para hacer posible su legítima defensa tal como prevé el art. 51 de la Carta de la ONU, por sí o con la ayuda de otros. Es más, hay un deber general de los Estados de cooperar *por medios lícitos* para poner fin a la violación de normas internacionales imperativas (CIJ, 1986).

---

a esa fecha los 72.000 millones de euros (https://www.consilium.europa.eu/es/policies/eu-response-ukraine-invasion/eu-solidarity-ukraine/#:~:text=Junto%20con%20el%20apoyo%20militar,12%20000%20millones%20de%20euros).

El 6 de febrero de 2024, el Consejo y el Parlamento alcanzaron un acuerdo sobre una propuesta para crear el Mecanismo para Ucrania con el fin de proporcionar a Ucrania una ayuda financiera previsible de 50 000 millones de euros para el periodo 2024-2027. Los fondos contribuirán a la reparación, recuperación y reconstrucción de Ucrania en el contexto de la revisión intermedia del Marco Financiero plurianual o a largo plazo de la UE.

La ayuda económica, financiera o militar es legal sólo a la parte agredida como medio de coerción legal para persuadir al agresor de cesar en su ilícito y asumir su responsabilidad. Por tanto, es legal solo a una sola de las partes contendientes, a la parte víctima del acto de agresión. No se puede colocar en igualdad al agredido y agresor.

Ayudar al agresor (como lo han hecho Bielorrusia, Irán, quizás Corea del Norte, quizás China u otros) es un hecho ilícito internacional. De ahí, que tanto los EE.UU. como la UE hayan aumentado sus sanciones contra los Estados que están contribuyendo a la pervivencia del esfuerzo agresor ruso con ayuda militar.

La ayuda militar que se está prestando o dando a Ucrania es para reforzar las capacidades *materiales* militares, nunca con medios humanos so pena de devenir beligerante. Es cierto que la ayuda, incluida la militar (o el suministro de información e inteligencia), posiciona al Estado u organización internacional muy próximo a la parte beligerante agredida sin que suponga su entrada en guerra, pero no le convierte en beligerante o cobeligerante (en estado de guerra).

En las guerras habidas hasta 1945, los Estados vendían o donaban armas a alguna de las partes contendientes sin que les posicionase como beligerantes. La no beligerancia no está regulada, si bien hay apreciables antecedentes, algunos durante la Gran Guerra y, en especial, durante la Segunda Guerra Mundial. La expresión “no beligerante” se utiliza en el Convenio III de Ginebra de 1947 (art. 4.B.2 y art. 122) relativo al internamiento de prisioneros de guerra en un tercer país ("neutral o no beligerante"), aunque no define ni describe la situación[18].

Desde 1945 solo se puede ayudar militarmente al Estado agredido y no al agresor. Por consiguiente, no tiene ninguna base racional decir que la UE (u otros Estados como Canadá, Japón o Australia) hacen la guerra "por poderes" o la subcontratan o que es una guerra subrogada[19]. El agresor ruso decidió por sí mismo la agresión. Todo Estado agredido tiene derecho a repeler la agresión con la ayuda de terceros Estados sin que medie pacto previo.

Sin embargo, intervenir en operaciones militares con soldados organizados bajo mando militar haría que esas actuaciones fueran atribuibles al Estado responsable de esas fuerzas armadas y le transforme en beligerante. Somos "no beligerantes" si bien apoyamos y ayudamos materialmente a la víctima de la agresión en un marco de beligerancia.

El Estado víctima, Ucrania, y su población actúan en su propio interés, ya que es su vida, su futuro, su dignidad lo que está en juego tras la agresión rusa. Ayudar a la víctima de una agresión la convierte en *beneficiaria* y no en representante de los que ayudan.

---

18 SANDOZ, Y., "Le droit international à la lumière et à l'épreuve du conflict armé en Ukraine", *RGDIP*, vol 127, 2023, n. 1, p. 27; en p. 28 ofrece ejemplos de no beligerania durante la Primera y Segunda Guerra Mundial. *Nihil novum sub sole.*

19 Es probable que se puedan utilizar esas calificaciones si lo hacemos desde otra perspectiva: el interés y beneficio que obtiene EE. UU. de esta guerra y sus políticas previas de provocación o confrontación con Rusia como un ensayo general por potencia interpuesta y en el marco de intereses estratégicos más amplios (la rivalidad EE.UU.-China); ver el epígrafe 3.2 de este trabajo sobre las debilidades y carencias de la UE en este conflicto.

Los dos puntos clave son *no participar con medios humanos directamente en los combates* y que el Estado agredido sea el que determine la conducción de las hostilidades *con sus propios objetivos como único agredido*. Los Estados occidentales no tienen objetivos propios, no participan en las hostilidades ni tienen autonomía en la estrategia militar. Los Estados occidentales que ayudan militarmente no deben cruzar la línea roja de la participación directa ni asumir objetivos y autonomía en la estrategia militar. Ucrania decidirá cómo y hasta cuándo sostiene su legítima defensa. También la UE y sus Estados miembros, cada uno por su cuenta, deciden cómo ayudan y hasta cuándo.

Está claro que se ha rechazado la *neutralidad bélica* por numerosos Estados occidentales (neutralidad que carece de regulación exigible hoy, en desuso desde hace más de 100 años, salvo quizás en la guerra naval). Tampoco se ha cruzado el umbral de entrar en guerra junto al agredido frente al agresor ruso (envío de tropas al teatro de las hostilidades para sostener combates directos)[20]. Las tropas enviadas, muy numerosas, se han apostado en Estados miembros de la OTAN próximos al agresor y agredido, con carácter disuasorio y preventivo frente a una eventual ampliación de la agresión rusa.

Además de esas compras de armamentos a cuenta del Fondo de Apoyo a la Paz, cada Estado Miembro de forma bilateral (también otros occidentales y sobre todo EE. UU.) ha puesto a disposición de Ucrania armamento ofensivo y defensivo -como

---

20 Igualmente, los Estados de la UE y de la OTAN negaron la petición de Ucrania de "cerrar el espacio aéreo" de Ucrania o establecer zonas de exclusión, petición apoyada con presión popular y mediática. Esa medida implicaba entrar en combate (en guerra), al tener que disponer de pilotos y aviones de guerra occidentales dispuestos a combatir para expulsar a los bombarderos rusos. O la negativa a entregar misiles guiados a Ucrania con un alcance superior a los 300 km. Se ha buscado ayudar a Ucrania dentro de la legalidad sin escalar las hostilidades hacia una gran guerra europea.

ya se ha precisado-. Y la mayoría de los EEMM han aumentado las partidas presupuestarias nacionales -como ya he señalado y confirma el SIPRI de Estocolmo- en materia de defensa, en parte para reponer el armamento enviado y, en parte, para pertrechar mejor su defensa ante la amenaza de escalada rusa.

2.4 Consecuencias sobre Alemania

Si la UE tuvo una gran reacción, Alemania ha protagonizado una ruptura histórica en sus políticas exterior y de defensa, al menos, desde el final de la II Guerra Mundial. Lo que está por ver es el impacto del vuelco alemán sobre la propia UE. Las palabras de su canciller Scholz, ante el Parlamento alemán a los pocos días de la invasión rusa, son reveladoras del efecto tectónico: "*ayer no será como mañana*"[21].

Cada vez que asomaba un conflicto o una situación que pudiera afectar directa o indirectamente a la UE -como las tensiones greco-turcas o la presencia rusa y turca en el Mediterráneo o en África-, Alemania se revestía de su "paciencia estratégica" y dejaba hacer. Francia, por el contrario, enviaba sus barcos de guerra, por ejemplo, para mostrar solidaridad a Grecia frente

---

21 "Wir erleben eine Zeitenwende. Und das bedeutet: Die Welt danach ist nicht mehr dieselbe wie die Welt davor" (Estamos viviendo un punto de inflexión. Y eso significa: el mundo de después ya no es el mismo que el de antes). (Regierungserklärung in der Sondersitzung zum Krieg gegen die Ukraine vor dem Deutschen Bundestag am 27. Februar 2022 in Berlin). https://www.bundestag.de/dokumente/textarchiv/2022/kw08-sondersitzung-882198; https://www.bundesregierung.de/resource/blob/992814/2131062/78d39dda6647d7f835bbe76713d30c31/bundeskanzler-olaf-scholz-reden-zur-zeitenwende-download-bpa-data.pdf.

a las exploraciones turcas de gas y petróleo en las costas griegas y los desafíos de los barcos de guerra turcos[22].

Francia y Alemania, el motor *intermitente* de la UE, no compartieron en el pasado una concepción de la seguridad. Esa distancia fue un obstáculo estructural al desarrollo de una Europa de la defensa[23], cuando todavía la UE vivía en un mundo bucólico sin conciencia de peligros existenciales. Francia siempre ha entendido la defensa como una herramienta de acompañamiento de su política exterior, haciendo un uso activo de sus Fuerzas Armadas. Es una potencia sin complejos que ve en la integración europea la oportunidad de recuperar su poder tras la descolonización y exhibir su poder blando y duro; es una potencia *extrovertida.*

Por el contrario, Alemania fue una potencia *introvertida,* excluyendo el recurso a sus Fuerzas Armadas para acompañar su política exterior, con un perfil muy bajo de dotación y tensión. Alemania fue un socio dependiente en política exterior y defensa frente Francia y Reino Unido. Alemania no ha sido sensible a las amenazas, desde el anuncio del *brexit* ni tras su consumación, ni ha sido consciente de la "soledad estratégica" de Francia desde el *brexit.* Alemania nunca reconoció que, con la retirada británica, la UE perdía su mejor potencia militar y una potencia

---

22 Tras los incidentes greco-turcos y el apoyo de la flota francesa (10.06.2020), Grecia suscribió un partenariado estratégico con Francia en 2021 para recibir ayuda en caso de amenazas; Alemania, por fin, ha apoyado a Grecia y su fuerte rearme para hacer frente a una eventual agresión turca (https://www.defense.gouv.fr/ema/actualites/signature-feuille-route-du-partenariat-strategique-franco-grec-chefs-detat-major-armees-francaises).

23 ARTEAGA, F. y SIMÓN, L., "El Fondo Europeo de Defensa y el futuro de la industria española", Real Instituto Elcano, enero 2019, p. 19, https://media.realinstitutoelcano.org/wp-content/uploads/2021/10/policy-paper-2018-fondo-europeo-defensa-futuro-industria-espanola.pdf.

nuclear dejando toda la responsabilidad de la estrategia y defensa en un solo país -Francia- con un ejército profesional limitado.

Alemania vio en la agresión rusa a Ucrania el fracaso de una política de décadas de normalización y apertura al Este (Ostpolitik) apoyada por canciller Willy Brandt (1969-1974) y de una forma u otra por todos los gobiernos de conservadores (CDU) y socialdemócrata (SPD), y también por partidos menores como los liberales, verdes y el Partido de la Izquierda (*die Linke*).

No fueron solo los dieciséis años de gobierno de Angela Merkel; han sido más de 75 años (1945-2022) de apego alemán a la política de contención de Rusia y de pacifismo que tuvo apoyo pleno en la sociedad alemana pues le permitía redimirse de su pasado y afrontar un futuro sin prejuicios y con una reputación amable.

Alemania apostó, con el pensamiento fijo en la perspectiva kantiana de la *Paz Perpetua*, por el comercio y las interdependencias diversas que conllevaba garantizar la paz con Rusia. El suministro de energía rusa barata se vio desde la óptica alemana como arma que neutralizaba la tensión y la guerra y, por ello, un instrumento de estabilidad política y económica no alterado ni tan siquiera en momentos de tensión álgida en la Guerra Fría.

El "efecto Ucrania" en la opinión pública empujó el de la reacción gubernamental -inicialmente poco sensible-. El Gobierno alemán, a pesar de diversas presiones, no suspendió hasta dos días antes de la agresión rusa la autorización del gasoducto *Nord Stream 2* como una sanción *preventiva.* Y tres días después de la agresión se produjo el giro radical y la redefinición de toda la política alemana desde 1945. Y sin duda fue un giro con fuerza tractora para todos los demás países de la UE; sin duda, para España, muy tibia en la primera semana.

El gran debate que se ha instalado en la sociedad alemana ha sido tomar conciencia del llamado "punto de inflexión" propio para Alemania. Han tomado conciencia de un fracaso de setenta años y han hecho un viraje tras las decisiones impensables del Gobierno alemán de aumentar los gastos en Defensa (del 1,3 máximo hasta ahora, al 2% del PIB) más proveer un fondo especial de 100 mil millones de € para reforzar la defensa y el envío de material de guerra ofensivo a Ucrania. Han flexibilizado con urgencia las normas restrictivas de su Fondo Nacional de Exportación de Armas para expresar su solidaridad (aunque con algunas limitaciones) y con una amplia autorización del *Bundestag* (coalición gubernamental y la oposición CDU-CSU unidas, 586 contra 100) para enviar armamento ofensivo. Es cierto que en el envío de material militar tuvo muchas dudas "teológicas" sobre los efectos en una posible cobeligerancia y para descartarla hizo una suerte de "intercambio de cromos": sustituía con armamento alemán defensivo los envíos ofensivos de otros Estados de la UE (Países Bajos, Eslovenia y Eslovaquia). Después ha entregado a Ucrania de forma directa armamento militar de importancia.

El presupuesto federal aumentará de los 50.000 millones de euros a 80.000 millones para lograr en cinco años las Fuerzas Armadas mejor dotadas de Europa -en palabras del Canciller Scholz en su famosa conferencia de Praga-. La Alemania estratégica estaba de vuelta a sus responsabilidades.

Se debe subrayar que ese viraje en defensa y la asignación de fondos de urgencia al margen del presupuesto federal le ha obligado a las fuerzas políticas a acometer una reforma de su Constitución o Ley fundamental en junio de 2022 para permitir esa utilización de fondos especiales para defensa y retirando los frenos constitucionales al endeudamiento.

Otro giro ha llegado a la política de suministro energético varios meses después impulsando la dependencia de renovables y diversificando los suministros. También el retraimiento alemán ha desaparecido en el conflicto greco-turco. El canciller Scholz entiende que ningún Estado europeo le puede negar la soberanía e integridad territorial a otro miembro.

También Alemania, como los Estados del Este (siendo los primeros los bálticos), hicieron un gran esfuerzo iniciada la guerra al acometer medidas de compras de energías en otros Estados de las que antes dependían de Rusia (carbón, petróleo y gas) y así dejar de financiar la agresión rusa (en los primeros meses se evaluaba en unos 650 millones diarios de euros pagados por esos suministros por Estados de la UE). No fue inmediato el rechazo a los productos energéticos rusos por imposibilidad material y técnica -lo que fue muy fácil para EE. UU., Canadá y Reino Unido-, pero la desconexión energética posterior de la UE ha sido otra acción positiva del conjunto (siempre con la excepción húngara que tiene un 100% de dependencia rusa, no tiene acceso al mar para recibir gas licuado ni gasificadoras y, sobre todo, simpatiza con la tiranía rusa).

Esas buenas noticias sobre la vuelta de la "Alemania estratégica" tienen pasos intermedios preocupantes que levantan suspicacias en Francia y otros socios europeos. Esos pasos de Alemania para rearmarse no se han dado en el sentido de lo previsto (una potente política industrial de defensa) en la Brújula Estratégica de la UE ni en la filosofía y mecánica del Fondo Europeo de Defensa. No refuerzan ni tan siquiera alimentan la PCSD con el giro alemán, dado que este país ha orientado sus compras hacia EE. UU. y forma parte del "momento transatlántico" que ha generado la guerra en Ucrania. Un giro europeo hacia EE. UU. y también un preocupante eje germano-estadounidense decidido por el socialdemócrata Scholz.

Alemania abandona la política de contención en relaciones exteriores y se lanza plenamente a la escena europea e internacional desplegando todo su poder diplomático y financiero, como el viaje del Canciller Scholz a China a primeros de noviembre de 2022.

Las esperanzas de la asunción por Alemania de responsabilidad de liderazgo de la UE en el relanzamiento de la integración europea se han ennegrecido al volcar sus compras sobre el mercado norteamericano sin potenciar la investigación y el desarrollo europeo de una base industrial propia[24]. No ha invertido en futuro de cara a su defensa inmediata; se ha decidió por cuantiosas compras de armamento directamente en el "estante del supermercado" norteamericano y ha comprado sus stocks. Es cierto que, si la amenaza de supervivencia es real, la defensa tiene que garantizarse en el corto plazo, ya.

No significa que no confíe en una base industrial propia, alemana o europea, de producción de armamentos y seguramente colaborará en proyectos europeos cuyos frutos vendrán en el medio y largo plazo (por ejemplo, ahora ha comprado aviones norteamericanos F35, frente a opciones europeas que son solo un proyecto[25]).

Algunos comportamientos unilaterales y transatlánticos chocan con la retórica del Canciller Scholz en su discurso en

---

24 Para un autor experimentado, la Europa de los armamentos es el pilar más sólido en la defensa europea porque está enraizada en lo que fue el éxito de la integración europea: el mercado interior, financiación de proyectos conjuntos y cooperación económica e industrial. La creación en la Comisión Europea de una dirección general para la industria de defensa y el espacio marca un cambio significativo. (LEFEBVRE, M., "L'Europe de la défense entre moment ukrainien et retour de l'OTAN ", *Revue de l'Union Européenne,* N° 661, 2022, págs. 488-489).

25 Alemania, Francia y España acordaron (18.11.2022) el futuro sistema de combate aéreo (FCAS -*Future* Combat *Air System*) entre tres empresas europeas (Dassault, Airbus e Indra) con un coste probable de 100.000 millones de euros (https://www.lemonde.fr/international/article/2022/11/18/accord-entre-airbus-et-dassault-pour-construire-l-avion-de-combat-europeen-un-programme-a-100-milliards-d-euros_6150601_3210.html). La firma del acuerdo se hizo en Madrid el 28.4. 2023; se prevé que esté operativo en ¡2040!. Se entiende ahora por qué Alemania ha comprado ya cazas reales en EEUU como el F.35.

Praga[26], quien afirmaba que "se ha hecho evidente con la guerra de agresión de Rusia contra Ucrania: Europa debe volverse más independiente y fuerte". Palabras. Más decepcionante es su idea sobre la paupérrima finalidad de un "refuerzo de la defensa europea" que debe servir como "una manera de fortalecer a la OTAN".

3. DESPERTAR DE UN SUEÑO

La retirada del Reino Unido de la UE y el repliegue de Estados Unidos hacia Asia, facilitaron a Francia volver a su vieja aspiración de liderar una defensa europea autónoma de EE. UU. Se fue extendiendo la idea de que en materia de defensa no podíamos seguir dependiendo sólo de la OTAN. Sin menoscabar el vínculo atlántico, necesitamos soluciones y capacidades europeas para la seguridad y defensa.

Se aceptaba la idea de asumir más responsabilidades militares en investigación, inversiones, planificación y gastos comunes, planes de defensa, acciones sobre el terreno en el exterior. La finalidad era y es depender más los unos de los otros socios europeos y menos de un tercero que no siempre fue fiable –los EE. UU. en la etapa del presidente D. Trump-. Aunque casi todos los Estados miembros de la UE (y de la OTAN) aplicaron los "dividendos de la paz" tras la caída del Muro de Berlín, ahora hay que afrontar juntos la vigilancia común, investigación común, racionalizar y estandarizar la producción de armamentos, racionalizar su compra y distribución… no hay que gastar más; hay que gastar juntos y gastos compartidos por todos.

---

26 https://www.bundesregierung.de/breg-fr/actualites/scholz-discours-prague-2079562; https://www.bundesregierung.de/resource/blob/992814/2131062/78d39dda6647d7f835bbe76713d30c31/bundeskanzler-olaf-scholz-reden-zur-zeitenwende-download-bpa-data.pdf

Lo que nos cuesta mucho dinero es la situación actual del gasto por separado de los Veintisiete Estados. Hay muchas duplicidades, no suficiente interoperabilidad y no hay economías de escala.

Parecía que cuajaba la idea de depender de nosotros mismos, de aprender a pensar y actuar como un poder geopolítico autónomo. De depender más de las iniciativas propias y no de acciones meramente reactivas. No se trata de ceder soberanía sino compartir con los demás Estados europeos las capacidades para defender intereses y soluciones definidos en nuestro propio seno.

3.1. ¿Fin de la defensa autónoma de la UE?

Como parte de esa gran reacción, la propia UE ha despertado del sueño de la "defensa autónoma" o de la "Defensa común". No digo que sea el despertar de la "defensa común", sería un titular fácil y de un optimismo irracional. Un pensamiento voluntarioso. Al contrario, no despegará la "defensa común" ni la autonomía estratégica. Si ya antes de la agresión rusa el objetivo francés de la autonomía estratégica era visto con reticencias por socios del Este como Polonia o Rumania o los bálticos, ahora la desconfianza en la Europa de la defensa se ha disparado.

Todas las actuaciones después de decenas de años de PCSD serían insuficientes o inútiles para responder a una agresión similar a la rusa en cualquiera de los Veintisiete de la UE[27]. Hemos

---

27 Para el General Dacoba "la industria militar europea, a pesar de iniciativas como la Cooperación Estructurada Permanente (PESCO), el Fondo Europeo de Defensa (EDF) o la Revisión Coordinada Anual de la Defensa (CARD), está muy lejos de poder proporcionar a los ejércitos europeos los sistemas de armas necesarios en un plazo de tiempo asumible." (DACOBA CERVIÑO, F.J., *loc.cit.*, p. 6.)

despertado de ese sueño y nos colocamos en la realidad a corto y medio plazo: dependemos y dependeremos de EE. UU. y de la protección de la OTAN[28]. Sin olvidar que la UE depende en exceso de quién sea el presidente de EE.UU. y, además, del hecho de que la OTAN no es un ejército compacto sino una coalición de Estados con unidades nacionales programadas para los planes de defensa de la organización liderada por EE.UU.

Por ello, seguir pensando en asumir responsabilidad estratégica debe estar en el debate de los líderes y de la ciudadanía. Y no cabe responsabilidad estratégica sin capacidades industriales en materia de defensa para asumir aquellas actuaciones que no sean relevantes para EE.UU. y, por el contrario, sí lo sean para la seguridad de la UE. No depender totalmente del EE.UU.

El Alto Representante de la UE para Asuntos Exteriores y Política de Seguridad (AR), Josep Borrell, acometió un informe estratégico en los años de pandemia al que desde su inicio denominó *Brújula estratégica* de la UE. La "Brújula" fue aprobada el 21.03.2022[29] por el Consejo y a los pocos días confirmada por el Consejo Europeo (24.03.2022). Apenas se añadieron algunos párrafos y actualizaciones de urgencia, entre marzo y

---

28 También para Claude Blumann la agresión rusa pone de manifiesto la indispensabilidad de la OTAN y, por tanto, de Estados Unidos para defender el campo occidental y, lo que es peor, aumenta las reticencias de miembros de la UE y de EE.UU. a la defensa autónoma por temor a debilitar a la OTAN o aumentar la duplicación (BLUMANN, CL., Éditorial, "Guerre en Ukraine: l'Europe de la defense à la peine/War in Ukraine: European defence struggles", *Revue du droit de 1'Union europeenne* 4/2022, p.9).

29 https://data.consilium.europa.eu/doc/document/ST-7371-2022-INIT/es/pdf. Es una evaluación común de las amenazas en todas sus formas e identificación de las acciones para fortalecer las capacidades militares comunes. Pone el énfasis no solo en el ámbito militar tradicional y en la base industrial de la defensa, sino en los dominios espacial y cibernético.

mayo, tras la invasión rusa. Se creía que podría ser un plan ambicioso sobre la conjugación de acción exterior y defensa, y desde luego, era realista, reconociendo que la UE *no tiene potencia militar*. Por ello, es rupturista respecto a documentos de estrategia anteriores porque se atreve a hablar de "poder duro"[30] y enfatiza la necesidad de alcanzarlo.

Lo sorprendente, por falta de originalidad y reiterativo, es la propuesta de dotación de una fuerza de 5.000 efectivos para despliegue rápido (es la enésima vez que se aprueba un plan similar). La UE tiene una visión deformada de la defensa como amenazas lejanas e indirectas y sigue acomodada a la idea de la gestión de crisis en el exterior de la UE. Las amenazas directas ni se contemplan y si las hubiera quedan en manos de EE. UU.

La UE, a pesar de la retórica sobre la Europa soberana o la autonomía estratégica, expresa su complementariedad al servicio de la OTAN, mientras que nunca hubo reciprocidad de la OTAN hacia la UE[31] para guardar coherencia y servir a objetivos europeos.

La disociación entre los intereses y objetivos de la Alianza y los de la UE eran ostensibles. Y antes de la Cumbre de la OTAN

---

30 DOUTRIAUX, Y., "La boussole stratégique et l'invasion de l'Ukraine par la Russie", *Revue de l'Union Européenne*, Nº 661, 2022, p. 470.

31 Así, con ocasión de la vergonzante retirada de EE. UU. de Afganistán en el verano de 2021, la UE experimentó impotencia al ser incapaz de enviar una fuerza de 6.000 soldados para tomar el relevo norteamericano en el aeropuerto de Kabul. Tampoco se puso manos a la obra para remediarlo inmediatamente. También entonces se demostró que los compromisos de la OTAN no siempre confluyen con los de la UE. *De facto* hubo incapacidad para usar algunos instrumentos militares de origen y dotación europeos como el *Eurocuerpo*. El *Eurocuerpo* es un "cuerpo de ejército multinacional" para misiones en el contexto de Naciones Unidas, Unión Europea y OTAN. Teóricamente es un cuerpo de reacción rápida, pero *de facto* está inscrito en los planes de defensa OTAN y no de los Estados europeos de la OTAN.

de Madrid de junio de 2022, nunca la Alianza se preocupó de la interacción con la UE para la defensa de sus intereses.

La *Brújula Estratégica* de la UE de 2022 configura -antes incluso de la agresión-, de forma decepcionante, la política común de defensa bajo la dirección de la OTAN, reflejando impotencia y subordinación a EE. UU[32].

Después de más de 70 años, todavía la UE no puede defender a sus ciudadanos, ni a sus Estados ni los intereses del conjunto. La Brújula nacía desnortada y fuera de la realidad instalada en el "jardín francés" que es la UE, metáfora muy utilizada por el Alto Representante.

La propia Brújula Estratégica de 2022 no asigna ningún papel de defensa territorial de los EEMM a la UE. Europa que se creía un proveedor de seguridad, es un demandante de plenos servicios de seguridad a los EE. UU. a través de la OTAN y, por ello, dependiente de su voluntad, intereses y objetivos. No era el Reino Unido el freno a la defensa propia, es claro que EE. UU. no acepta un sistema propio de la UE. Más grave aún, un número importante de Estados miembros, no solo los del Este y bálticos, no confían en la UE para su defensa y seguridad. Y ven en la idea de una defensa autónoma un riesgo de debilitamiento del compromiso de EE.UU. Para un número significativo de Estados miembros de la UE no hay alternativa fiable a la OTAN para la defensa territorial de la UE.

---

32 "Assurer la défense des Européens, c'est de toute évidence s'offrir une énorme influence en Europe à commencer sur un plan diplomatique, sans parler de l'aspect économique", ROULOT, J.F., "Une défense européenne en jachère", *Revue du Droit de l'Union Européenne*, 4/2022, p. 173. Este autor se pregunta también si el ejército francés podría soportar una guerra de alta intensidad y de larga duración como la que soporta Ucrania (p. 176).

No somos una potencia militar. Incluso, las cooperaciones reforzadas, en concreto, las de movilidad militar sirven a la estrategia de defensa territorial de la OTAN[33], reconociendo que el monopolio de la OTAN en defensa territorial no parece estar seriamente socavado. Los europeos no nos podemos defender por nosotros mismos desde hace más de un siglo (desde 1914).

3.2 Debilidades y carencias de la UE

La agresión y guerra en Ucrania ha sido una mina en la línea de flotación de la UE. Es cierto que Rusia no se esperaba la respuesta coordinada y extensa de las grandes economías de Occidente ni su indirecta respuesta militar. La fortaleza de la respuesta de la UE a la agresión no debe ocultar que Rusia ha desestabilizado a la Unión Europea en la medida en que sus objetivos y políticas a corto y medio plazo se han visto desarboladas y desplazadas para afrontar la nueva era.

Y si Rusia lo ha conseguido es porque la Unión ha mostrado sus fallos: 1) carencias y errores diplomáticos en la prevención, disuasión y evaluación del conflicto y su escalada; la Unión Europea se olvidó de construir o de insistir en un nuevo marco de seguridad con Rusia en los inicios del siglo XXI; 2) carencias y errores por imprevisión en la diversificación de los suministros energéticos al entregar su seguridad energética a Rusia; y 3) carencia e insuficiencia de iniciativas propias de paz tras el estallido de la segunda y masiva agresión; la UE sanciona y busca

---

33 Para Lefebvre las cooperaciones reforzadas, en concreto, las de movilidad militar sirven a la estrategia de defensa territorial de la OTAN, reconociendo que "le monopole de l'OTAN sur la défense territoriale ne parait pas sérieusement entamé" (LEFEBVRE, Maxime: "L'Europe de la défense entre moment ukrainien et retour de l'OTAN", *Revue de l'Union Européenne,* n° 661, 2022, págs. 486).

aliados en la presión sobre Rusia sin presentar un plan de paz como inicio de negociaciones. China sí lo ha hecho.

La UE no se pudo entender con Rusia, no tuvo éxito en las negociaciones antes de 2014 ni después al renunciar a defender sus propios intereses y, por el contrario, defender los intereses de los EE.UU. y Reino Unido. Acabó sumándose a la estrategia norteamericana de debilitar a Rusia, primero en Yugoslavia y después en Ucrania, apoyando las manifestaciones ciudadanas pro-europeas (el "Euromaidán") y al rechazo al presidente ucraniano prorruso elegido en 2014. La UE participó con su apoyo en el golpe de Estado que hizo caer el presidente elegido en elecciones que fueron consideradas limpias por la OSCE.

Dejo pasar siete años desde 2014 (invasión rusa del Dombass y anexión de Crimea), como en 2008 dejó pasar la agresión a Georgia, por la mala conciencia de la agresión de la OTAN a Yugoslavia (1999 y apoyo al protectorado en Kosovo). Cuando se veía venir la invasión general de Ucrania, fue grave la incapacidad de negociación y disuasión de la UE en tanto que entidad; los gobiernos de Francia y Alemania se movilizaron y fracasaron. Pero la UE no logró acceder a la mesa de diálogo.

La UE fue incapaz de ver que ha sido arrastrada por EE. UU. a un conflicto con su principal proveedor energético, sin alternativas estables y fiables, abandonando la defensa de los intereses de sus propios ciudadanos y de la propia UE.

Una de las carencias y errores más preocupantes es la que se refiere al presente pues las pasadas son ya irremediables y no cabe llorar sobre "la leche derramada". Los interrogantes sobre si se pudo o no evitar la guerra ya no tienen relevancia; ese tiempo pasó y yo me interrogué en febrero de 2022 si se pudo evitar la guerra. Hoy interesan los interrogantes sobre el devenir de la guerra y qué futuro tiene la paz. Por eso, una vez iniciada la guerra y transcurrido más de un año de feroces combates, lo que realmente me preocupa es la falta de iniciativas propias de la UE para detener el conflicto con propuestas propias de la UE para el cese el fuego y negociar. Los EE. UU. y la UE ponen el énfasis en ganar posiciones en el frente de batalla y avances en el dominio territorial para tener mejor posicionamiento en la negociación para Ucrania.

En el conjunto de las actuaciones de la UE ante la agresión de Rusia, no niego que la UE ha obrado bien en sus respuestas (sanciones a Rusia y ayuda masiva -incluida la de carácter militar- a Ucrania), pero el resultado general es que no ha habido interés real en el apaciguamiento de la agresión y sus consecuencias han favorecido los intereses de la anglo esfera.

La Unión Europea se ha visto afectada muy negativamente por las sanciones y la ayuda militar, mientras que EE. UU. se ha visto favorecido.

Por un lado, no hay apenas dudas de que este conflicto se enmarca en el contexto de la rivalidad EE. UU.-China. Supera y trasciende los intereses europeos; la UE es un juguete y no un jugador en esa rivalidad. Parte de la estrategia de EE. UU. desde principio del siglo XXI es debilitar a Rusia y a sus aliados; primero, con la excusa de proteger a los secesionistas albanokosovares, bombardeó Yugoslavia hasta hacerle perder su integridad territorial (Kosovo, 2008)-. Después, EE.UU. se centró en Ucrania y, de nuevo, triunfó su idea de reducir la capacidad de Rusia de controlar a sus vecinos ayudando a los grupos opositores en Bielorrusia y Ucrania. Es obvio que reducir la capacidad rusa de avasallar y hacer daño a sus vecinos puede ser un propósito político y acaba dando ventajas a la OTAN y seguridad al conjunto occidental, pero contener esa política de seguridad extensiva de Rusia no es razón para librar una guerra. Guerra que inició voluntariamente Rusia, pero de la que EE.UU. espera beneficios estratégicos, aparte de los económicos que ya le han favorecido.

Las sanciones de EE. UU. a Rusia no le han dañado. El shock económico de la guerra sobre la UE no es comparable al limitado daño a EE. UU. (apenas compraban un 10 % de petróleo a Rusia y su comercio no era relevante para la economía norteamericana[34]). El problema principal desatado en el continente -la guerra con sus matanzas de civiles y devastación sistemática- y la posible escalada e inseguridad de Europa- nunca llegará a EE. UU.

Y, es más, se ha beneficiado de las sanciones europeas aumentando la cantidad y el precio de sus suministros energéticos a la UE (gas obtenido por *fracking*, prohibido en España, y que nos suministra a precio desorbitado frente al barato y limpio gas argelino o ruso), y se han disparado la venta de armamento norteamericano y su producción. Mas las cuantiosas ventajas políticas del "momento transatlántico" (pulso a China, entusiasmo de los países del Este por la dependencia americana, asfixia de la iniciativa francesa de defensa autónoma...).

3.3. Lecciones de la unidad

A pesar de la posición húngara y algunas divergencias coyunturales, la UE nunca ha estado tanto tiempo unida en la acción en política exterior y defensa.

Es cierto que Hungría ha sido una voz disidente en la acción europea, pero no hasta el punto de impedir la toma de decisiones con rapidez y sin vetos, tanto en las sanciones económicas

---

[34] Así en https://www.realinstitutoelcano.org/blog/mas-europa-mas-dependiente-de-eeuu/: también NÚÑEZ VILLAVERDE, J.: "Estados unidosenucrania,¿cuiprodest?",RealInstitutoElcano,15.12.2022(https://www.realinstitutoelcano.org/blog/estados-unidos-en-ucrania-cui-prodest/?utm_source=newsletter262&utm_medium=email&utm_campaign=dic2022&_cldee=rwpHySWhETrz_yn3xc1RZTi0QElk-0MeM8NP6ay3FDnhkz0wyDYiFbw3ii5yL_jb4&recipientid=contact-a718bf3fbe9de911aa05000d3a2065c5-69ecfe72a975411b97a69c4327fa320b&esid=64b2d058-be82-ed11-81ac-6045bd8d3a20)

como en las militares[35]. El precio de la falta de unidad total entre los 27 ha sido dejar hacer al conjunto, excluyendo en varios casos los efectos para Hungría y reconociendo excepciones puntuales.

Se han notado dificultades que no han impedido actuaciones coordinadas: los obstáculos han generado reflexiones de cara al futuro de reformas de los tratados de la UE que se esperan en los próximos años, a raíz de las propuestas de la Conferencia sobre el Futuro de Europa. ¿La UE debe dotarse de instrumentos financieros originales y robustos en el presupuesto ordinario? Josep Borrell en su memorable discurso ante el PE (1.02.2022) les interrogaba con claridad: "*En el próximo presupuesto, piénsenlo. Cuando voten sobre el próximo presupuesto, usen su capacidad presupuestaria. ¿Tienen la capacidad presupuestaria de esta institución para establecer las formas y los medios para enfrentar la próxima crisis y agresión rusa?*". ¿Qué reformas emprender en materia de toma de decisiones en política exterior, defensa y presupuesto, o cómo podría hacerlo sin reformas de los tratados? No es fácil y exigirá un marco de flexibilidad y con urgencia.

La necesidad de reforma de los tratados viene siendo constante ya antes de la pandemia (el informe de los 5 presidentes la sugería a partir de 2023) y después de la Conferencia sobre el Futuro de Europa con las decenas de propuestas ciudadanas. La guerra en Ucrania ha favorecido las propuestas de reforma al tiempo que las está difiriendo por el contexto de la guerra. Así, discursos diversos de los presidentes Macron y Scholz, o de la propia Presidenta de la Comisión o del Alto Representante se hacían preguntas sobre reformas relativas a la votación por unanimidad, financiación de la ayuda militar en el presupuesto ordinario, etc.

---

35 Hubo también divergencias sobre la compra de munición para Ucrania presentadas por Francia, defensora de su compra *en casa* y no el mercado norteamericano u otros.

De entrada, es seguro que la UE es ahora consciente de las muchas carencias de su política exterior y de defensa y de sus actuaciones y las de sus Estados Miembros en las dos últimas décadas.

Estas muestras de unidad servirían de poco si no se extraen por los gobiernos y parlamentos nuevas lecciones de cara a acometer obligaciones efectivas y rápidas de cara a una defensa o asunción de responsabilidades propias de la UE, aunque limitada, a un nivel muy superior al actual. Hay que aprovechar esta unidad y el rearme alemán y de otros Estados miembros[36] para acelerar una defensa autónoma que pueda responsabilizarse de una amplia aunque no exclusiva defensa del continente y reserve el vínculo atlántico como elemento de disuasión y para circunstancias desbordantes y extraordinarias. Depender más de nosotros mismos y menos de la EE.UU. y de la OTAN[37].

4. FINLANDIA Y SUECIA: DE ACTIVAR LA CLÁUSULA DE AYUDA MUTUA EN LA UE AL INGRESO EN LA OTAN

4.1. La ayuda mutua en el artículo 42.7 TUE

Apenas habían transcurrido dos semanas de la agresión rusa, Suecia y Finlandia invocaron el 8 de marzo la cláusula de defensa mutua del art. 42.7 TUE en carta dirigida al Presidente del

---

36 Como señala un "editorial" los esfuerzos y los riesgos asumidos por la Comisión en la ayuda a Ucrania debería estimular a los Estados miembros a ser más abiertos, flexibles y eficientes ("Editorial, Common Security Defense Policy. High expectations, Again", *European Law Review,* 2022, 47, p. 595.

37 "Concluyo, pues, que sin milicias propias no hay principado seguro" [... L]as únicas defensas buenas, seguras y durables son las que dependen de uno mismo y de sus virtudes" (MAQUIAVELO, N., *El Príncipe,* capítulos XIII y XXIV, in fine).

Consejo Europeo de cara a la reunión prevista en Versalles el 10/11.03.2022[38]. Solicitaban acogerse a la UE como "proveedor de seguridad" para sus miembros -así la identificaban-; fue una reacción rápida a las amenazas vertidas por el gobierno ruso al día siguiente de la invasión contra esos dos Estados nórdicos[39].

El Consejo Europeo tuvo ocasiones, tanto en Versalles como en otras reuniones entonces, pero nunca incorporó a su orden del día formal la invocación hecha por las dos primeras ministras ni el Consejo Europeo de Versalles ni en el siguiente del 24/24.05.2022.

A pesar del interés de ambos Estados, el Consejo Europeo no dio una respuesta a la solicitud, refiriéndose en las Conclusiones con una mención genérica: "La solidaridad entre los Estados miembros se refleja en el artículo 42, apartado 7, del Tratado de la Unión Europea (TUE)". Se evitaba echar leña al fuego y sobre todo se quería dar una repuesta pragmática y realista poniendo el art. 42.7 TUE en su contexto en caso de que se materializara o fuera verosímil la amenaza rusa: el contexto militar, el de la OTAN. Ese precepto (art. 42.7 TUE) vehicula la solidaridad de la UE con aquellos Estados miembros de sufran un ataque, pero endosa la actuación militar a la OTAN. No exige que la solidaridad o asistencia sea militar. Ese precepto reconoce la primacía de la Alianza Atlántica y la dependencia de la UE y -como señala Cl. Blumann- marca los límites de la autonomía estratégica de

---

38 El texto de la carta en la web del gobierno finlandés: https://valtioneuvosto.fi/en/-/10616/prime-ministers-of-finland-and-sweden-stress-role-of-eu-as-security-provider.

39 "Es evidente que el ingreso de Finlandia y Suecia en la OTAN, que es ante todo un bloque militar, tendría graves consecuencias político-militares, que requerirían una respuesta de nuestro país", (portavoz del Ministerio de Exteriores ruso, María Zajárova), en *Cinco Días*, 25.02.2022.

la Unión[40]. El precepto se incorporó tras la reforma del Tratado de Lisboa tomando la cláusula del antiguo tratado de Bruselas (1948, UEO), subordinando cualquier respuesta militar a su puesta en marcha bajo el mando de la OTAN.

En el contexto de amenaza de guerra convencional masiva como la vivida en Ucrania, los neutrales, si quieren ser ayudados, deberán estar en condiciones de ayudar. La solidaridad militar europea se canaliza a través de la Alianza Atlántica: esa es la puerta para ayudar y ser ayudados.

Una lectura simple del art. 42.7 TUE deduce que los miembros de la UE, si son agredidos, podrían recibir ayuda del conjunto de socios de la UE, pero no necesariamente militar. Un pacto militar o una cláusula de ayuda mutua es una obligación sinalagmática. Los socios no atlánticos de la UE (ahora Austria, Irlanda...) en caso de serle recabada ayuda militar por los socios europeos no estarían obligados a la ayuda militar al no ser de miembros de la OTAN ni exigirlo el art. 42.7 TUE. Un desequilibrio inaceptable cuando hablamos de vidas sacrificables de los europeos atlánticos para defenderles mientras que los dos Estados no atlánticos se pueden desentender de la ayuda militar y diluir su compromiso en notas diplomáticas de solidaridad o sanciones económicas diversas.

En todo caso, la obligación asumida en ese precepto por los Estados miembros no es exigible con la entrada en guerra; cualquier controversia sobre la interpretación y alcance de las obligaciones contraídas no puede ser sometida al TJUE al estar excluida la competencia judicial en materia de defensa. El art. 42.7 TUE no es justiciable.

De forma discreta, sin debate formal, el Consejo Europeo derivó la solicitud sueco-finlandesa hacia la adhesión a la OTAN. Además, la cumbre de la OTAN, prevista para el 29

---

40 BLUMANN, Cl., *loc. cit.*, p. 10.

/30.05.2022 en Madrid, se vio precedida por la solicitud formal de ingreso en la OTAN de dos nuevos Estados de la UE, hasta entonces neutrales respecto de pactos militares por justificaciones propias. Luego, la solicitud de ingreso a la OTAN de Finlandia y Suecia a la OTAN fue de *rebote* tras ser persuadidas de que el art. 42.7 TUE se materializa en el seno de la OTAN.

Se comprende la jugada política de la OTAN al admitir con rapidez a Finlandia y Suecia frente a Rusia. La torpeza rusa facilitaba la ampliación de la Alianza y del número de kilómetros de frontera con ella. Y la UE se ha librado del riesgo de un desequilibrio de obligaciones. La OTAN se fortalece políticamente y su reputación al ver en ella, nada menos que por dos Estados de tradición neutralista[41], un elemento de seguridad y de paz.

4.2. ¿Una OTAN más fuerte?

No obstante, no todo es exultante. Desde otra perspectiva la OTAN se debilita y multiplica sus riesgos con las sucesivas ampliaciones al Este, a escandinavos y bálticos[42].

---

41 La adhesión de Finlandia se consumó en abril de 2023 al recibirse la totalidad de las prestaciones de consentimiento de los miembros de la OTAN (Instrumento de adhesión, Protocolo al Tratado del Atlántico Norte sobre la adhesión de la República de Finlandia de 22 de julio de 2022, *BOE*, de 25 de abril de 2023).
Todavía Suecia no ha consumado (a fecha de 15.02.2024) el proceso por los muchos obstáculos interesados levantados por el gobierno autocrático de R. Erdogan en Turquía hasta 2023 y los persistentes en 2024 de la autocracia húngara.

42 Natividad Fernández Sola se ha preguntado, desde otra perspectiva, si la adhesión de dos Estados tan próximos a Rusia, y uno con amplia vecindad, puede provocar más inseguridad a Rusia y favorecer la escalada: "¿Es más segura Europa y, por tanto, la zona transatlántica en su conjunto, extendiendo a nuevos miembros la Organización en un momento de máxima tensión con Rusia? Objetivamente, no."

Una veintena amplia de miembros de la Alianza son *consumidores netos de defensa*: lo que aportan son riesgos y amenazas de guerra a los demás y, en especial, a EE.UU. La mayoría de los Aliados europeos del norte, centro y este son beneficiarios o consumidores de seguridad, haciéndose de forma continuada *un gran trasvase de solidaridad* hacia ellos.

Cierto que Suecia y Finlandia tienen ejércitos bien entrenados[43], muy técnicos y con experiencia de maniobras con la OTAN. La creciente militarización del Ártico[44] es una zona de riesgo de enfrentamiento. Ambos ejércitos de los nuevos socios son muy tecnológicos pero muy reducidos -si bien su población está muy implicada y sensibilizada-. Lo grave y preocupante es que son territorios muy grandes, poco poblados y por su ubicación aumentan las amenazas, siendo finalmente *perceptores netos de seguridad.*

En la OTAN hay pocos *contribuyentes netos* de seguridad que representen pocas amenazas de ser atacados y grandes capacidades materiales y humanas; a gran distancia de todos, los contribuyentes netos son EE. UU. y Reino Unido; después Francia, también España e Italia, y pocos más. Turquía, en caso de guerra, es impredecible y nada confiable (compra armamento ruso inservible para la defensa atlántica). Polonia lleva camino de tener un gran

---

(FERNÁNDEZ SOLA, N., "¿Una OTAN más amplia es más segura?", *El País,*17.05.2022).

43 Finlandia mantiene el servicio militar obligatorio y tiene en la reserva activa a 240.000 ciudadanos (incluso algunas informaciones aumentan a 280.000, https://www.rferl.org/a/finland-nato-russia-defense-jarmo-lindberg/32366037.html?_cldee=QhSNQCp6Uys2XHal4pUzq5Jyw-vPc9tbd2yG8BF86XRYMNNrbJDEVlIsPc663aUHA&recipientid=contact-a718bf3fbe9de911aa05000d3a2065c5-a3295f49db474c4a8c4d8-a294c5f0f9c&esid=29fb0b3d-a7de-ed11-a7c6-6045bd8c5364).

44 CONDE, E., "La política ártica de la Unión Europea en perspectiva geopolítica: de la cooperación pacífica a las rupturas árticas (2017-2022)", *Revista Española de Derecho Internacional,* 2022, núm. 2, p. 155.

ejército, aunque representa claras amenazas. Y es probable que Alemania se sume a los contribuyentes netos en unos años.

La Alianza aumenta los riesgos de entrar en guerra, tiene que aumentar sus capacidades militares personales y materiales y se debilita más que se fortalece al ingresar Estados que absorben capacidades del conjunto. Sin embargo, aunque resulte paradójico, la OTAN se ha revitalizado políticamente. Se presenta como un instrumento exitoso de disuasión para sus miembros, seguramente lo que buscaron en ella los bálticos, nórdicos y, en general, el este europeo por sus trágicos recuerdos de la extinta Unión Soviética.

La amenaza verbal rusa a los dos nórdicos se diluyó pocas semanas después, probablemente, porque ya Rusia se empezaba a deducir, tras el fiasco en Ucrania, que debe escoger mejor sus enemigos y las guerras que puede mantener. Es casi un lugar común decir que Rusia ha provocado el renacer de la OTAN tras su agresión y tras la formalización del ingreso de Finlandia.

De hecho, Rusia no ha querido traspasar ciertas líneas rojas que pudiera provocar la intervención de la OTAN. Por ejemplo, la OTAN ha advertido a Rusia en caso de recurrir a armas de destrucción masiva (químicas, nucleares o bacteriológicas). También la OTAN tuvo cuidado en los primeros meses tras la agresión de no verse involucrada en la retórica rusa ante su población de que la “operación especial” era una guerra entre Rusia y la OTAN. La OTAN hizo seguimiento de la guerra a lo largo de 2022, evitando no involucrarse directamente haciendo un gran esfuerzo por contener el escenario de la guerra al territorio escogido por el agresor ruso. Sin embargo, en 2023 la OTAN no se ha ocultado ni apartado y ha mostrado interés en coordinar, asesorar e impulsar la ayuda militar a Ucrania. No ha dado asistencia directa; lo han hecho, por ejemplo, la inteligencia militar norteamericana y británica, y cada Estado bilateralmente con Ucrania. No hubo cierre del espacio aéreo. Es cierto que en abril de 2023 el Secretario General de la

OTAN visitó Kiev y que en diversas reuniones de la OTAN se ha invitado a intervenir al presidente ucraniano Zelensky y a ministros ucranianos. Y ese acercamiento no es tranquilizador en perspectiva política y jurídica.

5. REFLEXIONES FINALES

Una primera constatación es que el ataque y la guerra provocada en Ucrania ha hecho saltar por los aires el incipiente sistema europeo de seguridad colectiva y el objetivo de la autonomía estratégica y de defensa de la UE. La realidad de la guerra en Europa y en las fronteras de la UE pone en duda la débil política común de defensa pacientemente construida desde los años noventa, con lentitud exasperante, sin sentido del tiempo e insuficientemente acelerada desde el referéndum británico de retirada en 2016. Y no se puede ser optimista sobre cambios efectivos ni rápidos. La Conferencia sobre el Futuro de Europa recomendaba que en política exterior y de seguridad se revisase el tratado para decidir por mayoría cualificada y la reacción de una decena amplia de Estados miembros fue de rechazo.

Si cabe todavía más, esa agresión ha sido un *particular punto de inflexión* para Alemania (*Zeitenwende*), propiciando un cambio tectónico en la percepción de las amenazas por parte de este Estado y en las respuestas que, como potencia con nueva conciencia regional, debe empezar a asumir liderando la integración y al continente. La política exterior y de rearme puede ser decisiva para que la UE pueda asumir en el futuro responsabilidades sobre sus intereses privativos.

La Alianza se fortalece políticamente, al tiempo que aumenta los riesgos de entrar en guerra, y se debilita más que se fortalece al tener como miembros a una veintena amplia de Estados que absorben capacidades del conjunto.

RESUMEN. Hasta 2022, la Unión Europea había construido su papel en el mundo como potencia regulatoria y comercial. No necesitó herramientas de poder duro. La guerra ha puesto a la UE ante la realidad de sus insuficiencias y debilidades en política de defensa. Su Política Común de Seguridad y Defensa (en adelante, PCSD) ha sido una herramienta ajena a la protección inmediata y directa de su integridad. Se constata la vuelta estratégica de Alemania: abandona la política de contención en relaciones exteriores y asume la necesidad de defenderse a sí misma. La UE, a pesar de la retórica sobre la Europa soberana o la autonomía estratégica, expresa su subordinación a la OTAN. La Alianza se debilita más que se fortalece al tener como miembros a una mayoría amplia de Estados que absorben capacidades del conjunto.

ABSTRACT. Until 2022, the European Union had built its role in the world as a regulatory and trading power. He didn't need hard power tools. The war has confronted the EU with the reality of its defence policy inadequacies and weaknesses. Its Common Security and Defense Policy has been a tool that is alien to the immediate and direct protection of its integrity. Germany's strategic turnaround is evident: it abandons the policy of containment in foreign relations and assumes the need to defend itself. The EU, despite rhetoric about sovereign Europe or strategic autonomy, expresses its subordination to NATO. The Alliance is weakened rather than strengthened by having a large majority of states as members that absorb capabilities from the whole.

Palabras clave: guerra en Ucrania, defensa UE, OTAN, pacto de ayuda mutua (art. 42.7 TUE), política común de seguridad y defensa (PCSD).

Key Words: war in Ukraine, EU Defense, NATO, mutual aid agreement, (art. 42.7 TEU), Common Security Defense Policy (CSDP).

La eficacia jurídica y económica de las sanciones europeas derivadas del conflicto en Ucrania

LUIS M. HINOJOSA MARTÍNEZ
Catedrático de Derecho Internacional Público y Relaciones Internacionales
Universidad de Granada

1. INTRODUCCIÓN

La agresión rusa a Ucrania ha llevado a la Unión Europea (UE) y a otro importante grupo de países a adoptar sanciones de diverso tipo contra Rusia y Bielorrusia, de una contundencia sin precedentes y coordinadas fundamentalmente en el G-7. Estas medidas restrictivas afectan a un gran número de personas físicas y jurídicas, a sectores enteros de producción, y alcanzan también a individuos y empresas de terceros países que colaboran con el esfuerzo bélico ruso. En sentido contrario, Rusia también ha adoptado medidas económicas que perjudican a los intereses europeos.

Las sanciones adoptadas por la UE buscan aumentar el coste que tiene para Rusia de la agresión a Ucrania, fomentando que el liderazgo ruso se siente a negociar y acepte una solución pacífica de sus diferencias con ese país, respetando su soberanía territorial. Más específicamente, se busca debilitar tanto la eficiencia del complejo industrial ruso que alimenta las acciones de su ejército en Ucrania como la capacidad del Estado ruso de financiar la guerra.

En estas circunstancias, se ha abierto un debate sobre la eficacia de dichas sanciones para conseguir los objetivos establecidos.[1] Algunos consideran que estas sanciones hacen más daño a la propia UE que a Rusia, y con una poco disimulada rusofilia, defienden su eliminación.[2] En este trabajo nos proponemos intervenir en ese debate para defender la necesidad de mantener y reforzar esas medidas restrictivas, como parte de la estrategia geopolítica de la UE en beneficio de su propia seguridad y en la defensa de un orden internacional basado en reglas. Para ello, se dará cuenta de las principales medidas restrictivas adoptadas por la UE en relación con el conflicto en Ucrania (epígrafe 2), se estudiará la viabilidad jurídica de adoptar sanciones contundentes contra Rusia (y sus adláteres) a pesar de la jurisprudencia garantista del TJUE sobre la obligación de respetar los derechos fundamentales de las personas sancionadas (epígrafe 3), y se analizarán las consecuencia económicas para Rusia de las sanciones, tanto desde un punto de vista comercial como financiero (epígrafe 4). Todo ello nos permitirá concluir con unas reflexiones finales sobre las opciones de mejora de este arsenal normativo para mejorar su eficacia en un entorno internacional multipolar en el que tanto el poder político como el poder económico se encuentran mucho más repartidos que hace veinte años.

---

1 BONATTI, Luigi y TAMBORINI, Roberto, *The ECB and the Ukraine war: threats to price, economic and financial stability*, Monetary Dialogue Papers, junio 2022, https://op.europa.eu/en/publication-detail/-/publication/ff113b7c-070a-11ed-acce-01aa75ed71a1/language-en; LATIPOV, Olim *et al.*, "Quantifying the Impact of the Latest US Tariff Sanctions on Russia: A Sectoral Analysis", *Journal of World Trade*, vol. 57, issue 1, 2023, pp. 55-124.

2 HEINISCH, Reinhard y HOFMANN, Diana, "The Case of the Austrian Radical Right and Russia During the War in Ukraine", en IVALDI, Gilles, ZANKINA, Emilia (Eds.), *The Impacts of the Russian Invasion of Ukraine on Right-wing Populism in Europe*, ECPS, Bruselas, 8 de marzo de 2023, https://www.populismstudies.org/the-case-of-the-austrian-radical-right-and-russia-during-the-war-in-ukraine/.

2. LAS SANCIONES ADOPTADAS POR LA UE CONTRA RUSIA

Las medidas restrictivas adoptadas por la UE contra Rusia por su agresión a Ucrania son de diverso tipo. Incluyen sanciones a individuos y entidades (que básicamente conllevan la prohibición de viajar a la UE y la congelación de sus activos en territorio comunitario), restricciones económicas (la prohibición exportar [o importar] determinados productos/servicios a [o desde] Rusia), las restricciones a la actividad de determinados medios de comunicación y otras medidas diplomáticas. En este trabajo nos centraremos particularmente en aquellas medidas restrictivas que afectan de manera significativa a la economía rusa o a las relaciones económicas internacionales, como principal parámetro de medición de su eficacia.

El objetivo declarado de las sanciones económicas es el de maximizar los daños a la economía rusa, al tiempo que se intentan reducir al mínimo los efectos negativos para la economía europea. Se trataría así de presionar al régimen ruso para acabar con el conflicto por el coste económico del mismo y las consecuencias para la economía rusa. Un propósito complementario de las medidas restrictivas consiste en reducir las fuentes de financiación del esfuerzo bélico ruso, muy especialmente mediante las restricciones a la importación de combustibles fósiles procedentes de Rusia. Debido a su gran alcance, y a las consecuencias negativas para la propia UE, estas sanciones no tienen precedentes. También, de alguna manera, estas medidas suponen el reconocimiento de un fracaso: la ineficacia de las sanciones limitadas aplicadas a Rusia en 2014 tras su intervención en Ucrania.[3]

---

[3] VAN BERGEIJK, Peter A. G., "Sanctions Against the Russian War on Ukraine: Lessons from History and Current Prospects", *Journal of World Trade*, vol. 56, issue 4, 2022, pp. 571–586.

La congelación de activos de políticos, oligarcas y de destacados empresarios rusos no tienen, en general, una gran incidencia sobre la economía rusa y buscan, más bien, presionar a dichas personas para que ejerzan influencia sobre la élite gobernante en Moscú para poner fin al conflicto.[4] En cambio, sí que tienen más repercusión económica las medidas restrictivas adoptadas en relación con las compañías rusas de aviación, de fabricación de barcos y maquinaria, del sector del transporte, del ámbito de la defensa y, particularmente, las que se dirigen contra bancos e instituciones financieras.[5]

Entre las que hemos denominado restricciones económicas, destacan cuatro:

a) La denegación de servicio de SWIFT[6] a determinados bancos rusos y bielorrusos.

El art. 5 nonies del Reglamento (UE) no 833/2014 prohíbe la prestación de servicios especializados de mensajería financiera a las entidades incluidas en el anexo XIV de dicho Reglamento. Aunque algunos bancos ru-

---

4 Reglamento (UE) núm. 269/2014 del Consejo, de 17 de marzo de 2014, relativo a la adopción de medidas restrictivas respecto de acciones que menoscaban o amenazan la integridad territorial, la soberanía y la independencia de Ucrania, DOUE L 78, de 17 de marzo de 2014.

5 Véanse, p. ej., los anexos III, IV V y VI del Reglamento (UE) núm. 833/2014 del Consejo, de 31 de julio de 2014, relativo a medidas restrictivas motivadas por acciones de Rusia que desestabilizan la situación en Ucrania, DOUE L 229, de 31 de julio de 2014.

6 SWIFT (*Society for Worldwide Interbank Financial Telecommunications*) es una compañía belga que se ha convertido en la principal plataforma de mensajería financiera a nivel mundial. Permite enviar mensajes entre entidades de distintos países, comunicando y validando las transacciones realizadas mediante una serie de estándares homogéneos que facilitan la seguridad y la rapidez de esas comunicaciones.

sos importantes no están incluidos en este listado,[7] y a pesar de que existen medios alternativos para realizar transacciones financieras internacionales,[8] esta medida dificulta y encarece esas operaciones internacionales para las entidades financieras rusas. Adicionalmente, el sistema bancario ruso ha quedado en cierta medida desconectado del mercado bancario internacional.[9]

b) La congelación de activos del Banco Central ruso.

La UE ha prohibido cualquier transacción con el Banco Central de la Federación Rusa y ha dictado la congelación de sus activos en territorio comunitario.[10] Se estima que alrededor de la mitad de los más de 643.000 millones de dólares de reservas de este banco central han sido inmovilizadas por la UE y los demás países que han implementado sanciones contra Rusia. Cuantitativamente, esta es la medida singular más significativa para detraer liquidez de las arcas del Estado ruso para financiar la guerra. Paralelamente, también se prohíbe la venta o

---

7 Por ejemplo, Gazprombank no aparece en la lista de bancos sancionados ya que es la entidad financiera que canaliza los pagos por las importaciones de gas ruso.

8 Las entidades rusas pueden canalizar pagos a través del Sistema de Pagos Interbancario Transfronterizo (*Cross-Border Interbank Payment System*) creado por China, pero sólo para socios conectados a este sistema, que únicamente permite pagos en yuanes. También pueden realizar transacciones en criptomonedas. Igualmente, se puede utilizar el sistema financiero de terceros países que no aplican sanciones para camuflar pagos o servicios financieros que tengan como beneficiarias finales compañías rusas, aunque con el consiguiente coste de intermediación.

9 GIRARDONE, Claudia, “Russian Sanctions and the Banking Sector”, *British Journal of Management*, vol. 33, issue 4, 2022, pp. 1683-1688.

10 Véase, en particular, el art. 5 *bis*, apartado 4, del Reglamento (UE) núm. 833/2014.

transferencia de billetes de euro, o de cualquier moneda oficial de los EEMM, a cualquier persona física o jurídica en Rusia. Se obstaculizan así las operaciones con dinero en metálico, de difícil trazabilidad, que podrían favorecer la elusión de las sanciones.

c) Las restricciones a las importaciones de petróleo y de sus productos derivados.

La UE ha prohibido la compra, importación o transferencia de petróleo crudo y de determinados productos petrolíferos desde el 5 de diciembre de 2022, y de ciertos productos petrolíferos refinados desde el 5 de febrero de 2023.[11]

d) El establecimiento de un tope al precio del petróleo ruso.

Igualmente, la UE ha prohibido los servicios de intermediación, financiación o transporte del petróleo crudo ruso (a partir del 5 de diciembre de 2022) o de ciertos productos derivados del petróleo ruso (a partir del 5 de febrero de 2023). No obstante, esta prohibición no se aplicará en los casos en los que el precio del petróleo ruso no supere los límites establecidos en la legislación europea. Este precio máximo debe ser al menos un 5% inferior al precio medio de mercado del petróleo y los productos petrolíferos rusos.[12] La aplicación de este tope ha ido acompañada de una significativa caída del precio del petróleo ruso a comienzos de 2023.

Debe destacarse igualmente la importante repercusión que tiene la prohibición de exportar determinados productos y ser-

---

[11] En este contexto, se han establecido una serie de excepciones que afectan esencialmente a Hungría, Bulgaria y Croacia. Véase el art. 3 *quaterdecies*, apartados 3, 4, 5 y 6 del Reglamento (UE) núm. 833/2014.

[12] Véase el art. 3 *quindecies* del Reglamento (UE) núm. 833/2014 y su anexo XXVIII.

vicios a Rusia.[13] Entre otros, además de productos y tecnología de doble uso, se incluyen en este listado negativo tecnologías en los sectores de la electricidad, la computación cuántica, los semiconductores, el software, así como maquinaria o tecnología relacionados con el transporte o el refino de petróleo, y con la industria espacial, la navegación aérea o la navegación marítima. La larga lista de prohibiciones busca tener un efecto disruptivo en las cadenas de producción rusas (que en muchos casos no han conseguido encontrar una alternativa equivalente a los productos o la tecnología europeos) y, en particular, en su capacidad de alimentar el esfuerzo bélico de su ejército en Ucrania.

3. LA EFICACIA JURÍDICA DE LAS SANCIONES

3.1. Parámetros de legalidad de las sanciones individuales

El art. 29 TUE constituye la base jurídica de las Decisiones que establecen sanciones en el marco de la PESC. Cuando las sanciones implican, como es habitual, la adopción de medidas restrictivas en el ámbito económico, el Consejo debe adoptar un Reglamento sobre la base del art. 215 TFUE para implementar dichas medidas. Esta última disposición prevé la adopción de sanciones contra terceros países (apartado primero), contra personas físicas o jurídicas, grupos o entidades no estatales (apartado segundo), y obliga a las instituciones europeas a establecer las necesarias garantías jurídicas en esos procesos sancionatorios (apartado tercero). El art. 75 TFUE también prevé la posibilidad de adoptar sanciones financieras contra particulares en la lucha contra el terrorismo en el ámbito interno de la UE.

---

13 Véanse los numerosos anexos del Reglamento (UE) núm. 833/2014 que contienen los listados de productos, y que son actualizados regularmente para incrementar su eficacia y la presión sobre Rusia.

En cualquier caso, el TJ ha confirmado que el art. 215 TFUE (y no el art. 75 TFUE) constituye la base jurídica adecuada para la implementación de las sanciones en Derecho europeo cuando éstas se adoptan en el ámbito de acción de la PESC[14].

Es preciso diferenciar aquí entre las obligaciones de motivación del acto y las de presentación de pruebas que se imponen al Consejo, dependiendo de que nos hallemos en el contexto del párrafo primero (interrupción de las relaciones económicas y financieras con un país tercero) o del párrafo segundo (medidas restrictivas contra personas físicas o jurídicas o actores no estatales) del art. 215 TFUE.

Si nos situamos en el contexto del primer apartado, en el asunto *Bosphorus*, el TJ señaló que "toda medida de sanción produce, por definición, efectos que atañen a los derechos de propiedad y al libre ejercicio de actividades profesionales, ocasionando así perjuicios a terceros que no tienen ninguna responsabilidad en cuanto a la situación que condujo a la adopción de las sanciones".[15] Por tanto, en las medidas restrictivas generales adoptadas contra un país tercero, la disposición normativa europea no tiene ni que valorar las circunstancias específicas de cada individuo afectado, ni que dar cuenta de pruebas que acrediten conductas individuales. Además, el Consejo goza en estos

---

14 Sentencia del TJ de 19 de julio de 2012, *Parlamento c. Consejo*, C-130/10, EU:C:2012:472, apartado 65. Vid. PIERNAS LÓPEZ, Juan Jorge, *Respuestas normativas de la Unión Europea a la amenaza del Estado Islámico (DAESH)*, Comares, Granada, 2018, pp. 199-200.

15 Sentencia del TJ de 30 de julio de 1996, *Bosphorus*, C-84/95, EU:C:1996:312, apartado 22. En este asunto el TJ confirmó que no se violaban derechos fundamentales ni el principio de proporcionalidad por el hecho de que las autoridades irlandesas apresasen una aeronave propiedad de una compañía yugoslava, pero que había sido arrendada durante cuatro años por una compañía turca, que no operaba vuelos con el país sancionado ni era controlada por ciudadanos del país sancionado, y que estaba siendo explotada por los arrendadores.

casos de una gran discrecionalidad ya que nos hallamos ante decisiones de naturaleza indiscutiblemente política.[16]

En cambio, el TJUE ha desarrollado una jurisprudencia garantista de los derechos individuales en las medidas restrictivas de alcance individual adoptadas por la UE en el marco de su política exterior. El perfeccionamiento de esta jurisprudencia llevó varios años y generó debates de hondo calado, ya que el TJUE la fundamentó en la autonomía constitucional del Derecho europeo frente al derecho internacional, lo que implicaba, en la práctica, que algunas de las sanciones adoptadas por el Consejo de Seguridad de Naciones Unidas no pudieran implementarse en la Unión Europea.[17] En el contexto de la lucha contra el terrorismo, la saga de sentencias del asunto *Kadi* dejó claro que el TJUE tenía la obligación de comprobar que las instituciones europeas habían respetado la obligación de motivación en el acto sancionador (art. 296 TFUE), lo que en las medidas restrictivas contra personas físicas y jurídicas implicaba que se hubieran precisado en el mismo "las razones individuales, específicas y concretas" que justificaban las sanciones.[18] De esta forma, la jurisdicción comunitaria, en caso

16 Sentencia del TJ de 28 de marzo de 2017, *Rosneft*, C-72/15, EU:C:2017:236, apartado 120.

17 VAN ROSSEM, Jan Willem, "Pushing Limits: The Principle of Autonomy in the External Relations Case Law of the European Court of Justice", en ANDENAS, Mads et al (Eds), *EU External Action in International Economic Law*, Springer, Berlín, 2020, pp. 35-68; DE BURCA, Gráinne, "The European Court of Justice and the International Legal Order after Kadi", Harvard International Law Journal, vol. 51, 2010, p. 1; HINOJOSA MARTÍNEZ, Luis M., "Bad Law for Good Reasons: The Contradictions of the Kadi Judgment", *International Organizations Law Review*, vol. 5, nº 2, 2008, pp. 339-357.

18 Sentencia del TJ de 18 de julio de 2013, *Kadi IV*, C-584/10 P y C-595/19 P, EU:C:2013:518, apartado 116.

de recurso, debía examinar la motivación, su verosimilitud y verificar si estaba respaldada por los hechos.[19]

Hace algunos años, el TJEU decidió extrapolar las garantías derivadas del derecho de defensa y del derecho a una tutela judicial efectiva, tal y como éstas se habían definido en la lucha contra el terrorismo internacional, a las sanciones geográficas, en las que se intenta presionar a un Estado tercero para que modifique su comportamiento.[20] Como consecuencia de ello, el tribunal comunitario entendió que debía deducirse del art. 47 de la Carta de los Derechos Fundamentales de la Unión Europea (CDFUE) que, cuando se establecen sanciones de alcance individual contra personas físicas y jurídicas, el propio juez europeo tiene la obligación de asegurarse de que éstas disponen "de unos fundamentos de hecho suficientemente sólidos", lo que implica comprobar que los argumentos para justificarlas están "respaldados por los hechos", no bastando una mera "apreciación de la verosimilitud abstracta de los motivos invocados".[21] Como resultado de esta jurisprudencia, numerosas medidas restrictivas adoptadas por el Consejo han sido anuladas por el TJUE.

Esta jurisprudencia ha planteado un enorme desafío para las instituciones europeas y los EEMM, que se encuentran con dificultades difícilmente superables en la práctica, si se atiende al gran número de personas incluidas en los listados europeos de sanciones. Además, debe tenerse en cuenta que las circuns-

---

19 *Ibid.*, apartado 119.

20 El TJ explica esta extrapolación de la jurisprudencia elaborada en el marco de la lucha contra el terrorismo en "la importante incidencia que pueden tener [las sanciones] en los derechos y libertades de las personas y entidades a las que afectan" (sentencia del TJ de 30 de mayo de 2017, *Safa Nicu Sepahan*, C-45/15 P, EU:C:2017:402, apartado 39).

21 Sentencia del TJ de 21 de abril de 2016, *Bank Saderat Iran*, C-200/13 P, EU:C:2016:284, apartado 98.

tancias en las que han de obtenerse algunas de estas pruebas son realmente problemáticas, muchas veces en regímenes abiertamente enfrentados con la propia UE y en lugares en los que resulta muy difícil lograr información o, en su caso, en los que, consiguiendo ciertas evidencias, su revelación podría poner en peligro a la fuente.[22]

En tales circunstancias, el TJUE ha ido matizando y aclarando su jurisprudencia para hacer practicable la política europea de sanciones, y permitir a la UE afirmarse como un actor global que pueda utilizar su poder económico como arma geoestratégica y como elemento de presión para promover la pacificación de las relaciones internacionales. Podría decirse que el juez europeo ha creado un terreno intermedio entre los dos párrafos mencionados del art. 215 TFUE, en el que la relevancia de la conducta individual del particular se va difuminando progresivamente en la medida en que la redacción de la norma sancionatoria se hace más general, en particular en las medidas restrictivas de naturaleza geográfica.[23]

---

[22] Así lo ha reconocido expresamente el propio TG en su sentencia de 28 de abril de 2021, *Ammar Sharif*, T-540/19, ECLI:EU:T:2021:220, apartados 57 y 85.

[23] Auto del TJ de 4 de abril de 2017, *Sharif University II*, C-385/16 P, ECLI:EU:C:2017:258, apartados 59-61. En este Auto se indica que, para aparecer en la lista de entidades sancionadas, no era necesario tener un cierto grado de conexión, incluso indirecta, con las actividades nucleares de Irán. Para esta manga ancha, el TJ se apoya en una frase del considerando 13 de la Decisión 2012/35/PESC (*DO* L 19/22, de 24 de enero de 2012) que permite designar para la lista de sanciones a las "las personas y entidades que facilitan apoyo financiero, logístico o *material* al Gobierno de Irán" (cursiva añadida).

3.2. La jurisprudencia del TJUE en las sanciones derivadas del conflicto en Ucrania

La jurisprudencia previa del TJUE sobre el respeto al estado de Derecho en la implementación de sanciones de alcance individual parece avalar, con carácter general, la legalidad de las medidas restrictivas adoptadas tras la agresión rusa a Ucrania. Así, este Tribunal ha considerado que se pueden adoptar medidas sectoriales que restrinjan o prohíban las transacciones con las empresas de un determinado ámbito de actividad de un país tercero, por la importancia que tienen las aportaciones de esas empresas para proporcionar medios o ingresos al gobierno de dicho país, aunque dichas compañías no estén involucradas, ni directa ni indirectamente, en las políticas que la UE pretende censurar.[24] En un sentido similar, el TJ ha considerado ajustada a derecho la designación de personas por la mera condición de ser "destacados empresarios que operan en Siria", sin que resulte necesario probar que esos individuos se benefician del régimen o lo apoyan. Para ello, se parte de la base de que el régimen sirio ejerce un fuerte control sobre su economía y se establece la presunción de que solo es posible conservar un importante estatus empresarial en ese país si se mantienen estrechos vínculos con el poder.[25]

---

24 Sentencias del TJ de 6 de septiembre de 2018, *Bank Mellat IV*, C-430/16, EU:C:2018:668, apartados 56-58), y de 1 de marzo de 2016, *NIOC*, C-440/14, EU:C:2016:128, apartados 68, 71-75. DIZAJI, Sajjad Faraji, 'The impact of sanctions on the banking system: new evidence from Iran', en VAN BERGEIJK, Peter A.G. (Ed.), *Research Handbook on Economic Sanctions*, Edward Elgar, Cheltenham, 2021, p. 330.

25 Sentencia del TJ de 9 de julio de 2020, *Haswani*, C-241/19, EU:C:2020:545, apartados 63-71. No obstante, aunque se tenga la condición de destacado empresario en Siria, es posible refutar la presunción *iuris tantum* de connivencia con el régimen y obtener la anulación de las sanciones si se presentan pruebas fehacientes que

Por tanto, estos precedentes parecen establecer una base sólida para afirmar la legalidad de las sanciones adoptadas mediante el Reglamento (UE) núm. 69/2014 contra "las personas físicas o jurídicas, entidades u organismos que apoyen, material o financieramente, a los políticos rusos responsables" de la agresión a Ucrania, y contra "los principales empresarios o personas jurídicas, entidades u organismos implicados en sectores económicos que proporcionen una fuente sustancial de ingresos al Gobierno de la Federación de Rusia".[26]

Ahora bien, en la medida en que los criterios de designación se refieran a conductas individualizadas de la persona contra la que se adoptan las sanciones, más específicas tendrán que ser las pruebas aportadas por el Consejo y más riguroso se muestra el control judicial de la valoración de esas evidencias.[27] Estos principios se aplican igualmente en el control de la legalidad de las medidas restrictivas frente a personas físicas o jurídicas adoptadas en el marco de la PESC. La jurisprudencia emanada de las sanciones contra Rusia ha permitido al TJ a afirmar que el art. 275 TFUE le otorga competencia para decidir sobre la legalidad de cualquier acto adoptado en el marco de la PESC que establezca sanciones dirigidas a particulares, incluso si el

---

lo demuestren (sentencia del TG de 16 de marzo de 2022, *Sabra*, T-249/20, EU:T:2022:140, apartados 130-188).

26 Art. 3 del Reglamento (UE) núm. 69/2014 del Consejo, de 17 de marzo de 2014, relativo a la adopción de medidas restrictivas respecto de acciones que menoscaban o amenazan la integridad territorial, la soberanía y la independencia de Ucrania (DO L 78, de 17 de marzo de 2014, p. 6). Vid., en esta línea, la sentencia del TG de 6 de septiembre de 2023, Pumpyanskiy, T-270/22, ECLI:EU:T:2023:490, apartados 56-58.

27 Sentencia del TG de 9 de junio de 2021, *O. V. Yanukovych III*, T-302/19, EU:T:2021:333, apartados 94-105; sentencia del TG de 9 de junio de 2021, *V. F. Yanukovych III*, T-303/19, EU:T:2021:334, apartados 113-114 y 134-135.

tema se plantea a través de una cuestión prejudicial, y no en un recurso de nulidad (que es a lo que se hace referencia explícitamente en el art. 275 TFUE).[28]

Esta jurisprudencia garantista podría conllevar en casos particulares la anulación de las medidas restrictivas, por ejemplo, si un empresario/ciudadano ruso sancionado demuestra su distanciamiento del régimen, sus críticas al mismo, su apoyo a la oposición democrática en Rusia, u otras circunstancias similares.[29]

En la misma línea, las pruebas aportadas por el Consejo contra los particulares deben seguir produciendo efectos en el momento en que se adoptan las medidas restrictivas, para que

---

28 En la sentencia Rosneft, se considera una exigencia del derecho a la tutela judicial efectiva que el TJ pueda pronunciarse a través de una cuestión prejudicial sobre la legalidad de un régimen sancionador establecido en una Decisión adoptada en el marco de la PESC (sentencia del TJ de 28 de marzo de 2017, Rosneft, C-72/15, ECLI:EU:C:2017:236, apartados 68-71). Paz Andrés considera que esta sentencia "podría ser demasiado creativa, pero ha sido a base de interpretaciones creativas como el TJUE ha sentado postulados imprescindibles del ordenamiento de la Unión" (ANDRÉS SÁENZ DE SANTA MARÍA, Paz, "Mejorando la lex imperfecta: tutela judicial efectiva y cuestión prejudicial en la PESC (a propósito del asunto Rosneft)", Revista de Derecho Comunitario Europeo, nº 58, 2017, pp. 871-903, en p. 893). Vid. también el comentario crítico de MARTÍNEZ CAPDEVILA, Carmen, "La sentencia en el Asunto Rosneft: el TJUE maximiza su jurisdicción en la PESC (a costa de la coherencia con su propia jurisprudencia)", REDE, nº 67, 2018, pp. 95-110.

29 Así, como se ha señalado antes, en una sentencia posterior al inicio de la guerra abierta en Ucrania en febrero de 2022, el contexto de las sanciones sirias, el TG señaló que, aunque se tenga la condición de destacado empresario en Siria, es posible refutar la presunción *iuris tantum* de connivencia con el régimen y obtener la anulación de las sanciones si se presentan pruebas fehacientes que lo demuestren (sentencia del TG de 16 de marzo de 2022, *Sabra*, T-249/20, EU:T:2022:140, apartados 130-188). Vid. la sentencia del TG de 6 de septiembre de 2023, *Shulgin*, T-364/22, ECLI:EU:T:2023:503, apartados 119-121.

éstas puedan considerarse justificadas. De hecho, la falta de actualidad de los datos aportados por el Consejo, condujo al TG a anular las medidas restrictivas adoptadas contra la madre del hoy fallecido Yevguen Prigozhin, el fundador del Grupo Wagner, que tuvo una participación tan destacada en el mencionado conflicto. Dicho Tribunal consideró que las evidencias presentadas por el Consejo sobre la colaboración de esta señora en empresas vinculadas a su hijo estaban desfasadas, y que su mera relación familiar no podía justificar su inclusión en la lista de personas sujetas a sanciones.[30]

De esta manera, puede constarse que, para el TJUE, el respeto al derecho de defensa y a la tutela judicial efectiva constituyen elementos esenciales de la Unión de Derecho que es la UE y que deben salvaguardarse incluso en un ámbito tan delicado como es el de la acción exterior de las instituciones europeas.[31] Esto implica que cuando las alegaciones sobre la conducta de la persona designada proceden de un país tercero (en este caso, Ucrania), el Consejo no está obligado a realizar por su cuenta una investigación exhaustiva de los hechos,[32] pero sí que tiene la obligación de indagar si en el procedimiento en dicho país se han respetado los derechos de defensa y de tutela

---

30 Sentencia del TG de 8 de marzo de 2023, *Violetta Prigozhina*, T-212/22, EU:T:2023:104, apartados 70 y 76. En esta misma línea, el TG ha anulado las medidas adoptadas contra una persona que había sido gobernador de Sebastopol tras la ocupación rusa y viceministro del gobierno ruso, porque ya no ocupa esos cargos y "el Consejo no puede apoyarse válidamente en que aquel no tomara una posición de distanciamiento del Gobierno ruso" para mantener a esa persona en la lista de sancionados (sentencia del TG de 26 de octubre de 2022, *Ovsyannikov*, T-714/20, ECLI:EU:T:2022:674, apartado 98).

31 Sentencia del TG de 15 de septiembre de 2016, V. F. *Yanukovych I*, T-346/14, ECLI:EU:T:2016:497, apartado 97.

32 Sentencia del TJ de 19 de octubre de 2017, V. F. *Yanukovych II*, C-598/16 P, apartado 64.

judicial efectiva,[33] así como comprobar que la documentación aportada contiene información específica que acredite los hechos imputados y la responsabilidad individual de la persona sancionada.[34] Si se dan estas condiciones, el control jurisdiccional europeo se limita a verificar que la decisión del Consejo tiene una base factual adecuada en el documento procedente del país tercero, y no entra a revisar la investigación sobre la cuestión de fondo realizada en dicho país.[35]

Aunque las alegaciones sobre la supuesta violación del derecho de defensa o del derecho a la tutela judicial efectiva constituyen el núcleo principal de la mayoría de los recursos presentados por particulares frente a las medidas restrictivas adoptadas por la UE en su política exterior, también pueden encontrarse argumentos basados en la violación de otros derechos fundamentales, como el derecho de propiedad, el derecho al libre ejercicio de actividades profesionales o el derecho a la vida privada y familiar. Sin embargo, cuando el TJUE considera que se ha respetado el derecho de defensa y el derecho a la tutela judicial, en un contexto en el que el Consejo presenta una base factual sólida que se adecua al criterio de designación, el TJUE suele descartar la violación de esos derechos fundamentales considerando que la restricción de los mismos es proporcionada al objetivo de interés general perseguido.[36]

Mención especial merece el asunto *RT France*, en el que el TG debía decidir si la prohibición de emisiones en la UE a un medio de comunicación ruso controlado por el Estado suponía una vio-

---

[33] Sentencia del TJ de 11 de julio de 2019, *Azarov II*, C-416/18 P, ECLI:EU:C:2019:602, apartado 27.

[34] Sentencia V. F. *Yanukovych I*, ya citada, apartados 43-48.

[35] Sentencia del TJ de 19 de octubre de 2017, *O. V. Yanukovych II*, C-599/16 P, ECLI:EU:C:2017:785, apartado 75.

[36] Sentencia del TG de 7 de julio de 2017, *Azarov*, T-215/15, ECLI:EU:T:2017:479, apartados 85 y 93-95.

lación del derecho a la libertad de expresión. La sentencia del TG es particularmente importante, tanto para medir el grado de discrecionalidad de que goza el Consejo en unas circunstancias tan excepcionales, como para determinar las restricciones a la libertad de expresión consideradas compatibles con el respeto al estado de Derecho en la Unión. Por lo que se refiere a la discrecionalidad del Consejo para adoptar medidas restrictivas, el TG opta por dejarle un amplísimo margen de apreciación, dada la gravedad de las circunstancias, que colocan a la UE y a sus EEMM ante un desafío que afecta gravemente a su seguridad presente y futura. En la sentencia *RT France*, se insiste en varias ocasiones en el "contexto excepcionalísimo" en que el Tribunal está llamado a pronunciarse.[37] Esa situación bélica otorga una dimensión diferente al papel de los medios de comunicación, ya que las campañas de desinformación "forman parte del arsenal de la guerra moderna",[38] y la estrategia rusa pasa por fomentar las divisiones entre los socios de la UE y debilitar el apoyo de la población europea al país agredido.[39]

---

37 En la sentencia del TG de 27 de julio de 2022, *RT France*, T-125/22, EU:T:2022:483, el TG señala que las medidas se adoptan ante "el inicio de una guerra en las fronteras de la Unión" (apartado 92), "en un contexto extraordinario y de extrema urgencia" (apartado 198), y "en el contexto de una guerra en curso provocada por un acto de un Estado que la comunidad internacional califica de «agresión»" (apartado 210).

38 *Ibid.*, apartado 56.

39 BRAZE, Baiba, "La OTAN y la nueva agenda de desinformación de Rusia", *Cuadernos de estrategia*, núm. 211, 2022, pp. 71-84; GÓMEZ LÓPEZ, Jacinto, DÍAZ CUESTA, José, F. y QUIÑONES DE LA IGLESIA, Francisco Javier, "La desinformación y la guerra híbrida: Instrumentalización de las narrativas informativas para entender la guerra del siglo XXI", *Comunicación y Hombre*, núm. 19, 2023, pp. 223-232; RUIZ-BAENA, Eduardo y MARTÍNEZ-RODRIGO, Estrella, "World War Web: La desinformación sobre la guerra Rusia-Ucrania", en ROMERO DOMÍNGUEZ, Lorena R. y SÁNCHEZ-GREY, Nuria

En cuanto a los límites aceptables a la libertad de expresión, el TG entiende que, "frente a la grave amenaza contra la paz en las fronteras de la Unión y a la violación del Derecho internacional", la prohibición temporal de actividades a un medio de comunicación financiado por el Estado ruso, que apoya la agresión a Ucrania "distorsionando y manipulando" los hechos, no merece, en principio, ningún reproche jurisdiccional.[40] No cabe duda de que esa medida supone una grave restricción del derecho a la libertad de expresión, un derecho que es consustancial a un modelo democrático como el que defiende -y define a- la UE. De hecho, el TG realiza un amplio repaso de la jurisprudencia del TEDH en este ámbito para reconocer el amplísimo alcance de esa libertad,[41] antes de matizar que, de acuerdo con esa misma jurisprudencia, las sociedades democráticas pueden "sancionar o prevenir" la información o las ideas que "promuevan o justifiquen el odio basado en la intolerancia, el uso y la apología de la violencia".[42] Partiendo de esa base, y para determinar si las restricciones a la libertad de expresión de RT France eran legítimas, el Tribunal estructura su razonamiento siguiendo de forma literal el enunciado del art. 52(1) de la CDFUE. Por tanto, el Tribunal exige que la limitación de dicha libertad sea establecida por la ley, respete el contenido esencial de ese derecho, salvaguarde un interés general de la UE, y respete el principio de proporcionalidad (que la limitación sea necesaria para alcanzar el objetivo y no excesiva en relación con el mismo).

En nuestra opinión, es en el análisis del respeto al principio de proporcionalidad donde el TG se jugaba gran parte de la

---

(Coords.). *Sociedad digital comunicación y conocimiento: retos para la ciudadanía en un mundo global*, Dykinson, Madrid, 2022, pp. 52-72.

40 Sentencia *RT France*, ya citada, apartado 52.

41 *Ibid.*, apartado 133.

42 *Ibid.*, apartados 134-140.

credibilidad de la sentencia. Tras revisar las pruebas presentadas, constata que RT France era un instrumento del entramado de comunicación estatal ruso que realizaba una cobertura del conflicto en Ucrania claramente sesgada para justificar con carácter general la agresión.[43] Partiendo de esta base factual (sólida y ampliamente documentada), y del amplio margen de discrecionalidad con el que cuenta el Consejo para el diseño de las medidas restrictivas en el marco de la PESC, el TG establece de forma lacónica que la prohibición temporal de emisiones de RT es adecuada (proporcionada) para proteger el orden público y la seguridad de la UE, así como para "ejercer la máxima presión sobre las autoridades rusas para que pongan fin a sus acciones".[44] El Tribunal no hace un gran esfuerzo argumentativo al respecto, ni cita algunos precedentes jurisprudenciales que hubieran sido relevantes en ese contexto,[45] como si de los hechos antes mencionados, y del contexto bélico, se dedujese de manera evidente que la prohibición de emisiones de RT contribuirá a disminuir la manipulación del debate público en la UE.

Al ponderar los intereses en juego, el TG apoya su razonamiento en la reacción de otras instituciones internacionales muy relevantes que, por un lado, ponen de manifiesto la gravedad de los hechos que dan lugar a las sanciones y, por otro

---

43 *Ibid.*, apartados 170-191.

44 *Ibid.*, apartados 193-194.

45 Así, p.ej., el TEDH ha sostenido que cuando una restricción al derecho a la libertad de expresión se basa en una medida de alcance general sólidamente fundamentada (como en RT France sería la necesidad de dificultar la difusión de noticias manipuladas por el gobierno ruso en el contexto de la agresión a Ucrania), la necesidad de motivación de la proporcionalidad de la medida en los casos particulares de aplicación es menor (sentencia del TEDH de 22 de abril de 2013, *Animal Defenders International c. The United Kingdom*, CE:ECHR:2013:0422JUD004887608, apartados 107-109).

lado, contribuyen a legitimar la contundente respuesta de la UE, que la lleva a limitar temporalmente derechos fundamentales.[46] Además, siguiendo los criterios ya establecidos en el asunto *Kiselev*,[47] el TG considera que RT no puede beneficiarse de la protección reforzada que el art. 11 de la CDFUE proporciona a la libertad de prensa. Al tratarse de un instrumento del Estado (frente a otros Estados) utilizado para diseminar propaganda a favor de un acto de agresión, la libertad de expresión admite mayores limitaciones, y no es de aplicación la jurisprudencia que protege a un periodista privado frente a la acción represora del Estado.[48] Es en esas extraordinarias circunstancias, que están generando decenas de miles de muertes, en las que una extraordinaria restricción de la libertad de expresión resulta proporcionada con respecto a los fines perseguidos. Semejante limitación a dicha libertad, sin precedentes similares en el contexto de las democracias europeas, sería difícilmente concebible (proporcionada) en tiempos de paz.[49]

---

46 Se citan el Auto de la CIJ de 16 de marzo de 2022, *Alegaciones de genocidio al amparo de la Convención para la Prevención y la Sanción del Delito de Genocidio (Ucrania c. Federación de Rusia)*, que insta a Rusia a suspender inmediatamente sus operaciones militares en Ucrania, el art. 20 del PIDCP, que prohíbe "toda propaganda en favor de la guerra", o las Resoluciones de la Asamblea General de NNUU que condenaban la agresión de Rusia (sentencia *RT France*, ya citada, apartados 165, 203-204, 208-210).

47 Sentencia del TG de 15 de junio de 2017, *Kiselev*, T-262/15, EU:T:2017:392, apartados 94-97.

48 Sentencia *RT France*, ya citada, apartado 206.

49 Algunos autores han criticado al TG por no hacer un mayor esfuerzo argumentativo para demostrar que no existían medidas alternativas que permitiesen alcanzar los mismos objetivos, o por considerar que no se han respetado las garantías procedimentales que establece la jurisprudencia del TEDH para una prohibición total de emisiones (FATHAIGH, Ronan O. y VOORHOOF, Dirk, (2022). "Freedom of Expression and the EU's Ban on Russia Today: A Dangerous Rubi-

En definitiva, la jurisprudencia analizada no impide que la UE defienda sus intereses y valores con contundencia y avala, con carácter general, la legalidad de las medidas contra Rusia y muchos de sus ciudadanos/empresas, bien por el efecto general que las medidas tienen sobre la capacidad del Estado ruso de financiar la guerra, bien porque, con alguna excepción (como hemos señalado), se fundamentan en hechos sólidos debidamente probados por el Consejo.[50]

4. LA EFICACIA ECONÓMICA DE LAS SANCIONES

Conviene distinguir aquí entre las repercusiones de las medidas restrictivas europeas en el ámbito comercial y en el terreno financiero, ya que éstas operan de manera diferente, aunque relacionada, en estos dos sectores de las relaciones económicas.

4.1. La eficacia de las sanciones comerciales

Es preciso comenzar recordando que la mayoría de los países no han aplicado sanciones contra Rusia en el plano comercial

---

con Crossed", *Communications Law*, vol. 27, nº 4, 2022, pp. 186-193). Sin embargo, estas criticas no tienen suficientemente en cuenta que la medida restrictiva aquí juzgada no se sitúa en un contexto ordinario de mal funcionamiento de un medio de comunicación privado que es acusado de haber infringido normas de deontología, sino en el marco de las sanciones adoptadas ante un conflicto armado de enorme gravedad en las fronteras de la UE y en relación con un medio creado por el Estado agresor para difundir su propaganda.

50 Véase un ejemplo de solidez probatoria (tras un examen detallado de los documentos aportados por el Consejo) en la sentencia del TG de 15 de febrero de 2023, *Belaeronavigatsia*, T-536/21. ECLI:EU:T:2023:66, apartado 46.

o financiero. Con independencia de que, a comienzos de marzo de 2022, 141 Estados apoyasen la Resolución ES-11/1 de la Asamblea General de NNUU[51] en la que se condenaba la invasión de Ucrania y se la calificaba como un acto de agresión de Rusia, los países que han adoptado sanciones contra ésta última sólo representan un 36% de la población mundial. Ahora bien, lo que resulta más relevante desde un punto de vista económico es que dichos países suponen un 70% del PIB mundial.[52] En consecuencia, si bien Rusia puede encontrar algunas alternativas para sustituir los flujos comerciales afectados por las sanciones, estas opciones resultan insuficientes en algunos casos.

El ejemplo más ilustrativo lo constituyen las exportaciones de petróleo y sus derivados.[53] Mientras los responsables rusos presumen públicamente de que no se ha reducido de manera significativa la producción y exportación de petróleo tras la pérdida de la mayor parte del mercado europeo, lo cierto es que el petróleo que Rusia vende a India o China tiene un descuento del 50% sobre lo que antes pagaban los europeos, y el precio descendió significativamente tras el tope de precio impuesto por la UE en febrero de 2023. A esto hay que unir los problemas logísticos para su transporte, por las restricciones establecidas por la coalición de países occidentales a las compañías navieras

---

51 Resolución A/ES-11/L.1 de la Asamblea General de Naciones Unidas "Agresión contra Ucrania", de 2 de marzo de 2022. Se abstuvieron 35 países y 5 votaron en contra.

52 EUI, "Russia can count on support from many developing countries", *Economist Intelligence,* 30 de marzo de 2022 https://www.eiu.com/n/russia-can-count-on-support-from-many-developing-countries/.

53 Entre marzo de 2022 y el mismo mes de 2023, las importaciones en la UE de petróleo ruso en bruto disminuyeron un 91%, mientras que las de productos petrolíferos lo hicieron en un 92% (EUROSTAT, "Mar '23: EU slashes Russian oil; emergency stocks up", 19 de junio de 2023, https://ec.europa.eu/eurostat/en/web/products-eurostat-news/w/ddn-20230619-3).

(las más importantes tienen su sede en dichos países). Adicionalmente, cabe apuntar que Rusia está encontrando serias dificultades para encontrar clientes para sus excedentes de productos derivados del petróleo y, en particular, para el diésel. Todo lo anterior ha llevado a Rusia a anunciar un recorte del 5% de su producción de petróleo a partir de marzo de 2023.[54]

A los problemas en las exportaciones de petróleo hay que unir el descenso de ingresos por las exportaciones de gas, que es un producto en el que la sustitución de clientes es más difícil. La exportación de gas exige la construcción de gasoductos (o de plantas de regasificación para el gas licuado) que no pueden improvisarse, pues cuesta años construirlos e implican una enorme inversión en infraestructuras. Resulta imposible para Rusia encontrar clientes alternativos a la UE a corto y medio plazo.[55] Las crecientes dificultades para las exportaciones de gas y petróleo explican que incluso la agencia oficial de noticias rusa haya reconocido un descenso del 46% en los ingresos del Estado por estos productos si comparamos enero de 2022 y el mismo mes de 2023.[56] Si a esto le unimos el formidable incremento del gasto público como consecuencia de la guerra

---

54 SOLDATKIN, Vladimir y ASTAKHOVA, Olesya, "Russia to cut oil output by 500,000 bpd in March", Reuters, 10 de febrero de 2023, <https://www.reuters.com/business/energy/russia-cut-oil-output-by-500000-bpd-march-2023-02-10/>.

55 En 2021, Rusia exportó el 76,4% de su gas a países europeos. Sólo el 3,3% se vendió a China a través de gaseoducto. Se estima que hasta 2030 Rusia no dispondrá de una estructura de gaseoductos que le permita derivar una parte sustancial de su producción de gas a China (DEMERTZIS, Maria et al., *How have sanctions impacted Russia?*, Bruegel Policy Brief, 26 de octubre de 2022, https://www.bruegel.org/policy-brief/how-have-sanctions-impacted-russia.

56 TASS, "Russia's oil and gas budget revenues down 46% in January", 6 de febrero de 2023, https://tass.com/oil-gas-industry/1572379?ref=intelligentwar.com.

(un 59%), se entiende que el déficit público ruso alcanzase en enero de 2023 los 23.270 millones de euros, lo que suponía un 60% del déficit previsto por el gobierno para todo ese año.[57]

Como consecuencia de esta difícil situación presupuestaria, el gobierno ruso ha comenzado a detraer dinero del Fondo Soberano Nacional de Rusia, ha exprimido los beneficios de Gazprom mediante una "tasa única" (12.000 millones de euros) y ha tenido que vender yuanes y oro de las reservas del Banco Central ruso. En este contexto de economía de guerra, el gobierno ruso ha pedido a las grandes empresas rusas una "contribución voluntaria" (que sin duda reportará importantes perjuicios a quienes se nieguen a participar) de 3.000 millones de euros a comienzos de 2023.[58]

Al margen de los productos energéticos, como ya se ha dicho, la UE (y sus aliados) han adoptado una gran cantidad de restricciones en los flujos comerciales con Rusia. Para empezar, le han retirado a este país los beneficios de la cláusula de la nación más favorecida en la OMC. [59] En la práctica, esto supone

---

57 FORBES, "El déficit de Rusia se disparó en enero tras caer un 46% los ingresos del petróleo y gas", 6 de febrero de 2023, https://forbes.es/ultima-hora/229000/el-deficit-de-rusia-se-disparo-en-enero-tras-caer-un-46-los-ingresos-del-petroleo-y-gas/.

58 CUESTA, Javier G., "Rusia plantea una "contribución voluntaria" a las grandes empresas para financiar la guerra", *El País,* 9 de febrero de 2023, p. 6.

59 El 15 de marzo de 2022, la UE, junto con un nutrido grupo de países, retiraba el tratamiento de la nación más favorecida a Rusia en la OMC, con base de las disposiciones del derecho de la OMC que permiten excepciones basadas en la necesidad de salvaguardar la seguridad (p. ej., los arts. XXI del GATT y XIV *bis* del GATS). Véase, AKPOFURE, Sarah y VAN DEN BOSSCHE, Peter L. H., *The Use and Abuse of the National Security Exception under Article XXI(b)(iii) of the GATT 1994,* WTI Working Papers No 3/2020, 15 de septiembre de 2020, https://www.wti.org/research/publications/1299/.

que Rusia no pueda disfrutar de las ventajas comerciales que proporciona la membresía en esta organización en relación con dichos países. Pero además, las restricciones a la exportación de determinados productos electrónicos, software, piezas de repuesto, bienes de doble uso, etc. han causado un impacto considerable en la productividad de la economía rusa, aunque los efectos varían según el sector y la dependencia relativa que éste tuviese de los insumos occidentales. La repercusión ha sido mayor en los productos que incorporan media o alta tecnología. Así, por ejemplo, si comparamos con los datos de 2021, la producción rusa de automóviles en 2022 se redujo un 67%,[60] la producción de televisores se contrajo un 44% y la de excavadoras un 69%.[61] En este contexto, el sector de la aviación se ha visto muy afectado, no sólo por la pérdida de destinos (y por tanto de actividad), sino por la imposibilidad de obtener los repuestos necesarios para la gran cantidad de aviones fabricados por Boeing o Airbus en la flota de las compañías rusas.[62] En

---

60 REUTERS, "Russian car production slumped to lowest since Soviet times in 2022", 1 de febrero de 2023, https://www.reuters.com/business/autos-transportation/russian-car-production-slumped-lowest-since-soviet-times-2022-2023-02-01/.

61 SIMOLA, Heli, "War and sanctions: Effects on the Russian economy", VOXEU CEPR, 15 de diciembre de 2022, https://cepr.org/voxeu/columns/war-and-sanctions-effects-russian-economy.

62 El descenso de operaciones de vuelo en 2022 fue de un 15,9% para Aeroflot y de un 28% para Pobeda. En cuanto al volumen de pasajeros en el conjunto de las compañías rusas, el descenso global fue de un 25%. Véase AHLGREN, Linnea, "Sanctions: What Happened to Russian Aviation During 2022?", 29 de diciembre de 2022, *Simply Flying*, https://simpleflying.com/russian-aviation-2022-recap/. Las compañías rusas están desguazando los aviones occidentales que no utilizan para proveerse de las piezas de repuesto que necesitan para sus reparaciones, pero esta fórmula sólo puede utilizarse por tiempo limitado. (REUTERS, "Russia starts stripping jetliners for parts as sanctions bite", 9 de agosto de 2022, https://www.reuters.com/business/aerospace-defense/exclusive-russia-starts-stripping-jetli-

términos globales y anuales, la producción industrial en Rusia disminuyó un 4,3% en 2022.[63]

Esta pérdida de competitividad y capacidad productiva se relaciona con un desplome de las importaciones, que se calcula en torno al 28%.[64] Esta caída no sólo deriva de la disminución de las importaciones procedentes de los países que aplican sanciones, sino que también afecta a las procedentes de jurisdicciones que no las aplican. En este último caso, algunas empresas de Estados "neutrales" han decidido dejar de exportar a Rusia para evitar potenciales sanciones secundarias de los países occidentales,[65] o bien porque encuentran dificultades financieras o logísticas para realizar las operaciones. Hasta ahora, los países del G-7 se han limitado a adoptar medidas restrictivas contra empresas de

---

ners-parts-sanctions-bite-2022-08-08/). Esta situación ha conducido a una degradación alarmante de las condiciones de seguridad en las que vuelan y se someten a revisión los aviones de las compañías rusas (CUESTA, Javier G., "Piezas caducadas y fallos en el aire ocultados: las sanciones lastran la seguridad de la aviación rusa", en *El País*, 20 de mayo de 2023, https://elpais.com/internacional/2023-05-20/piezas-caducadas-y-fallos-en-el-aire-ocultados-las-sanciones-lastran-la-seguridad-de-la-aviacion-rusa.html).

63 TRADING ECONOMICS, "Russia Industrial Production", 15 de febrero de 2023, https://tradingeconomics.com/russia/industrial-production.

64 SIMOLA, *op. cit.* Rusia ha dejado de publicar información sobre sus importaciones/exportaciones desde abril de 2022, pero atendiendo a la información oficial publicada por sus socios comerciales pueden obtenerse cifras bastante aproximadas a la realidad.

65 Varias compañías chinas, iraníes y de otros países han sido incluidas en los listados de sanciones elaboradas por la Unión Europea, EEUU y sus aliados por colaborar con el ejército ruso. Véase MILLS, Claire, *Sanctions against Russia*, House of Commons, Research Briefing nº 9481, 16 de febrero de 2023, pp. 75-79; NG, Kelly, "Ukraine: US sanctions Chinese firm helping Russia's Wagner Group", *BBC News*, 27 de enero de 2023, https://www.bbc.com/news/world-asia-china-64421915.

terceros Estados que colaboran con el ejército ruso, pero no han sancionado a compañías o países que continúan manteniendo relaciones comerciales con Rusia.[66]

Aún así, es cierto que varios países obtienen cuantiosos beneficios al servir de puente entre occidente y Rusia, bien para que productos occidentales que no pueden exportarse a Rusia acaben llegando a este país, o bien para que productos rusos sometidos a restricciones (a veces con alguna transformación) sean reexportados a la UE.[67] Para luchar contra este fenómeno, la UE nombrado a un Enviado Especial sobre Sanciones (David O'Sullivan), que fomenta el diálogo y la cooperación técnica con los países terceros más concernidos para evitar las operaciones de elusión. En el undécimo paquete de sanciones adoptado por la UE en junio de 2023, se incluye un mecanismo anti-elusión que permite restringir las exportaciones de determinados productos o tecnologías a determinadas empresas o, como recurso de última instancia, a un país tercero, si dicho país no adopta medidas para evitar la evasión sistemática de las

---

66 En un Declaración conjunta de los Ministros de AAEE del G-7 el 18 de febrero de 2023 se insistió en esta línea al indicarse que "The G7 members remained committed to maintaining and intensifying sanctions on Russia to constrain its war effort and on those states providing material support for Russia's illegal war against Ukraine. They expected third states not to evade and undermine these measures, and called on third parties to cease assistance to the Russian military and its affiliated forces, *or face severe costs*" (cursiva añadida) http://www.g7.utoronto.ca/foreign/230218-chair-statement.html.

67 GARCÍA VEGA, Miguel A., "Los 'diamantes de sangre' rusos trazan atajos", *El País Negocios,* 18 de junio de 2023, p. 18.; MOURENZA, Andrés, "Rusia convierte a Turquía en la principal puerta para evadir las sanciones occidentales", *El País,* 27 de agosto de 2022, https://elpais.com/internacional/2022-08-27/rusia-convierte-a-turquia-en-la-principal-puerta-para-evadir-las-sanciones-occidentales.html.

sanciones europeas.[68] Como se acaba de indicar, el objetivo principal de esta normativa es actuar contra la elusión de sanciones relativas a productos y tecnologías que facilitan la producción armamentística o industrial que alimenta el esfuerzo bélico ruso en Ucrania.[69]

La disminución de la actividad económica no se ha traducido en un aumento del desempleo, ya que tradicionalmente las empresas rusas prefieren reducir la jornada de trabajo, antes que despedir a los trabajadores (herencia soviética). No obstante, la correspondiente disminución de salarios en los sectores más afectados por las sanciones ha supuesto una significativa reducción del consumo. Esto de ha traducido en una caída del 28% en los ingresos del Estado por impuestos indirectos sobre el consumo.[70]

A todo lo anterior, hay que unir las consecuencias de la retirada voluntaria de un gran número de compañías occidentales, que han preferido renunciar a ese mercado en las actuales circunstancias geopolíticas. Esto contribuye al aislamiento de la economía rusa, perjudicará la inversión en el país y la innovación tecnológica, lo que, a la postre, reducirá a medio y

---

68 Véase, en particular, el Reglamento (UE) 2023/1214 del Consejo de 23 de junio de 2023 por el que se modifica el Reglamento (UE) 833/2014 relativo a medidas restrictivas motivadas por acciones de Rusia que desestabilizan la situación en Ucrania, DO L 159I, de 26 de junio de 2023, p. 1.

69 El paquete de sanciones adoptado en junio de 2023 incluye 87 nuevas entidades en la lista por considerar que apoyan ese esfuerzo bélico, facilitando en muchos casos la elusión de las sanciones. Esto ha supuesto que se hayan introducido en la lista empresas de países como Uzbekistán, Emiratos Árabes Unidos, Siria o Armenia (que se unen a otras entidades rusas, chinas e iraníes anteriormente designadas). Véase la modificación del Anexo IV del Reglamento (UE) 833/2014, introducida por el Reglamento (UE) 2023/1214, antes citado.

70 CUESTA, *op. cit*, nota 58.

largo plazo las posibilidades de crecimiento.[71] De esta manera se explica que el índice de la Bolsa de Moscú (MOEX Russia) haya ido cayendo de manera sostenida (aunque con dientes de sierra) desde el inicio de la guerra.[72]

Aunque Rusia ya no publica los datos sobre su PIB (lo que apuntaría a que las sanciones están teniendo un efecto relevante, que se busca encubrir), el FMI calcula que el PIB ruso ha descendido un 3,4% en 2022.[73] Teniendo en cuenta que la previsión de crecimiento para 2022 era de un 3%,[74] el efecto combinado de la guerra y las sanciones habría causado una pérdida de más de 6 puntos de PIB durante ese año.

En conclusión, puede afirmarse que la interacción de la guerra en Ucrania y las sanciones ha provocado un deterioro considerable en la economía rusa y ha disminuido los ingresos que permiten a su gobierno financiar su esfuerzo bélico en Ucrania. No obstante, la economía rusa no ha colapsado, ni es previsible que lo haga a medio plazo, ya que se ha reorientado

---

71 El propio Banco Central ruso ha indicado que desde el inicio de 2022 hasta mediados de 2023 habían salido del país 253.000 millones de dólares, lo que equivale a un 13% del PIB ruso en 2022. Las pérdidas netas en la capitalización del país superaron a las que se produjeron en la crisis financiera de 2008 o tras la anexión de Crimea en 2014 ("Russia Loses Record $253 billion in Wartime Capital Flight", *The Moscow Times*, 24 de julio de 2023, https://www.themoscowtimes.com/2023/07/24/russia-loses-record-253bln-in-wartime-capital-flight-a81948).

72 CONSEJO DE LA UE, "Infographic - Impact of sanctions on the Russian economy", https://www.consilium.europa.eu/en/infographics/impact-sanctions-russian-economy/.

73 FMI, *Real GDP Growth, Map 2023*, https://www.imf.org/external/datamapper/NGDP_RPCH@WEO/OEMDC/WEOWORLD/RUS.

74 FMI, *World Economic Output Update*, enero de 2022, https://www.imf.org/en/Publications/WEO/Issues/2022/01/25/world-economic-outlook-update-january-2022.

con éxito hacia los países asiáticos que no aplican sanciones y que han incrementado espectacularmente su comercio con Rusia.[75] Aunque la erosión de su economía es progresiva, los ahorros públicos acumulados y las medidas extraordinarias adoptadas por el gobierno ruso (en particular, el incremento del déficit público) le permitirán continuar con la guerra a corto plazo, desde una perspectiva presupuestaria. Si la guerra se extendiese mucho más en el tiempo, las consecuencias para la economía rusa serían estructurales, afectarían de manera (más) sensible a la población[76] y se necesitarían varios años para repararlas.

4.2. La eficacia de las sanciones financieras

A comienzos de 2022, la situación de los mercados financieros y monetarios era estable; la preeminencia del dólar y del euro como principales monedas internacionales no estaba amenazada y permanecía sólida. Esta situación se ha mantenido a la largo de 2022, a pesar de la aplicación de fuertes sanciones financieras a Rusia, y de la búsqueda de alternativas monetarias por parte de este país para financiar su economía.

Inmediatamente antes de la agresión a Ucrania, las reservas de divisas a nivel mundial estaban denominadas fundamental-

---

75 MULDER, Nicholas, "Asian economic heft keeps Russia's economy afloat", *East Asia Forum Quarterly*, vol. 15, nº 2, 2023, https://www.eastasiaforum.org/2023/06/11/asian-economic-heft-keeps-russias-economy-afloat/.

76 Algunos autores indican que las sanciones europeas han ido ampliando su alcance y generalidad con la intención de incrementar el coste para la economía rusa, desentendiéndose cada vez más de las consecuencias económicas para la población de ese país (MEISSNER, Katharina y GRAZIANI, Chiara, "The transformation and design of EU restrictive measures against Russia", *Journal of European Integration*, vol. 45, nº 3, 2023, pp. 377–394).

mente en dólares (59%) y en euros (20,6%), con sólo leves variaciones a finales de 2022 [58,4% y 20,5% respectivamente]; el porcentaje de transacciones monetarias en dólares norteamericanos suponían un 90% del total mundial y las realizados en euros un 35,5%, lo que apenas tenía variaciones a finales de 2022 (88% y 38% respectivamente).[77] Si comparamos estas cifras con las de la moneda china, encontramos que a finales de 2019 el renminbi sólo se utilizaba en un 4% de los intercambios monetarios internacionales (a pesar de que China supone un 19% de la producción mundial), aunque había incrementado exponencialmente ese porcentaje hasta el 7% en abril de 2022.[78] Por lo que se refiere a los pagos internacionales, a finales de 2022 el 42% se realizaron en dólares, el 36,3% en euros y sólo el 2,2% en renminbi.[79]

Si bien es cierto que se ha producido un crecimiento sostenido del uso del renminbi como moneda internacional en los últimos años, que se ha acelerado ligeramente desde la adopción de las sanciones financieras contra Rusia, pasará bastante tiempo antes de que esta moneda pueda alcanzar un porcentaje de uso similar al del dólar norteamericano (el euro parece

---

77 Véanse los dos informes del BCE, *The international role of the euro*, de junio 2022 y junio de 2023, disponibles en https://www.ecb.europa.eu/pub/ire/html/ecb.ire202306~d334007ede.en.html#toc3 y https://www.ecb.europa.eu/pub/pdf/ire/ecb.ire202206~6f3ddeab26.en.pdf.

78 BPI, "OTC foreign exchange turnover in April 2022", 27 de octubre de 2022, https://www.bis.org/statistics/rpfx22_fx.htm; PAPADAVID, Phyllis, "The Renminbi's Rise and its Accelerated Use in Global Trade Finance", Asia House, 22 de mayo de 2023, https://asiahouse.org/research_posts/the-renminbis-rise-and-its-accelerated-use-in-global-trade-finance/.

79 OTERO IGLESIAS, Miguel, "¿Está amenazada la hegemonía del dólar?", Real Instituto Elcano, 6 de junio de 2023, https://www.realinstitutoelcano.org/analisis/esta-amenazada-la-hegemonia-del-dolar/#_ftnref2.

más alcanzable a medio plazo).[80] Las tensiones comerciales y geopolíticas con los países occidentales, los controles para la salida de capitales impuestos por las autoridades chinas y el intervencionismo estatal en relación con los tipos de cambio, frenan la internacionalización de la moneda china,[81] a pesar de los esfuerzos del gobierno de ese país por promover su uso a nivel global.[82] En definitiva, el uso del renminbi solo puede ofrecer a Rusia una solución parcial a los problemas de financiación de su comercio exterior, ante sus dificultades para el acceso al dólar y al euro, y las reticencias que muestran algunos de sus potenciales socios comerciales a tener que usar la moneda china.

---

80 En abril de 2023, el 59,74% de los pagos en SWIFT se realizaron en dólares norteamericanos, el 11,46% en euros y el 1,93% en renminbi ("Most used currency in the world for international payments in SWIFT from January 2019 to April 2023, based on share in total transaction value", Statista, https://www.statista.com/statistics/1189498/share-of-global-payments-by-currency/).

81 EICHENGREEN, Barry *et al.*, "Internationalisation of the renminbi and capital account openness", publicado como parte de BCE, *The international role of the euro,* junio de 2023, antes citado.

82 El Banco Central de China ha llegado a acuerdos bilaterales de cambio con numerosos países (39 en 2023) para proporcionar liquidez en las transacciones que requieran convertir el renminbi en la moneda de dichos países y viceversa, y ha autorizado el uso del renminbi en más de una veintena de centros financieros *offshore* (HAO, Kaixuan, HAN, Liyan y LI, Wei, "The impact of China's currency swap lines on bilateral trade", *International Review of Economics & Finance,* vol. 81, septiembre de 2022, pp. 173-183; STEIL, Benn *et al.*, "Central Banks Currency Swap Tracker", Council of Foreign Relations, 1 de diciembre de 2021, https://www.cfr.org/article/central-bank-currency-swaps-tracker). No obstante, puede decirse que muchos de los mencionados acuerdos bilaterales de cambio han tenido un impacto irrelevante en el uso de la moneda china como medio de pago internacional (OTERO, *op. cit.*).

A estas cuestiones monetarias debemos sumar las dificultades financieras derivadas de la expulsión de SWIFT de numerosas entidades rusas y de la imposibilidad de que las cámaras de compensación occidentales sigan prestando servicios de compensación de pagos y liquidación a las compañías rusas sujetas a sanciones.[83] China no cuenta por el momento con un sistema de mensajería alternativo a SWIFT, que incluso permite operar en chino y es el mecanismo de mensajería que utilizan normalmente las entidades financieras chinas para sus pagos internacionales.[84] Aunque las autoridades chinas están trabajando en la constitución en el futuro de un sistema de mensajería alternativo (las sanciones a Rusia estimularán sin duda esta iniciativa), lo cierto es que el valor añadido de SWIFT por su carácter universal (hasta ahora) es imposible de igualar a corto plazo y no llegará a tiempo para ayudar a Rusia en el actual contexto de sanciones. El sistema de mensajería financiera puesto en marcha por Rusia en 2014 (SPFS), en previsión de que EEUU cumpliese su amenaza de impedir el acceso de los bancos rusos a SWIFT, sólo conecta entidades rusas con compañías de algunas de las antiguas repúblicas exsoviéticas y, desde 2023, Irán.[85]

---

83 NUÑEZ CIFUENTES, Ana, "Mecanismos de sanción internacional a través del sistema financiero: un arma económica contra Putin", *Documento Marco 2/2023, Instituto Español de Estudios Estratégicos,* 14 de febrero de 2023, pp. 17-22.

84 EICHENGREEN, Barry, "Sanctions, SWIFT, and China's Cross-Border Interbank Payments System", *Marshall Papers, CSIS Briefs,* 20 de mayo de 2022, pp. 2-3, https://www.csis.org/analysis/sanctions-swift-and-chinas-cross-border-interbank-payments-system.

85 Irán anunció en enero de 2023 que un número considerable de bancos iraníes también comenzarían a participar en SPFS al haber culminado la conexión de éste con el sistema nacional de mensajería financiera iraní (MOTAMEDI, Maziar, "What's behind Iran and Russia's efforts to link banking systems?", *Aljazeera,* 8 de febrero de 2023, https://www.aljazeera.com/news/2023/2/8/whats-behind-iran-and-russias-efforts-to-link-banking-systems).

En cualquier caso, es posible realizar pagos internacionales al margen de SWIFT. La India se ha planteado reestablecer un mecanismo de cambio bilateral rupia-rublo para saldar las transacciones comerciales con Rusia al margen del euro y el dólar.[86] Los BRICs están desarrollando conversaciones con vistas a la creación de una moneda común que permita realizar pagos internacionales entre los miembros del bloque.[87] Algunas empresas rusas han invertido en tecnología que les permita en tiempo real y de forma segura acceder a sus cuentas en bancos chinos para realizar pagos internacionales. Los bancos iraníes también pueden aportar su experiencia para realizar estas transacciones al margen de SWIFT.[88] De todas formas, se trata de proyectos o de mecanismos por ahora más lentos, caros e inseguros que SWIFT, que solo pueden utilizarse si son aceptados por la contraparte en la transacción comercial o financiera.

Por lo que se refiere a las cámaras de contrapartida o compensación de pagos, la alternativa a las entidades occidentales es aún más complicada. Aunque China creó en 2015 una cáma-

---

86 KARTHIKEYAN, Suchitra, "What is the Rupee-Rouble mechanism, and why is India considering reviving it?", *The Hindu*, 13 de abril de 2022, https://www.thehindu.com/business/Economy/explained-what-is-rupee-rouble-mechanism-why-is-india-considering-to-revive-it/article65313729.ece.

87 PAPA, Michaela, "How long will the dollar last as the world's default currency? The BRICS nations are gathering in South Africa this August with it on the agenda", *Fortune*, 25 de junio de 2023, https://fortune.com/2023/06/25/dollar-reserve-currency-brics-brazil-russia-india-china-south-africa/.

88 Rusia e Irán están negociando la creación de una moneda digital (respaldada por oro para hacerla muy estable) que permita las liquidaciones internacionales en una zona económica especial auspiciada por ambos países ("El euro se consolida como la segunda divisa más importante del mundo", *Portafolio*, 21 de junio de 2023, https://www.portafolio.co/economia/finanzas/el-euro-sigue-siendo-la-segunda-divisa-mas-importante-del-mundo-584738).

ra de compensación para sus pagos internacionales (*Cross-Border Interbank Payment System - CIPS*), únicamente pueden participar directamente en ella compañías registradas en China y solo permite compensar y liquidar pagos en renminbi.[89] En consecuencia, la participación en CIPS puede facilitar los pagos con las compañías chinas, pero su utilidad es mucho menor en relación con el resto del mundo. Desde luego, empresas chinas pueden importar mercancías para que éstas sean reexportadas a Rusia, pero toda esta intermediación implica un evidente encarecimiento de la operación.

En definitiva, las sanciones financieras no impiden a Rusia realizar transacciones exteriores, ya que cuenta con algunas opciones para realizar operaciones de cambio y pagos internacionales. Sin embargo, dichas transacciones se han vuelto mucho más complicadas y han quedado cuantitativa y cualitativamente limitadas. Resulta significativo, por ejemplo, que Moscú incurriese en suspensión de pagos el 26 de junio de 2022 al no poder abonar ciertas cantidades en dólares y en euros a sus acreedores extranjeros tenedores de bonos de su deuda externa.[90]

Desde el punto de vista monetario, es probable que la búsqueda de soluciones para atenuar los efectos de las sanciones occidentales conduzca al fortalecimiento de canales financieros alternativos que erosionen progresivamente el dominio del

---

89 EICHENGREEN, *op. cit.*, pp. 4-5.

90 La incapacidad de Rusia para abonar su deuda era jurídica y no económica, ya que disponía de reservas de divisas para realizar los pagos, pero no podía hacerlo como consecuencia de las sanciones. Rusia ha anunciado que pagará a sus acreedores en rublos y que deberán para ello abrir cuentas en una entidad financiera rusa (CUESTA, Javier, "El Kremlin suspende pagos con el extranjero por primera vez desde la Revolución Rusa", *El País*, 28 de junio de 2022, https://elpais.com/economia/2022-06-27/el-kremlin-suspende-pagos-con-el-extranjero-por-primera-vez-desde-la-revolucion-rusa.html).

euro y el dólar en el sistema monetario internacional. Numerosos países de lo que se denomina el sur global han mostrado interés en la búsqueda de mecanismos de pago internacionales que no dependan del dólar, con independencia de su opinión sobre la agresión rusa a Ucrania. No obstante, se tratará de un proceso lento, que sólo producirá cambios significativos a largo plazo, y que no afectará de manera sustancial a la eficacia de las sanciones financieras contra Rusia por su agresión a Ucrania, salvo que China adopte la decisión política de implicarse de manera más directa a favor de Rusia en el conflicto, aún a costa de asumir un deterioro considerable de sus relaciones económicas con occidente.

En última instancia, el éxito relativo de una moneda y, paralelamente, de los sistemas de pago en los que se usa, depende en gran medida de la solidez y estabilidad de la economía que la respalda, de la liquidez disponible de dicha moneda en los mercados internacionales de capital, de la facilidad/seguridad para utilizarla y de la garantía que le proporciona un Estado de Derecho que permite solucionar los conflictos económicos de manera predecible y justa, limitándose así la arbitrariedad estatal.[91] La guerra de Ucrania se revela quizá como un recordatorio de estos principios y puede limitar en el futuro la confianza del mundo económico (que es esencialmente práctico) en monedas e instituciones financieras de países autocráticos con tendencia al aventurismo militar, que puedan acarrear serias e inesperadas pérdidas económicas.[92]

---

91 NÖLKE, Andreas, "Geoeconomic Infrastructures. Building Chinese-Russian Alternatives to SWIFT", en BRAUN, Benjamin y KODDENBROCK, Kai (Eds.), *Capital Claims: Power and Global Finance,* Nueva York, Routledge, 2022, p. 147-166.

92 Desde China se admite que un sistema monetario internacional desanclado del dólar sería mucho más volátil (XU, Qiyuan y XIONG, Aizong, "The impact of financial sanctions on the international monetary system", *China Economic Journal,* vol. 15, nº 3, 2022, pp. 253-262).

5. REFLEXIONES FINALES

En este trabajo se ha intentado responder a la pregunta de si las sanciones europeas adoptadas contra Rusia son eficaces desde las perspectivas jurídica, comercial y financiera. Más allá de su dimensión simbólica y política,[93] la conclusión general es que son viables jurídicamente (desde la perspectiva del Derecho europeo, de acuerdo con la jurisprudencia del TJUE) y eficaces para castigar a las personas y entidades más directamente involucradas en las acciones contra Ucrania, para disminuir los flujos comerciales exteriores de Rusia y, en particular, para perjudicar la productividad del complejo industrial ruso en determinados sectores, así como para reducir la capacidad del gobierno ruso para financiar el esfuerzo bélico en Ucrania. No obstante, por sí solas, estas sanciones no bastan para hacer colapsar a la economía rusa ni para parar la guerra.

Otras fórmulas de presión, como la provisión de armas a Ucrania, la colaboración en su defensa cibernética, y la presión a terceros países que permiten al imperio ruso seguir respirando económicamente, se revelan como complementos imprescindibles del esfuerzo sancionador, que tiene importantes consecuencias económicas negativas para los países europeos.[94] En particular, las acciones que susciten una mayor colaboración de los países que se integran en el sur global constituyen un elemento decisivo para incrementar la eficacia de las medidas restrictivas adoptadas por la agresión a Ucrania. En este sentido, la batalla por el relato está siendo tan cruenta como la guerra militar, y en esa confrontación Rusia cuenta con poderosas armas y mucha experiencia, que le están permitiendo ganar importantes

---

93 PÉREZ-PRAT DURBÁN, Luis, "Sanciones de la Unión Europea a Rusia: de Crimea a la guerra de Ucrania", *REDI*, vol. 75, nº 1, 2023, pp. 220-222.

94 LIADZE, Iana et al., "Economic costs of the Russia-Ukraine war", *The World Economy*, vol. 46, nº 4, 2023, pp. 874-886.

activos,[95] por ejemplo vendiendo la carestía de los cereales como una consecuencia de las sanciones occidentales.[96]

Las actitudes de China e India en este conflicto son particularmente relevantes. Por lo que se refiere a China, es evidente que este país se beneficia del conflicto mientras pueda mantener su neutralidad ficticia, es decir, mientras conserve sus intercambios económicos con los países occidentales al tiempo que la economía rusa se hace cada vez más dependiente de las importaciones y exportaciones con China, fomentando el uso del renminbi como moneda internacional. Los países occidentales deben hacer entender a China que sus intereses comerciales y financieros con ellos son más valiosos de lo que obtendría con un apoyo más decidido al esfuerzo bélico de Putin. Las tensiones geoestratégicas entre EEUU y China, y en particular su pugna por el liderazgo tecnológico/económico mundial, dificultan esa negociación. No obstante, algún tipo de acuerdo es necesario para evitar que esas diferencias se acaben resolviendo en un conflicto abierto que sería mucho más perjudicial para todos.

En lo que respecta a India, los lazos históricos (políticos y armamentísticos) que la unen a Rusia, y la dependencia energética que tiene de dicho país, no permiten exigirle mucho más que la neutralidad crítica que ha mostrado con la invasión de Ucrania, al tiempo que aprovechaba las oportunidades eco-

---

95 ATANESIAN, Grigor, "Russia in Africa: How disinformation operations target the continent", BBC News, 1 de febrero de 2023, https://www.bbc.com/news/world-africa-64451376; PARIZEK, Michal, "Worldwide Media Visibility of NATO, the European Union, and the United Nations in Connection to the Russia-Ukraine War", *Czech Journal of International Relations*, vol. 58, nº 1, 2023, https://cjir.iir.cz/index.php/cjir/article/view/60.

96 LIN, Faqin et al., "The impact of Russia-Ukraine conflict on global food security", *Global Food Security*, vol. 36, marzo 2023, https://www.sciencedirect.com/science/article/abs/pii/S2211912422000517.

nómicas derivadas de la necesidad de Rusia de buscar socios alternativos a sus antiguos clientes europeos.[97] En cualquier caso, la participación cada vez más comprometida de India en el Quad, y la implicación cada vez más intensa de EEUU y, en menor medida, de los países europeos en la seguridad del indo-pacífico, plantean oportunidades de cooperación que podrían hacer evolucionar la posición de India en relación con Rusia.

Las diferentes maneras de reaccionar económicamente ante la guerra en Ucrania (unos sancionando y otros aprovechando el hueco dejado por las empresas occidentales para ocupar su lugar, e incrementando exponencialmente sus relaciones económicas con Rusia) han generado una división geográfica que podría constituir el punto de inflexión hacia el ocaso del sistema comercial y financiero global, articulado alrededor de la OMC y del FMI, así como de determinadas empresas occidentales (p.ej. SWIFT, principales empresas de seguros marítimos, etc.). Hace ya algunos años que asistimos a la búsqueda de alternativas a esas reglas e instituciones multilaterales,[98] y el proceso de regionalización de los intercambios económicos alrededor de potencias regionales dominantes podría acelerarse[99] si no se consiguen armonizar e integrar los intereses de las potencias emergentes con los de los países occidentales en nuevos acuerdos e instituciones, o mediante la reforma de los ya existentes.

---

97 AGGARWAL, Shivali, "War in Ukraine: the Geo-Strategic and Political Implications for India", *Journal of New Zealand Studies*, nº NS35, 2023, https://journalofnewzealandstudies.com/jnzs/pdf/2023/458.pdf.

98 Véase una perspectiva china de cómo debería articularse la reforma de la gobernanza económica internacional en ZHANG, Yuyan, *The Change of Global Economic Governance and China*, Nueva York, Springer, 2022.

99 GARCÍA PÉREZ, Rafael, "El conflicto de Ucrania: la relación euroatlántica y los intereses estratégicos de Europa", *REDI*, vol. 75, nº 1, 2023, pp. 75-105.

Nos encontramos sin duda ante un punto de inflexión que apunta hacia una reconfiguración de las relaciones de poder en la sociedad internacional. La UE debe apostar toda su capacidad de influencia y sacrificio en beneficio de la defensa de la democracia y de la disuasión del uso de la fuerza por parte de los poderes autocráticos que pretenden conquistar territorios como se hacía en la Edad Media. Al hacerlo, estará salvaguardando su propia seguridad.

La protección temporal en la Unión Europea de personas desplazadas desde Ucrania: práctica estatal

ELENA CRESPO NAVARRO[100]

SUMARIO: 1. INTRODUCCIÓN. 2. EL CARÁCTER INMEDIATO Y VINCULANTE DE LA PROTECCIÓN. *2.1 INMEDIATEZ DE LA RESPUESTA. 2.2 CARÁCTER VINCULANTE DE LA PROTECCIÓN.* 3. LA LIMITACIÓN DE LOS BENEFICIARIOS. *3.1. PERSONAS AMPARADAS POR LA PROTECCIÓN TEMPORAL OBLIGATORIA. 3.2 PERSONAS AMPARADAS POR LA PROTECCIÓN TEMPORAL U OTRA PROTECCIÓN ADECUADA EN VIRTUD DEL DERECHO INTERNO. 3.3 PERSONAS RESPECTO DE LAS QUE LA PROTECCIÓN QUEDA A LA DISCRECIONALIDAD ESTATAL. 3.3.1 PRÁCTICA DE LOS ESTADOS MIEMBROS DE LA UE VINCULADOS POR LA DIRECTIVA 2001/55/CE. 3.3.2 PRÁCTICA DE LOS ESTADOS NO VINCULADOS POR LA DIRECTIVA 2001/55/CE.* 4. EL SISTEMA DE REPARTO: LIBRE ELECCION DE LOS BENEFICIARIOS. 5. EL REGISTRO DE SOLICITANTES Y LA DURACIÓN DE LA PROTECCIÓN. *5.1 EL REGISTRO Y LA EXPEDICIÓN DE PERMISOS DE RESIDENCIA. 5.2 DURACIÓN Y PRÓRROGA DE LA PROTECCIÓN.* 6. EL REGRESO A UCRANIA. 7. PROTECCIÓN TEMPORAL Y PROTECCIÓN INTERNACIONAL. 8. CONSIDERACIONES FINALES.

---

[100] Titular de Derecho Internacional Público y Relaciones Internacionales de la Universidad Miguel Hernández (ecrespo@umh.es). Estudio realizado en el marco del Proyecto Cátedra *Jean Monnet "Strengthening the European Union by reinforcing its values-ReinforcEU"*, (Project 101085550), financiado por la Unión Europea. Las opiniones y puntos de vista expresados solo comprometen a su autora y no reflejan necesariamente los de la Unión Europea o los de la Agencia Ejecutiva Europea de Educación y Cultura (EACEA). Ni la Unión Europea ni la EACEA pueden ser considerados responsables de ellos. Todas las páginas web mencionadas en este estudio han sido consultadas por última vez el 1 de julio de 2023.

1. INTRODUCCIÓN

Este trabajo tiene su origen en la ponencia presentada en la mesa redonda titulada "La respuesta internacional y europea ante la agresión rusa a Ucrania", celebrada el 25 de noviembre de 2022 en el marco de la Jornada extraordinaria *El Derecho Internacional y Europeo contemporáneos ante la agresión rusa a Ucrania,* organizada por la AEPDIRI, junto con la Escuela Diplomática. Agradezco a la dirección y al comité científico de las Jornadas la invitación para participar en ellas. Mi presentación oral tuvo como objeto destacar algunos aspectos de la respuesta de la Unión Europea (UE) y sus Estados miembros frente a una de las muchas consecuencias de la guerra desencadenada por la agresión rusa a Ucrania el 24 de febrero de 2022, la del desplazamiento en masa de millones de personas huyendo del conflicto.

Al cierre de este trabajo ha transcurrido poco más de un año desde que la UE decidiera activar la Directiva 2001/55/CE sobre protección temporal en caso de afluencia masiva de personas desplazadas[101] para tratar de dar una respuesta coordinada, inmediata y vinculante, a la llegada en masa de personas, especialmente mujeres y niños, que salían de Ucrania huyendo de la guerra.

Según datos de ACNUR[102], se han producido más de 20 millones[103] de cruces de frontera desde Ucrania hacia Europa des-

---

101 Directiva 2001/55/CE, de 20 de julio de 2001 relativa a las normas mínimas para la concesión de la protección temporal en caso de afluencia masiva de personas desplazadas y a medidas de fomento de un esfuerzo equitativo entre los Estados miembros para acoger a dichas personas y asumir las consecuencias de su acogida, *DO* L 212, de 7 de agosto de 2001.

102 ACNUR, *Operational data portal, Ukraine Refugee situation,* https://data.unhcr.org/es/situations/ukraine. Datos de 26 de junio de 2023.

103 Cifra que no se refiere a individuos sino a cruces de frontera, pero no los que regresan desde Ucrania a sus países de origen, y hay que tener en cuenta que, entre quienes salen de Ucrania, hay ucranianos con

de el 24 de febrero de 2022, calculándose en unos 6 millones el número de personas procedentes de Ucrania que son en junio de 2023 beneficiarias de algún tipo de protección en Europa[104]. Se calcula, además, que hay más de 5 millones de desplazados internos en la propia Ucrania[105]. Los Estados miembros que mayor número de solicitudes de protección han registrado son Alemania (1.072.705 a 25 de junio de 2023), seguida de Polonia (994.775 a 26 de junio), la República Checa (345.880 a 18 de junio), España (183.980 a 25 de junio), Italia (183.685 a 2 de junio), Bulgaria (162.935 a 27 de junio), Rumanía (132.362 a 25 de junio) y Eslovaquia (103. 490 a 25 de junio).

Por lo que se refiere a datos de protección temporal, los Estados miembros que mayor número de beneficiarios de protec-

---

doble nacionalidad, ver ACNUR, *Ukraine Refugee Situation. UNHCR Data Explanatory Note– 14 June 2023,* disponible en la Web de ACNUR.

104 Cifra que refleja el número estimado de personas que huyeron de Ucrania desde el 24 de febrero y que en junio de 2023 están presentes en países europeos. Se incluye a los refugiados de Ucrania a los que se les concedió el estatuto de refugiado, la protección temporal u otro tipo de estatutos a través de sistemas nacionales de protección similares, pero también a los registrados bajo otras formas de estancia. ACNUR, *Ukraine Refugee Situation. UNHCR Data Explanatory Note…,* citada *supra.*

105 5.088.000 a 23 de mayo, ver OIM, *Ukraine—Snapshot report: Population Figures and Geographic Distribution—General Population Survey Round 13* (11-23 May). En 2021 había ya 1,5 millones de desplazados internos, cifra que se elevó a cerca de 6,5 millones en el mes de marzo de 2022 y llegó a alcanzar el punto más alto (8 millones) en mayo de ese año, para volver a descender progresivamente desde entonces, sobre todo a partir de diciembre, UN Office for the Coordination of Humanitarian Affairs (OCHA), *Ukraine: Situation Report,* 22 de octubre de 2021, https://reports.unocha.org/en/country/ukraine/card/2bMBM0ECTo/ y OIM, *Ukraine internal displacement report. General population survey, Round 12 (23 january 2023),* en: https://dtm.iom.int/reports/ukraine-internal-displacement-report-general-population-survey-round-12-16-23-january-2023.

ción temporal han registrado con datos de finales de mayo de 2023, son Alemania (1.111.590) seguida de Polonia (991.375), la República Checa (331.850 dato en este caso de finales de abril 2023), España (178.035), Italia (158.330), Bulgaria (157. 645), Rumanía (136.075 datos de finales abril 2023), Países Bajos (122.950) y Eslovaquia (102.050)[106].

Desde la presentación de la ponencia oral ha pasado un tiempo suficiente como para poder conocer con más detalle la práctica estatal en relación con las cuestiones que planteamos entonces. De manera que el objeto de este trabajo es analizar algunos de los aspectos de la práctica de los Estados, no sólo de los Estados miembros de la UE sino también de algunos terceros Estados, en la aplicación de la protección temporal. En particular, centramos nuestra atención en ciertas cuestiones que permiten diferenciar la gestión de esta situación respecto de otras anteriores en las que también se produjo en breve espacio de tiempo la llegada de gran cantidad de personas a la UE, muchas de ellas procedentes igualmente de zonas de conflicto en otros espacios geográficos diferentes[107]. Destacamos, especialmente, la rapidez de la respuesta, el carácter vinculante de la protección temporal o el sistema de reparto de las personas

---

106 Datos de beneficiarios de protección por país a final de mayo de 2023, ver EUROSTAT, *Beneficiaries of temporary protection at the end of the month by citizenship, age and sex–monthly data,* https://ec.europa.eu/eurostat/databrowser/view/MIGR_ASYTPSM/default/table?lang=en.

107 No nos ocuparemos aquí de las motivaciones que han podido provocar una reacción tan diferente a las que ha venido ofreciendo la UE ante situaciones de presión y crisis migratorias ocurridas en el pasado. Sobre ese aspecto DI FILIPPO, M., y ACOSTA SÁNCHEZ, M.A., "La protezziones temporánea, da oggetto misterioso a realtà operativa; aspetti positivi, criticità, prospettive", *Ordine internazionale e diriti umani,* (2022), 926-956, pp. 933-937; y CRESPO NAVARRO, E., La respuesta de la Unión Europea frente a las consecuencias migratorias de la agresión rusa a Ucrania", *EUWEB Legal Essays. Global & International Perspectives,* n. 2 (2022), 44-67, pp. 48-50.

acogidas entre los Estados miembros. También estudiamos la práctica estatal sobre otros temas como la determinación de los beneficiarios de la protección, los procedimientos seguidos, o las interacciones entre la protección temporal y la protección internacional que, de alguna manera, traslucen las diferentes posturas de base de los Estados frente al fenómeno migratorio.

2. EL CARÁCTER INMEDIATO Y VINCULANTE DE LA PROTECCIÓN

2.1 Inmediatez de la respuesta

Un primer aspecto que, sin duda, singulariza la gestión de esta situación es la inmediatez de la respuesta. Desde el primer momento, los Estados vecinos abrieron sus fronteras con Ucrania para permitir el acceso a sus territorios y ofrecer asistencia de urgencia, contando para ello con el apoyo decidido de la sociedad civil, que comenzó enseguida a desplegar una solidaridad sin precedentes, y con la rápida movilización de ACNUR[108]. En esa primera etapa la atención se centró principalmente en fa-

---

[108] Ver nota de prensa de 1 de marzo de 2022, *ACNUR se moviliza para ayudar a personas desplazadas forzosas en Ucrania y en países vecinos,* publicada en la Web de ACNUR: https://www.acnur.org/ y documento de marzo de 2022 titulado *Posición de ACNUR sobre los retornos a Ucrania,* en el que ACNUR llamó a todos los Estados a permitir la entrada en sus territorios de las personas desplazadas desde Ucrania, a concederles protección temporal, a reconsiderar o permitir presentar nuevas solicitudes a aquellos cuyas solicitudes de protección internacional hubieran sido previamente rechazadas, a permitir las solicitudes *in situ* en base a las circunstancias en Ucrania, a retirar a Ucrania de la lista de países de origen seguros y suspender los procedimientos de retorno a Ucrania y a permitir el acceso a los procedimientos de asilo también a nacionales de terceros Estados que se encontraran en Ucrania al inicio del conflicto.

cilitar el cruce de las fronteras y el desplazamiento dentro de la UE de las personas que llegaban, de ofrecerles información, de establecer puntos de recepción adecuados, que poco a poco empezaron a funcionar también como primeros puntos de registro, y en mejorar las capacidades, combinando los recursos públicos con las numerosas ofertas procedentes de iniciativas privadas[109].

Algunos Estados adoptaron, en esa fase inicial, medidas de urgencia para hacer frente de forma inmediata a la situación. El mismo 24 de febrero, Hungría decidió por Decreto del Gobierno[110], conceder protección en virtud del derecho nacional a ucranianos y residentes en Ucrania que llegaban directamente desde allí. Al día siguiente, el Gobierno de Eslovaquia aprobó enmiendas a la Ley de protección civil, con el fin de poder declarar la situación de emergencia desde el 26 de febrero y, más tarde, a la Ley de asilo, para conceder protección temporal sin una Decisión previa del Consejo de la UE a partir del 1 de marzo[111]. También el Gobierno de Rumanía adoptó una ordenanza de emergencia el 27 de febrero por la que modificaba ciertas disposiciones de la Ley de asilo para proporcionar apoyo y asistencia humanitaria de forma urgente a los ciudadanos ucranianos que entraran al país. Igualmente Italia declaró el estado de emergencia por deliberación del Consejo de ministros de 28 de febrero y adoptó, ese mismo día, un Decreto Ley con medidas urgentes, en particular, medias económicas y de incremento de capacidades para dar acogida a las personas desplazadas desde Ucrania y apoyo a los estudiantes, investiga-

---

109 EUAA, *Rapid response by EU+ countries to address the needs of displaced people from Ukraine, Situational Update,* no. 9, de 4 de marzo de 2022 y EUAA, *Providing Temporary Protection to Displaced Persons from Ukraine. A Year in Review,* de 8 marzo de 2023, pp. 8-10.

110 Decreto no. 56/2022 (II. 2) de 24 de febrero de 2022.

111 Resolución del Gobierno de Eslovaquia no. 144/2022, de 28 de febrero de 2022.

dores y docentes ucranianos en Italia[112]. El Consejo de Ministros de Portugal[113] activó la protección en virtud de su derecho interno por Resolución de 1 de marzo.

La reacción de la UE no se hizo esperar y, prácticamente solo una semana después de la agresión rusa, el 2 de marzo, la Comisión[114] propuso la activación de la Directiva 2001/55/CE. Enseguida se logró el acuerdo unánime del Consejo (si bien el art. 5. 1 de la Directiva 2001/55/CE solo exige la mayoría cualificada) para aprobar dos días después, el 4 de marzo, la Decisión de Ejecución 2022/382[115], que constató la existencia de afluencia masiva y activó la citada Directiva. Se trataba de coordinar la acción, que algunos Estados ya habían iniciado, para otorgar protección y derechos inmediatos a las personas, reduciendo la presión sobre los sistemas nacionales de asilo y evitando así su colapso.

El mismo día, la Comisión Europea presentó una Comunicación con directrices operativas para la gestión de las fronteras exteriores, en las que planteaba medidas coordinadas para descongestionar los pasos fronterizos y, unos días más tarde, el 21 de marzo, publicó una nueva Comunicación con directrices

---

112 Decreto Ley no.16, *Ulteriori misure urgenti per la crisi in Ucraina, Gazzetta Ufficiale*, Serie Generale no. 49 de 28 de febrero de 2022.

113 Resolución del Consejo de Ministros no. 29-A/2022, de 1 de marzo, *Diário da República*, no. 42/ 2022, serie I, 1 de marzo de 2022.

114 Propuesta de Decisión del Consejo por la que se constata la existencia de una afluencia masiva de personas desplazadas procedentes de Ucrania a tenor del artículo 5 de la Directiva 2001/55/CE del Consejo, de 20 de julio de 2001, y entra en vigor la introducción de la protección temporal, COM (2022) 91 final, de 2 de marzo de 2022.

115 Decisión de Ejecución 2022/382 del Consejo, de 4 de marzo de 2022, por la que se constata la existencia de una afluencia masiva de personas desplazadas procedentes de Ucrania en el sentido del art. 5 de la Directiva 2001/55/CE y con el efecto de que se inicia la protección temporal, *DO* L 71, de 4 de marzo de 2022.

dirigidas a los Estados miembros para la aplicación de la Decisión de Ejecución 2022/382 del Consejo[116].

2.2 *Carácter vinculante de la protección*

Otro aspecto a destacar es el carácter vinculante de la protección temporal. La Decisión de Ejecución del Consejo determinó su aplicación obligatoria en todos los Estados miembros, salvo Dinamarca, Estado al que no es de aplicación la Directiva en virtud de los arts. 1 y 2 del Protocolo no. 22 sobre la posición de Dinamarca, anexo al Tratado de la UE y al Tratado de Funcionamiento de la UE. No obstante, dicho Estado adoptó una normativa especial[117] para conceder permiso de residencia temporal a las personas desplazadas desde Ucrania, como también hicieron varios Estados no miembros de la UE como Islandia, Moldavia, Noruega, Reino Unido, Serbia y Suiza, que aplicaron disposiciones específicas de sus ordenamientos jurídicos[118] o adoptaron normas al efecto para conceder protec-

---

116 Comunicación de la Comisión por la que se proporcionan directrices operativas para la gestión de las fronteras exteriores a fin de facilitar el cruce de las fronteras entre la UE y Ucrania, *DO* C 104 I, de 4 de marzo de 2022; y Comunicación de la Comisión relativa a las directrices operativas para la aplicación de la Decisión de Ejecución 2022/382 del Consejo, *DO* C 126 I, de 21 de marzo de 2022. Son documentos no vinculantes, pero lograron ofrecer una ayuda práctica, que fue útil para la puesta en marcha de la protección con agilidad.

117 Ley n. 324, de 16 de marzo de 2022, ver https://www.retsinformation.dk/eli/lta/2022/324#:%7E:text=%C2%A7%201.%2ctidspunktet%20for%20udrejsen%20havde%20bop%C3%A6l.

118 En Islandia ya existía en la ley de extranjería (Ley no. 80/2016), una previsión (art. 44) para conceder protección colectiva, en base a consideraciones humanitarias, en supuestos de afluencia masiva. De modo que, el 4 de marzo, el Ministro de Justicia activó de forma inmediata dicho artículo, otorgando un permiso de residencia por un año, renovable por otros tres, que da acceso a derechos similares a los recono-

ción inmediata en condiciones similares a las de la Directiva, como veremos más adelante.

Por lo que se refiere a los Estados miembros[119], en Bélgica, Luxemburgo, Países Bajos y Suecia, se aplicó la Decisión de Ejecución del Consejo de manera automática, mientras que el resto adoptaron a lo largo del mes de marzo diferentes medidas a nivel interno para su implementación en sus respectivos territorios. Salvo en los casos de Irlanda y Malta, en los que la protección se puso en marcha mediante actos administrati-

---

cidos en la Directiva (acceso a vivienda, subsistencia, servicios sociales, atención médica y acceso al mercado laboral), ver https://www.stjornarradid.is/efst-a-baugi/frettir/stok-frett/2022/03/04/Domsmalaradherra-heimilar-timabundna-vernd-vegna-fjoldaflotta/. También en Noruega el Gobierno activó, mediante Real Decreto no. 22/1436, de 11 de marzo de 2022, el art. 34 de la Ley de extranjería, previsto para ofrecer protección colectiva en casos de afluencia masiva, ver texto en: https://www.udiregelverk.no/contentassets/6c8593dc5e8945e19e1f09c8ffd94ec3/kongelig-resolusjon-av-11.-mars-2022.pdf y nota de prensa: https://www.regjeringen.no/en/aktuelt/temporary-collective-protection-for-ukrainian-refugees/id2903930/. Serbia adoptó la decisión el 17 de marzo de 2022, en vigor desde el día siguiente. El Gobierno de Moldavia publicó el 26 de enero de 2023 su decisión de otorgar protección temporal durante un año (de 1 de marzo de 2023 a 1 de marzo de 2024) exclusivamente a las personas comprendidas en el art. 2.1 de la Decisión de Ejecución del Consejo. En Suiza, el art. 4 y el art. 66.1 de la Ley de asilo de 28 de junio de 1998 (RS 142.31), prevén la concesión de protección temporal en virtud de una decisión del Consejo federal. En base a ello, dicho órgano activó, por Decisión no. FF2022 586, de 11 de marzo de 2022, el estatuto S (*Schutzstatus S*) para las personas desplazadas desde Ucrania, ver texto en: https://www.fedlex.admin.ch/eli/fga/2022/586/fr. Ver también ECRE (European Council on Refugees and Exiles), *Information Sheet–Measures in response to the arrival of displaced people fleeing the war in Ukraine*, 31 de mayo de 2023, pp. 84-85 (Serbia) y pp. 108-110 (Suiza).

119 ECRE, *Information Sheet–Measures ...*, y EUAA *Providing Temporary Protection...*, pp. 11-12.

vos, de 8 y 9 de marzo, respectivamente, en los demás Estados miembros se hizo, bien a través de decisiones de los ejecutivos, en la mayor parte, o bien de medidas legislativas.

Entre los Estados en los que la decisión correspondió al ejecutivo pueden citarse, por orden cronológico, Alemania, Croacia, Finlandia y Hungría, que lo hicieron el 7 de marzo[120]. Al día siguiente, 8 de marzo, el Gobierno de Estonia[121] publicó su acuerdo al respecto, que entraría en vigor un día después. En España y Eslovenia la decisión llegó el 9 de marzo[122]. El 10 de mar-

---

120 En Alemania por Decreto del Ministerio del interior, disponible en: https://www.bundesanzeiger.de/pub/publication/iOtjNkrHCZ76Jw5ReGn/content/iOtjNkrHCZ76Jw5ReGn/BAnz%20AT%2008.03.2022%20V1.pdf?inline. En Croacia por Decisión del Gobierno, ver nota de prensa de 7 de marzo en https://mup.gov.hr/vijesti/vlada-prihvatila-odluku-o-uvodjenju-privremene-zastite-u-republici-hrvatskoj-za-raseljene-osobe-iz-ukrajine/288564; en Finlandia, mediante Decisión del Gobierno no. SM/2022/24, de 7 de marzo de 2022, y en Hungría por Decreto no. 86/2022 (III.7), que derogó el Decreto anterior por el que se concedía protección en la etapa previa a la Decisión del Consejo. Este nuevo Decreto no entraría en vigor hasta el 11 de marzo, ver https://njt.hu/jogszabaly/2022-86-20-22.

121 Decisión no. 66 de 8 de marzo de 2022, https://www.riigiteataja.ee/akt/308032022010.

122 En España, se determinaron los beneficiarios mediante la Orden PCM/170/2022 de 9 de marzo, por la que se publicó el Acuerdo del Consejo de Ministros de 8 de marzo de 2022, por el que se amplía la protección temporal otorgada en virtud de la Decisión de Ejecución 2022/382 del Consejo de 4 de marzo de 2022 a personas afectadas por el conflicto de Ucrania que pueden encontrar refugio en España, *BOE* no. 59, de 10 de marzo de 2022. Mientras que la Orden PCM/169/2022, de 9 de marzo, desarrolló el procedimiento para el reconocimiento de la protección temporal, *BOE* de 10 de marzo de 2022. La transposición de la Directiva 2001/55/CE se había llevado a cabo en España por el Real Decreto 1325/2003, de 24 de octubre por el que se aprueba el Reglamento sobre el régimen de protección temporal en caso de afluencia masiva de personas desplazadas, *BOE*

zo en Francia y en Bulgaria[123], aunque en este Estado la decisión entró en vigor el día 14 de marzo. Austria y Portugal[124] lo harían el 11 de marzo. En Lituania, la Decisión del Gobierno llegó el 16 de marzo, en vigor desde el día 17, fecha en la que se tomó la decisión en Eslovaquia[125]. El Gobierno de Rumanía activó la protección temporal el 18 de marzo y lo mismo hizo el Consejo de Ministros de Chipre[126] el 22 de marzo. Grecia e Italia decidieron poner en marcha la protección temporal el 28 de marzo[127].

Finalmente, en Letonia, Polonia y la República Checa la decisión correspondió al Legislativo. Letonia aprobó la Ley de apoyo a la población civil de Ucrania el 4 de marzo; Polonia, el 12 de marzo, la Ley de asistencia a los ciudadanos ucranianos y

---

no. 256, de 25 de octubre de 2003. En Eslovenia se inició por decisión del Gobierno de 9 de marzo que entraría en vigor al día siguiente.

123 En Francia mediante Instrucción NOR: INTV2208085J, texto disponible en; https://www.legifrance.gouv.fr/download/file/pdf/cir_45302/CIRC y en Bulgaria por Decisión del Consejo de Ministros búlgaro, no. 144 RE, de 10 de marzo de 2022.

124 A través de orden del Gobierno Federal en Austria y de Resolución del Consejo de Ministros no. 29-D/2022, en Portugal, *Diário da República* n.º 50/2022, Série I, 11 de marzo de 2022. Si bien, como ya hemos señalado, Portugal ya ofrecía protección conforme a su derecho interno desde 1 de marzo.

125 Decisión del Gobierno de Lituania no. 224. En Eslovaquia Resolución gubernamental no. 185/2022, de 17 de marzo, por la que se sustituyó el sistema nacional de protección temporal que otorgaba a partir del 1 de marzo en la fase preliminar.

126 Decisión del Gobierno de Rumanía n.º 367/2022, de 18 de marzo de 2022 y Decisión del Consejo de Ministros de Chipre no. 33/2022, de 22 de marzo de 2022.

127 En Grecia, la Decisión ministerial no.172172 de 28 de marzo establece el procedimiento para otorgar la protección temporal. La Decisión del Presidente del Consejo de Ministros italiano se publicó en *Gazzetta Ufficiale, Serie Generale* no. 89, 15 de abril de 2022. Sobre la regulación de la protección temporal en Italia, DI FILIPPO, M., y ACOSTA SÁNCHEZ, M.A., *op. cit.*, pp. 944-950.

en la República Checa la protección temporal se activó por Ley a partir del 21 de marzo[128].

A finales de marzo, cuando prácticamente todos los Estados miembros habían ya puesto en marcha la protección temporal en aplicación de la Decisión de Ejecución del Consejo, el Consejo Europeo, tras su reunión de los días 24-25 de marzo, les pidió redoblar esfuerzos, con espíritu de unidad y solidaridad, para hacer verdaderamente efectiva dicha protección, invitando a la Comisión a adoptar iniciativas en ese sentido. Como respuesta, en la reunión extraordinaria del Consejo de asuntos de justicia e interior del 28 de marzo, se aprobó un Plan de diez puntos para una mayor coordinación europea en la acogida de las personas que huyen de la guerra en Ucrania[129]. Diez puntos en los que se focalizaban las principales preocupaciones de la UE, en las que ha ido centrando su atención y apoyo desde entonces: crear una plataforma de registro de protección temporal a escala europea; lograr un enfoque coordinado sobre el suministro de información y los trasportes; mejorar las capacidades de acogida y asegurar alojamiento adecuado y seguro; elaborar planes de contingencia, tanto a nivel nacional como europeo para hacer frente a la evolución de la situación a medio-largo plazo; ofrecer soluciones comunes para proteger a los menores; desarrollar un plan común de la UE contra la trata de seres humanos; coordinar la solidaridad de los Estados miembros y otros socios internacionales con Moldavia[130] (en

---

128 Ley no. 2022/45A de Letonia, en vigor el 5 de marzo. Ley polaca disponible en: https://isap.sejm.gov.pl/isap.nsf/download.xsp/WDU20220000583/U/D20220583Lj.pdf. En cuanto a la República Checa, la Ley 65/2022 Coll., forma parte del paquete de medidas adoptadas en dicho Estado, conocidas como "Lex Ucrania".

129 European Commission, *The 10-Point Plan For stronger European coordination on welcoming people fleeing the war from Ukraine*, de 28 de marzo de 2022.

130 A 26 de febrero de 2022 había en el territorio de Moldavia 90.187 personas procedentes de Ucrania de los que 84.038 eran ucranianos y

particular, en relación con los traslados y asegurando el rápido despliegue de equipos de Frontex); crear un marco reforzado para la cooperación internacional; considerar las implicaciones para la seguridad interior de la UE; y garantizar el necesario apoyo operativo y financiero.

3. LA LIMITACIÓN DE LOS BENEFICIARIOS

Uno de los temas que más críticas ha generado del sistema de protección temporal aplicado al caso de los desplazamientos masivos desde Ucrania es el de la determinación de los beneficiarios, debido al amplio margen dejado a la discrecionalidad estatal.

La Directiva 2001/55/CE dispone que la Decisión del Consejo por la que se active la protección temporal determinará su aplicación en todos los Estados miembros respecto de las personas desplazadas a las que se refiera, por lo que ha de contener, como mínimo, una descripción de los grupos concretos de personas a las que se aplica (art. 5.2 a). En esa descripción, que la Decisión de Ejecución 2022/382 del Consejo lleva a cabo en su art. 2, se distingue entre las personas a las que se debe reconocer la protección temporal (art. 2.1), aquellas a las que se debe dar esa misma protección temporal u otra protección adecuada conforme al derecho interno (art. 2.2) y, por último, personas a las que los Estados no estarían obligados a proteger, pero respecto de las que pueden ampliar discrecionalmente la protección en virtud de su derecho interno (art. 2.3).

En definitiva, la obligación de concesión de la protección temporal automática queda, por tanto, limitada solo a ciertas

---

más de la mitad menores COM (2023) 140 final, ya citado, p. 2. Según datos de ACNUR, entre el 24 de febrero de 2022 y el 25 de junio de 2023, se han registrado 854.980 cruces de frontera desde Ucrania a Moldavia, ACNUR, *Operational data portal, Ukraine Refugee situation.*

categorías de personas, lo que en la práctica permite establecer regímenes diversos para distintas categorías de personas en los diferentes Estados miembros. Una limitación que viene determinada por una interpretación estricta y literal de la propia Directiva. Dicha norma no parte de la concepción de la protección temporal como un tercer estatuto, junto al asilo y la protección subsidiaria, sino como un procedimiento excepcional, que otorga una protección inmediata (en principio, a los nacionales y apátridas que huyen de su propio país o región de origen) y limitada temporalmente (hasta que la situación en el país de origen permita el regreso en condiciones seguras y duraderas). Así, el art. 2 c) de la Directiva define "personas desplazadas" como:

> "Los nacionales de un tercer país o apátridas que hayan debido abandonar su país o región de origen o que hayan sido evacuados, en particular respondiendo al llamamiento de organizaciones internacionales, y cuyo regreso en condiciones seguras y duraderas sea imposible debido a la situación existente en ese país, que puedan eventualmente caer dentro del ámbito de aplicación del art. 1A de la Convención de Ginebra u otros instrumentos internacionales o nacionales de protección internacional, y en particular: i) las personas que hayan huido de zonas de conflicto armado o de violencia permanente; ii) las personas que hayan estado o estén en peligro grave de verse expuestas a una violación sistemática o generalizada de los derechos humanos".

Entendiendo por "afluencia masiva" la llegada de un número importante de personas desplazadas, procedentes de un país o una zona geográfica determinada, independientemente de que su llegada se haya producido de forma espontánea o con ayuda, por ejemplo, de un programa de evacuación (art. 2.d).

Esa interpretación se confirmaría a la luz del art. 7 de la Directiva que prevé expresamente la posibilidad de ampliación de la protección, pero en virtud del derecho nacional, a otras categorías de personas que se hayan desplazado por las mismas razones y procedan del mismo país o región de origen, informando inmediatamente al Consejo y a la Comisión en tal caso.

No obstante, podría haberse llevado a cabo una interpretación más amplia, basada no tanto en la literalidad, sino más bien en el espíritu de la Directiva, como planteaba la Comisión en su propuesta[131]. Aunque no sorprende que se optara por una interpretación literal y más estricta de la Directiva, sobre todo si se tienen en cuenta la experiencia de la respuesta de los Estados frente a situaciones críticas anteriores, las trabas que se han venido poniendo regularmente a la acogida de solicitantes de asilo en la UE y las dificultades para llegar a acuerdos vinculantes para la concepción, diseño y aplicación de un auténtico Sistema Europeo Común de Asilo (SECA) verdaderamente solidario, plateadas especialmente por algunos Estados miembros.

Veremos, a continuación, si esa limitación ha tenido consecuencias relevantes en la práctica seguida por los Estados.

3.1. Personas amparadas por la protección temporal obligatoria

De acuerdo con el art. 2.1 de la Decisión de Ejecución del Consejo, los 26 Estados miembros a los que es aplicable, están obligados a reconocer de forma automática la protección temporal establecida en la Directiva 2001/55/CE únicamente

---

131 Según el Considerando 11 de la propuesta de la Comisión, el objetivo de la Decisión de Ejecución es introducir una protección temporal para los nacionales ucranianos residentes en Ucrania desplazados a partir del 24 de febrero de 2022. Sin embargo, entiende la Comisión que, para respetar el espíritu de la Directiva 2001/55/CE, debe ampliarse esa misma protección temporal a otras categorías de personas. Propuesta de Decisión de Ejecución del Consejo, ya citada, COM (2022) 91 final, pp.11-12. En ese sentido, ARENAS HIDALGO, N., "La primera activación de la Directiva 2001/55/CE. Entre los límites restrictivos de su ámbito de aplicación personal y las bondades de su modelo de solidaridad interestatal en la acogida de las personas desplazadas desde Ucrania", *REEI*, no. 44 (diciembre 2022), DOI:1017103/reei.44.04.

a los nacionales ucranianos que residían en Ucrania antes del 24 de febrero de 2022 y a los apátridas y nacionales de terceros Estados que ya eran entonces refugiados en Ucrania (ya gozaran de protección internacional o de una protección nacional equivalente) y a los familiares[132] de unos y otros (siempre que la familia ya estuviera presente y residiendo en Ucrania antes del 24 de febrero).

No se incluye, en cambio, a quienes eran solicitantes de asilo en Ucrania en el momento de la agresión rusa, aunque la Comisión sí los incluía en su propuesta, y ello a pesar del mínimo esfuerzo que habría supuesto para los Estados, sobre todo la vista del escaso número de solicitantes y beneficiarios de protección internacional que parece que se encontraba en Ucrania en esa fecha. Se estima que, en diciembre de 2021, Ucrania acogía solo a unos 2.382 refugiados y 2.719 solicitantes de protección internacional, habiendo en dicho Estado 35.933 apátridas[133]. Es una decisión que, sin duda, responde a la falta de voluntad política de algunos Estados miembros.

---

132 Se consideran familiares el cónyuge o pareja de hecho con la que la persona con derecho a protección mantenga una relación estable, en este último caso, solo si la legislación o la práctica del Estado miembro de acogida otorga a las parejas de hecho un trato comparable al de las parejas casadas en virtud del Derecho nacional, los hijos menores solteros de la persona con derecho a protección temporal o los de su cónyuge, sin distinción en cuanto a si nacieron dentro o fuera del matrimonio o fueran adoptados, y otros parientes cercanos que vivieran juntos, como parte de la unidad familiar, en el momento de las circunstancias y que dependieran total o principalmente en aquel momento de la persona con derecho a la protección temporal. (art. 2.4 Decisión de Ejecución del Consejo).

133 UNHCR, *Europe situations: data and trends-arrivals and displaced populations* (December 2021), https://data2.unhcr.org/es/documents/details/90211; y *Refugee Data finder 2021*, https://www.unhcr.org/refugee-statistics/download/?url=h8aM2V.

En la práctica[134], todos los Estados miembros a los que es de aplicación la Directiva reconocen como beneficiarios automáticos de la protección temporal a las personas comprendidas en el art. 2.1, salvo Polonia, que aplica regímenes diferentes. Por un lado, mediante la Ley de asistencia a ciudadanos ucranianos concede protección temporal conforme a la Directiva exclusivamente a los ucranianos y sus familiares que llegaron a partir del 24 de febrero desde Ucrania y manifestaron su intención de permanecer allí. En cambio, a los no ucranianos que ya eran beneficiarios de protección internacional en Ucrania y a sus familiares, les concede protección en virtud de la Ley de extranjería.

Ahora bien, conviene destacar que ciertos Estados miembros como Rumanía, Eslovaquia y Polonia no incluyen entre los familiares a los que se extiende la protección a las parejas de hecho con relación estable, limitando el concepto de familia a las parejas casadas.

Además, conceden protección a las personas comprendidas en el art. 2.1 de la Decisión de Ejecución, pero conforme a su normativa interna, Dinamarca, no vinculada por la Directiva, y otros Estados no miembros de la UE como Islandia, Noruega, Reino Unido, Serbia y Suiza. También Moldavia que, como ya hemos señalado, la concede por un año, de 1 de marzo de 2023 a 1 de marzo de 2024, y exclusivamente a estas categorías de personas.

---

134 En general sobre la práctica seguida por los Estados en relación con los beneficiarios de la protección, ver ECRE, *Information Sheet–Measures…*, las fichas por país disponibles en EUAA, *Overview of temporary protection*: https://whoiswho.euaa.europa.eu/Pages/Temporary-protection.aspx. y European Union Agency for Fundamental Rights (FRA), *National legislation implementing the EU Temporary Protection Directive in selected EU Member States (August 2022 update)*, disponible en https://fra.europa.eu/en/.

3.2 Personas amparadas por la protección temporal u otra protección adecuada en virtud del derecho interno

Quedan también bajo la protección que brinda la Decisión de Ejecución del Consejo (art. 2.2) los apátridas y nacionales de terceros Estados con residencia legal permanente[135] en Ucrania antes del 24 de febrero de 2022, siempre que no puedan regresar a su país o región de origen en condiciones seguras y duraderas. Ahora bien, en estos casos no se reconoce automáticamente la protección temporal prevista en la Directiva, sino que se permite a los Estados optar entre esa protección u otra adecuada conforme a su derecho interno. Eso sí, conviene advertir que la Decisión de Ejecución del Consejo no incluye bajo el paraguas de la protección a los familiares de los residentes permanentes en Ucrania por lo que su protección queda a la discrecionalidad de cada Estado. Y ello a pesar de que el Considerando 11 reconoce la importancia de preservar la unidad de las familias y de evitar que a personas de una misma familia se les apliquen estatutos diferentes.

La propuesta de la Comisión era más amplia, pues extendía la protección temporal automática a las categorías de personas del art. 2.2, así como a los miembros de sus familias, e, incluso, a quienes residían de forma temporal en Ucrania, exigiendo, solo en este último caso, el requisito de que no pudieran regresar a su país o región de origen en condiciones seguras y duraderas, pero no para los residentes permanentes[136].

Ni la Directiva 2001/55/CE, ni la Decisión de Ejecución del Consejo aclaran qué debe entenderse por regreso al país o región de origen en condiciones seguras y duraderas. Para la Co-

---

[135] La Decisión de Ejecución exige que puedan demostrar que residían legalmente en Ucrania en base a un permiso de residencia permanente válido expedido conforme al derecho ucraniano.

[136] COM (2022) 91 final, ya citado.

misión Europea se trata de un concepto *sui generis* de la Directiva que ha de interpretarse teniendo en cuenta sus arts. 2.c) y 6.2[137]. Así, no se darían condiciones seguras en caso de riesgo evidente para la persona afectada, de situaciones de conflicto armado o de violencia permanente, de riesgos documentados de persecución o de otras penas o tratos inhumanos o degradantes. Y, para que el regreso pueda ser duradero, debe estar garantizado el ejercicio de derechos activos, que permitan esperar que se atiendan las necesidades básicas en el país o región de origen y sea posible reintegrarse en la sociedad. La valoración de los Estados miembros a este respecto debe basarse en la situación general del país o región de origen, pero teniendo debidamente en cuenta las circunstancias individuales de la persona interesada[138].

Precisamente en atención a la ausencia de esta exigencia de imposibilidad de regreso en condiciones seguras y duraderas, un tribunal alemán justificó la denegación a un nacional nigeriano, que tenía permiso de residencia permanente en Ucrania, de la protección temporal y el derecho a trabajar en Alemania que había solicitado. El Tribunal consideró que el demandante no había probado suficientemente que no pudiera regresar a Nigeria en condiciones seguras y duraderas y entendió que la mera imposibilidad de completar sus estudios universitarios en el país de origen o de disfrutar allí de una educación de calidad

---

137 El art. 2 c), que ya hemos citado, define el concepto de persona desplazada y el art. 6.2 se refiere a la decisión del Consejo por la que puede ponerse fin a la protección y establece que: "…se basará en la comprobación de que la situación en el país de origen permite, de forma duradera, el regreso seguro de las personas a las que se otorgó la protección temporal, respetando debidamente los derechos humanos y las libertades fundamentales y cumpliendo con sus obligaciones en materia de no devolución. Se informará al Parlamento Europeo de esta Decisión".

138 Comunicación de la Comisión relativa a las directrices operativas para la aplicación de la Decisión…ya citada, p. 4.

similar a la que podía obtener en Alemania, no eran suficientes a ese respecto. En el mismo sentido se pronunció el Tribunal Administrativo Federal suizo en un caso similar[139].

En la práctica, la mayoría de los Estados miembros y también los Estados no miembros que otorgan protección conforme a su derecho interno, han extendido a estas categorías de personas la protección temporal automática, evitando establecer sistemas diferentes, por lo que, en general, se aplican los mismos procedimientos administrativos que a las personas a las que se refiere el art. 2.1 de la Decisión de Ejecución, con excepción de Austria, Lituania y Polonia. Austria y Lituania conceden permisos de residencia temporal específicos en virtud de su normativa nacional. Polonia[140] les aplica, en virtud de la Ley de extranjería, el mismo régimen que a quienes ya eran refugiados en Ucrania, un régimen diferente al que aplica a los ucranianos, como ya he-

---

139 Sentencia no. 11 S 1467/22 del Tribunal Administrativo de Baden-Württemberg, de 26 de octubre de 2022, disponible en: https://openjur.de/u/2456837.html. Puede verse un resumen en inglés en EUAA, *Case Law Database,* https://caselaw.euaa.europa.eu/. El Tribunal Administrativo Federal suizo confirmó una decisión denegatoria de una solicitud del estatuto S y la consiguiente orden de expulsión del territorio de un ciudadano nigeriano, que residió en Ucrania hasta el 21 de marzo en virtud de un permiso temporal para seguir allí cursos de legua y economía. Aunque Suiza concede protección incluso a quienes residían temporalmente en Ucrania, se requiere para ello que el interesado no pueda regresar a su país de origen. El Tribunal tomó en cuenta que el interesado no había declarado en ningún momento tener problemas ni con las autoridades nigerianas ni con terceros que pudieran impedir su regreso a Nigeria y consideró que la cuestión de que no pudiera seguir allí sus estudios no era relevante, ver Cour IV, D-2183/2022, Sentencia de 20 de mayo de 2022, texto disponible en: https://caselaw.euaa.europa.eu/Lists/CaseLawDocLib/7e9683a9-f01f-4062-987c-00e37933308d/D-2183_2022.pdf.

140 European Migration Network (EMN), *Application of the Temporary Protection Directive (Scope and Registration). EMN Inform,* July 2022, p. 2 y 5.

mos señalado. Además, extienden la protección a los familiares de los residentes permanentes Chipre, España, Francia y Suiza.

Sin embargo, también hay algunos Estados miembros que no reconocen la protección temporal a los residentes permanentes del art. 2.2, a pesar de estar obligados a ello por la Decisión de Ejecución. Se trata de Estonia, Grecia y Hungría. Suecia y Portugal, que no los incluían inicialmente, lo hacen desde abril y diciembre de 2022, respectivamente[141].

Entre los Estados no vinculados por la Directiva ni la Decisión de Ejecución solo Serbia y Suiza conceden protección a residentes permanentes en Ucrania.

3.3 Personas respecto de las que la protección queda a la discrecionalidad estatal

Finalmente, respecto de otras categorías de personas, no se impone la obligación de proteger, sino que se deja libertad a los Estados miembros (art. 2.3 de la Decisión en relación con el art. 7.1 de la Directiva) para concederles o no la protección en virtud de sus propios ordenamientos.

Se trata, por un lado, de quienes (ucranianos y apátridas o nacionales de terceros Estados que ya eran refugiados en Ucrania) salieron de Ucrania antes del 24 de febrero de 2022 a medida que aumentaban las tensiones o ya se encontraban fuera del territorio ucraniano, por ejemplo, por motivos de trabajo, estudios, vacaciones, visita familiar o médica u otros motivos. La

---

141 Ordenanza del Gobierno Sueco no. FSS 2022:256, de 7 de abril de 2022, publicada el 12 de abril; y Resolución del Consejo de Ministros portugués no. 135/2022, de 22 de diciembre de 2022 (*Diário da República* no. 249/2022, Série I, 28 de diciembre de 2022).

Decisión de Ejecución (considerando 14) anima a los Estados miembros a ampliar la protección temporal a estas personas[142].

Por otro lado, están los apátridas y nacionales de terceros países que, antes del 24 de febrero, tenían residencia legal temporal en Ucrania (por ejemplo, como estudiantes o trabajadores) y que no puedan regresar a su país o región de origen en condiciones seguras y duraderas. A quienes la propuesta de la Comisión incluía también como beneficiarios directos de la protección temporal.

Se estima que, a mediados de 2020, vivían en Ucrania cerca 5 millones de migrantes y había en dicho Estado 76.548 estudiantes internacionales procedentes de 155 países, principalmente de la India (18.095) y Marruecos (8.832)[143]. En abril de 2023 se habían registrado 729.000 cruces de frontera de nacionales de terceros Estados desde Ucrania a Polonia, Eslovaquia, Rumanía, Moldavia Bielorrusia y Hungría[144].

---

142 Comunicación de la Comisión relativa a las directrices operativas para la aplicación de la Decisión…, ya citada, p. 6.

143 Según datos del Ministerio de Educación y Ciencia ucraniano, https://studyinukraine.gov.ua/en/life-in-ukraine/international-students-in-ukraine/.

144 OIM, *Regional Ukraine response Situation Report 27 April 2023*, disponible en: https://www.iom.int/sites/g/files/tmzbdl486/files/situation_reports/file/iom-regional-ukraine-response-external-sitrep-27042023.pdf

3.3.1 Práctica de los Estados miembros de la UE vinculados por la Directiva 2001/55/CE

La práctica de los Estados miembros a este respecto es variada[145]. Bélgica, Italia y Malta no amplían la protección a ninguno de los dos supuestos.

Algunos Estados ofrecen protección solo en el primer supuesto, es decir, a quienes salieron de Ucrania antes del 24 de febrero, como Rumanía que la concede en este caso solo a ucranianos, Croacia, que incluye también a sus familiares; o Grecia, que como ya hemos señalado, solo protege a ucranianos y a quienes ya eran refugiados en Ucrania y sus respectivos familiares, pero adelanta la fecha tope de salida de Ucrania abarcando también a los que salieran de allí hasta 90 días antes del 24 de febrero (desde el 26 de noviembre de 2021).

Otros Estados amplían la protección a quienes ya se encontraban legalmente en su territorio o en el territorio de otro Estado a 24 de febrero.

Así, lo hace la República Checa respecto de los ucranianos que ya habían entrado en su territorio legalmente antes de esa fecha (bien sin necesidad de visado o bien con un visado de corta duración) y Austria, respecto de ucranianos y refugiados en Ucrania que ya se encontraban legalmente en su territorio, bien sin necesidad de visado, con visado de corta duración, o bien con un permiso de residencia temporal que no pueda renovarse. Además, el Tribunal Constitucional austriaco entendió que la protección temporal debía ser también de aplicación a los ciudadanos ucranianos que abandonaron Ucrania poco antes del estallido del conflicto, por ejemplo, para pasar

---

145 Ver con carácter general ECRE, *Information Sheet–Measures…*, y las fichas por país disponibles en EUAA, *Overview of temporary protection*, https://whoiswho.euaa.europa.eu/temporary-protection.

unas vacaciones en el extranjero[146]. Desde abril de 2022[147] Suecia extiende la protección a ucranianos, refugiados y residentes permanentes en Ucrania, incluso si salieron de allí entre el 30 de octubre de 2021 y el 23 de febrero de 2022, siempre que, después de la entrada, continuaran residiendo en su territorio.

Lituania protege a quienes salieron de Ucrania poco antes del 24 de febrero y permanecieron legalmente desde entonces en el territorio de otro Estado, siempre que se encontraran en Lituania antes del 1 de mayo de 2022 y Francia amplía la protección a los ucranianos que estaban ya presentes en el territorio de un Estado miembro de la UE o de un Estado asociado, bien sin necesidad de visado o en virtud de un visado de corta duración, pero siempre que tuvieran su residencia permanente a 24 de febrero de 2022 en Ucrania. No se incluye, en cam-

---

146 Los hechos del caso eran los siguientes: un nacional ucraniano había viajado a Georgia por vacaciones el 13 de febrero de 2022, teniendo la vuelta prevista para el 27 de ese mes. Como consecuencia del inicio del conflicto, su vuelo fue cancelado. Llegó a Austria el 2 de marzo y presentó su solicitud de protección temporal el 15 de abril. La Oficina Federal de Asilo e Inmigración (BFA) y el Tribunal Administrativo Federal (BVwG) que conoció del recurso en primera instancia entendieron que no tenía derecho a la protección temporal, ya que la norma solo la prevé para ucranianos que salieron de Ucrania a partir del 24 de febrero o después y, al no encontrarse el solicitante en Ucrania en esa fecha, quedaba excluido. El Tribunal Constitucional consideró que lo relevante era que Ucrania fuera el lugar de residencia habitual, lo que no puede verse afectado por una breves estancia de vacaciones en el extranjero. Además, consideró que la denegación de la protección en este caso supondría una violación del principio de igualdad de trato de los extranjeros, Sentencia del Tribunal Constitucional no. E 3249/2022-12, de 15 de marzo de 2023, puede verse un resumen en inglés en EUAA, *Case Law Database*, https://caselaw.euaa.europa.eu/.

147 Ordenanza no. FSS 2022:256, de 7 de abril de 2022, publicada el 12 de abril.

bio, a quienes solo tenían residencia temporal en Ucrania, tal como confirmó el Consejo de Estado francés[148].

En cambio, la protección ofrecida en otros Estados sí abarca este supuesto, es decir, residentes temporales en Ucrania que no puedan regresar a su país o región de origen. Así ocurre en Irlanda, que también la concede a los ucranianos que ya estaban en su territorio en base a un visado de corta duración o de cualquier otro tipo de permiso. Y en Portugal, donde desde diciembre de 2022 la protección cubre a los nacionales de terceros Estados o apátridas que residían en Ucrania, bien en virtud de un permiso de residencia temporal o de un visado de larga duración con objeto de obtener un permiso de residencia allí[149]. En

148 En Sentencia de 27 de diciembre de 2022, el Consejo de Estado francés se pronunció sobre un caso relativo al rechazo, en abril de 2022, de la solicitud de protección temporal de un ciudadano armenio con residencia temporal en Ucrania que había llegado a Francia en el mes de marzo. En lugar de la protección temporal se le concedió un permiso de residencia de un mes para permitir un nuevo examen de su situación y su posible admisión por otros motivos. Recurrió la decisión y el juez que conoció del recurso en primera instancia ordenó la revisión de la decisión a la vista de que, si bien el solicitante no cumplía los requisitos establecidos en la ley interna, el art. 7 de la Directiva, junto con el art. 2.3 de la Decisión de Ejecución del Consejo, preveían la ampliación de la protección a otros supuestos, como el del solicitante. El Ministerio del interior recurrió la Sentencia en casación ante el Consejo de Estado, alegando que para que tales disposiciones fueran de aplicación en Francia hubiera sido necesaria, por un lado, una decisión interministerial extendiendo la protección y, por otro, que se hubiera informado al respecto al Consejo y la Comisión, lo que no se había producido. El Consejo de Estado estimó las alegaciones del Ministerio del interior, y confirmó la denegación de la solicitud de protección temporal, Sentencia no. 465365 del Consejo de Estado francés, de 27 de diciembre de 2022ECLI:FR:CECHR:2022:465365.20221227.

149 La primera Resolución del Consejo de Ministros portugués de 1 de marzo, ya citada, proporcionaba protección exclusivamente a los

Finlandia además de los ucranianos y sus familiares que huyeron de Ucrania poco antes del 24 de febrero y los que ya se encontraban entonces residiendo en Finlandia, reciben protección los nacionales de terceros países y apátridas que residían legalmente en Ucrania (no solo con residencia permanentemente).

También Alemania extiende la protección, además de a quienes huyeron de Ucrania o ya estaban en el territorio de un Estado miembro de la UE poco antes del 24 de febrero (por ejemplo, por vacaciones o por negocios) y a ucranianos que ya residían en Alemania sobre la base de un permiso próximo a expirar (independientemente de la fecha de entrada), a quienes residían legalmente en Ucrania en esa fecha (no solo de forma permanente) salvo que se encontraran allí solo para una breve estancia. En la misma línea, Luxemburgo amplía la protección a nacionales de terceros Estados o apátridas con residencia legal en Ucrania (sin especificar si temporal o permanente), incluso si salieron de allí un poco antes de la fecha de la agresión, a medida que las tensiones aumentaban, o si ya estaban entonces presentes en la UE, por ejemplo, de vacaciones o por motivos profesionales.

En Países Bajos la protección se concede a ucranianos, refugiados y residentes permanentes en Ucrania a 23 de febrero de 2022, aunque salieran de allí a partir del 26 de noviembre de 2021 o, incluso antes para los ucranianos que ya estaban en los Países Bajos (no en otro país de la UE) en virtud de un permiso de residencia o como solicitantes de asilo. La misma fecha de entrada tope se aplica a los miembros de la familia de unos y

---

nacionales ucranianos y miembros de sus familias procedentes de Ucrania. La Resolución de 11 de marzo por la que se aplicó la Decisión de Ejecución del Consejo, la extendió a los nacionales de terceros Estados y apátridas beneficiarios de protección internacional en Ucrania. Y, por Resolución del Consejo, de 22 de diciembre de 2022, ya citada, se amplió al resto de categorías de personas.

otros, pero se añade un requisito adicional, pues la protección solo les será concedida si pueden demostrar que vivieron juntos en Ucrania durante al menos 6 meses[150]. En cuanto a los ciudadanos no ucranianos con residencia temporal en Ucrania a 23 de febrero, se les concede protección temporal si se hubieran registrado en un Ayuntamiento holandés antes del 19 de julio de 2022.

España es uno de los países que más ha extendido el ámbito de aplicación de la protección temporal, amparando a los ucranianos que ya se encontraban en situación de estancia en España antes del 24 de febrero de 2022 y a los miembros de sus familias; a los nacionales de terceros países o apátridas que residían legalmente en Ucrania (sea residencia permanente o de otro tipo, como estudiantes) y a sus familiares, e, incluso, a los ucranianos que se encontraban en situación irregular en España antes de esa fecha.

3.3.2 Práctica de los Estados no vinculados por la Directiva 2001/55/CE

Aunque Dinamarca protege, conforme a su derecho interno, únicamente a los ucranianos (no si tienen doble o múltiple nacionalidad) y a quienes ya eran refugiados en Ucrania, les concede la protección incluso si salieron de allí a partir del 1 de febrero, o ya disfrutaban de un permiso de residencia en Dinamarca en esa fecha y también a sus familiares. Excluye en cambio a quienes ya tuvieran un permiso de residencia en cual-

150 La Decisión de Ejecución del Consejo exige únicamente que la familia estuviera ya presente y residiendo en Ucrania antes del 24 de febrero de 2022, sin especificar un tiempo de convivencia mínimo.

quier otro país. A finales de mayo de 2023, 35.340 personas habían recibido protección temporal en Dinamarca[151].

Respecto a los Estados no UE, también en Islandia, la protección temporal colectiva en base al derecho interno, que incluye solo a ucranianos y refugiados en Ucrania y sus respectivos familiares, comprende a quienes llegaron antes del 24 de febrero de 2022, si tienen una solicitud de residencia pendiente de resolución o un permiso que no admita renovación. A 30 de abril de 2023 se habían registrado en Islandia 2.975 solicitudes de algún tipo de protección por parte de personas procedentes de Ucrania[152].

En Noruega la protección colectiva se extendió, en abril, respecto de los ucranianos (incluso en caso de doble o múltiple nacionalidad) que salieron de Ucrania hasta 90 días antes del 24 de febrero o a que ya tenían concedido un permiso de residencia en Noruega antes del 24 de septiembre, incluso si entraron después, si dicho permiso hubiera caducado o caducase en los dos meses siguientes a la presentación de la solicitud. A 2 de julio de 2023 Noruega había concedido protección efectiva a 47.110 personas desplazadas desde Ucrania[153].

---

151 EUROSTAT, *Beneficiaries of temporary protection at the end of the month...*, ya citado.

152 Datos de ACNUR, *Operational data portal, Ukraine Refugee situati*on.

153 El permiso se otorga por un año, pudiendo renovarse por un máximo de 3 años, desde que se otorgó por primera vez. No constituye la base para obtener la residencia permanente, pero pasados los tres años, se puede otorgar un permiso temporal que sí podría servir de base para la residencia permanente, después de cinco años si se cumplen las condiciones para ello, ver: https://www.udi.no/en/ y UDI, *Estadísticas sobre la situación en Ucrania*: https://www.udi.no/statistikk-og-analyse/ukraina/#.

Reino Unido[154] concede protección únicamente a ucranianos y miembros de sus familias, pero incluye a quienes salieron de Ucrania antes del 24 de febrero. La protección se articula bajo tres esquemas diferentes. Por un lado, el *Ukraine Family Scheme*, aplicable a quienes tienen familiares establecidos en el Reino Unido[155], que pueden solicitar ucranianos o miembros de sus familias que residieran en Ucrania hasta 1 de enero de 2022 o inmediatamente antes. En segundo lugar, el *Ukraine Sponsorship Scheme* (*Homes for Ukraine*), permite a personas y organizaciones en el Reino Unido actuar como patrocinadores de solicitantes si están en condiciones de ofrecerles alojamiento durante un mínimo de 6 meses en el Reino Unido (el Gobierno escocés y el de Gales actúan como patrocinadores). Pueden aplicar quienes tuvieran su residencia en Ucrania el 1 de enero de 2022 o inmediatamente antes y estén fuera del Reino Unido. Finalmente, para los que ya se encuentran en Reino Unido, se prevé el *Ukraine Extension Scheme*, que no requiere patrocinador y es aplicable a quienes tenían permiso para permanecer en Reino Unido entre 18 de marzo de 2022 y 16 de mayo de 2023; o disponían de un permiso anterior cuya validez hubiera expirado a parir de 1 de enero de 2022. A 20 de junio de 2023 se habían registrado 205.700 solicitudes de protección en Reino Unido.

En Suiza, el Estatuto S ampara también a los nacionales de terceros Estados y apátridas con permiso de residencia válido en Ucrania, incluso de corta duración, y sus familias, salvo que

---

154 Ver *Guidance UK visa support for Ukrainian nationals*, en: https://www.gov.uk/browse/visas-immigration/ukrainian-nationals. Datos en ACNUR, *Operational data portal, Ukraine Refugee situation.*

155 Sea un ciudadano británico, un refugiado en Reino Unido, un beneficiario de protección humanitaria o una persona con permiso para establecerse en el Reino Unido.

hubieran obtenido anteriormente protección en otro Estado. A 19 de mayo de 2023, Suiza había concedido protección a 83.428 personas[156].

Serbia[157] es el Estado no miembro de la UE que más extiende la protección. Además de a los ucranianos y a quienes ya eran refugiados en Ucrania y sus familiares (incluso, a la expiración del permiso, si ya residían legalmente en Serbia), incluye a los solicitantes de protección internacional en Ucrania y a sus familiares y a quienes tenían residencia legal (permanente o temporal) en Ucrania. A 5 de junio de 2023, se habían registrado en Serbia 4.530 personas procedentes de Ucrania[158].

4. EL SISTEMA DE REPARTO: LIBRE ELECCIÓN DE LOS BENEFICIARIOS

Resulta particularmente interesante el sistema seguido para el reparto entre los Estados miembros de las personas desplazadas desde Ucrania que pueden beneficiarse de la protección temporal en la UE.

El art. 25 de la Directiva 2001/55CE dispone que los Estados miembros acogerán con espíritu de solidaridad comunitaria e indicarán (en la Decisión de Ejecución del Consejo) sus disponibilidades de manera numérica o general. Sin embargo, la Decisión de Ejecución no recoge tales indicaciones, sino que se limita a remitir a esos efectos (art. 3), a la cooperación administrativa y el intercambio de información previstos en el art. 27 de la Directiva. Es el Considerando 16 de dicha Decisión el que abre la vía de la libre elección de los propios beneficiarios,

---

156 Datos de ACNUR, *Operational data portal, Ukraine Refugee situation.*

157 ECRE, *Information Sheet–Measures…*,pp. 108-110.

158 ACNUR, *Operational data portal, Ukraine Refugee situation.*

apuntando también las motivaciones que hay detrás de esa sorprendente opción. Por un lado, el hecho de que, desde 2017 los ciudadanos ucranianos con pasaportes biométricos no necesitan visado para entrar en la UE, pudiendo circular libremente por el espacio Schengen durante 90 días, dentro de un período de 180 días[159]. Por otro lado, las importantes redes de diáspora ucraniana ya presentes en la UE. Según datos de Eurostat, a finales de 2021, más de 1,5 millones de ucranianos residían legalmente en la UE, principalmente en Polonia (651.221), Italia (230.366), República Checa (193.547), España y Alemania (83.043). En España[160], a 1 de enero de 2022, residían 110.977 personas con nacionalidad ucraniana de los que 63.978 eran mujeres y 46.999 eran hombres, siendo las principales Comunidades Autónomas de residencia Cataluña (23.619), la Comunidad Valenciana (22.162) y Andalucía (17. 393).

Gracias a esa libertad de circulación, una vez en la UE, las personas procedentes de Ucrania pueden elegir el Estado miembro en el que desean disfrutar de los derechos vinculados a la protección temporal y desplazarse libremente allí donde se encuentren sus familiares o amigos llegados con anterioridad. Se esperaba que, como parece que ha ocurrido en la práctica (a la luz de la comparativa de los datos de la diáspora con los de protección temporal ofrecida por los Estados), eso favoreciera el reparto natural, equitativo y espontáneo entre los Estados miembros. La libertad de movimiento y elección se facilita, además, gracias al acuerdo, recogido en Declaración anexa a la Decisión de Ejecución, de no aplicar el art. 11 de la Directiva.

---

159 En virtud del Acuerdo de Asociación entre la UE y sus Estados Miembros, por una parte, y Ucrania, por otra, de 21 de marzo de 2014, *DO* L 161 de 29 de mayo de 2014.

160 Instituto Nacional de Estadística, *Avance de la Estadística del Padrón Continuo a 1 de enero de 2022*, Nota de prensa de 21 de abril de 2022.

En definitiva, se opta para la determinación de la responsabilidad de la acogida de las personas desplazadas desde Ucrania por la libre elección de los propios beneficiarios. Una opción nunca planteada hasta la fecha, ni para hacer frente a situaciones críticas anteriores de llegada de grandes flujos de personas a la UE, ni tampoco en las negociaciones en curso para la reforma del SECA sobre la base de las propuestas presentadas por la Comisión en el marco del Nuevo Pacto sobre Migración y Asilo[161].

Eso sí, se aclara que solo podrá hacerse uso de los derechos vinculados a la protección temporal en el Estado miembro que haya concedido el permiso de residencia, lo que no significa que, una vez concedida la protección por un Estado, no pueda presentarse una nueva solicitud en otro Estado distinto. Ahora bien, en ese caso, concedida la protección en el segundo Estado, el anterior permiso y los derechos derivados en el primer Estado expirarían conforme a lo dispuesto en el art. 26.4 de la Directiva. Sin embargo, en la práctica, algunos Estados miembros no lo permiten. Así, Bélgica excluye de la protección a quienes ya hubieran disfrutado de un permiso de residencia en otro Estado y, en la República Checa, se considera inadmisible una solicitud de protección temporal presentada por quien ya hubiera recibido o solicitado la protección en otro Estado miembro[162].

---

[161] Comunicación de la Comisión al PE, al Consejo, al Comité Económico y Social Europeo y al Comité de las Regiones, relativa al nuevo Pacto sobre Migración y Asilo, COM (2020) 609 final.

[162] ECRE, *Information Sheet–Measures…*, pp. 14 y 29.

5. EL REGISTRO DE SOLICITANTES Y LA DURACIÓN DE LA PROTECCIÓN

5.1 El registro y la expedición de permisos de residencia

Una de las primeras obligaciones de los Estados miembros para con los beneficiarios de la protección temporal[163], junto a la de ofrecerles información adecuada sobre la protección en una lengua que comprendan, es la de expedirles un permiso de residencia para todo el periodo de la protección, lo que implica otorgarles la documentación o certificados necesarios (art. 8 Directiva). El valor de tales documentos es meramente declarativo, pues la protección temporal es automática, pero permiten acreditar la condición de beneficiario a efectos del ejercicio de los derechos que lleva aparejados.

Los Estados deben, además, llevar un registro de los datos personales de los beneficiarios[164] (nombre, nacionalidad, fecha y lugar de nacimiento, estado civil o relación familiar), y transmitir, periódicamente y cuanto antes, los datos relativos al número de personas acogidas y cualquier información sobre disposiciones legales, reglamentarias o administrativas relacionadas con la aplicación de la protección temporal (art.

---

163 Además, se les debe garantizar derecho a trabajar, alojamiento adecuado, asistencia necesaria en materia de ayuda social y alimentación, si no disponen de recursos suficientes, y la atención médica necesaria (Cap. II Directiva 2001/55/CE). Sobre el contenido de la protección CRESPO NAVARRO, E., *op. cit.*, pp. 58-61.

164 Art. 10 y Anexo II de la Directiva. La Comisión ha insistido en la necesidad de consultar las bases de datos internacionales, de la UE y nacionales. En particular las descripciones del Sistema de Información de Schengen (SIS). Comunicación de la Comisión relativa a las directrices operativas para la aplicación de la Decisión de ejecución 2022/382 del Consejo, p. 10.

27.2 Directiva). Para facilitar un enfoque centralizado a escala europea se creó el 31 de mayo de 2022, en aplicación del ya citado Plan de 10 puntos, la Plataforma de registro de protección temporal, que fue enseguida utilizada por casi todos los Estados miembros, salvo por Eslovaquia y Suecia. Los Estados miembros deben asimismo registrar en el sistema Schengen los documentos de residencia expedidos a nivel nacional en relación con la protección temporal[165].

En la práctica, el proceso de registro y expedición de permisos de residencia varía entre unos Estados y otros[166]. Hay diferencias, por ejemplo, en cuanto a la o las autoridades responsables. En algunos Estados la misma autoridad realiza el registro y emite el certificado inicial o incluso el documento de residencia y en otros no, en ciertos Estados son responsables las autoridades administrativas locales. También difieren los procedimientos, aunque por lo general, suelen iniciarse con el registro de la solicitud, tras el cual suele emitirse un primer certificado prácticamente inmediato, y un segundo trámite para emitir la tarjeta de residencia, que puede demorarse más.

En Estados como Bélgica, España, Estonia o Rumanía la presentación de la solicitud exige la comparecencia personal

---

165 Comunicación de la Comisión al PE, al Consejo, al Comité Económico y Social y al Comité de las Regiones, relativa al Informe sobre migración y asilo, COM (2022) 740 final, de 6 de octubre de 2022, p. 3 y Comunicación de la Comisión al PE y al Consejo, Un año de protección temporal de las personas huidas de la agresión bélica de Rusia contra Ucrania, COM (2023) 140 final, de 8 de marzo de 2023, pp. 4 y 7.

166 ECRE, *Information Sheet–Measures* ..., FRA, *The Russian war of aggression against Ukraine –The broad fundamental rights impact in the EU,* Bull. 2 (October 2022), pp. 15-16 y 19-20; European Migration Network (EMN), *Application of the Temporary Protection Directive (Scope and Registration). EMN Inform,* July 2022, pp. 5-6; y EUAA, *Providing Temporary Protection*..., pp. 19-22.

del interesado, si bien algunos prevén la solicitud de cita previa por teléfono, como en España, u *online* como en Malta o en Letonia. También se han implantado algunos servicios *online*. Por ejemplo, en Croacia, en Chipre o en Suecia, donde los ucranianos con pasaporte válido u otro documento de identidad y sus familiares pueden solicitar la protección de ese modo. En Portugal, Lituania o Eslovaquia se cumplimenta primero un formulario de solicitud *online* y después hay que acudir presencialmente para obtener el certificado y la tarjeta de residencia.

También varían los tiempos de espera, mientras en algunos Estados miembros el procedimiento es bastante rápido, en otros se alarga incluso por semanas. Lo mismo puede decirse respecto a la documentación acreditativa. En algunos Estados como Luxemburgo o la República Checa se estampa sello en el pasaporte. En Países Bajos los interesados deben inscribirse en el Ayuntamiento y firmar una solicitud formal, a partir de ahí, se les expide un comprobante de residencia, en forma de pegatina en el pasaporte, que les permite ejercer los derechos vinculados a la protección temporal. En Irlanda desde el 9 de marzo 2022 se concede en el aeropuerto de Dublín a los beneficiarios una carta de residencia con la que se obtiene un número de identificación.

En el resto de Estados suele expedirse un certificado inicial y después se emiten los permisos de residencia. En Estonia, donde no es obligatorio solicitar la protección para poder residir en el país, si se presenta solicitud, debe hacerse personalmente y tanto la decisión como el correspondiente permiso de residencia se emiten de manera inmediata. En Bélgica, tras obtener el certificado, el interesado debe acudir al municipio para solicitar la tarjeta de residencia temporal. En Malta, donde como hemos señalado hay que pedir cita previa, la cita suele concederse en las dos semanas siguientes a la petición y en el mismo día de la cita suele concederse el certificado de protección, aunque después debe solicitarse la tarjeta de residencia, con lo que el procedimiento puede llegar a alargarse entre seis y ocho semanas.

Polonia prevé dos formas diferentes de registro, una para ucranianos, sus cónyuges y familiares directos y otra para nacionales de terceros Estados. Un doble estándar que fue criticado por el relator especial de la ONU sobre los derechos humanos de los migrantes. Incluso se han habilitado dos webs diferentes con información para unos y otros[167]. Los primeros deben solicitar un número de identificación (PESEL) dentro de los 60 días desde la entrada, con el que podrán solicitar un permiso de residencia por 3 años[168]. Los segundos pueden solicitar un certificado. A partir de julio de 2022 se introdujo el certificado electrónico cuya validez puede comprobarse a través de aplicación móvil.

En España la solicitud se formula mediante comparecencia personal en alguno de los cuatro centros de recepción, atención y derivación del Ministerio de Inclusión, Seguridad Social y Migraciones abiertos en Alicante, Barcelona, Madrid y Málaga o, en su caso, ante las comisarías de policía habilitadas para ello y la decisión corresponde al Ministro del Interior a propuesta de la Comisión Interministerial de Asilo y Refugio. En el momento de la solicitud, se expide un resguardo acreditativo, en el que constará ya el número de identidad de extranjero asignado y en 24h se obtiene resolución del Ministerio del interior. Después, debe solicitarse en las comisarías provinciales y locales de Policía Nacional el documento de identidad de extranjero y la tarjeta de residencia. En caso de denegación, cabe recurso de reposición ante el propio Ministro del Interior en un mes a contar desde la

167 European Migration Network (EMN), *Application of the Temporary Protection Directive (Scope and Registration). EMN Inform,* July 2022, pp. 5-6.

168 Pueden permanecer legalmente en Polonia durante 18 meses y solicitar, pasados 9 meses desde la entrada legal, pero en los 18 meses a partir del 24 de febrero de 2022 (hasta 24 de agosto de 2023), un permiso de residencia temporal por 3 años.

notificación o recurso contencioso-administrativo en el plazo de dos meses desde el día en que se recibió la notificación[169].

5.2 Duración y prórroga de la protección

Otro tema que interesa considerar, a la vista de la prolongación del conflicto, es el de la duración de la protección y la gestión por los Estados de las prórrogas.

La Directiva prevé una duración máxima de 3 años para la protección temporal, pues parte de una duración inicial de 1 año, prorrogable automáticamente por periodos de 6 meses hasta un máximo de otro año. Si persisten los motivos, el Consejo podría ampliarla como máximo un año más[170]. La protección se acordó, por tanto, en principio, hasta el 4 de marzo de 2023, pero la Comisión anunció en octubre de 2022 la prórroga de un año, hasta el 4 de marzo de 2024, y ya ha adelantado su disposición a una nueva prórroga en caso necesario[171].

---

169 La mera solicitud de protección temporal ya autoriza para permanecer en territorio español y percibir las ayudas sociales. Ver arts. 2, 3 y 5 de la Orden PCM 169/2022, ya citada.

170 La Comisión plateó en su propuesta inicial de Directiva un plazo más realista, de 3 años prorrogable excepcionalmente hasta 5 años, propuesta que modificó por las reticencias de algunos Estados miembros, Propuesta de Directiva del Consejo relativa a unas normas mínimas para la concesión de protección temporal en caso de afluencia masiva de personas desplazadas y a medidas de fomento de un esfuerzo equitativo entre los Estados miembros para acoger a estas personas y asumir las consecuencias de dicha acogida, COM (2000) 303 final, *DO* C 311 E, de 31 de octubre de 2000.

171 COM (2022) 740 final, ya citado p. 8; y COM (2023) 140 final, ya citado, p. 26.

Aunque todos los Estados miembros[172] han prorrogado la protección, las soluciones adoptadas a este respecto son también variadas. La mayoría de los Estados han optado por la extensión de un año, o incluso algo más. Sin embargo, en algún Estado el plazo es inferior, como en Italia (hasta 31 de diciembre de 2023) o Portugal (hasta septiembre de 2023). También en Países Bajos (hasta 4 de septiembre de 2023) pero solo para los permisos de los no ucranianos, lo que afecta a aproximadamente 4.660[173] nacionales de terceros países, cuyas solicitudes de asilo comenzarán simultáneamente a gestionarse durante ese periodo. En Grecia solo por 6 meses con posibilidad de prórroga automática de otros 6 meses.

Por lo que se refiere al procedimiento, en algunos Estados miembros la prórroga se produce de manera automática, incluso sin que deba mediar ninguna acción de los interesados, como en Eslovenia, que emite nuevas tarjetas de identidad sin solicitud previa, o en Austria, donde se envió automáticamente a todas las personas desplazadas ya registradas y residentes allí una nueva tarjeta de identificación con la fecha de validez ampliada. Finlandia, además de renovar los permisos de residencia de forma automática, permitió a partir de marzo de 2023 a quienes ya residían allí como beneficiarios de la protección durante más de un año solicitar un municipio de residencia, que les equipara en derechos, servicios y obligaciones a los residentes permanentes[174]. En Letonia, a partir de 1 de enero de

---

[172] Sobre la prórroga ECRE, *Information Sheet–Measures…*, pp. 7-8 y EUAA, *Providing Temporary Protection…*, pp. 12-13 y 21-22.

[173] Ver nota de prensa de 10 de febrero de 2023 en https://www.rijksoverheid.nl/onderwerpen/opvang-vluchtelingen-uit-oekraine/nieuws/2023/02/10/verblijf-derdelanders-in-opvang-voor-vluchtelingen-uit-oekraine-loopt-met-6-maanden-door.

[174] Ver nota de prensa de 3 de febrero de 2023, https://migri.fi/-/tuhannet-ukrainasta-paenneet-voivat-siirtya-kuntalaisiksi-maaliskuusta-alkaen?languageId=en_US.

2023, los permisos de residencia se emiten ya con una validez de dos años, mientras que la validez de los ya emitidos en esa fecha, se extiende a 4 de marzo de 2024. También se produce la prórroga automática en Estados no miembros de la UE, como Noruega o Suiza[175].

En otros Estados la prórroga es también automática, pero los interesados deben acudir a renovar los permisos. En España (art.7.1 Orden PCM/169/2022), la renovación del documento de identidad de extranjero ha de solicitarse en las comisarías de Policía Nacional, en Bélgica[176] ha de acudirse al municipio a solicitar la renovación de la tarjeta de residencia y en Eslovaquia, deben renovarse los permisos a través del servicio electrónico del Ministerio del interior.

En otros Estados se requiere la solicitud previa del interesado para obtener la prórroga. Eso permite comprobar que sigue en el territorio y continúa necesitando la protección. Así, en Francia debe acudirse personalmente a la prefectura o solicitar una cita entre 3 semanas y 3 días antes de la caducidad del documento. En la República Checa, primero es necesario registrarse *online* y, después, acudir personalmente al Departamento de asilo e inmigración para obtener el nuevo permiso. También en Estonia debe solicitarse, bien vía electrónica o personalmente. En Suecia[177] ha de solicitarse la renovación de la tarjeta de residencia vía electrónica antes de la expiración de su vigencia, pues

175 Suiza anunció el 9 de noviembre de 2022 que no revocaría el estatuto S hasta el 4 de marzo de 2024, https://www.sem.admin.ch/sem/de/home/sem/medien/mm.msg-id-91310.html

176 Ver información publicada por la oficina de migración; https://dofi.ibz.be/en/themes/ukraine/temporary-protection.

177 Web de la Agencia sueca de migración, https://www.migrationsverket.se/English/Private-individuals/Protection-under-the-Temporary-Protection-Directive/Nyhetsarkiv/2023-01-31-The-e-service-for-extended-protection-opens-1-February.html

en caso contrario deberá volver a iniciarse el procedimiento de solicitud de la protección, perdiéndose los derechos vinculados a la misma, incluido el derecho a trabajar, hasta la obtención de un nuevo permiso. Las autoridades competentes enviaron una carta a la dirección postal de los beneficiarios que seguían en el país con información sobre cómo solicitar la prórroga[178].

6. EL REGRESO A UCRANIA

Pasados los primeros meses en los que solo se producían llegadas a gran escala desde Ucrania, comenzaron a detectarse también movimientos en sentido inverso. Según información publicada por ACNUR, entre el 28 de febrero de 2022 y el 23 de mayo de 2023 se habían registrado más de 13 millones (13.060.039) de cruces de frontera en dirección a Ucrania. Se trata de movimientos en frontera y de no número de personas, pero lo cierto es que los regresos a Ucrania han ido aumentando de manera progresiva en los últimos meses. No se trata necesariamente de retornos sostenibles, más bien en muchos casos parece tratarse de movimientos pendulares.

La Comisión ya aclaró[179] que debía diferenciarse entre el regreso voluntario, en el sentido del art. 21 de la Directiva (cuando la persona mueve de nuevo su residencia a Ucrania) y las visitas de corta duración, que implican movimientos pendulares y no pueden ser asimiladas a retornos voluntarios que pudieran justificar la pérdida o revocación de la protección.

---

178 Nota de prensa de la Agencia sueca de migración, de 1 de febrero de 2023, https://www.migrationsverket.se/Om-Migrationsverket/Pressrum/Nyhetsarkiv/Nyhetsarkiv-2023/2023-02-01-I-dag-oppnar-ansokan-om-forlangt-tillfalligt-skydd.html

179 Comisión Europea, *Frequently asked questions received on the interpretation of the Temporary Protection Directive and Council Implementing Decision 2022/382*, pto. VI.

A la vista de esa realidad, otra cuestión que interesa abordar es cómo están gestionando los Estados esos movimientos pendulares y en qué medida afectan a la protección temporal que otorgan en su territorio.

De conformidad con el art. 21 de la Directiva 2001/55/CE los Estados miembros deben facilitar el regreso voluntario, dentro del respeto de la dignidad humana y velando por que la decisión de regreso se adopte con conocimiento de causa. Sin embargo, si el retorno voluntario se produce antes de que finalice la protección temporal, el Estado miembro que la otorgó no tiene obligación de mantenerla, por lo que podría retirarla, lo que significaría la revocación del permiso de residencia en su territorio y, por tanto, el fin del disfrute del resto de derechos que conlleva. Ahora bien, mientras la protección temporal no haya llegado a su término, los Estados miembros deben examinar con benevolencia, en función de las circunstancias en Ucrania, el retorno a su territorio de personas ya beneficiarias de protección temporal que hubieran regresado a Ucrania. Por ello, la Comisión europea entendió desde el principio que no podía impedirse el retorno a la UE o la posibilidad de obtener nuevamente la protección temporal al volver. El Estado miembro que acogió inicialmente no tendría, como tal, la obligación de aceptar el retorno a su territorio, pero sí la obligación de considerar favorablemente las solicitudes a tal efecto. Puesto que los Estados deben facilitar el regreso voluntario a Ucrania, no deberían adoptar decisiones que pudieran desmotivarlo y, en todo caso, el interesado sí tendría derecho, al volver, a solicitar la protección en cualquier otro Estado miembro[180].

Para tratar de proteger a quienes desean volver a la UE después de haber regresado a Ucrania, evitando al mismo tiempo posibles abusos, la Comisión elaboró unas orientaciones, en

---

180 *Ibidem.*

forma de preguntas frecuentes[181], en las que aconseja no poner obstáculos a la "re-entrada", debiendo bastar con el pasaporte o el permiso de residencia. Además, para favorecer una más fácil y rápida recuperación de los derechos derivados de la protección, la Comisión propuso a los Estados adoptar determinadas medidas. Entre ellas, garantizar la recuperación de la protección temporal a la vuelta, conservar como inactiva la inscripción (en el registro nacional y en la plataforma europea), lo que supondría solo la suspensión de los derechos asociados mientras se está fuera, que podrían recuperarse de forma inmediata en caso de retorno. Por otra parte, teniendo en cuenta que la expedición de los permisos de residencia requiere trámites y en algunos Estados lleva cierto tiempo de espera, la propuesta de la Comisión fue no revocarlos (dejarlos solo suspendidos) lo que permitiría la simple reactivación en un futuro, si fuera necesario. También propuso recomendar a los bancos que mantengan abiertas las cuentas bancarias de las personas que regresan si dejan familiares en el Estado de acogida.

Complementariamente y para evitar abusos, la Comisión recomendó a los Estados poner en marcha procedimientos específicos para que los interesados puedan notificar sus movimientos en caso de que decidan regresar a Ucrania y solicitares que lo hagan, informándoles también de las posibles consecuencias de no llevar a cabo dicha notificación. Y, al mismo tiempo, prever medidas de reacción, como la revocación de la protección y la necesidad de iniciar un nuevo procedimiento en caso de retorno si no se produce la notificación. En cualquier caso, es fundamental que los Estados ofrezcan suficiente información para que la decisión de retorno se tome con pleno conocimiento de causa, como exige la Directiva.

---

181 Comisión Europea, *Frequently asked questions on going home to Ukraine on a voluntary basis in the context of the Temporary Protection Directive.*

De nuevo las respuestas de los Estados a este respecto son variadas. Algunos Estados no imponen restricciones a este tipo de movimientos pendulares, permitiendo los viajes y estancias breves en Ucrania, como República Checa, Eslovaquia, España, Francia, Grecia, Hungría, Italia, Países Bajos o Portugal. Otros, exigen a los beneficiarios de la protección que informen a las autoridades competentes antes de partir, pudiendo verse afectados los beneficios sociales que lleva aparejada la protección. Algunos establecen limitaciones temporales para los viajes (determinando plazos concretos o no) y en otros el regreso puede provocar la pérdida de la protección temporal[182].

En Croacia se exige la notificación a la oficina de policía de registro. Los beneficiarios de protección que regresan a Rumanía después de su estancia en Ucrania han de solicitar la readmisión y, si es aceptada, seguirán disfrutando de la protección hasta la fecha de vencimiento inicialmente establecida. En Bélgica se permiten regresos breves a Ucrania de hasta tres meses, pero debe informarse al municipio y al trabajador social del centro de acogida y, si la ausencia es superior a 28 días, se suspenderá el ingreso de integración, salvo que se aprecien circunstancias excepcionales. Si la ausencia es superior a tres meses, debe comunicarse el regreso a Bélgica en los 15 días posteriores a la llegada. También en Finlandia, se exige que se informe previamente del viaje al centro de acogida en el que se resida y, si la duración del viaje es superior a dos semanas, no se garantiza el mantenimiento de la plaza, además de que la permanencia en el extranjero puede limitar la asignación que se tuviera reconocida. Algo similar ocurre en Irlanda, donde la salida del territorio por más de 7 días podría dar lugar a una reasignación de la plaza de alojamiento que se le hubiera asignado. También en Suecia los derechos a la vivienda y el apoyo económico pueden verse afectados. Alemania, distingue, en

---

182 ECRE, *Information Sheet–Measures,,,,* pp. 3-6.

función de la duración del viaje, entre viajes cortos (de hasta 3 semanas por año), viajes de larga duración (de hasta seis meses) y retorno permanente. Solo en el primer caso y si el propósito del viaje es válido, se mantente el estatuto y, en su caso, la recepción del pago de la renta básica a la que se tuviera derecho.

En otros Estados la consecuencia puede ser la pérdida de la protección. Así sucede en Polonia, si la duración de la salida es superior a un mes y en Austria si la persona abandona el país por más tiempo que una corta estancia, aunque no se define el concepto de corta estancia. Tampoco en Luxemburgo se determina el tiempo breve durante el que se permite regresar a Ucrania, sin perder la protección. En cambio, en Malta, el regreso a Ucrania, independientemente de su duración y del motivo que lo sustente, da lugar a la retirada de la protección temporal, sin perjuicio de que al regresar se pueda solicitar un nuevo permiso. Más estricta es la normativa en Lituania, donde si la persona regresa a Ucrania o viaja a otro país, no se le podrá conceder un nuevo permiso de residencia temporal.

También imponen limitaciones los Estados no miembros de la UE. Para mantener el permiso de residencia en Noruega, debe residirse en el país al menos por la mitad del tiempo de duración del mismo. En Serbia se recomienda informar a las autoridades de las intenciones y duración del viaje, pues el regreso a Ucrania puede dar lugar a la anulación de la protección temporal. En Moldavia se admiten salidas hacia cualquier país, por un máximo de 45 días, sin necesidad de informar a las autoridades y sin que se anule la protección. Por último, Suiza limitó a 15 días por trimestre los posibles viajes de regreso a Ucrania sin revocar el *Estatuto S*, salvo excepciones.

7. PROTECCIÓN TEMPORAL Y PROTECCIÓN INTERNACIONAL

La activación de la protección temporal y la prolongación de la guerra en Ucrania también han tenido sus repercusiones sobre los procedimientos de asilo y protección subsidiaria de los Estados miembros[183].

Prácticamente desde el inicio del conflicto, algunos Estados revisaron la consideración de Ucrania como país de origen seguro y otros lo fueron haciendo progresivamente después. Así lo hicieron Austria, Chipre, Estonia, Italia, Grecia, Luxemburgo, República Checa y Países Bajos.

Además, como la Directiva 2001/55/CE (art.19.1) permite que no pueda acumularse el beneficio de la protección temporal con los derechos que se conceden a los solicitantes de asilo[184], algunos Estados miembros, entre ellos España, admiten las solicitudes de protección internacional de personas que han obtenido la protección temporal, pero con la advertencia de que no pueden beneficiarse simultáneamente de los derechos que brinda dicha protección con las condiciones reconocidas a los solicitantes de asilo.

Conforme a la Directiva, la protección temporal ha de entenderse sin perjuicio del reconocimiento del estatuto de refugiado (art. 3.1) y las personas acogidas a la protección temporal deben poder presentar una solicitud de protección internacional en cualquier momento (art. 17.1). Sin embargo, en la

---

183 Sobre este tema, EUAA, *Booklet on Temporary Protection*; https://whoiswho.euaa.europa.eu/temporary-protection y EUAA, *Providing Temporary Protection…*, pp. 25-28.

184 En aplicación de la Directiva 2013/33/UE del PE y del Consejo, de 26 de junio de 2013, por la que se aprueban normas para la acogida de los solicitantes de protección internacional, *DO* L 180, de 29 de junio de 2013.

práctica, Estados como Alemania, Austria, Bélgica, Eslovenia, Finlandia, Letonia, República Checa, y también Dinamarca y Noruega decidieron suspender la tramitación de solicitudes de protección internacional de personas beneficiarias de protección temporal. Tal vez aprovechando la falta de claridad[185] de la propia Directiva, pues el apartado 2 del mismo art. 17 señala que el examen de una solicitud de asilo que no se haya tramitado antes de finalizar el período de protección temporal deberá completarse tras la finalización de dicho período. En Bulgaria esa decisión fue impugnada por los tribunales[186].

Además, Alemania, Bélgica, Finlandia, Letonia, Luxemburgo, Países Bajos[187] y Suecia[188] decidieron también, en base a la situa-

---

185 DI FILIPPO, M., Y ACOSTA M. A., *op. cit.*, p. 931.

186 Mediante Orden PD05/263 del Presidente de la Agencia Estatal para los Refugiados, dependiente del Consejo de Ministros, se suspendió el registro de solicitudes de protección internacional presentadas por ciudadanos ucranianos, se puso fin a los procedimientos ya iniciados y se determinó que se registrara a todos los interesados como beneficiarios de protección temporal, estableciendo como requisito para el acceso al procedimiento de protección internacional la finalización de la protección temporal. La Orden fue recurrida y considerada nula y sin valor por los tribunales, por violar los derechos de los solicitantes de asilo en la medida en que declaraba de forma sumaria y general la terminación de todos los procedimientos, por carecer de fundamento jurídico y por falta de competencia, ya que suponía la modificación de la Ley de asilo, Sentencia del Tribunal Administrativo de Varna, no. 1544/2022, de 29 de julio de 2022, y Sentencias de la Corte Administrativa de Sofía, no. 5424, de 9 de septiembre de 2022; no. 5540, de 29 de septiembre de 2022; y no. 3462, de 21 de diciembre de 2022, pueden verse resúmenes en inglés en EEUA *Case Law Database*, https://caselaw.euaa.europa.eu/.

187 Nota de prensa de 28 de febrero de 2022: https://ind.nl/en/news/moratorium-on-decisions-on-asylum-applications-by-ukrainians.

188 Información de la Agencia de Migración Sueca: https://www.migrationsverket.se/English/About-the-Migration-Agency/The-situation-in-Ukraine.html.

ción incierta en el país de origen[189], suspender la ejecución de las decisiones de expulsión pendientes o aplazar la tramitación de las solicitudes de asilo pendientes de ciudadanos ucranianos. Lo mismo que hizo Dinamarca[190]. En Países Bajos el aplazamiento se estableció por un año. Finlandia suspendió las decisiones de denegación de solicitudes que pudieran implicar la expulsión, mientras las decisiones favorables para quienes cumplían los requisitos siguieron resolviéndose con normalidad[191].

Por otro lado, la práctica de Estados como Croacia, Eslovaquia, Polonia y también de Suiza ha sido considerar la mera presencia en Ucrania como suficiente para constituir un daño grave[192] que daría derecho a la protección subsidiaria. En Portugal, esa consideración se limita a los territorios en los que están presentes las Fuerzas Armadas rusas. En Malta se determina caso por caso, pero la mera presencia en algunas de las

---

189 Como permite el art. 31.4 de la Directiva 2013/32/UE del PE y del Consejo, de 26 de junio de 2013, sobre procedimientos comunes para la concesión o la retirada de la protección internacional, *DO* L 180, de 29 de junio de 2013.

190 El mismo 24 de febrero el Comité de coordinación de la Junta de Refugiados de Dinamarca decidió suspender el examen de casos relacionados con ciudadanos ucranianos, afectando a 7 casos pendientes, nota de prensa en: https://fln.dk/da/Nyheder/Nyhedsarkiv/2022/240220221.

191 Nota de prensa de 25 de febrero de 2022, https://migri.fi/en/-/finnish-immigration-service-closely-monitoring-situation-in-ukraine.

192 Amenazas graves e individuales contra la vida o la integridad física de un civil motivadas por una violencia indiscriminada en situaciones de conflicto armado internacional o interno, conforme al art. 15 c) de la Directiva 2011/95/UE por la que se establecen normas relativas a los requisitos para el reconocimiento de nacionales de terceros países o apátridas como beneficiarios de protección internacional, a un estatuto uniforme para los refugiados o para las personas con derecho a protección subsidiaria y al contenido de la protección concedida (refundición), *DO* L 337, de 20 de diciembre de 2011.

zonas más afectadas por el conflicto podría interpretarse como riesgo de daño grave. Algo similar a lo que ocurre en Francia, donde el Tribunal Nacional de Asilo ha sostenido que la situación de violencia indiscriminada resultante del conflicto armado en Ucrania podría justificar la concesión de protección subsidiaria en determinadas zonas del país, pero no consideró que la situación fuera tal como para dar lugar a un riesgo de daño grave para cualquier civil que se encontrase en cualquier lugar de Ucrania, por lo que fuera de esas zonas concretas exige la presencia de elementos de individualización que permitan caracterizar un riesgo de daño grave para la vida o la integridad física de los propios demandantes[193].

[193] El tribunal consideró, en Sentencias no. 21048216, no. 22001393, y nos. 22001393 y 22002736, todas de 30 de diciembre de 2022, que la situación de seguridad en las regiones de Zaporizhia, de Donetsk y de Lugansk podía considerarse una violencia indiscriminada de intensidad excepcional, por lo que la mera presencia allí de los demandantes los pondría en riesgo real de sufrir daños graves, en base a ello concedió protección subsidiaria. Sin embargo, no encontró esos elementos en el examen de las circunstancias de solicitantes en varios casos referidos a otras zonas diferentes del país, Sentencias del Tribunal Nacional de Asilo (CNDA), de 8 de marzo de 2023, no. 21057060 (situación en el Óblast de Vinnytsia), no. 21016856 21016856 (situación en el Óblast de Khmelnytskyi), y nos. 22007730 y 22006590, (situación en el Oblast de Volhynia). En Sentencia no. 21041482, de 6 de enero de 2023, entendió que, a pesar de que la situación en el Óblast de Odesa no era tal como para entender que había motivos serios para creer que cualquier civil que regresara allí pudiera verse expuesto a un riesgo real de sufrir daños graves, sí concluyó que las circunstancias individuales de la demandante, una mujer mayor con diversas patologías, la pondrían en una situación de gran vulnerabilidad si regresara a Odesa, donde estaría particularmente aislada sin poder beneficiarse del apoyo de su familia, que se había reunido con ella en Francia. Por esta razón, el tribunal le otorgó protección subsidiaria en Francia. Pueden consultarse las sentencias en http://www.cnda.fr/.

En varios Estados, los tribunales han anulado decisiones anteriores por las que se denegaba el asilo, otorgando protección internacional *in situ*[194], incluso aunque en la normativa interna no estuviera previsto, como sucedió en Polonia. La normativa interna vigente en dicho Estado solo permite a los tribunales administrativos considerar los hechos existentes en el momento en que los órganos administrativos tomaron la decisión que se recurre ante ellos y no los hechos presentes en la fecha en que se emite la sentencia, por lo que, en principio, no podrían tener en cuenta el cambio de las circunstancias fácticas (estallido de la guerra en Ucrania) que fue posterior a la decisión de denegación de la solicitud de protección internacional que se recurre, pero anterior a la fecha de la Sentencia. Sin embargo, el Tribunal Supremo Administrativo, anuló la Sentencia de un tribunal provincial que había confirmado una resolución de denegación de protección internacional, al considerar que las circunstancias excepcionales relacionadas con la evolución de la situación en Ucrania exigían un enfoque único por parte del poder judicial con el fin de garantizar que el procedimiento de evaluación de la legalidad de las decisiones denegatorias de protección internacional cumpliera las normas del Derecho de la UE. Para el Tribunal sería incompatible con el Derecho de la UE no tomar en cuenta los considerables cambios en la situación de hecho en el país de origen y su impacto en la evaluación del riesgo. Por ello, determinó que, en adelante, los tribunales administrativos debían considerar los cambios en la situación de hecho producidos después de la emisión de una decisión negativa sobre protección internacional[195].

---

194 El art. 5.1 de la Directiva 2011/95/UE, ya citada, dispone que los fundados temores a ser perseguido o el riesgo real de sufrir daños graves podrán basarse en acontecimientos que hayan tenido lugar desde que el solicitante dejó el país de origen.

195 Sentencia no. OSK 1753/21, del Tribunal Administrativo Supremo polaco, de 5 de julio de 2022, Previamente, en Sentencia no. OSK

En esa misma línea se pronunció el Tribunal Supremo Administrativo de la República Checa al revisar en casación sentencias de tribunales regionales que confirmaron decisiones de denegación de la protección internacional de solicitantes ucranianos basadas en la consideración de Ucrania como país de origen seguro y, en sentido similar el Tribunal Administrativo Superior de Croacia[196].

De manera que, en base al cambio de la situación en Ucrania, los tribunales de algunos Estados han anulado decisiones previas de denegación de la protección internacional y otorgado la protección subsidiaria a los solicitantes. Así lo han hecho

---

1178/21, de 14 de junio de 2022, el mismo Tribunal había declarado que debía garantizar, conforme al art. 46.1 y 3 de la Directiva 2013/32/UE, un tratamiento *ex nunc,* tanto respecto a los hechos, como a las cuestiones jurídicas, aunque las normas internas vigentes en Polonia no facultasen a los tribunales administrativos a tener en cuenta las circunstancias ocurridas después de haber sido dictada la decisión recurrida, pueden verse resúmenes en inglés de las Sentencias en EUAA, *Case Law Database,* https://caselaw.euaa.europa.eu.

196 Sentencia del Tribunal Administrativo Supremo checo de 10 de marzo de 2022. En la misma línea, pueden citarse otras Sentencias del mismo tribunal, concretamente, Sentencias no. 13877/2019 y no. 2 Azs 287 /20 21–57, ambas de 30 de mayo de 2022; Sentencia no. 5 Azs 353/2021–29, de 31 de mayo de 2022; Sentencia no. 5 Azs 401/2021–31, de 3 de junio de 2022; y Sentencia no. 4 Azs 434/2021-46 de 7 de junio de 2022. El Tribunal Administrativo Superior de Croacia determinó que el Ministerio del Interior debía revisar la decisión teniendo en cuenta el principio de la protección internacional *in situ* que establece, entre otras cosas, que un riesgo real de sufrir daños graves también puede ocurrir después de que el solicitante haya abandonado el país de origen y, a la vista del cambio de la situación en Ucrania, debía valorar la posibilidad de conceder la protección subsidiaria, Sentencia no. Usž-3292/21-3 del Tribunal Superior Administrativo de Croacia, de 8 de marzo de 2022, pueden verse resúmenes en inglés de las Sentencias en: EEUA, *Case Law Database,* https://caselaw.euaa.europa.eu.

los tribunales italianos[197] y también la Audiencia Nacional (AN) española en un buen número de casos. La primera Sentencia de esa larga lista fue la adoptada por la Sección 5ª de la Sala de lo contencioso Administrativo, el mismo 24 de febrero[198]. En

---

197 Un Tribunal de Perugia confirmó, en varios asuntos, el carácter fundado de las decisiones por las que se habían denegado varias solicitudes de asilo, pero entendió que debían reconsiderarse a la luz del cambio de situación en Ucrania, por lo que podía reconocerse la protección subsidiaria, Sentencias del Tribunal civil de Perugia no. 6361/2019, de 10 de marzo de 2022, y no. 667/2022 de 29 de octubre de 2022 ver resúmenes en inglés en EUAA, *Case Law Database,* https://caselaw.euaa.europa.eu. También un Tribunal de Génova que conocía del recurso de apelación frente a la denegación de asilo a una demandante ucraniana, que llegó a Italia en 2016 procedente de Odessa para trabajar, reconoció la protección subsidiaria en base al cambio de la situación fáctica en Ucrania, Sentencia no. de 22 de abril de 2022. En el mismo sentido se pronunció un Tribunal de Turín, Sentencia no. 13877/2019, de 4 de mayo de 2022, resúmenes en inglés en EUAA, *Case Law Database,* https://caselaw.euaa.europa.eu.

198 Sentencia de la AN (Sala de lo Contencioso, Sección 5ª), de 24 de febrero de 2022, ECLI:ES:AN:2022:478. Posteriormente, se ha repetido el mismo razonamiento en numerosos casos. Por citar solo algunas Sentencias a lo largo del año 2022, pueden verse ECLI:ES:AN:2022:1310; ECLI:ES:AN:2022:1916; ECLI:ES:AN:2022:918; ECLI:ES:AN:2022:4958;ECLI:ES:AN:2022:4476; ECLI:ES:AN:2022:4063; ECLI:ES:AN:2022:4054;ECLI:ES:AN:2022:3999;ECLI:ES:AN:2022:4073; ECLI:ES:AN:2022:4188;ECLI:ES:AN:2022:4130;ECLI:ES:AN:2022:3992; ECLI:ES:AN:2022:3993;ECLI:ES:AN:2022:4397;ECLI:ES:AN:2022:4403; ECLI:ES:AN:2022:4485;ECLI:ES:AN:2022:4463;ECLI:ES:AN:2022:4846; ECLI:ES:AN:2022:4819;ECLI:ES:AN:2022:4822;ECLI:ES:AN:2022:5302; ECLI:ES:AN:2022:5230;ECLI:ES:AN:2022:5122;ECLI:ES:AN:2022:5125; ECLI:ES:AN:2022:5077;ECLI:ES:AN:2022:5093;ECLI:ES:AN:2022:5490; ECLI:ES:AN:2022:5242;ECLI:ES:AN:2022:5236;ECLI:ES:AN:2022:5412; ECLI:ES:AN:2022:5540;ECLI:ES:AN:2022:5309;ECLI:ES:AN:2022:5579; ECLI:ES:AN:2022:6465;ECLI:ES:AN:2022:6352;ECLI:ES:AN:2022:5562; ECLI:ES:AN:2022:5533;ECLI:ES:AN:2022:5650;ECLI:ES:AN:2022:6161; ECLI:ES:AN:2022:5620;ECLI:ES:AN:2022:5563;ECLI:ES:AN:2022:5630; ECLI:ES:AN:2022:5830;ECLI:ES:AN:2022:6335;ECLI:ES:AN:2022:6044;

ella se estima en parte el recurso contencioso administrativo presentado contra las resoluciones de denegación del derecho de asilo y la protección subsidiaria adoptadas en 2020 respecto de las solicitudes presentadas en 2018 por los miembros de una familia ucraniana. La Sala de la AN confirma la denegación del derecho de asilo, pero declara el derecho a la protección subsidiaria de los recurrentes en atención al cambio de circunstancias de la situación en Ucrania. Entiende que, para garantizar la efectividad del recurso, como exige el art. 46 de la Directiva 2013/32/UE, los órganos jurisdiccionales deben evaluar la información del país de origen, asegurando que el examen de las solicitudes y la adopción de las resoluciones se efectúen de forma individual, objetiva e imparcial[199]. Tiene en cuenta la Sala que, de acuerdo con la jurisprudencia del Tribunal Supremo (TS), al resolver los recursos contra resoluciones administrativas de asilo, ha de ponderarse la evolución de las circunstancias en el país de origen, desde que se formaliza la petición hasta el momento en el que el tribunal deba pronunciarse. Lo que implica, conforme al Derecho de la UE, valorar si el solicitante estaría protegido en el país de retorno. Recuerda la SAN a ese respecto la afirmación del TJUE de que:

> "...las circunstancias que revelan la incapacidad –o la capacidad– del país de origen para garantizar la protección frente a los actos de persecución constituyen un elemento decisivo de la valoración conducente a la concesión del estatuto de refugiado o, por el contrario, al cese de tal estatuto[200]".

ECLI:ES:AN:2022:5806; ECLI:ES:AN:2022:6203; ECLI:ES:AN:2022:6278; ECLI:ES:AN:2022:5841; ECLI:ES:AN:2022:5872; ECLI:ES:AN:2022:5888; ECLI:ES:AN:2022:6080; y ECLI:ES:AN:2022:6423.También son muy numerosos los pronunciamientos de la AN en este sentido a lo largo del año 2023.

199 Conforme al art. 10.3 a) de la misma Directiva y al art. 4.3 a) de la Directiva 2011/95/UE, ya citada.

200 Sentencia del TJUE, de 2 de marzo de 2010, asuntos acumulados C175/08, C176/08, C178/08 y C179/08, ECLI:EU:C:2010:105, fto. 68.

La AN descarta la posibilidad de reubicación interna en condiciones de seguridad y razonabilidad (art. 8 Directiva 2011/95/UE), pues a la fecha en que se dicta la Sentencia, en el país de retorno los recurrentes no estarían protegidos, ya que resulta "notorio y suficientemente conocido que Ucrania se encuentra inmersa en un conflicto internacional...", por lo que no se puede garantizar su protección en ninguna zona del país, lo que le lleva a concluir que se dan los elementos necesarios para la concesión de la protección subsidiaria a los recurrentes.

Por último, de conformidad con el art. 19.2 de la Directiva 2011/55/CE, en caso de denegación de la solicitud de protección internacional, la persona en cuestión debe disponer o recuperar, si ya le fue concedida anteriormente, la protección temporal. En España, el TS, también en un buen número de Sentencias[201] ha anulado en casación resoluciones por las que se había declarado la expulsión de ciudadanos ucranianos con prohibición de entrada o la denegación de solicitudes de protección internacional y ha declarado la procedencia de la aplicación de la protección temporal en tales casos. Para ello,

---

201 Ver, entre otras, Sentencias TS (Sala de lo Contencioso, Sección 5ª), de 12 de diciembre de 2022, ECLI:ES:TS:2022:4625; de 21 de diciembre de 2022, ECLI:ES:TS:2022:4822; de 10 de enero de 2022, ECLI:ES:TS:554; de 11 de enero de 2023, ECLI:ES:TS:2023:125 y ECLI:ES:TS:2023:196 de 12 de enero de 2023, ECLI:ES:TS:2023:123; de 18 de enero de 2023, ECLI:ES:TS:2023:124; de 20 de enero de 2023, ECLI:ES:TS:2023:260; de 31 de enero de 2023, ECLI:ES:TS:2023:261 y ECLI:ES:TS:2023:349; de 2 de marzo de 2023, ECLI:ES:TS:2023:802; de 8 de marzo de 2023, ECLI:ES:TS:2023:899; de 16 de marzo de 2023, ECLI:ES:TS:2023:1185; de 28 de marzo de 2023, ECLI:ES:TS:2023:1186 y ECLI:ES:TS:2023:1433; de 11 de abril de 2023, ECLI:ES:TS:2023:1596, y ECLI:ES:TS:2023:1642; de 8 de mayo de 2023, ECLI:ES:TS:2023:1959, ECLI:ES:TS:2023:1962 y ECLI:ES:TS:2023:2083; de 9 de mayo de 2023, ECLI:ES:TS:2023:1961; de 10 de mayo, ECLI:ES:TS:2023:2122 y ECLI:ES:TS:2023:2125; y de 11 de mayo, ECLI:ES:TS:2023:2120;

el Tribunal ha tenido en cuenta la necesidad de garantizar el principio de *non refoulement*, junto con el acuerdo del Consejo de Ministros de ampliar la protección temporal a los ciudadanos ucranianos que se encontraban en España en situación irregular. Como ha manifestado el TS "se trata de un efecto inmediato que opera con automatismo, sin necesidad de justificar un riesgo real de sufrir daños en su país de origen en el caso de ser devuelto, como sí es exigible en los casos de protección subsidiaria". Añade además el TS:

> "No obstante, la Sala de instancia, en casos semejantes a éste y antes de dictar sentencia, puede valorar las circunstancias sobrevenidas en Ucrania a los efectos de resolver sobre las pretensiones que han sido deducidas ante ella, pudiendo llegar a la conclusión de la procedencia del asilo, la protección subsidiaria, o la autorización de la residencia por razones humanitarias, según el caso, atendidas esas nuevas circunstancias y valorando el material probatorio del que dispone. Así lo viene haciendo la Sala de lo Contencioso Administrativo de la Audiencia Nacional, sin que esta forma de proceder merezca reproche alguno"[202].

En efecto, el TS ha tenido ocasión de confirmar el razonamiento seguido por la AN al que nos hemos referido anteriormente, desestimando el recurso de casación interpuesto por un solicitante de protección temporal al que la AN había ya reconocido la protección subsidiaria en base al cambio sobrevenido de las circunstancias en Ucrania. El TS consideró que la protección temporal no podía ser de aplicación a quien ya disfruta de la protección subsidiaria, en el caso concreto, en virtud de una decisión correcta de la AN[203].

---

202 STS (Sala de lo Contencioso, Sección 5ª), de 21 de diciembre de 2022, ya citada, fto. 8.

203 STS (Sala de lo Contencioso, Sección 5ª), de 13 de abril de 2023, ECLI:ES:TS:2023:1595.

8. CONSIDERACIONES FINALES

Cuando la Comisión Europea presentó, en el año 2020, el nuevo Pacto Europeo sobre migración y asilo, propuso la derogación de la Directiva 2001/55/CE e incluyó una propuesta de Reglamento relativo a las situaciones de crisis y de fuerza mayor en el ámbito de la migración y el asilo[204]. La Comisión recordó entonces que la activación de la protección temporal había resultado imposible por la falta de acuerdo de los Estados miembros, y afirmó que dicha norma ya no respondía a la realidad y a las necesidades actuales, por lo que proponía su derogación[205]. En cambio, en su comunicación de 8 de marzo de 2023 sobre la aplicación de la protección temporal[206], destacó que la Directiva ha demostrado ser un instrumento esencial para ofrecer protección inmediata en la UE, por lo que deberá seguir formando parte de sus herramientas en el futuro. Añadió que, dado que la UE ha de estar preparada para afrontar todo tipo de crisis, seguirá trabajando junto con los colegisladores para tratar de articular de forma adecuada la Directiva con la propuesta de Reglamento para situaciones de crisis y fuerza mayor.

Lo cierto es que la protección temporal está siendo un mecanismo útil para gestionar con rapidez y eficacia la afluencia masiva de personas desplazadas desde Ucrania. A ello ha contribuido sin lugar a dudas la clara voluntad política de los Estados miembros, puesta de manifiesto desde el principio tanto en las reacciones iniciales previas a la activación de la Directiva como en la unanimidad alcanzada en tiempo record en el Consejo para adoptar la

---

204 Propuesta de Reglamento del PE y del Consejo relativo a las situaciones de crisis y de fuerza mayor en el ámbito de la migración y el asilo, COM (2020) 613 final. Sobre las diferencias entre la protección inmediata prevista en esa propuesta y la protección temporal, CRESPO NAVARRO, E., *op. cit.*, pp. 50-51.

205 COM (2020) 609 final ya citado, p. 10.

206 COM (2023) 140 final, ya citado, p. 27.

Decisión de Ejecución y en la agilidad después para la adopción de medidas a nivel interno para asegurar en cada Estado el cumplimiento de las obligaciones impuestas por dicha norma. Es de destacar, en ese sentido, la inmediatez de la respuesta, el carácter vinculante de la Decisión y el efectivo cumplimiento pleno de la misma prácticamente por todos los Estados miembros.

No hay duda de que hay algunos aspectos reprochables, como la interpretación excesivamente estricta de la Directiva en lo referido a los beneficiarios de la protección automática, punto que refleja los planteamientos restrictivos y poco proclives a la acogida de nacionales de terceros Estados, especialmente si proceden de otras regiones del planeta, que imperan en varios Estados miembros. Puede criticarse, en particular, la no inclusión bajo la protección temporal automática de quienes ya eran solicitantes de protección internacional en Ucrania y sus familiares. También hubiera sido deseable la concesión de protección temporal automática, evidentemente a los apátridas, pero igualmente a los nacionales de terceros Estados, con residencia permanente en Ucrania- Debía haberse considerado en tales casos a Ucrania como país de origen, tal como propuso la Comisión, dado que los vínculos con el Estado de nacionalidad pueden haberse diluido como consecuencia de la residencia permanente en Ucrania. Por otro lado, debía haberse extendido la protección a los familiares de los residentes permanentes para preservar la unidad de las familias, como predica la propia Decisión de Ejecución en sus considerandos. No obstante, muy probablemente, una extensión de la protección automática a nacionales de terceros Estados con residencia, permanente o temporal, en Ucrania hubiera tenido como consecuencia, bien la imposibilidad de lograr un acuerdo para su puesta en marcha, o bien su inaplicación posterior por parte de algunos Estados.

En todo caso, la mayor parte de los Estados han reconocido la protección temporal automática, tanto a los ucranianos y personas que ya eran refugiadas en Ucrania, incluso si salieron de allí antes del 24 de febrero, como a quienes eran residentes permanentes en Ucrania y no pueden regresar a su país o región de origen en condiciones seguras y duraderas. Aunque son muy pocos los que han incluido en la protección a los familiares de los residentes permanentes. Tampoco debe olvidarse que algunos Estados excluyen de la protección, por no considerarlos miembros de la familia, a las parejas no casadas con una relación estable.

Es cierto, también, que el análisis de la práctica revela ciertas deficiencias en ese y otros asuntos, incluso se han denunciado incidentes discriminatorios[207], sobre todo en los primeros momentos. Existen asimismo diferencias entre unos Estados y otros en los procedimientos de registro y expedición de permisos de residencia, en la duración y el sistema seguido para hacer efectiva la prórroga de la protección, en las facilidades respecto a los movimientos pendulares de regreso a Ucrania y retorno a la UE o en las interacciones con los procedimientos de protección internacional, que ponen de manifiesto diferentes sensibilidades, sobre todo, en relación con las soluciones ofrecidas a ucranianos con solicitudes de protección denegadas antes del inicio del conflicto.

---

207 Incidentes en relación con grupos específicos, particularmente, el colectivo gitano, afectando especialmente a ucranianos de raza gitana con doble nacionalidad, pero también respecto de personas de origen africano o asiático, que se manifestaron en largas esperas en los procedimientos, denegaciones de solicitudes o problemas en el acceso a los centros de recepción y acogida, alojamiento y otros servicios. Se estima en 400.000 personas la población gitana de Ucrania. FRA, *The Russian war of aggression against Ukraine…*, pp. 12 y 20-21; ver Declaración de 24 de marzo de 2022 de la Comisaria de derechos humanos del Consejo de Europa tras su misión en Polonia, Eslovaquia, Hungría, Rumanía y Moldavia; Declaración de la Comisión europea contra el racismo y la intolerancia (ECRI) sobre las consecuencias de la agresión rusa contra Ucrania, adoptada en la 88º sesión plenaria, de 29 marzo y 1 de abril de 2022; y ECRI, *Annual Report on ECRI'S activities covering the period from 1 January to 31 December 2022*, p. 9.

Ahora bien, en términos generales y aunque está por ver la evolución futura, especialmente en caso de prolongación del conflicto, la protección se ha venido concediendo de forma efectiva en todos los Estados miembros, y también en algunos terceros Estados. Pueden destacarse algunos aspectos especialmente positivos. Más allá del amplio contenido de la protección en términos de derechos reconocidos[208], ya previsto en la Directiva, es positiva la opción por la libre elección de los beneficiarios como mecanismo de reparto entre los Estados miembros. Una opción que en la práctica ha resultado eficaz, sin plantear mayores problemas, de la que tal vez podría extraerse alguna lección y que debería ser, al menos, tomada en consideración en las negociaciones de reforma del SECA actualmente en curso. Los datos del número de personas registradas como beneficiarias de protección temporal en los diferentes Estados miembros, ponen de manifiesto que, efectivamente, muchas de ellas han hecho uso de la libertad de circulación y, en buena medida, han solicitado la protección en Estados en los que ya se encontraban familiares o amigos llegados previamente. Otros tantos han preferido quedarse en Estados próximos con el objetivo y la esperanza de regresar a su país en cuanto sea po-

---

208 Equiparable a los que corresponden a la protección subsidiaria y mucho más beneficiosos que los de los solicitantes de asilo, tanto desde el punto de vista teórico como en la práctica. Por poner solo un ejemplo, el Tribunal de Apelaciones de la Haya, en una Sentencia en la que se pronunciaba sobre las deficiencias en el sistema de acogida de urgencia de los solicitantes de asilo en Países Bajos, confirmó las diferencias de trato entre los desplazados de Ucrania, beneficiarios de protección temporal, y el resto de solicitantes de asilo procedentes de otros países y afirmó que el Estado actuaba ilegalmente hacia los solicitantes de asilo de países distintos de Ucrania, en la medida en que no podían acceder a condiciones de acogida de la misma calidad, sin que hubiera una justificación objetiva para ello, Sentencia no. 200.317.231/01 de 20 de diciembre de 2022, ECLI:ES:GHDHA:2022:2429, ftos. 17.6 a 17.5.

sible[209], como revela el progresivo incremento de movimientos de personas hacia Ucrania en los últimos meses.

Detrás del éxito de la puesta en marcha y aplicación efectiva de la protección temporal como respuesta a las consecuencias migratorias de la guerra en Ucrania no está solo la voluntad política de los Estados, claramente presente en este caso y ausente en situaciones anteriores, también ha resultado esencial la labor de coordinación y el fuerte apoyo operacional y financiero de la UE. Pero también ha jugado un papel decisivo la fuerte movilización de la sociedad civil, a la que han contribuido los medios de comunicación. La solidaridad sin precedentes demostrada por la sociedad civil ha facilitado mucho la acogida, no solo por favorecer la actitud proactiva de los Estados, sino incluso desde el punto de vista material, en la medida en que la ciudadanía ha proporcionado un apoyo muy necesario que ha permitido cubrir las carencias de los sistemas públicos. Por ejemplo, en lo referido a las capacidades de alojamiento y los transportes para agilizar los desplazamientos dentro de la UE[210].

Las circunstancias que han dado lugar a la activación de la Directiva en este caso, por primera vez en más de 20 años, son muy especiales. Se produjo en muy breve espacio de tiempo la llegada a la UE de millones de personas. El origen del conflicto es un acto de agresión, una de las más graves violaciones del Derecho Internacional, perpetrada por Rusia en pleno corazón de Europa. Son muchos y muy diversos los intereses en presencia y la reacción de la UE, firme y contundente, se pro-

---

209 FRA, *Fleeing Ukraine. Displaced people's experiences in the EU. Ukranian survey 2022*, pp. 25—26.

210 La UE ha colaborado activamente en la coordinación de esa ayuda privada, llevando a cabo diferentes iniciativas en aplicación del ya citado plan de 10 puntos, ver la Web habilitada por la Comisión "solidaridad de la UE con Ucrania", https://eu-solidarity-ukraine.ec.europa.eu/index_es.

yecta sobre diferentes frentes. Uno de ellos, ha sido la acogida inmediata de la población desplazada de Ucrania.

En todo caso, sería bueno que la UE y sus Estados miembros supieran aprovechar las lecciones extraídas de esta experiencia de cara a las negociaciones para la reforma del SECA con el fin de cumplir con los compromisos asumidos en el Tratado y desarrollar, de una vez por todas, una política común en materia de asilo, protección subsidiaria y protección temporal realmente destinada a ofrecer un estatuto apropiado a todo nacional de un tercer país que necesite protección internacional, garantizando el respeto del principio de no devolución. Una política que esté efectivamente regida por el principio de solidaridad y de reparto equitativo de la responsabilidad entre los Estados miembros y que sea verdaderamente conforme con los valores en los que afirma fundamentarse la UE. Las recientes declaraciones de Polonia y Hungría en relación con la dimensión exterior de la migración, de las que toma nota el Presidente del Consejo Europeo en sus Conclusiones, tras la reunión de dicha Institución de 29 y 30 de junio de 2023[211], no permiten, sin embargo, albergar demasiadas esperanzas en ese sentido.

---

211 En el punto 4 de las Conclusiones del Presidente se indica: "Se ha tomado nota de que Polonia y Hungría declaran que, en el contexto de los trabajos que se están realizando acerca del Pacto sobre Migración y Asilo, de conformidad con las Conclusiones del Consejo Europeo de diciembre de 2016, junio de 2018 y junio de 2019, es necesario llegar a un consenso sobre una política de migración y asilo eficaz; que, en el contexto de las medidas de solidaridad, la reubicación y el reasentamiento deben ser voluntarios; y que todas las formas de solidaridad deben considerarse igualmente válidas y no surtir un posible efecto llamada para la migración irregular". Ver nota de prensa, de 30 de junio de 2023, en https://www.consilium.europa.eu/es/press/press-releases/2023/06/30/conclusions-by-the-president-of-the-european-council-on-the-external-dimension-of-migration/.

RESUMEN: Transcurrido poco más de un año desde que el Consejo adoptara por unanimidad la Decisión de Ejecución 2022/382 por la que se activó la protección temporal prevista en la Directiva 2001/55/CE para acoger de forma inmediata a las personas desplazadas, en su mayoría mujeres y niños, que salían en masa desde Ucrania huyendo del conflicto, este trabajo analiza la práctica de los Estados al respeto. El estudio se centra, principalmente, en algunos aspectos que permiten singularizar la respuesta dada en este caso por la UE, por sus Estados miembros y también por algunos terceros Estados europeos frente a otras situaciones de grandes llegadas de personas a la UE (La inmediatez y automatismo de la protección otorgada, el carácter vinculante de la Decisión, la elección de los propios beneficiarios como mecanismo de distribución entre los Estados miembros). Se destacan también otros aspectos en los que la práctica estatal refleja las diferentes posiciones de los Estados en el abordaje del fenómeno migratorio.

PALABRAS CLAVE: Protección temporal, Ucrania, Directiva 2001/55/CE, Afluencia masiva de personas desplazadas

ABSTRACT: More than a year has elapsed since the Council unanimously adopted the Implementing Decision (EU) 2022/382 which activated the temporary protection provided for in the Directive 2001/55/EC to immediately receive displaced persons, mostly women and children, who left Ukraine in masse fleeing the conflict. This paper analyzes States' practice in this respect. The study focuses mainly on some aspects that make possible to single out the response given by the EU, its Member States and also some third European States in this case, compared to other situations of large arrivals of people to the EU (The immediacy and automaticity of the protection granted, the binding nature of the Decision, the choice of the beneficiaries themselves as a distribution mechanism between the Member States). Other aspects, in which State practice reflects the different positions of States in addressing the phenomenon of migration, are also highlighted.

KEYWORDS: Temporary protection, Ukraine, Directive 2001/55/EC, Mass influx of displaced persons

La crisis energética en una época de guerras comerciales y su regulación por el derecho internacional económico

LIDIA MORENO BLESA[1]

SUMARIO: 1. INTRODUCCION. 2. EL CONTEXTO ENERGÉTICO MUNDIAL Y SU IMPACTO EN EL COMERCIO INTERNACIONAL. 2.1. LA POSICIÓN DE LA OMC. 2.2. LOS EFECTOS EN LA UE. 3. LAS SANCIONES DE LA UNIÓN EUROPEA EN LA SITUACIÓN DE CONFLICTO INTERNACIONAL. 4. LAS CONSECUENCIAS EN LOS NEGOCIOS INTERNACIONALES. 5. REFLEXIONES FINALES.

1. INTRODUCCIÓN

La energía[2] es necesaria para cualquier actividad humana. Su uso contribuye al desarrollo industrial y a elevar la calidad

---

1 Profesora Contratada Doctora de Derecho internacional privado en la Universidad Complutense de Madrid (lidimore@ucm.es). Estudio realizado en el marco del Proyecto de Investigación: El Derecho del Comercio Internacional en la era de la economía digital y las guerras comerciales. PID2020-113968RB-I00. Todas las páginas webs mencionadas en este estudio han sido consultadas el 16 de marzo de 2023.

2 Como apunte introductorio, conviene precisar que la energía es un concepto aglutinador de los distintos tipos existentes. Es decir, que dentro de la noción de energía se pueden diferenciar varias clases, atendiendo a un criterio de aplicación mediata o inmediata de las mismas. En tal sentido cabe distinguir, en primer término, las energías de aplicación mediata, esto es, las que se obtienen directamente

de vida[3]. Pero la gran dependencia que tienen ciertas partes del mundo del suministro procedente de lugares en conflicto ha generado importantes turbulencias. Es el caso de la Unión Europea (UE) como consecuencia de la invasión rusa de Ucrania. Las necesidades que tienen los Estados miembros de cubrir los abastecimientos de gas con las importaciones procedentes de Rusia han convertido a esta energía en un arma más, en este caso de una guerra comercial, que amenaza la convivencia pacífica de las potencias concernidas. La inestabilidad provocada por la agresión militar ha tenido un reflejo inmediato en los precios, no solo de la energía en general, sino también de los productos y servicios en particular. No en vano estos últimos requieren de aquélla para su producción, por lo que cualquier alteración que se produzca en materia de energía produce un efecto dominó que se traslada a toda la economía en su conjunto. Se entiende que el Derecho internacional económico esté teniendo un papel preponderante en este sentido para disciplinar las actuaciones que se están llevando a cabo en contra del ordenamiento jurídico.

---

de la naturaleza y que necesitan pasar por un proceso de transformación para poder ser utilizadas convenientemente. En este grupo se incluyen las que denominamos fuentes primarias de energía o recursos energéticos, que comprende: carbón, petróleo, gas natural, nuclear y las renovables (hidráulica, solar, eólica, geotérmica y biomasa). Por su parte, las energías de aplicación inmediata son las resultantes de los cambios a los que se someten los recursos naturales, siendo idóneas para ser empleadas en el uso deseado. A este apartado pertenecen las conocidas como energías secundarias o derivadas, de entre las que ocupa un lugar destacado, la electricidad.

3 El sector eléctrico es uno de los más importantes en cualquier economía nacional. A la postre todo es reconducible a la energía. No hay bien ni servicio alguno en el sentido económico cuya consideración como tal no dependa de esta dimensión. *Vid.*, MARTÍN MATEO, R., *El marco público de la economía de mercado,* Editorial Trivium, Madrid, 1999, p. 165.

Hasta diez paquetes de medidas se han adoptado por el Consejo, en virtud del artículo 215 del TFUE y en base a la Decisión 2014/145/PESC[4], que se adopta de conformidad con el capítulo 2 del título V del TUE. Se trata de normas, estas últimas, que permiten la interrupción o la reducción, total o parcial, de las relaciones económicas y financieras con uno o varios terceros países. En concreto, el último paquete de medidas es de 25 de febrero de 2023 e incluye, entre otras, prohibiciones para la exportación de tecnología crítica y bienes industriales, la importación de asfalto y caucho sintético, el suministro de capacidad de almacenamiento de gas a los rusos y el tránsito a través de Rusia de bienes y tecnología de doble uso exportados por la UE[5]. Se observa la inclusión de medidas relativas a la energía, lo que ha sido una constante también en pronunciamientos anteriores. Así, por ejemplo, en el noveno paquete de sanciones se amplía la prohibición dirigida a nuevas inversiones en el sector energético ruso[6] y en el octavo se prohíbe a los buques de la UE prestar el servicio de transporte marítimo a terceros países de petróleo crudo o de productos petrolíferos que sean originarios de Rusia o hayan sido exportados desde Rusia, excepto cuando el precio de adquisición de los hidrocarburos sea igual o inferior al precio

---

4 DO L 78 de 17.3.2014.

5 También la UE ha suspendido las licencias de radiodifusión de RT Arabic y Sputnik Arabic; ha restringido la posibilidad de que los nacionales rusos ocupen cualquier cargo en los órganos de gobierno de las infraestructuras y entidades críticas de la UE; ha introducido nuevas obligaciones en materia de información para garantizar la eficacia de las prohibiciones de inmovilización de bienes; y ha impuesto sanciones adicionales contra 87 personas y 34 entidades, en particular contra responsables clave de la toma de decisiones, dirigentes militares, comandantes militares del Grupo Wagner y fabricantes de drones. Todo ello, se puede consultar en el DOUE L 059 I, de 25 de febrero de 2023.

6 DOUE L 322 I, de 16 de diciembre de 2022.

máximo preestablecido[7]. En definitiva, el objetivo pasa por reducir aún más los ingresos de Rusia, al mismo tiempo que se mantienen estables los mercados mundiales de energía a través de suministros continuos. Por lo tanto, se contribuye también a la toma en consideración de la inflación y a mantener estables los elevados precios de la energía, que se han convertido en una gran preocupación para todos los europeos.

Por su parte, la Organización Mundial del Comercio no ha permanecido impasible ante este enfrentamiento y ha puesto en marcha algunas actuaciones a este respecto. Entre otras, una Declaración plurilateral emitida el 15 de marzo de 2022 por algunos países miembros, entre ellos la Unión Europea, que plantea la suspensión del tratamiento de la nación más favorecida (art. I GATT, art. II GATS y art. 4 TRIPs) a productos y servicios de la Federación Rusa. Se pondría fin, por tanto, a la eliminación de obstáculos a las importaciones y exportaciones; esto es, a la liberalización de las transacciones transfronterizas sobre la base de la prohibición de discriminación entre Estados. Una medida de estas características sería incompatible con las reglas básicas que gobiernan el comercio internacional, por lo que solo sería posible en el caso de quedar amparada por la excepción de seguridad nacional (art. XXI GATT, art. XIV bis GATS, art. 73 TRIPs). Pero la regulación en cuestión solo puede permitir medidas contrarias a los compromisos adquiridos en virtud de los Acuerdos de la OMC en circunstancias excepcionales, como el caso de una "guerra u otra emergencia en las relaciones internacionales" cuando "se estime necesario para proteger intereses esenciales de seguridad en situaciones de grave tensión internacional". Por lo que dependerá de la interpretación que se otorgue a los requisitos que en la norma se establecen para entender justificada la medida, no tanto para Ucrania que resultaría obvio, sino para todos los demás.

---

7 DOUE L 259 I, de 6 de octubre de 2022.

Para los operadores económicos que intervienen en el mercado también se han producido repercusiones jurídicas importantes, como consecuencia de las limitaciones que suponen las sanciones impuestas al comercio. Las expectativas razonables que pudieran concurrir en la celebración de los contratos se ven truncadas por la aplicación de las normas que las van a condicionar. Los derechos y obligaciones de las partes se ven preteridos por la existencia de normas de obligado cumplimiento, que imponen de manera imperativa una solución de los negocios internacionales que no estaba prevista cuando se entabló la relación comercial[8]. Como consecuencia, los consumidores también se ven afectados, por cuanto la adquisición de los productos y servicios se dificulta y encarece, así como, a veces, se imposibilita totalmente. Todos los que participan en las transacciones se encuentran condicionados por los vaivenes de la coyuntura mundial en estos momentos. Los efectos que puedan derivarse para el caso específico dependerán de la norma aplicable al supuesto en cuestión, ya que cada actuación estará amparada por una regla determinada que puede contener medidas similares pero no idénticas. Los destinatarios de los mandatos jurídicos tendrán que tenerlos en cuenta para actuar de manera adecuada en cada caso y cumplir así con lo que se exija en atención a la concreta circunstancia concernida. Incluso será preciso que los sujetos adapten su comportamiento

---

8 Se trata de la tensión entre el cumplimiento del contrato en sus estrictos términos y la posibilidad de revisión o de exoneración en caso de incumplimiento cuando concurren circunstancias extraordinarias que afectan a la ejecución del contrato, lo que encuentra cobijo normativo en la Convención de Viena sobre contratos de compraventa internacional de mercaderías, de 11 de abril de 1980, que dedica el artículo 79 a la fuerza mayor, aunque su redacción flexible permite que pueda comprender también algunos supuesto de excesiva onerosidad o hardship. *Vid.*, FERNÁNDEZ ROZAS, J.C., ARENAS GARCÍA, R. y MIGUEL ASENSIO, P.A., *Derecho de los negocios internacionales,* Iustel, sexta edición, 2020, pp. 326 y 327.

a esas disposiciones cuando tengan presencia en los territorios donde estén vigentes, aunque donde no lo estén y tengan también presencia podrán actuar libremente[9].

2. EL CONTEXTO ENERGÉTICO MUNDIAL Y SU IMPACTO EN EL COMERCIO INTERNACIONAL

La constatación de diferencias en las fuentes energéticas naturales que poseen los distintos países del mundo y, por tanto, en su grado de dependencia con respecto a las importaciones del exterior, ha dado lugar al establecimiento de una especial relación con el Derecho internacional económico. A su vez, la cuestión de la dependencia está relacionada con el hecho de la disponibilidad que tienen los Estados sobre las fuentes de energía, lo que les ha impulsado a elaborar una específica política de aprovisionamiento, dependiendo de su mayor o menor disposición sobre las mismas. Además, la energía se caracteriza por desempeñar una función cada vez más importante en el conjunto de la actividad económica mundial, ya que proporciona la cobertura de servicios esenciales para la sociedad industrializada. Sin embargo, su consumo, fuertemente incrementado por la aplicación de tecnología innovadora, se ha tenido que enfrentar a la existencia de unos recursos energéticos limitados. Lo que también ha repercutido en el ámbito de la UE, que ha tratado de reducir su demanda externa, a través de una utilización racional de la energía, que consiga hacer disminuir la vulnerabilidad de los Estados miembros, ante una escasez de suministro.

Además, la demanda global de energía presenta un carácter inelástico. Esta circunstancia determina que en épocas de sobreabundancia o escasez en la oferta de energía los precios

---

9 GORDON, R.J.F., SMYTH, M. and CORNELL, T., *Sanctions Law*, Hart Publishing, 2019, p. 258.

sufran variaciones inmediatas y la demanda se mantenga relativamente estacionaria[10]. Lo que se puede entender que ha contribuido a incentivar posicionamientos de dominio en las regiones suministradoras de recursos energéticos primarios. Este razonamiento se puede desprender de la utilización que se ha llevado a cabo de la energía para la consecución de objetivos económicos y políticos, de carácter eminentemente estratégicos[11]. Es más, el principio de la soberanía de los Estados sobre sus propios recursos alimentó el proceso inevitable de la descolonización económica en ciertos países productores de energías primarias. Como consecuencia, estos últimos se valieron de diversos instrumentos para llegar a imponer su autoridad en el comercio energético internacional que, al mismo tiempo, acusaría importantes fluctuaciones[12]. Por lo que resulta posible afirmar que los países consumidores a gran escala aparecen como los principales perjudicados por estos desajustes en los intercambios, a causa, principalmente, de sus limitados recur-

---

10 IPPOLITO, M., *Contribution a l'étude du problème énergétique communautaire,* Librairie Générale de Droit et de Jurisprudence, París, 1969, pp. 37 y 38; puntualiza que la inelasticidad se debe a que la energía contribuye a la satisfacción de necesidades fundamentales y a que ocupa un espacio reducido tanto en los precios de coste de los productos altamente elaborados como en los gastos domésticos.

11 En la actualidad se asiste al despliegue acelerado de las energías renovables, lo que ha puesto en marcha una transformación energética global que tendrá profundas consecuencias geopolíticas. Mientras que los combustibles fósiles han dado forma al mapa geopolítico en los últimos dos siglos, la transformación energética alterará la distribución global del poder, las relaciones entre los estados, el riesgo de conflicto y los factores sociales, económicos y ambientales de la inestabilidad geopolítica. *Vid.,* VIÑUALES, J. E., *The international law of energy,* Cambridge University Press, September 2022, pp. 399 y 400.

12 ELIAN, G., "Le principe de la souveraineté sur les ressources nationales et ses incidences juridiques sur le commerce international", *Recueil des Cours de l'Académie de Droit International de la Haye,* vol. 149, 1976, pp. 35 - 39.

sos energéticos para poder contrarrestar de forma adecuada estas épocas deficitarias.

Por todo lo anterior, se producen una serie de condicionamientos en el sector energético[13], debido a que los factores económicos y políticos ejercen un poder considerable en una materia que, como la energía, presenta como peculiaridad más destacada el ser un elemento indispensable en la evolución y el progreso de la humanidad. De ahí que pueda resultar pertinente examinar el comportamiento de dichos factores a nivel internacional, para comprobar posteriormente sus efectos en el desarrollo del mercado energético a escala global. Sin perder de vista el componente jurídico que subyace en el modo de organizar los distintos tipos de energía, especialmente al tratar el fenómeno de la UE. Con ello, se pretende dar una visión holística de algunos aspectos significativos que pueden llegar a influir en la regulación energética desde la perspectiva del Derecho internacional económico, así como también comprobar las consecuencias que se pueden derivar de todo ello para los operadores que intervienen en el comercio transfronterizo.

---

13 Por lo que se refiere a Rusia, se constata la existencia de intereses energéticos detrás de las grandes decisiones políticas que ha venido adoptando en relación con Ucrania. La mayoría de los problemas geopolíticos en Rusia tienen que ver con el futuro de sus recursos y los precios que puede obtener por ellos. Parece, por tanto, que Putin está dispuesto a quedarse con algo importante de Ucrania y que es su flanco oriental rico en carbón, así como también el arsenal nuclear de la antigua Unión Soviética ubicado en el territorio invadido. *Vid.*, VILLAMIZAR, R.; WILLOUGHBY, R. y LÓPEZ-IBOR MAYOR, V., *Energy & power futures in the times of covid-19... and beyond,* Global Square Editorial, 2020, p. 229.

2.1. La posición de la OMC

El Derecho internacional económico responde al hecho cierto de la intervención pública en el diseño del mercado transfronterizo. Se trata, no obstante, de una intervención organizada de carácter internacional, que se canaliza a través de mecanismos institucionales de creciente importancia, que a su vez involucran los intereses, a menudo enfrentados, de los distintos mercados regionales. Los frutos de esta actividad institucionalizada se plasman en principios y directivas orientadoras, pero también en normas positivas y concretas que condicionan de forma directa el régimen de los intercambios. Se trata de una regulación que debe ser tenida en cuenta por los operadores profesionales, así como también por los jueces y árbitros, ya que, en suma, es parte esencial del *compliance* legal de las empresas enfrentadas al comercio transfronterizo[14]. Una parte importante de esa normativa emana de la OMC, ya que puede considerarse la catalizadora del sistema multilateral del comercio en la actualidad. No en vano en su seno se gestan la mayoría de las reglas que gobiernan los intercambios en todo el mundo. Se trata de un fenómeno único en las relaciones internacionales, porque no solo es una organización internacional, sino que también es un modo de gestión. En concreto, este último está basado en reglas derivadas del consenso y caracterizado especialmente por poderes judiciales y legislativos. El poder judicial reside en un sistema de solución de controversias robusto y jurídicamente obligatorio, mientras que el poder legislativo reside en un proceso de negociación que lleva más de 50 años en proceso. La negociación es, por

---

14 FERNÁNDEZ ROZAS, J.C., *Sistema del comercio internacional,* Civitas, Madrid, 2001, p. 38.

tanto, fundamental para la OMC, ya que es en gran medida una máquina de concertación de posturas[15].

Aunque se constata la inexistencia de una regulación específica en materia de energía en los Acuerdos de la OMC, resulta posible indicar que sus disposiciones se aplican a todas las formas de comercio y, por ende, también al basado en el intercambio energético[16]. La falta de atención de las normas que disciplinan el comercio internacional se puede achacar a que, en el momento de la negociación de las reglas del GATT, la demanda mundial de energía era una fracción de lo que representa hoy y, por lo tanto, también los precios jugaban un papel menos preponderante en el conjunto de la economía global[17]. Tampoco la energía se trató como un sector separado en las negociaciones sobre los servicios que tuvieron lugar durante la Ronda Uruguay. En aquel momento, el mercado de la energía estaba controlado en gran medida por empresas estatales de servicios públicos cuyas operaciones abarcaban toda la cadena de actividades[18]. Sin embargo, la tendencia a la privatización y liberalización de los mercados energéticos nacionales iniciada en la década de 1990 ha aumentado la participación de operadores privados en el sector e introducido inestabilidad al sistema. Hasta tal punto se han desestabilizado

---

15 BETHLEHEM, D., McRAE, D., NEUFELD, R., VAN DAMME, I., *The Oxford Handbook of International Trade Law,* Oxford University Press, 2009, p. 28.

16 T. COTTIER, G. MALUMFASHI, S. MATTEOTTI-BERKUTOVA, O. NARTOVA, J. DE SÉPIBUS AND S. Z. BIGDELI, "Energy in WTO Law and Policy", in T. COTTIER AND P. DELIMATSIS (Eds.), *The prospects of international trade regulations: from fragmentation to coherence,* Cambridge University Press, 2011, p. 215.

17 M.A. ADELMAN, "World Oil Production and Prices 1947-2000", *Quarterly Review of Economics and Finance,* 42, 2002, pp. 169 y 170.

18 OMC, Servicios de energía, https://www.wto.org/spanish/tratop_s/serv_s/energy_s/energy_s.htm.

los mercados, que la invasión rusa de Ucrania y sus efectos perniciosos en los suministros de energía junto con el incremento exponencial de los precios han activado la alarma en la OMC sobre la necesidad de contar con un acuerdo sectorial de carácter integral en materia de energía. Incluso se ha planteado la posibilidad de utilizar el Tratado sobre la Carta de la Energía (TCE)[19] como modelo para elaborar ese otro de mayor calado en el contexto de las normas que disciplinan el comercio internacional a nivel mundial[20] .

Pero mientras se decida la mejor forma de abordar la regulación de la energía en el sistema multilateral del comercio, las alteraciones provocadas en el tráfico económico externo por la invasión rusa en Ucrania se han saldado con sendas Declaraciones plurilaterales adoptadas en el seno de la OMC. Una primera adoptada el 14 de marzo de 2022[21], sobre la agresión de Rusia a Ucrania, que fue suscrita por trece países así como

19 El TCE cubre la protección de las inversiones, el tránsito, el comercio y la eficiencia energética. Es un instrumento importante para conseguir una base legal en materia de seguridad energética y contribuir al fortalecimiento del estado de Derecho en cuestiones de energía. Su objetivo es crear un conjunto de reglas que deben observar todos los gobiernos participantes, mitigando los riesgos asociados con la inversión y el comercio relacionados con la energía. El TCE se basa en los principios de mercados abiertos, competitivos y desarrollo sostenible, así como en la provisión de normas legales para las inversiones, el comercio y el tránsito. Además, cuando el TCE se refiere a la regulación del comercio de energía, se remite a las reglas de la OMC, por lo que ambos instrumentos jurídicos mantienen concomitancias más que evidentes.

20 R. LEAL-ARCAS Y E. ÁLVAREZ ARMAS, "The climate-energy-trade nexus in EU external relations", in *EU Climate Diplomacy Politics, Law and Negotiations,* Routledge, 2018, pp. 153-168.

21 General Council, *Joint Statement on Aggression by the Russian Federation Against Ukraine with the Support of Belarus, Albania; Australia; Canada; European Union; Iceland; Japan; Republic of Korea; Republic of Moldova;*

por la UE, y la segunda en el marco de la Conferencia Ministerial de la Organización celebrada el 12 de junio de 2022[22], donde más de 50 Estados manifestaron su apoyo y solidaridad con el país agredido. Mientras en esta última se instaba a que los Miembros posibilitaran las exportaciones procedentes de Ucrania, lo que podían hacer facilitando el uso de la infraestructura o simplificando los procedimientos aduaneros, en la otra se planteaba la supresión del tratamiento de la nación más favorecida a Rusia. En ambos casos parecen vulnerarse los postulados esenciales que gobiernan el comercio internacional, lo que podría quedar legitimado, en principio, por la excepción relativa a la seguridad, tal y como parece regulada en el artículo XXI b) iii) del GATT, en el artículo XIV bis 1 b) iii) del GATS y en el artículo 73 b) iii) del TRIPs.

Sobre la interpretación que se le ha dado a la excepción relativa a la seguridad puede traerse a colación el asunto que enfrentó a Rusia y a Ucrania ante el Órgano de Solución de Diferencias de la OMC, como consecuencia de la impugnación por esta última de las prohibiciones y restricciones impuestas por la Federación de Rusia al tráfico en tránsito por carretera y por ferrocarril procedente de Ucrania, a través de Rusia y con destino a Kazajstán y la República Kirguisa[23]. En concreto, el Grupo Especial aludió a la particularidad de la excepción especificada en el inciso iii) del apartado b) del artículo XXI del GATT, en este caso. Se reconoció, a este respecto, que una guerra o una grave tensión internacional suponía un cambio

Montenegro; New Zealand; North Macedonia; Norway; United Kingdom and United States, WT/GC/244, 15.3.2022.

22 *Ukraine solidarity meeting - Joint statement*, 12 de junio de 2022, https://policy.trade.ec.europa.eu/news/ukraine-solidarity-meeting-joint-statement-2022-06-12_en.

23 WT/DS512, Federación de Rusia – Medidas que afectan al tráfico en tránsito. En concreto, el Informe del Grupo Especial, de 5 de abril de 2019.

fundamental de las circunstancias que alteraba radicalmente el marco fáctico en el que había de evaluarse la compatibilidad de las medidas en litigio con las normas de la OMC. Tal es así que, a diferencia de las medidas abarcadas por las excepciones previstas en el artículo XX, no sería necesario determinar la existencia de una medida alternativa razonablemente al alcance para lograr la protección de los intereses legítimos abarcados por la excepción que no infringiera, o lo hiciera en menor medida, la norma prescrita[24]. Por lo tanto, los requisitos que deberían observarse para poder aplicar la excepción se podrían circunscribir a los que se indican a continuación:

1° Que debe existir una situación de guerra o de grave tensión internacional, lo que ha sido interpretado, por lo que respecta a este último inciso, como una situación de conflicto armado, o de conflicto armado latente, o de tensión o crisis agravada, o de inestabilidad general que sumerge o rodea a un Estado[25]. Además, que no es necesario saber qué actor o actores son internacionalmente responsables por la existencia de esta situación, ni tampoco que se caracterice a la misma con arreglo al derecho internacional en general[26].

2° Las medidas que se adopten contraviniendo las reglas fundamentales del sistema multilateral de comercio por el Estado Miembro en cuestión deben estimarse necesarias para la protección de los intereses esenciales de su seguridad. Esto último se ha entendido como referido a los intereses relacionados con las funciones más fundamentales del Estado, a saber, la protección de su territo-

---

24 Apdo. 7.108.

25 Apdo. 7.111.

26 Apdo. 7.121.

rio y su población frente a amenazas externas y el mantenimiento de la ley y el orden público a nivel interno[27].

3º Para la apreciación de lo que se consideren intereses esenciales de su seguridad, se otorga un cierto margen de discrecionalidad al Estado Miembro correspondiente, pero debe estar basado en la buena fe[28] y que las medidas en litigio cumplan un requisito mínimo de plausibilidad en relación con los intereses esenciales de seguridad presentados[29].

2.2. Los efectos en la UE

En la actualidad, el mercado energético, tanto a nivel global, como a nivel regional en Europa, se encuentra afectado por una gran volatilidad de los precios. En concreto, la invasión rusa en Ucrania ha provocado una subida del precio del gas sin precedentes, por la gran dependencia que tiene la UE de esta materia prima procedente de esta parte del mundo. Esta situación ha provocado un efecto dominó, ya que el gas no solo se utiliza como energía primaria, sino también para la producción de electricidad. Además, la energía resulta necesaria para la producción de bienes y la prestación de servicios, por lo que también han sufrido un aumento de precios considerable. Hasta tal punto se han producido vaivenes en este sector económico que la Comisaria de energía, Kadri Simson, ha manifestado lo siguiente: "los mercados de la energía mundiales y europeos atraviesan tiempos turbulentos, especialmente desde la invasión rusa de Ucrania..."[30]. También las subvenciones

---

27 Apdo. 7.130.

28 Apdo. 7.132 y 7.133.

29 Apdo. 7.138.

30 *Vid.*, Comunicado de prensa: "La Comisión propone una serie de opciones para paliar los efectos de los elevados precios de la energía con compras conjuntas de gas y unas obligaciones mínimas de

verdes de la UE[31] se pueden incardinar en una nueva generación de guerras comerciales que tienen a las energías renovables como protagonistas, donde los fondos comprometidos van a tratar de contrarrestar las posiciones de los EEUU y China en esta materia. Se trata de acelerar la inversión y la financiación destinadas a la producción de tecnologías limpias en Europa, para que los fabricantes de productos ecológicamente sostenibles puedan competir con los subsidios de miles de millones de dólares comprometidos por China y Estados Unidos. En concreto, por lo que se refiere a este último, se han ofrecido 369 mil millones de dólares en subsidios principalmente para fabricantes con sede en América del Norte, amenazando con atraer a las empresas lejos de Europa[32].

El comercio, en general, y el de la energía, en particular, se encuentran a merced de los efectos de la guerra e, incluso, se convierten en unas armas más del combate, en el que terceros (sobre todo los países con gran dependencia de los suministros procedentes de los territorios en conflicto) pueden llegar a ser utilizados como rehenes a modo de chantaje[33]. Para contrarrestar lo anterior, resulta evidente el activismo de la UE en materia de energía, sobre todo para eliminar gradualmente la

---

almacenamiento de gas", Bruselas, 23 de marzo de 2022, https://ec.europa.eu/commission/presscorner/detail/es/ip_22_1936.

31 Comisión Europea, *Communication from the Comission to the European Parliament, the European Council, The Council, The European Economic and Social Committee and the Committee of the Regions. A Green Deal Industrial Plan for the Net-Zero Age,* COM (2023) 62 final, Bruselas, 1 de febrero de 2023.

32 El País, La UE flexibilizará las ayudas de Estado a inversiones 'verdes' para competir con EE UU, 30 de enero de 2023, https://cincodias.elpais.com/cincodias/2023/01/30/economia/1675103459_664748.html.

33 OTERO GARCÍA-CASTRILLÓN, C., *Pinceladas sobre las consecuencias de la guerra de Ucrania sobre el comercio internacional,* 10 de noviembre de 2022, https://www.ucm.es/dci-gc/noticias/56933.

dependencia de Europa de las importaciones de energía rusas. Para ilustrar esto último, se puede hacer referencia al Plan REPowerEU[34], que trata de reducir la dependencia excesiva de la UE de las importaciones de combustibles fósiles rusos, esto es, gas, petróleo y carbón, acelerando la transición hacia una energía limpia. Para lograrlo se deben unir fuerzas para conseguir un sistema energético más resiliente y una verdadera Unión de la Energía. En concreto, se presta atención a una serie de medidas para ahorrar energía, diversificar los suministros, sustituir rápidamente los combustibles fósiles acelerando la transición hacia una energía limpia en Europa y combinar de forma inteligente inversiones así como reformas. En el caso de los combustibles fósiles y la transición hacia una energía limpia, se apuesta por la aceleración y expansión masivas de las energías renovables en la generación de electricidad, la industria, los edificios y el transporte, para conseguir la eliminación progresiva de los combustibles fósiles rusos. Además, la promoción de las energías limpias en detrimento de las contaminantes reducirá, con el paso del tiempo, los precios de la electricidad y las importaciones de combustibles fósiles. En suma, una Europa más segura, barata y limpia desde la óptica del aprovisionamiento energético.

Un aspecto que impide combatir de manera rápida y eficaz las dificultades por las que atraviesa en estos momentos el mercado energético en la UE está relacionada con las características específicas del sector. Aunque podría parecer que se trata de un escenario homogéneo, en realidad es extremadamente diverso tanto en términos de productos como de consumidores finales. Esta complejidad deriva de las peculiaridades físicas y estructurales que gobiernan cada recurso. Así, en el caso del gas y de la electricidad su utilización está condicionada por el especial sistema de transporte requerido, que solo puede reali-

---

34 COM (2022) 230 final, Bruselas, 18.5.2022.

zarse a través de redes de distribución con la consecuencia de ser considerado un monopolio natural con intervención del Estado[35]. Pero en el caso del gas, incluso, hay que tener en cuenta su condición de recurso natural, que solo se encuentra en las profundidades de la tierra. Los depósitos de esta energía son geográficamente específicos y, a menudo, están distribuidos de manera desigual entre regiones y jurisdicciones. la naturaleza altamente política del gas natural se deriva de este hecho[36], lo que no puede pasar inadvertido para la UE al necesitar abastecerse del exterior. Tan es así que para España y Portugal se ha aprobado una excepción ibérica, por la que se establece un precio de referencia del gas al mismo tiempo que se impide su traslado a los consumidores finales. La particular posición de estos dos países se traduce en una escasa interconexión energética con el resto de Europa, calculada en aproximadamente un 2%. De tal forma que cualquier alteración que se produzca dificulta o prácticamente hace imposible buscar alternativas para compensarla. Como consecuencia, la Comisión Europea ha aprobado, en virtud de las normas sobre ayudas estatales de la UE, una medida española[37] y portuguesa[38] por valor de 8.400 millones de euros. Con ella se pretende reducir la factura energética de las familias y las empresas ante un conflicto no solo bélico, sino también comercial.

---

35 JACCARD, M., "Oscillating currents. The changing rationale for government intervention in the electricity industry", *Energy Policy*, vol. 23, nº 7, 1995, p. 580.

36 PENTTINEN, S.-L., *Free movement and the energy sector in the European Union. The role of the European Court of Justice,* Routledge, 2020, 29.

37 Real Decreto-ley 10/2022, de 13 de mayo, por el que se establece con carácter temporal un mecanismo de ajuste de costes de producción para la reducción del precio de la electricidad en el mercado mayorista. BOE núm. 115, de 14/05/2022.

38 Decreto-Lei n.º 33/2022, de 14 de maio. Diário da República n.º 93-A/2022, Série I de 2022-05-14, páginas 2 – 8.

3. LAS SANCIONES DE LA UNIÓN EUROPEA EN LA SITUACIÓN DE CONFLICTO INTERNACIONAL

A través de las sanciones económicas se interviene en el mercado para imponer ciertas reglas de juego o de tráfico, con el objetivo de configurar el comportamiento de los operadores comerciales en atención a determinados propósitos. Dentro de las técnicas de reglamentación del tráfico jurídico externo, se las puede bautizar como normas de aplicación necesaria o como normas materiales imperativas, que se imponen sea cual sea la *lex causae,* es decir, la ley que rija el contrato[39]. Se trata, por lo tanto, de una regulación que tercia de forma inmediata, por encima del juego conflictual y, en suma, por encima de las relaciones jurídico privadas. Están destinadas a proteger un interés del sancionador, al tiempo que se dirigen contra otro u otros Estados para coaccionar su comportamiento. El objetivo que persiguen es puramente político y externo, pero afectan al contrato en virtud de las externalidades que genera y no a causa de la relación interna entre las partes[40]. El TJUE ya ha tenido ocasión de pronunciarse sobre las sanciones económicas contra Rusia por sus actos en Ucrania[41], en relación con la lista de personas,

---

39 Es más, de conformidad con la regulación existente en la UE, esto es, el Reglamento 593/2008 sobre la ley aplicable a las obligaciones contractuales, se podría conseguir la aplicación de las sanciones económicas no solo a través de la *lex causae,* sino también a través de la ley del foro y de la ley de un tercer Estado, por ejemplo, la del país en que las obligaciones derivadas del contrato tienen que ejecutarse o han sido ejecutadas. *Vid.,* SZABADOS, T., *Economic sanctions in EU private international law,* Hart Publishing, 2019, pp. 54-98.

40 GARCIMARTÍN ALFÉREZ, Fco. J., *Contratación internacional y medidas de coerción económica,* Editorial Beramar, Madrid, 1993, pp. 36-39.

41 Sentencia del Tribunal General de 13 de septiembre de 2018, As. T-715/14, ECLI:EU:T:2018:544. Esta decisión ha sido confirmada el 17 de septiembre de 2020 por el Tribunal de Justicia de la Unión Europea, As. C-732/18 P, ECLI:EU:C:2020:727.

entidades y organismos a los que se aplica la inmovilización de fondos y de recursos económicos. En concreto, la energía fue la protagonista de este asunto, al tratarse de un grupo de compañías con sede en Moscú que operaban en los sectores del gas y el petróleo. La principal conclusión que puede extraerse de este pronunciamiento del tribunal europeo ha consistido en afirmar que las disposiciones adoptadas por Bruselas que establezcan sanciones contra rusia serán plenamente efectivas en las relaciones de derecho privado siempre que sean aplicables y efectivas dentro del contexto de la UE[42].

Se podría inferir de lo anterior que las sanciones económicas cabría encuadrarlas en alguno de los cuatro modelos de justicia energética que parecen existir a este respecto, tales como la justicia distributiva, la procedimental o de participación, la restaurativa o de reparación y la social. Mientras que con la primera se perseguiría la distribución equitativa de los beneficios y las cargas de las actividades energéticas, con la segunda se abordaría el derecho de todos los individuos y comunidades a participar en la toma de decisiones con respecto a los proyectos y políticas energéticas que los afectan. Por su parte, con la tercera se haría referencia a la aplicación imparcial de los estatutos y reglamentos de energía, así como al acceso a las reparaciones cuando se vulneren los derechos legalmente reconocidos. En el caso de la última, se basaría en el reconocimiento de que la injusticia energética no puede separarse de otros males sociales, como la pobreza y la subordinación basada en la casta, la raza, el género o la indigeneidad[43]. Resultaría posible encuadrar las sanciones económicas impuestas

---

42 ZARRA, G., *Imperativeness in private international law. A view from Europe,* Springer, 2022, p. 190.

43 GUAYO, I., GODDEN, L., ZILLMAN, D.N., MONTOYA, M.F. y GONZÁLEZ, J.J., *Energy justice and* energy *law,* Oxford University Press, 2020, p. 6.

a Rusia en el tercer tipo de los modelos de justicia energética, donde se persigue restituir a los ucranianos en la situación anterior al conflicto, esto es, en un territorio libre del conflicto armado, a través de medidas concebidas para debilitar la base económica de Rusia y limitar significativamente su capacidad para mantener la guerra.

Hasta diez paquetes de medidas restrictivas se han impuesto por la UE contra Rusia por sus actos en Ucrania desde 2014, que se han traducido en sanciones individuales, económicas y en medidas diplomáticas[44]. Por lo que respecta a las primeras, se ha decidido la inmovilización de bienes y restricciones de viaje, que afectan a un total de 1.473 personas y 205 entidades. También se ha acordado inmovilizar los bienes de las personas responsables de malversación de fondos públicos ucranianos. Pero es, sobre todo, a través de las sanciones económicas donde se ha interferido en los intercambios energéticos con Rusia. En concreto, se ha establecido una limitación de precios en relación con el transporte marítimo de petróleo crudo y productos del petróleo. Además, se han previsto una serie de prohibiciones relativas a importar carbón de Rusia; importar petróleo procedente de Rusia, con excepciones limitadas; exportar a Rusia bienes y tecnologías del sector del refino de petróleo; hacer nuevas inversiones en el sector ruso de la energía y la minería; así como suministrar capacidad de almacenamiento de gas (excluyendo la parte de las instalaciones de gas natural licuado) a nacionales rusos. Con todo, podría ser probable que las sanciones a Rusia tuvieran poco efecto, ya que los rusos tienen muchas otras fuentes de suministro, importadores para sus productos y otros clientes que confían en sus expor-

---

44 *Vid.*, Medidas restrictivas de la UE contra Rusia por sus actos en Ucrania (desde 2014), https://www.consilium.europa.eu/es/policies/sanctions/restrictive-measures-against-russia-over-ukraine/.

taciones[45]. Aunque la respuesta de una gran mayoría de países que coordinan sus actuaciones en la imposición de sanciones a Rusia, como está sucediendo en el conflicto de Ucrania, podría llegar a ser más efectiva, no tanto como para provocar una crisis, sino más bien por su probable contribución a frenar las perspectivas de crecimiento a largo plazo.

4. LAS CONSECUENCIAS EN LOS NEGOCIOS INTERNACIONALES

La guerra y las sanciones resultantes han interrumpido la conectividad comercial rusa y ucraniana, lo que afecta a la logística de una amplia región. Las conexiones de Rusia con los puertos europeos se han recortado y las exportaciones de productos básicos a otros destinos han sido restringidas. Los puertos del Mar Negro de Ucrania han sido bloqueados u ocupados, dejando al país pocas rutas para sus exportaciones de materias primas. También se han producido cierres recíprocos del espacio aéreo entre Rusia y 36 países, lo que ha dado lugar a rutas más largas y precios más altos para el flete aéreo entre Europa y Asia oriental. El tránsito ferroviario a través de Rusia se ha ralentizado por los procedimientos adicionales para comprobar el cumplimiento de las sanciones, al mismo tiempo que más rondas de sanciones podrían acarrear el riesgo de detenerlo completamente. En consecuencia, las interrupciones en las cadenas de suministro globales y regionales han causado escasez de insumos y aumentos de precios considerables[46], lo que irremediablemente estará teniendo un reflejo en los contratos internacionales que las empresas del bloque sancionador, por

---

45 KRUEGER, A.O., *International trade. What everyone needs to know*, Oxford University Press, 2020, p. 176.

46 RUTA, M., *The impact of the war in Ukraine on global trade and investment,* World Bank Group, 2022,

un lado, y del sancionado, por otro, hubieran podido celebrar y que ahora se verán comprometidos.

Parece evidente que el principio *pacta sunt servanda*[47] resultará afectado por la aplicación de las sanciones comerciales a Rusia[48]. Los negocios jurídicos que se hayan podido entablar se verán perjudicados, cuando se acredite la imposibilidad o fuerza mayor en el cumplimiento de las obligaciones que se

---

47 Se trata de la figura jurídica por la cual los contratos tienen fuerza de ley entre las partes y las obligaciones que generan deben cumplirse a tenor de los mismos. En concreto, en el ordenamiento español se encuentra reconocida en el artículo 1091 del Código civil.

48 Hasta tal punto las relaciones jurídicas entre particulares con elemento extranjero se verán afectadas por las sanciones comerciales a Rusia, que se puede traer a colación para ilustrarlo sendos recursos de anulación interpuestos por los Colegios de Abogados de Bruselas y de París contra el Consejo de la UE ante el Tribunal General. Se trata del recurso interpuesto el 26 de diciembre de 2022 — Ordre néerlandais des avocats du barreau de Bruxelles y otros/Consejo (Asunto T-797/22) y del recurso interpuesto el 28 de diciembre de 2022 — Ordre des avocats à la cour de Paris y Couturier/Consejo (Asunto T-798/22), que pueden ser consultados en el DOUE C 63, de 20 de febrero de 2023. En concreto, se persigue que se anule el artículo 1, apartado 12, del Reglamento (UE) 2022/1904 del Consejo, de 6 de octubre de 2022, que prohíbe prestar, directa o indirectamente, asesoramiento jurídico al Gobierno de Rusia o a personas jurídicas, entidades u organismos establecidos en Rusia. Los motivos que se aducen por los reclamantes para ir en contra de la norma impugnada se basan en que infringe la obligación de motivación prevista en el artículo 296 TFUE, así como también que vulnera el secreto profesional del abogado, protegido por el artículo 7 de la Carta de los Derechos Fundamentales de la Unión Europea y el derecho a recibir asesoramiento de un abogado, protegido por el artículo 47, párrafo 2, de la Carta de los Derechos Fundamentales de la Unión Europea. A este respecto, se alega que no se respeta ni el contenido esencial de los referidos derechos, ni el principio de proporcionalidad, como exige el artículo 52, apartado 1, de la Carta de los Derechos Fundamentales.

hayan generado. Se trata de supuestos que impedirán al deudor el cumplimiento de forma perentoria, es decir, al margen de su propia disposición o voluntad de cumplir[49]. Ahora bien, esta situación puede generar dificultades sobre la posibilidad de recuperar las prestaciones que se llevaron a cabo antes del acontecimiento impeditivo, así como en relación con la obligación que puede pesar sobre el deudor de notificar al acreedor el inconveniente sobrevenido. Esto último, sobre todo, cuando la resolución del contrato se haga depender del aviso, siempre que pueda ser catalogado de razonable o determinado. Incluso se podrían plantear escenarios de imposibilidad en la ejecución de la obligación meramente temporales o con efectos parciales[50]. En suma, un aumento de la litigiosidad entre operadores económicos[51], como consecuencia de quedar impedidas las transacciones que vulneren las obligaciones económicas existentes. Estas últimas estarían destinadas a disciplinar el comercio internacional y podrían llegar a invalidar las nor-

---

49 SÁNCHEZ LORENZO, S., *Introducción al Derecho de los contratos internacionales,* Editorial Funglode, República Dominicana, 2013, p. 124.

50 Los efectos parciales se producen cuando hay una parte de la obligación que resulta imposible de cumplir por la sanción comercial, pero hay otra que puede ser materializada. En este sentido, la regulación española se refiere a este acontecimiento en el artículo 1460 del Código civil, que puede servir para ilustrar su existencia. Así, se indica en el precepto en cuestión, que si al tiempo de celebrarse la venta se hubiese perdido en su totalidad la cosa objeto de la misma, quedará sin efecto el contrato. Pero si se hubiese perdido sólo en parte, el comprador podrá optar entre desistir del contrato o reclamar la parte existente, abonando su precio en proporción al total convenido.

51 El incremento de los contenciosos precisará de fórmulas alternativas a la vía jurisdiccional para resolverlos, por su rapidez, flexibilidad y especialización de los llamados a solventarlos. Aunque algunos de los mecanismos extrajudiciales existentes, como la mediación, requerirán de alguna mejora jurídica que los convierta en más eficaces y efectivos. En este sentido se pronuncia OGUZ TUNA, M., *Alternative dispute resolution in energy industries,* Routledge, 2022, pp. 246 y 247.

mas de Derecho internacional privado, cuando su aplicación vulnere las normas imperativas de obligado cumplimiento[52]. Dichas leyes de policía, y por ende las sanciones económicas, podrían estar presentes en la *lex fori,* en la *lex causae* o en la ley de un tercer país. Estas diferentes opciones reciben el nombre de "triángulo de las Bermudas" del Derecho internacional de los contratos[53]. Se trata, en definitiva, de la confluencia del Derecho internacional público y privado en las relaciones que se vinculan con más de un ordenamiento jurídico[54].

5. REFLEXIONES FINALES

En definitiva, el tráfico económico procedente del agresor se está viendo sometido a represalias comerciales que pretenden debilitar su posición en el panorama mundial de los intercambios. Por lo que respecta a la materia energética, se echa en falta un enfoque jurídico global que ofrezca una respuesta unánime de todos los Estados que forman parte de la OMC. Podría pensarse en que ha llegado el momento de abordar este asunto a nivel regulatorio. Así, por ejemplo, podría servir de referencia

---

52 MILLS, A., *The confluence of public and private international law. Justice, pluralism and subsidiarity in the international constitutional ordering of private law,* Cambridge University Press, 2009, p. 290.

53 SZABADOS, T., *Economic sanctions in EU private international law,* Hart Publishing, 2019, p. 57.

54 No cabe duda de que en el medio económico el Derecho público y el privado están particularmente interrelacionados. Junto a los sujetos de carácter público, las relaciones económicas internacionales están pobladas, y aun dominadas, por actores privados, lo que genera un fenómeno de mixtura entre lo público y lo privado en la economía mundial. *Vid.,* ROLDÁN BARBERO, J., e HINOJOSA MARTÍNEZ, L.M., "El Derecho internacional económico", en HINOJOSA MARTÍNEZ, L.M. y ROLDÁN BARBERO, J., *Derecho internacional económico,* Tirant lo Blanch, Valencia, 2022, p. 31.

el Tratado sobre la Carta de la Energía, por cuanto se considera una norma omnicomprensiva al mismo tiempo que específica por razón de la materia. Parece que la energía se ha convertido en un aspecto ubicuo que requiere de soluciones holísticas. Por lo tanto, se considera necesario acometer la regulación de la energía a nivel mundial, por los efectos que su utilización tiene para todas las economías y, por ende, para los particulares. Estos últimos, además, resultan afectados cuando se interfiere el intercambio transfronterizo. Las medidas que restrinjan o imposibiliten el cumplimiento de las relaciones de tráfico jurídico externo podrán suponer la exoneración por parte del que acredite la existencia de fuerza mayor a este respecto. De lo que se infiere un aumento de la litigiosidad internacional, que llevará aparejado el recurso a las normas de Derecho internacional económico y de Derecho internacional privado para solventarlo. Para remediar estas controversias se propone recurrir a la resolución alternativa de litigios, cuando se requieran soluciones rápidas, flexibles y basadas en la especialización de los elegidos para resolverlas. Una fórmula adecuada podría consistir en la mediación, por cuanto deja a las partes enfrentadas la búsqueda de la solución que corresponda sin imponerla. Aunque, al mismo tiempo, exigirá de mejoras jurídicas importantes para dotarla de la eficacia y efectividad que sea preceptiva. Quizá desde el CIADI podría acometerse esta labor, que pasaría por la adopción de un Convenio en la materia que asegurase la ejecución del acuerdo alcanzado, a imagen y semejanza de lo que ocurre con el arbitraje en esta misma institución. De lo que no puede caber duda, en estos momentos, es de la existencia de un panorama convulso, tanto en lo político como en lo económico, que tiene a la energía como principal protagonista de una guerra comercial que se está librando en el seno de las principales potencias del mundo.

RESUMEN. El comercio internacional se encuentra sometido a una enorme perturbación como consecuencia de la invasión rusa en Ucrania. Los flujos energéticos a nivel mundial han corrido pareja suerte, por la gran dependencia que tienen muchos países del gas y el petróleo procedentes del agresor. Para contrarrestar la actuación antijurídica que se ha producido, la Unión Europea ha puesto en marcha diversos paquetes de sanciones y medidas restrictivas con la finalidad de debilitar significativamente la capacidad para mantener la guerra. La OMC no ha permanecido impasible ante esta situación y también ha reaccionado con medidas de diversa índole. A través de sendas Declaraciones plurilaterales se ha puesto de manifiesto la intención de los Miembros de suprimir los derechos y privilegios de Rusia como integrante de la OMC y de apoyar a Ucrania. Para los operadores económicos que intervienen en el mercado también se han producido repercusiones jurídicas importantes, como consecuencia de las limitaciones que suponen las restricciones impuestas al comercio. Será necesario, por tanto, administrar respuestas eficaces para que la legalidad de todos los efectos que se deriven del conflicto no resulte comprometida.

Palabras clave: energía, sanciones, Derecho internacional económico y guerras comerciales.

ABSTRACT. International trade is under disruption because of the Russian invasion of the Ukraine. Energy flows worldwide have been equally affected, due to the great dependence that many countries have on gas and oil from the aggressor. To counteract the unlawful action, the European Union has implemented various packages of sanctions and restrictive measures to significantly weaken the capability to sustain the war. The WTO has not remained impassive and has also reacted with various kinds of measures. Through both plurilateral Declarations, the intention of Members has been to abolish Russia's rights and privileges as a member of the WTO and to support Ukraine. For the economic operators that intervene in the market, there have also been important legal repercussions, because of the limitations that the restrictions cause on trade. Therefore, it will be necessary to manage effective responses so as not to compromise the legality of all the consequences derived from the conflict.

Keywords: energy, sanctions, international economic law and commercial wars.

La cooperación a través de Eurojust en la persecución de los crímenes cometidos en Ucrania

Cooperation through Eurojust in the prosecution of crimes committed in Ukraine

MARÍA TORRES PÉREZ[1]

SUMARIO.- 1. INTRODUCCIÓN. 2. LA OPORTUNIDAD A LA COOPERACIÓN JUDICIAL PENAL A TRAVÉS DE EUROJUST. 2.1. LA COORDINACIÓN EFECTIVA DE LAS INVESTIGACIONES REFERIDAS A CRÍMENES INTERNACIONALES. 2.2. LA COORDINACIÓN EN LA APLICACIÓN DE SANCIONES. 3. CONCLUSIONES

---

1 Profesora Contratada Doctora del Departamento de Derecho Internacional "Adolfo Miaja de la Muela", Universitat de València. Maria. Torres@uv.es. El presente trabajo se ha realizado en el marco del ERASMUS-JMO-2022-MODULE, 101085406-EU GLOBAL, financiado por la Agencia Europea de Educación y Cultura (EACEA), Programa Erasmus+. Las opiniones y puntos de vista expresados solo comprometen a su autora y no reflejan necesariamente los de la Unión Europea o los de la Agencia Ejecutiva Europea de Educación y Cultura (EACEA). Ni la Unión Europea ni la EACEA pueden ser considerados responsables de ellos. Todos los enlaces han sido visitados el 23 de marzo de 2023.

1.- INTRODUCCIÓN

La agresión militar rusa contra Ucrania iniciada el 22 de febrero de 2022, y el consecuente conflicto armado internacional han provocado diversas reacciones por parte de la Unión Europea, que de forma activa se encuentra desarrollando una estrategia transversal de presión internacional, apoyo logístico al gobierno ucraniano y apoyo humanitario a los refugiados que huyen del conflicto. Así, junto con los paquetes de medidas restrictivas que pretenden castigar a Rusia y frustrar su capacidad económica[2], la Unión puso en marcha otra estrategia que se desarrolla a través de la Red de Agencias de Justicia e Interior (JAI), cuya variedad competencial[3] pretende alcanzar no sólo el frente de apoyo operativo a las autoridades ucranianas en el conflicto, sino también el apoyo a las investigaciones de los principales delitos internacionales presuntamente cometidos en Ucrania y una contribu-

---

2 Sobre las medidas restrictivas impuestas contra Rusia, véase la información disponible en https://www.consilium.europa.eu/en/policies/sanctions/restrictive-measures-against-russia-over-ukraine/.

3 Las nueve agencias que participan de esta red son: el Instituto Europeo de la Igualdad de Género (EIGE), el Observatorio Europeo de las Drogas y las Toxicomanías (EMCDDA), la Agencia Europea para el Asilo (EUAA), la Agencia de la UE para la gestión operativa de sistemas informáticos de gran magnitud en el espacio de libertad, seguridad y justicia (eu-LISA), la Agencia de la Unión Europea para la Cooperación Judicial Penal (Eurojust), la Oficina Europea de Policía (Europol), la Agencia Europea para los Derechos Fundamentales (FRA), la Agencia Europea de la Guardia de Fronteras y Costas (Frontex) y la Agencia de la Unión Europea para la Formación Policial (CEPOL). Sobre la división competencia de las agencias y la labor llevada a cabo por cada una de ellas en esta red, véase: PI LLORENS, M. (2019), "El nuevo mapa de las Agencias Europeas del Espacio de Seguridad y Justicia", *Revista de Derecho Comunitario Europeo*, 56, pp. 77-117; Joint Paper JHA Agencies' "*Contributing to the EU's solidarity with Ukraine*", publicado el 23 de agosto de 2022. Disponible en https://www.Eurojust.europa.eu/sites/default/files/assets/2308-joint-paper-ua.pdf.

ción esencial a los Estados miembros para alcanzar el objetivo final de resolución del conflicto[4]. De esta estrategia transversal, la presente propuesta se centra en el estudio y análisis de una de sus áreas más específicas (el apoyo operativo a las investigaciones de crímenes internacionales que se estén cometiendo en el conflicto) siendo la Agencia de la Unión Europea para la Cooperación Judicial Penal (o como se la conoce, Eurojust), la Agencia que mayor dinamismo está demostrando en su gestión.

La presente investigación se lleva a cabo a través del análisis no sólo de los cambios llevados a cabo en la reglamentación de Eurojust para hacer frente a tal objetivo, a saber, los llevados a cabo por el Reglamento (UE) 2022/838 del Parlamento Europeo y del Consejo, de 30 de mayo de 2022 por el que se modifica el Reglamento (UE) 2018/1727[5], sino también de la labor de la Agencia en dicha estrategia, con el fin de destacar su importancia dentro del marco de la cooperación judicial penal y las posibilidades que estos cambios abren para afianzar su posición en el sistema de justicia penal universal.

---

4 Declaración Conjunta de las Agencias de Justicia e Interior de la UE sobre Ucrania, de 7 de marzo de 2022. Disponible en https://www.cepol.europa.eu/newsroom/news/eu-justice-and-home-affairs-agencies-joint-statement-ukraine.

5 Reglamento (UE) 2022/838 del Parlamento Europeo y del Consejo, de 30 de mayo de 2022 por el que se modifica el Reglamento (UE) 2018/1727 en lo que respecta a la preservación, análisis y almacenamiento en Eurojust de pruebas relativas al genocidio, los crímenes contra la humanidad, los crímenes de guerra y las infracciones penales conexas, DOUE, L 148, de 31 de mayo 2022. Disponible en https://eur-lex.europa.eu/legal-content/ES/TXT/PDF/?uri=CELEX:32022R0838&from=ES (visitada el 2 de junio de 2022).

2. LA OPORTUNIDAD A LA COOPERACIÓN JUDICIAL PENAL A TRAVÉS DE EUROJUST

El pasado 30 de mayo, Eurojust veía modificada por segunda vez en un breve período de tiempo su principal regulación[6]. La Agencia, creada en 2002[7] al amparo del tercer pilar comunitario, cimenta hoy en día el continuo compromiso de la Unión por crear un espacio real de libertad, seguridad y justicia en su territorio, y justifica la necesidad de una mayor integración en el plano de la cooperación judicial penal entre los Estados miembros de la UE, especialmente en lo referente al enjuiciamiento de los crímenes internacionales en las jurisdicciones nacionales.

Como señalábamos en la introducción, la labor de Eurojust respecto al conflicto de Ucrania se concentra en dos objetivos:

---

6 Reglamento (UE) 2018/1727 del Parlamento Europeo y del Consejo, de 14 de noviembre de 2018 sobre la Agencia de la Unión Europea para la Cooperación Judicial Penal (Eurojust) y por la que se sustituye y deroga la Decisión 2002/187/JAI del Consejo, DOUE, L 295, de 21 de noviembre de 2018. Disponible en https://www.Eurojust.europa.eu/sites/default/files/AboutUs/EULegalframework/2018-11-21_Eurojust-Regulation_2018-1727_ES.pdf (visitada el 2 de junio de 2022).

7 Eurojust resultó creada a través de la Decisión 2002/187/JAI, Decisión del Consejo, de 28 de febrero de 2002, por la que se crea Eurojust para reforzar la lucha contra las formas graves de delincuencia, OJ L 63, de 6 de marzo de 2002. Disponible en https://eur-lex.europa.eu/legal-content/ES/TXT/PDF/?uri=CELEX:32002D0187&from=ES (visitada el 1 de junio de 2022). Para un recuento breve sobre el proceso de creación, véase: DE KERCHOVE, G., "A short history of the creation of Eurojust", en EUROJUST, *"20 years of EUROJUST: EU judicial cooperation in the making A collection of anniversary essays"*, Narrative Labs B.V., The Netherlands, 2022, pp. 23-32. Sobre la labor de Eurojust en estas dos décadas y un análisis del ejercicio 2021, véase: EUROJUST, *"Annual Report 2021"*, disponible en https://www.eurojust.europa.eu/sites/default/files/assets/eurojust-annual-report-2021.pdf (visitada el 5 de octubre de 2022).

(i) el apoyo logístico a las investigaciones de crímenes internacionales (genocidio, crímenes de lesa humanidad y crímenes de guerra), lo que ha exigido dotar a Eurojust de una nueva regulación que asegurara la efectividad y eficiencia de esta, con el fin de evitar duplicidades y descoordinación entre los Estados miembros de la Unión[8], y (ii) el apoyo a los Estados en la aplicación de sanciones, lo que ha supuesto incrementar la coordinación en la actividad ejecutiva de los Estados miembros, eliminando lagunas jurídicas o legales que pudieran beneficiar a los sancionados.

Cada uno de estos aspectos ha sido encarado, a nuestro modo de ver, de forma efectiva a través de nuevos mecanismos jurídicos o de ya existentes, como pasaremos a analizar.

2.1. La coordinación efectiva de las investigaciones referidas a crímenes internacionales

De forma anterior a la modificación reglamentaria de mayo de 2022, el Reglamento (UE) 2018/1727[9] había supuesto la

---

8 Según afirmaba en mayo de 2022, se habrían iniciado investigaciones en 11 Estados miembros. EUROJUST, "*20 years on: Main Developments in the Fight against Impunity for Core International Crimes in the EU*", Genocide Network, The Hague, 2022. Disponible en https://www.Eurojust.europa.eu/publication/20-years-main-developments-fight-against-impunity-core-international-crimes-eu (visitada el 8 de junio de 2022).

9 Reglamento (UE) 2018/1727 del Parlamento Europeo y del Consejo de 14 de noviembre de 2018 sobre la Agencia de la Unión Europea para la Cooperación Judicial Penal (Eurojust) y por la que se sustituye y deroga la Decisión 2002/187/JAI del Consejo. DOUE, L 295/138, de 21 de noviembre de 2018. Disponible en https://eur-lex.europa.eu/legal-content/ES/TXT/PDF/?uri=CELEX:32018R1727&from=ES (visitada el 6 de septiembre de 2022). Sobre las modificaciones introducidas en Eurojust a raíz de este Reglamento, véase: JORDANA SANTIAGO, M.E., "La esperada reforma de la

comunitarización de la cooperación en materia judicial penal, abandonando el funcionamiento de los pilares y apostando firmemente por la cooperación entre los Estados, pero a través de la Agencia. El Reglamento de 2018 no había supuesto, sin embargo, alteraciones al mandato de Eurojust que seguía definido en su artículo 1 en términos de apoyo y refuerzo de la coordinación y la cooperación entre las autoridades nacionales encargadas de investigar y perseguir las formas de delincuencia grave para las que Eurojust fuese competente, y que aparecían descritas en su Anexo I. Formas entre las que se encontraban -desde sus inicios y hasta ahora- el genocidio, los crímenes de lesa humanidad y los crímenes de guerra.

Sin embargo, la intervención de Eurojust hasta este momento había sido menor. En cualquier caso, es necesario señalar que la aproximación anterior a los crímenes internacionales se realizaba a través de un ejercicio de cooperación intergubernamental en el que, para asegurar su eficacia, no solo en la investigación sino también en el enjuiciamiento de estos crímenes, pocos meses después de la creación de Eurojust, se había adoptado la Decisión del Consejo de 13 de junio de 2002, relativa a la creación de una red europea de puntos de contacto en relación con personas responsables de genocidio, crímenes contra la humanidad y crímenes de guerra[10] (conocida como

---

Agencia de la Unión Europea para la Cooperación Judicial Penal (Eurojust). Comentario al Reglamento (UE) 2018/1727 del Parlamento Europeo y del Consejo, de 14 de noviembre de 2018", *Revista General de Derecho Europeo*, nº 48, 2019, pp. 248-276.

10 Decisión 2002/494/JAI, del Consejo de 13 de junio de 2002, relativa a la creación de una red europea de puntos de contacto en relación con personas responsables de genocidio, crímenes contra la humanidad y crímenes de guerra, DOCE, L 167/1, de 26 de junio de 2002. Disponible en https://eur-lex.europa.eu/legal-content/ES/TXT/PDF/?uri=CELEX:32002D0494&from=ES (visitada el 6 de septiembre de 2002).

"*Genocide Network*"), cuyo objetivo era el facilitar la recogida e intercambio de información entre los Estados miembros en el marco de las investigaciones nacionales que pudieran producirse sobre estos crímenes particulares.

Dicho objetivo fue reiterado a través de la Decisión 2003/335/JAI[11], mediante la cual se buscaba incrementar la cooperación ya establecida a través de esta red incluyendo reuniones periódicas de la misma, obligaciones específicas respecto a la información de solicitantes de permisos de residencia sospechosos de la comisión de crímenes, y el establecimiento de estructuras nacionales especializadas en la investigación y/o enjuiciamiento de este tipo de crímenes.

El "*Genocide Network*", incluida en la estructura de Eurojust, aunque independiente de esta[12] fue hasta 2019 la responsable de la coordinación de las investigaciones de estos crímenes. Sin embargo, las reformas puestas en marcha desde 2018 han supuesto un refuerzo del papel de la Agencia, hasta la situación actual, en la que se ha convertido, como veremos, en un participante directo de los procesos.

La reforma del Reglamento Eurojust trae causa, como señala su motivación, en el propio conflicto internacional vigente entre Rusia y Ucrania, y en la necesidad de evitar la impunidad de los crímenes que pudieran cometerse en este. De forma an-

---

11 Decisión 2003/335/JAI, del Consejo de 8 de mayo de 2003, sobre investigación y enjuiciamiento de delitos de genocidio, crímenes contra la humanidad y crímenes de guerra, DOUE, L 118/12, de 14 de mayo de 2003. Disponible en https://eur-lex.europa.eu/legal-content/ES/TXT/PDF/?uri=CELEX:32003D0335&from=ES (visitada el 6 de septiembre de 2022).

12 El *Genocide Network* funciona como una unidad separada, pero utilizando los recursos administrativos de Eurojust para realizar sus tareas.

terior al conflicto[13], el *Genocide Network* había defendido que, para mejorar la estrategia de lucha contra la impunidad en la UE y en los Estados miembros, era necesario la actuación en ocho frentes distintos: (i) establecer, fomentar y promover unidades especializadas en las jurisdicciones nacionales; (ii) evitar el refugio de los criminales mediante una mejor identificación de los casos y de la información relevante para el caso; (iii) establecer un sistema de cooperación eficaz entre los Estados miembros; (iv) mejorar la legislación nacional y/o europea relativa a la investigación, el enjuiciamiento y la asistencia judicial recíproca, (v) fomentar el *Genocide Network* como centro de experiencia tanto en el territorio de la propia UE como a nivel mundial; (vi) fortalecer el compromiso renovado de la Unión con el fin de la impunidad; (vii) Capacitar y aumentar la sensibilización de las autoridades nacionales competentes; y (viii) desarrollar los derechos, el sistema de apoyo y de protección de las víctimas y testigos de estos crímenes.

Estas ocho estrategias pretendían solucionar de algún modo los retos a los que se enfrentaban y se siguen enfrentando la mayoría de las jurisdicciones ante estos crímenes, entre los que se encuentra la complejidad probatoria, la complejidad *per se* de la estructura criminal, la falta de un mecanismo de cooperación judicial penal único, o la existencia de inmunidades de jurisdicción y su aplicación por los derechos nacionales que dificultan la imputación doméstica.

Sin embargo, y a pesar de los esfuerzos continuados en el desarrollo de esta estrategia y, ya centrados en el conflicto ucrania-

---

13 *Strategy of the EU Genocide Network to combat impunity for the crime of genocide, crimes against humanity and war crimes within the European Union and its Member States* (2014), disponible en https://www.eurojust.europa.eu/sites/default/files/assets/strategy-genocide-network-2014-11-en.pdf (visitada el 18 de septiembre de 2022).

no, el propio Parlamento Europeo reconocía[14] que varios son los problemas que se plantean en la lucha contra estos crímenes cuando el conflicto armado se mantiene vivo; en concreto, los riesgos sobre la recolección de las pruebas, los problemas de ejercicio efectivo de la competencia por parte de las jurisdicciones nacionales y los problemas de ejercicio de competencia de la propia Corte Penal Internacional (no solo respecto al propio crimen de agresión, sino incluso del resto de crímenes competencia de la Corte), no siendo ni Ucrania ni Rusia parte del Estatuto de esta Corte. Según el Parlamento Europeo, la solución a tales problemas debía pasar por intensificar las competencias de Eurojust con el fin de mejorar la coordinación de los Estados miembros, e incluso apoyar el establecimiento de una jurisdicción o mecanismo internacional que se hiciera cargo de coordinar la recolección de evidencia y así mejorar la eficiencia de los procesos de rendición de cuentas.

Pero ante la emergencia de la situación, el Consejo optó por una vía distinta que supone la incorporación, por primera vez, de Eurojust como un participante directo en los procesos penales, constituyéndose como el mecanismo que se hará cargo de la preservación, análisis y almacenamiento de pruebas, y de su puesta a disposición de las autoridades nacionales o de la Corte Penal Internacional, cuando así sea necesario.

Así, la reforma producida por Reglamento (UE) 2022/838, añade un apartado j) a las funciones operativas descritas en el antiguo art. 4 del Reglamento (UE) 2018/1727, según el cual, Eurojust "*apoyará la acción de los Estados miembros para combatir el genocidio, los crímenes contra la humanidad, los crímenes de guerra*

---

14 Resolución 2022/2655 (RSP) del Parlamento Europeo, de 19 de mayo de 2022, sobre la lucha contra la impunidad por los crímenes de guerra en Ucrania, disponible en https://www.europarl.europa.eu/doceo/document/TA-9-2022-0218_ES.pdf (visitada el 8 de septiembre de 2022).

y las infracciones penales conexas, mediante, entre otras cosas, la preservación, el análisis y el almacenamiento de pruebas relacionadas con esos delitos e infracciones penales conexas, y la facilitación del intercambio de dichas pruebas con las autoridades nacionales competentes y las autoridades judiciales internacionales, en particular la Corte Penal Internacional, o la puesta a disposición directa de estas de otro modo".

Tal previsión no supone, sin embargo, la obligación de las autoridades nacionales de remitir a Eurojust el material probatorio, en el caso de que lo tuvieran, en relación con las investigaciones nacionales, a pesar del evidente beneficio de centralizar la preservación, análisis y almacenamiento en un solo agente que permitiría el tratamiento centralizado de este tipo de procesos en los que las autorías son conexas y de difícil prueba en muchas ocasiones.

Para el Consejo, este aumento competencial se justifica en tres ideas:

i. La necesaria coordinación e intercambio de material probatorio entre jurisdicciones nacionales a la luz de la aplicación del principio de jurisdicción universal y al carácter complementario de la jurisdicción de la Corte Penal Internacional o de cualquier futura jurisdicción o mecanismo que pudiera hacerse cargo de las investigaciones y del enjuiciamiento.

ii. La necesaria garantía de que el fin último de evitar la impunidad de los responsables será alcanzado, a través de una estrecha cooperación con la Corte Penal Internacional u otro mecanismo en la persecución que facilite la ejecución de las solicitudes de cooperación judicial.

iii. Evitar el riesgo de deterioro, pérdida o destrucción del material probatorio.

Hasta este momento, la competencia de Eurojust venía limitada operacionalmente a la prestación de un apoyo operativo, técnico y financiero a las investigaciones y operaciones transfronterizas de los Estados miembros. Se ponía de manifiesto en el Expositivo del Reglamento (UE) 2018/1727 que tal competencia recaía siempre en las autoridades nacionales y en el derecho nacional, recordando la necesidad de contar con la normativa adecuada que permitiera la cooperación[15], y remitiéndose al cumplimiento de las obligaciones dispuestas en otras normativas europeas o internacionales, en este caso, la Directiva 2014/41/CE del Parlamento Europeo y del Consejo, de 3 de abril de 2014, relativa a la orden europea de investigación en materia penal[16].

La modificación llevada a cabo, en lo referido a los crímenes de genocidio, crímenes de guerra y crímenes de lesa humanidad, supone, sin embargo, la eliminación de la relación de bilateralidad entre las autoridades nacionales, pero no conlleva sin más la eliminación de la competencia de estas. Las normas de obtención de la prueba aplicables seguirán siendo normas nacionales, por lo que se podrían llegar a producir situaciones de fricción entre las distintas jurisdicciones competentes que deberían resolverse de forma previa para evitar duplicidades innecesarias no solo en el manejo del material, sino también en el tratamiento de las víctimas. La necesidad de vigilar y ser prudentes en dicha obtención, incluso coordinando reglas que protejan la admisibilidad ante los distintos tribunales, obligan a desarrollar normas específicas de obtención o algún tipo de Directriz al respecto, tal y como parece estar desarrollando el *Genocide Network* o ha desarrollado la Fiscalía de la Corte Pe-

---

15 Véase el apartado 15 del cuerpo motivacional del Reglamento (UE) 2018/1727.

16 Directiva 2014/41/UE del Parlamento Europeo y del Consejo, de 3 de abril de 2014, relativa a la orden europea de investigación en materia penal, DOUE L 130/1, de 1 de mayo de 2014. Disponible en https://eur-lex.europa.eu/legal-content/ES/TXT/PDF/?uri=CELEX:32014L0041&from=ES (visitada el 8 de septiembre de 2022).

nal Internacional en relación con los crímenes de violencia sexual[17] o al tratamiento de las víctimas[18] y menores[19].

Y a pesar de la falta de obligatoriedad que evidencia el apartado motivacional del nuevo Reglamento, es cierto que este cambio en la participación de Eurojust resultará sumamente beneficioso a la hora de analizar el material probatorio y generar un "mapa criminal" que podría ser utilizado no solo en las jurisdicciones nacionales que puedan considerarse como competentes, sino también en los procesos que pudieran derivarse ante la propia Corte Penal Internacional o mecanismos que se pudieran establecer a tal fin, dotando a las Fiscalías nacionales y/o internacionales de coherencia, coordinación y rapidez en el acceso y examen de dicho material.

Sin embargo, no todo es positivo. Carece de respuesta y plantea dudas tanto prácticas como doctrinales el valor que se otorgará al análisis de la prueba que pueda realizar Eurojust una vez se aproxime al proceso (tanto si este se desarrolla a nivel nacional como internacional, toda vez que las reglamentaciones de procedimiento penal, por ejemplo, de la Corte Penal Internacional, en lo referente a las normas de prueba dotan a las Salas de las competencias máximas en lo referente

---

17 A este respecto, puede consultarse el *Policy Paper on Sexual and Gender-Based Crimes* elaborado por la Fiscalía de la Corte Penal Internacional en junio de 2014, y disponible en https://www.icc-cpi.int/sites/default/files/Policy_Paper_on_Sexual_and_Gender-Based_Crimes-20_June_2014-ENG.pdf (consultada el 7 de septiembre de 2022).

18 Véase, el *Policy Paper on Victims' Participation* elaborado por la Fiscalía de la Corte Penal Internacional, y disponible en https://www.icc-cpi.int/sites/default/files/Policy_Paper_on_Victims_Participation_April_2010.pdf (visitada el 7 de septiembre de 2022).

19 Véase, *Policy on Children,* elaborado por la Fiscalía de la Corte Penal Internacional en noviembre de 2016, y disponible en https://www.icc-cpi.int/sites/default/files/20161115_OTP_ICC_Policy-on-Children_Eng.PDF (visitada el 7 de septiembre de 2022).

a la valoración respecto a la pertinencia o admisibilidad de la prueba[20]). Si serán un mero apoyo a las investigaciones nacionales o internacionales (que realizarán su propio análisis, lo que supondría una duplicidad no solo de medios materiales que se trata de evitar con tal previsión, sino también introducir el riesgo de interpretaciones contradictorias de prueba entre jurisdicciones que pudieran apoyarse en el mismo material probatorio) o figurarán en el proceso de algún modo (*amicus curiae*, informes de investigación o incluso periciales forenses) requerirá, con la mayor seguridad, adecuaciones en la reglamentación nacional que deberían ir produciéndose de forma previa si se pretende aplicar los análisis de Eurojust en los procesos que se pretende apoyar.

La labor de Eurojust en esta coordinación de las investigaciones no se agota en la labor de recopilación del material probatorio, sino que también se va a llevar a cabo a través de los conocidos como Equipos Conjuntos de Investigación (o *JITs*, por sus siglas en inglés) que, aunque no son una novedad para Eurojust ni los introduce el Reglamento de 2022[21], sí que es

---

20 Véase, Norma 63 de las Normas de Procedimiento y Prueba de la Corte Penal Internacional, disponible en https://www.icc-cpi.int/sites/default/files/Publications/Rules-of-Procedure-and-Evidence.pdf (visitada el 7 de septiembre de 2022).

21 En 2002, la Decisión Marco 2002/465/JAI del Consejo de 13 de junio de 2002, sobre equipos conjuntos de investigación había autorizado la creación de equipos conjuntos de investigación particularmente en dos casos, según su art. 1: *"a) cuando la investigación de infracciones penales en un Estado miembro requiera investigaciones difíciles que impliquen la movilización de medios considerables y afecten también a otros Estados miembros; b) cuando varios Estados miembros realicen investigaciones sobre infracciones penales que, debido a las circunstancias del caso, requieran una actuación coordinada y concertada de los Estados miembros afectados"*, estableciéndose en 2005 el "*JITs Network*" a través de la Decisión del Consejo 11037/05 en el cual todos los Estados miembros participan mediante un experto designado. DOCE, L 162/1,

cierto que su uso en el conflicto de Ucrania lo está siendo, dado el nuevo papel establecido en la gestión probatoria.

El JIT establecido en el caso del conflicto de Ucrania parte de la solicitud iniciada por los representantes de los Estados de Polonia, Lituania y Ucrania a este respecto. Tras una reunión inicial entre los representantes de estos Estados, Eurojust coordinó su puesta en marcha el 25 de marzo de 2022. De forma posterior se han ido uniendo otros Estados miembros como Estonia, Letonia y Eslovaquia, y por primera vez en su historia, la propia Eurojust y la Corte Penal Internacional a través de su Fiscalía.

Aunque el texto concreto del JIT entre las partes no es accesible por razones de seguridad pública[22], contamos con el documento modelo de elaboración de JITs[23] y las Directrices elaboradas por la propia Eurojust y el *JITs Network* al respecto[24].

---

de 20 de junio de 2002. Disponible en https://eur-lex.europa.eu/legal-content/ES/TXT/PDF/?uri=CELEX:32002F0465&from=es, (visitada el 6 de septiembre de 2022). Sobre la labor de Eurojust en los JITs, véase: ALONSO MOREDA, N. (2012), "Eurojust, a la vanguardia de la cooperación judicial en materia penal de la Unión Europea", *Revista de Derecho Comunitario Europeo,* 41, pp. 119-157; HERZ, A. "*The role of Europol and Eurojust in Joint Investigation Teams*", TMC Asser Press, The Hague, 2006; PÉREZ SOUTO, G. (2013), "Eurojust: ¿un instrumento eficaz en la lucha contra el crimen organizado?, *Revista General de Derecho Europeo,* 30, pp. 1-27.

22 Esta investigadora elevó una solicitud de acceso al documento el 1 de junio de 2022 al respecto ante la unidad jurídica de Eurojust, siendo rechazada mediante comunicación de 20 de junio en el que se alegan razones de interés público.

23 Resolución del Consejo 2022/C 44/01, sobre la Revisión del Apéndice I del Modelo de Acuerdo por el que se crea un Equipo Conjunto de Investigación (ECI), DOUE C44/1, de 28 de enero de 2022, disponible en https://eur-lex.europa.eu/legal-content/ES/TXT/PDF/?uri=OJ:C:2022:044:FULL&from=ES (visitada el 7 de septiembre de 2022).

24 EUROJUST, "*Joint Investigations Teams Practical Guide*", JITs Network, Luxembourg, 2021. Disponible en https://www.eurojust.europa.eu/

Y aunque no cabe duda de que la participación de la Corte Penal Internacional en este esfuerzo coordinado de investigación aporta al mismo una dimensión de neutralidad, no va a suponer en ningún caso una elusión al principio de complementariedad que informa la jurisdicción de la Corte Penal Internacional.

Según la propia Eurojust informa, su participación en JIT se concentrará en cuatro áreas (i) jurídica (ii) analítica; (iii) técnica y logística, y (iv) financiera[25], siendo en la segunda de ellas en la que, dada la modificación del Reglamento, se espera que Eurojust pueda acometer una labor más activa dentro de la investigación, sin olvidar, como hemos señalado en el punto anterior que la competencia nacional será la preferente. Sin embargo, es cierto que la coordinación inicial favorecerá las investigaciones y evitará las duplicidades en los procesos, justificando un enfoque común entre los Estados miembros en beneficio del fin último señalado de evitar la impunidad. Si la Corte Penal Internacional no puede hacerse cargo por sus límites competenciales de la persecución de los criminales, lo podrán hacer los Estados miembros en ejercicio del principio de jurisdicción universal.

Según señalan las Directrices, dos son las principales ventajas de los JITs respecto a otros procesos de coordinación. En primer lugar, los JITs permiten la recopilación y el intercambio directo de información y pruebas sin necesidad de utilizar los canales tradicionales de asistencia jurídica mutua u órdenes europeas de investigación.

La particularidad del momento en el que nos encontramos se produce por la participación de no solo autoridades en la recogida del material probatorio, sino también de organizaciones

---

sites/default/files/assets/joint_investigation_teams_practical_guide_2021_en.pdf (visitada el 7 de septiembre de 2022).

25 Op. cite nota 9.

civiles. Para facilitar una labor coordinada, el pasado día 22 de septiembre, la Fiscalía de la Corte Penal Internacional y Eurojust publicaban una serie de Directrices para las organizaciones de la sociedad civil relativas a la documentación de los crímenes y violaciones de Derechos Humanos[26], asumiendo que tales organizaciones han participado y participarán en la recogida de pruebas y debe preservarse su validez. Tales Directrices ponen el foco en la importancia que las pruebas pueden llegar a tener en los procesos futuros y en la necesidad de preservar la integridad del proceso.

En cualquier caso, la información y las pruebas recopiladas de conformidad con la legislación del Estado en el que opera el equipo pueden compartirse sobre la base (única) del acuerdo del JIT; sin embargo, tendremos que esperar a examinar la práctica que vaya produciéndose y cómo actúan los Estados que no forman parte del JIT en caso de que se produzcan procedimientos que requieran su colaboración. Aunque ha sido señalado por el Parlamento Europeo el beneficio de que los Estados miembros se sumen a dicho esfuerzo, la propia Eurojust comunicaba que, por el bien de la efectividad y de evitar problemas en la toma de decisiones, era preferible que el JIT se mantuviera, hoy por hoy, limitado en número. Así, podríamos llegarnos a encontrar con situaciones que exijan la combinación de diversos mecanismos de cooperación (Estados miembros-Corte Penal Internacional, u órdenes de investigación o entrega europeas e, incluso, casos de cooperación con terceros Estados no miembros de la UE) cuando las pruebas o los investigados se encuentren en países no miembros del JIT o, incluso, ajenos a la Unión. Sería favorable que, junto con la previsión respecto al valor de los análisis realizados por Eurojust, pudiera discutirse o valorarse un meca-

---

[26] *Documenting international crimes and human rights violations for accountability purposes: Guidelines for civil society organisations,* disponible en https://www.icc-cpi.int/sites/default/files/2022-09/2_Eurojust_ICC_CSOs_Guidelines_2-EN.pdf (visitada el 22 de septiembre de 2022).

nismo de cooperación específico para estos casos que facilitara soluciones comunes y raudas, sin peligro de ser contestadas por los sujetos basándose en una supuesta violación de sus derechos fundamentales a la luz de la Carta de Derechos Fundamentales de la Unión Europea en sistemas nacionales a los que se acusa de poner en peligro los valores de la Unión.

Esta solución común podría adaptarse a la que se encuentra reflejada en el Proyecto de Convención de Cooperación Internacional en la Investigación y el Enjuiciamiento del Crimen de Genocidio, los Crímenes de lesa Humanidad y los Crímenes de Guerra[27], en la que se opta por un principio de jurisdicción universal en el sentido amplio y de asistencia judicial recíproca en la mayor medida posible.

El segundo de los beneficios del JIT es que los miembros del equipo en comisión de servicio (es decir, los que proceden de un Estado distinto de aquel en el que opera) tienen derecho a estar presentes y a participar -dentro de los límites previstos por la legislación nacional y/o especificados por el responsable del equipo- en las medidas de investigación realizadas fuera de su Estado de origen. En este caso, miembros de la Fiscalía de la Corte y de los restantes Estados podrán estar presentes de forma común en el esfuerzo de recogida probatoria, lo que facilitará el comienzo coordinado de las investigaciones. Uno de los grandes problemas que viene sufriendo la Fiscalía de la Corte Penal Internacional es un tema de dificultad probatoria, lo que viene reflejándose en la anulación de sentencias condenatorias de las Salas de primera instancia por la Sala de Apelaciones, al

---

27 Proyecto de Convención de Cooperación Internacional en la Investigación y el Enjuiciamiento del Crimen de Genocidio, los Crímenes de lesa Humanidad y los Crímenes de Guerra, texto en castellano disponible en https://www.gov.si/assets/ministrstva/MZZ/projekti/MLA-pobuda/MLA-Initiative-Draft-Convention-Spanish-21.4.2021.pdf (visitada el 13 de septiembre de 2022).

considerar que la Fiscalía no ha cumplido con la carga de la prueba necesaria para las condenas. Tal vez, en esta ocasión, el esfuerzo coordinado puesto en marcha desde el inicio del conflicto facilitará la labor probatoria y el éxito de la Fiscalía en la obtención de las condenas a los mayores responsables.

2.2. La coordinación en la aplicación de sanciones

Aunque la participación de Eurojust en la aplicación de las sanciones tampoco es una novedad del conflicto de Ucrania, ya que venía siendo parte de sus competencias de coordinación, pero limitándose a realizar una labor de enlace entre los grupos nacionales presentes en la Agencia, sí que debemos subrayar que el conflicto actual ha permitido resaltar su rol, adoptando un papel proactivo en la coordinación de las sanciones.

El éxito de la estrategia de sanción adoptada por la Unión Europea en el caso de Ucrania pasa por una aplicación coordinada de las sanciones en todo su territorio. Sin embargo, existen contradicciones entre las normativas internas que entorpecen tal aplicación[28], no solo en el caso de las medidas sancionadoras adoptadas para este conflicto sino también en el resto de los regímenes sancionadores de carácter unilateral adoptados por la Unión[29].

---

[28] Sobre las medidas sancionadoras de la Unión Europea, véase, con carácter general: BEAUCILLON, C. "*Unilateral and Extraterritorial Sanctions*", Edward Elgar Publishing Limited, Cheltemham, 2021.

[29] Parte de los retos a los que se enfrenta la Unión en la aplicación de las sanciones unilaterales se encuentran referenciados en la Comunicación de la Comisión al Parlamento Europeo y al Consejo, de 25 de mayo de 2022, *"Hacia una Directiva sobre sanciones penales por la vulneración de las medidas restrictivas de la Unión"* (COM(2022)249 final. Disponible en https://eur-lex.europa.eu/legal-content/ES/TXT/HTML/?uri=CELEX:52022DC0249&from=EN (visitada el 19 de septiembre de 2022).

Para intentar minorar tales efectos, la Comisión estableció a principios de marzo de 2022 el Grupo Operativo de Inmovilización y Decomiso, cuya función es "garantizar la coordinación a nivel de la UE en la aplicación de las sanciones contra los oligarcas rusos y bielorrusos incluidos en la lista"[30] compuesto por la propia Comisión, los puntos de contacto nacionales de cada Estado miembro, Eurojust y Europol, así como otras agencias y organismos de la Unión Europea, según sea necesario.

El estudio ha puesto de relevancia cómo las medidas nacionales internas cuando las sanciones no son aplicadas son muy dispares, siendo necesario que la coordinación operativa se traduzca en una armonización legislativa[31]. Ante tal circunstancia, el pasado 25 de mayo se presentaba ante el Parlamento Europeo y el Consejo una doble propuesta al respecto. Por un lado, la Comisión propone incluir entre los conocidos como "delitos europeos"[32] el incumplimiento de cualquier medida de san-

---

30 Véase: https://ec.europa.eu/commission/presscorner/detail/en/IP_22_1828 (visitada el 12 de septiembre de 2022).

31 De forma previa a la puesta en marcha de dicho estudio por parte del grupo operativo, el *Genocide Network* había ya publicado un estudio comparativo entre las distintas jurisdicciones nacionales. Genocide Network (2021), *"Prosecution of Sanctions (Restrictive measures) violations in national jurisdictions: a comparative analysis"*, The Hague, disponible en https://www.eurojust.europa.eu/sites/default/files/assets/genocide_network_report_on_prosecution_of_sanctions_restrictive_measures_violations_23_11_2021.pdf (visitada el 19 de septiembre de 2022).

32 Se conoce con esta denominación a los delitos situados en alguno de los ámbitos regulados en el art. 83.1 del Tratado de Funcionamiento de la Unión Europea, según el cual: *"El Parlamento Europeo y el Consejo podrán establecer, mediante directivas adoptadas con arreglo al procedimiento legislativo ordinario, normas mínimas relativas a la definición de las in fracciones penales y de las sanciones en ámbitos delictivos que sean de especial gravedad y tengan una dimensión transfronteriza derivada del carácter o de las repercusiones de dichas infracciones o de una necesidad*

ción ya sea por parte de un particular o una entidad, como norma básica general a todos los Estados miembros, a la cual el Parlamento Europeo ha presentado ya su conformidad[33].

Dicha propuesta incluye un punto referido a la cooperación entre los Estados miembros, a los que se les requerirá no solo el intercambio de información sobre las investigaciones, sino también sobre otras cuestiones prácticas como patrones de elusión detectados o estructuras para la ocultación de las titularidades como testaferros o sociedades fantasma.

Una vez incluido el delito entre los delitos graves, la Comisión propone reforzar las normas sobre recuperación y decomiso de activos[34], que actualmente descansan sobre la base de un Reglamento que 2018 relativo al reconocimiento mutuo de resoluciones de embargo y decomiso[35].

---

particular de combatirlas según criterios comunes. Estos ámbitos delictivos son los siguientes: el terrorismo, la trata de seres humanos y la explotación sexual de mujeres y niños, el tráfico ilícito de drogas, el tráfico ilícito de armas, el blanqueo de capitales, la corrupción, la falsificación de medios de pago, la delincuencia informática y la delincuencia organizada".

33 Resolución legislativa del Parlamento Europeo, de 7 de julio de 2022, sobre el proyecto de Decisión del Consejo relativa a la identificación de la vulneración de las medidas restrictivas de la Unión como ámbito delictivo que cumple los criterios especificados en el artículo 83, apartado 1, del Tratado de Funcionamiento de la Unión Europea (10287/1/2022 – C9-0219/2022 – 2022/0176(NLE). Disponible en https://www.europarl.europa.eu/doceo/document/TA-9-2022-0295_ES.pdf (visitada el 8 de septiembre de 2022).

34 Propuesta de Directiva del Parlamento Europeo y del Consejo sobre recuperación y decomiso de activos, 2022/0167 (COM (2022) 245 final), de 25 de mayo de 2022. Disponible en https://eur-lex.europa.eu/legal-content/ES/TXT/PDF/?uri=CELEX:52022PC0245&from=ES (visitada el 26 de septiembre de 2022).

35 Reglamento (UE) 2018/1805 del Parlamento Europeo y del Consejo, de 14 de noviembre de 2018, sobre el reconocimiento mutuo de las resoluciones de embargo y decomiso, DOUE L303/1, de 28

La problemática de tales medidas se explica en la propia propuesta, ya que implican una limitación de derechos fundamentales tales como el derecho a la propiedad e, incluso, a la presunción de inocencia, al decretarse sin sentencia firme e incluso, como reconoce la propia Comisión, en procedimientos no penales, pudiendo vulnerar los derechos de la Carta de Derechos Fundamentales de la Unión Europea o incluso otros textos internacionales vinculantes para los Estados miembros de la Unión. Y aunque es cierto que la situación de Ucrania exige una respuesta internacional, la labor de Eurojust y de los Estados miembros siempre debería dirigirse a garantizar la seguridad jurídica y la respuesta adecuada del Derecho.

Junto con su participación en el Grupo Operativo de Inmovilización y Decomiso, Eurojust también se encuentra colaborando en la operación OSCAR, puesta en marcha el 11 de abril de 2022[36], y a través de la cual se pretende coordinar, con la intervención no solo de Eurojust, sino también de Europol y Frontex, el apoyo a las investigaciones financieras que los Estados miembros de la UE inicien en sus distintas jurisdicciones sobre los activos delictivos propiedad de personas físicas y jurídicas sancionadas en relación con la invasión rusa de Ucrania, o aquellas investigaciones que deriven de la propia elusión de las sanciones.

Mientras la Comisión y los Estados miembros se esfuerzan en reforzar y modificar la normativa relativa a los decomisos, embargos y sanciones, los Estados se ven obligados a hacer cum-

---

de noviembre de 2018. Disponible en https://eur-lex.europa.eu/legal-content/ES/TXT/PDF/?uri=CELEX:32018R1805&from=es (visitada el 26 de septiembre de 2022).

36 Europol press-release, "*EU-wide operation targeting criminal assets in relation to the Russian invasion of Ukraine*", disponible en https://www.europol.europa.eu/media-press/newsroom/news/eu-wide-operation-targeting-criminal-assets-in-relation-to-russian-invasion-of-ukraine (visitada el 27 de septiembre de 2022).

plir y ejecutar en sus territorios nacionales las sanciones que se vienen imponiendo en este conflicto armado desde comienzos de este. Pero ya hemos subrayado, la problemática aplicación coordinada de las sanciones ha exigido este esfuerzo por parte de las distintas agencias señaladas ya que los Estados miembros se encuentran desbordados, en muchos casos, por la diversidad de situaciones jurídicas.

En esta operación, la labor de Eurojust es de apoyo y soporte legal, facilitando las relaciones entre las distintas jurisdicciones y la resolución de distintos escollos derivados de los conflictos jurisdiccionales.

3. CONCLUSIONES

Como hemos analizado, la labor de Eurojust ante el conflicto en Ucrania está alcanzando todas las facetas de su ámbito competencial, aplicando el marco cooperativo que se produce entre las distintas jurisdicciones nacionales a toda la estrategia en la que puede apoyar dicha labor. Llama poderosamente la atención como ante la urgencia de la situación la Unión Europea ha conseguido reaccionar de forma rápida a las necesidades de cooperación en este ámbito, que recordemos sigue siendo mayoritariamente de competencia nacional y sobre el que su labor únicamente puede ser de coordinación o refuerzo.

Sin embargo, estas últimas reformas competenciales de Eurojust siguen sin solucionar las lagunas jurídicas más graves que existen en el marco de la problemática de fin de la impunidad en el territorio. Según el *Genocide Network*, los principales problemas en relación con el fin de la impunidad -desde un punto de vista general- siguen siendo la incompleta recepción del Estatuto de Roma por los Estados miembros, las limitaciones a la jurisdicción universal que muchos Estados miembros han incluido en sus jurisdicciones, como, por ejemplo, nuestro propio Estado con su criticada reforma del artículo 23 de la

LOPJ[37], y la falta de un marco convencional global que regule la cooperación y asistencia en esta materia.

Es cierto que el conflicto de Ucrania ha reavivado la "mecha europea" respecto a la coordinación o cooperación en lo que a persecución de crímenes internacionales se trata, y que la labor de Eurojust en este conflicto marcará un futuro para la cooperación en otras situaciones. Sin embargo, la cooperación judicial penal en este ámbito debería abandonar el actuar intergubernamental de una vez por todas, apostando firmemente por el beneficio de su comunitarización, ante la escala de los crímenes y el común objetivo de fin de la impunidad.

Resumen/Abstract: La Unión Europea ante el conflicto armado en Ucrania de forma activa se encuentra desarrollando una estrategia transversal en distintos ámbitos a la que se ha sumado una estrategia concreta a través de la Red de Agencias de Justicia e Interior, entre la que se encuentra la persecución de los crímenes internacionales y el papel de Eurojust. El papel de esta Agencia se ha visto reforzado con un nuevo Reglamento cuya puesta en funcionamiento permitirá observar si la cooperación judicial penal en este ámbito debe abandonar el actuar intergubernamental/ Faced with the armed conflict in Ukraine, the European Union is actively developing a cross-cutting strategy in different areas, to which a specific strategy has been added through the Justice and Home Affairs Agencies Network, including the prosecution of international crimes and the role of Eurojust. The role of Eurojust has been strengthened by a new regulation, the implementation of which will make it possible to see whether criminal judicial cooperation in this area should move away from intergovernmental action.

Palabras clave/keywords: Ucrania, Espacio de Libertad, Seguridad y Justicia, Eurojust/Ukraine, Area of Freedom, Security and Justice, Eurojust.

---

37 CUCARELLA GALIANA, L-A., *Derecho Procesal y Delitos contra la Comunidad Internacional,* Tirant lo Blanch, Valencia, 2022; GARCÍA RICO, E. del M., MARTÍN MARTÍNEZ, M. M., *Cooperación Internacional Penal. Una aproximación criminológica,* Tirant lo Blanch, Valencia, 2021.

Directores

MARÍA DOLORES BOLLO AROCENA

María Dolores Bollo Arocena es profesora Titular de Dº Internacional Público en la Universidad del País Vasco (y acreditada como Profesora Plena desde el año 2023). Ha desarrollado una intensa actividad docente, investigadora y de gestión. Sus principales líneas de investigación son Derecho Internacional Penal, Derecho Internacional Humanitario, Derecho Internacional de los Derechos Humanos, Inmigración, Asilo y Refugio, ámbitos en los que ha dirigido varias Tesis Doctorales. Ha participado en más de diez proyectos, obtenidos tanto en convocatorias autonómicas, nacionales como internacionales. En la actualidad es miembro de un Grupo de Investigación del Gobierno Vasco. Es autora de dos monografías y de numerosos trabajos científicos publicados tanto en revistas especializadas como en obras colectivas. La prof. Bollo cuenta con más de dos décadas de experiencia docente, habiendo impartido docencia y conferencias tanto en la UPV/EHU como en otras Univesidades del Estado como la Autónoma de Madrid, Valencia, Castilla La Mancha o Islas Baleares, así como en universidades europeas como las de Siena, Catania, Lisboa, así como en la Univesidad de Pau et des Pays de l'Adour. Igualmente, ha dedicado parte de su tiempo a la gestión: secretaria académica del Departamento de D° Internacional Público, Relaciones Internacionales e Historia del Derecho (2005-2010), Secretaria Académica de la Facultad de Derecho de San Sebastián (2010-2012) y Secretaria Académica de los Cursos de Derecho Internacional y Relaciones Internacionales de Vitoria Gasteiz (2009 hasta 2020). Desde el año 2021 ocupa el cargo de Secretaria Académica de la Asociación Española de Profesores de Derecho Internacional y Relaciones Internacionales.

EDUARDO JIMÉNEZ PINEDA

Eduardo Jiménez Pineda es Profesor Ayudante Doctor (acreditado a Profesor Contratado Doctor por la ANECA) de Derecho Internacional Público en la Universidad de Córdoba (España). Desde 2021 es Doctor en Derecho por la Universidad de Córdoba, tras defender la tesis doctoral titulada *El arbitraje internacional y el Derecho del Mar*, que obtuvo la calificación de Sobresaliente *Cum Laude* por unanimidad, la mención internacional y por la que ha recibido el Premio Extraordinario de Doctorado. También es Graduado en Derecho por la Universidad de Córdoba desde 2016 (Premio Extraordinario de Fin de Grado) y ha superado el máster en Estudios Europeos por la Universidad de Sevilla (en el año 2017) y el máster en Abogacía por la Universidad de Córdoba (en el año 2019).

Ha realizado distintas estancias de investigación en centros internacionales de prestigio. Entre ellas cabe destacar la realización del *ITLOS-Nippon Foundation Capacity-Building and Training Programme on Dispute Settlement under UNCLOS* en el Tribunal Internacional del Derecho del Mar (Hamburgo, Alemania, 2017-2018). Asimismo, ha realizado estancias de investigación en el Max Planck Institute de Derecho Público Comparado y Derecho Internacional (Heidelberg, Alemania, 2017), en la Academia de Derecho Internacional de La Haya (Países Bajos, 2019, 2022), en el King's College de Londres (Reino Unido, 2019) o en la Facultad de Derecho de la Universidad de Buenos Aires (Argentina, 2022).

Sus principales investigaciones se enmarcan en la disciplina del Derecho Internacional Público, en la que ha estudiado cuestiones relacionadas con el Derecho de los tratados, el Derecho de la Unión Europea, el Derecho del arreglo pacífico de controversias internacionales, el Derecho del mar, los derechos humanos o, entre otras, el Derecho del medio ambiente. Como resultado de las mismas, en editoriales de prestigio, ha publicado varias monografías, ha coordinado varias obras colectivas y es autor de distintos capítulos de libro y también de múltiples artículos científicos en revistas nacionales e internacionales de reconocido prestigio. Además, es miembro activo de distintos proyectos de investigación obtenidos en convocatorias de concurrencia competitiva y ha dirigido y coordinado distintas jornadas y congresos científicos internacionales.

Por otra parte, es profesor visitante en varias universidades extranjeras y ha impartido conferencias en distintas universidades y centros internacionales.

En fin, el profesor Eduardo Jiménez Pineda es miembro de distintas asociaciones científicas internacionales, como *l'Association Internationale du Droit de la Mer* o la Asociación Española de Profesores de Derecho Internacional y Relaciones Internacionales (AEPDIRI), de la que es miembro de su Junta Directiva en calidad de Tesorero desde diciembre de 2021.